十三經注疏

禮記

注 鄭玄 疏 孔穎達
책임번역 李霜芽 공동번역 趙埈皡
현 토 成百曉

譯註 禮記正義 1

예기정의

전통문화연구회

飜譯委員

企劃編輯　東洋古典飜譯編輯委員會
飜譯硏究管理　南賢熙
責任飜譯　李霜芽
共同飜譯　趙埈暐
懸　吐　成百曉
潤　文　朴勝珠
校　訂　郭成龍 李孝宰
出　版　白俊哲 李承俊
裝　幀　김진디자인

圖書管理

事業管理　白漢基
企劃管理　金康潤
弘報管理　李和春
普　及　徐源英
古典情報化　安成守

東洋古典現代化와 十三經注疏 譯註

본회가 東洋古典의 飜譯과 教育, 情報化 등 古典現代化 사업을 시작한 지 어느덧 25년이 되었다. 그간 우리나라의 고전국역 상황을 보면, 東洋古典에 대한 번역문제는 1960년 중반에 한국고전번역을 정부에서 추진하면서 우선 四書五經 등 기본고전을 모범 번역하자는 논의가 있었지만 우리 고전이 아니라고 무산되었다.

1980년대에 韓國學 연구와 한국고전번역의 先決課題는 물론, 國際政治 관계나 經濟상의 이유로도 필요하다는 논의가 제기되었다. 그 후 1988년 본회가 발족하면서 東洋古典 번역을 착수하여, 1990년대 말경 본회에서 소위 '新注'의 四書三經을 註까지 懸吐完譯함으로써 東洋學과 韓國學徒들의 袖珍本이 되고 教育界와 文化界까지 파급되었다.

그 후 본회 창립 20주년이 되면서 다시 동양고전현대화의 과제와 목표를 논의하면서, 단순한 韓國學의 선결과제를 넘어 東洋文化에 대한 源泉的이며 體系的인 檢討의 필요성이 대두되었으니, 이제 우리는 東洋文化의 先導的 역할을 담당할 준비를 갖추고 21세기에 先進文化强國 건설로 새 歷史를 이루자는 것이었다.

일반적으로 十三經은 核心的 儒家經典의 總稱이지만, 이는 東洋文化의 뿌리라 하겠다. 우리 역사상으로 十三經은 저 멀리 삼국시대에 이미 高句麗의 太學에서 기본 교과로 채택하였고, 百濟에서는 五經博士 制度를 두었고, 新羅 薛聰은 九經을 方言으로 읽었고, 高麗에서는 國子監이나 九齋學堂에서 교육하였으며, 朝鮮朝 成均館과 鄕校, 書堂과 書院에서는 四書五經 등을 교육하여 人材 등용과 국가정책에 절대적 영향을 끼쳤다.

이 十三經의 代表的 註釋書는 漢・唐時期의 '古注'라 일컬어지는 十三經注疏와, 그 후 宋代의 朱子的 世界觀이 반영된 '集註'와 '集傳' 등의 '新注'가 두 개의 軸이라 할 수 있다.

그런데 우리는 조선조에서부터 朱子學 일변도의 學風으로 경도되어, 그 偏向性이 오늘에까지 이르렀음은 심히 不幸이라 하겠다. 中國에서는 明・淸 시기에 訓詁學, 考證學이라는 學風이 일어 十三經注疏가 經學研究의 標準이 되었고, 日本에서는 反朱子的 見解와 陽明學의 영향을 받아 明治維新 때 이미 漢文大系 등의 古典整理 사업으로 '古注' 연구가

一般化된 사실을 간과해서는 안 되겠다.

이에 東洋文化의 核心이라 할 수 있는 十三經注疏를 譯註하고, 이를 통해 우리 文化의 傳統에 대해 體系的으로 이해하고 復元함으로써, 그간 편협했던 학술 風土를 넘어 多樣性과 客觀性을 모색하고, 아울러 古典現代化의 水準을 높이고 融合的이고 自生的인 韓國學을 진작시켜야 할 것이다.

오늘날 중국과 일본에서 번역하지 못한 십삼경주소를 본회에서 130여 책으로 10년 안에 完譯하고, 이와 아울러 韓中日 三國의 東洋古典語彙 情報網을 구축함으로써, 우리의 東洋學과 韓國學 연구에 礎石과 架橋가 되어 우리나라가 先進文化强國으로 昇華되고 世界文化 발전에까지 기여하기를 기대한다.

이 十三經注疏의 번역은 三經과 三禮와 春秋三傳과 ≪論語≫, ≪孟子≫, ≪孝經≫, ≪爾雅≫ 등의 十三經을 經은 물론이요 注와 疏까지 譯註하는 것으로, 原典의 傳統性과 번역의 現代性을 기본으로 하여 漢學元老와 新進學者의 協同研究飜譯으로 추진하고자 한다.

또한 註釋은 宋代의 소위 '新注'와 비교하고, 明淸代의 注와 韓國 先賢의 注와 見解, 그리고 日本의 注를 가급적 반영하며, 深度 있는 研究解題를 하기로 하였다. 한편 古典의 우리식 讀解文法인 懸吐를 經과 注에 달고 방대한 疏에는 편의상 構文을 이해할 수 있는 標點을 달며, 經・注・疏 전체에 대한 內容索引을 할 계획이다.

끝으로 오랫동안 飜譯과 校閱에 종사하여 오신 元老漢學者와 10여 년 이상 漢學을 연수한 新進學者로서, 이 십삼경주소의 연구번역에 참여하여 難解한 注疏의 譯註에 헌신하시는 모든 분들께 무한한 감사를 드린다.

또한 고전현대화에 대한 政府의 지대한 關心과 支援에 감사를 드리며, 그간 직간접으로 지도편달하여 주신 학계와 교육계 및 문화계 인사 여러분께 심심한 謝意를 표하며, 앞으로도 따뜻한 관심과 엄정한 叱正을 부탁드리며 내내 평강과 행복을 기원한다.

社團法人 傳統文化研究會 理事長 李啓晃

凡 例

1. 본서는 十三經注疏 중 ≪譯註 禮記正義≫의 제1책이다.

2. 본서는 원전의 傳統性과 번역의 現代性을 구현하기 위해 노력하였다.

3. 본서의 저본은 阮元 校刻本 ≪重栞宋本禮記注疏附校勘記≫(淸 嘉慶 20년(1815) 江西南昌府學開雕 阮元 校刻)를 영인한 ≪禮記正義≫(中華書局, 2009, 이하 '阮刻本'으로 약칭)로 하되, 北京大 整理本 ≪禮記正義≫(十三經注疏整理委員會 整理, 北京大學出版社, 2000, 이하 '北京大本'으로 약칭)를 참고하였다.

4. 본서의 書名은 底本인 阮刻本 卷首題에는 ≪附釋音禮記注疏≫로 되어 있으나, 五經正義의 하나로 간행되어 '禮記正義'의 서명이 더욱 보편적일 뿐 아니라, ≪四庫全書總目提要≫ 등에도 '禮記正義'로 되어 있어 본서의 제목을 '禮記正義'로 하였다.

5. 원문의 經과 注는 우리나라 전통 방식으로 懸吐하고, 疏는 간략히 표점하였다. 경문의 현토는 ≪禮記大文諺讀≫를 참조하되 주소에 근거하여 수정하였다.

6. 原文은 저본의 體制에 따라 經, 注, 疏를 구분하고, 注에는【注】표시를, 疏에는【疏】표시를 하여 經과 구분하였다.

7. ≪예기≫ 49편은 순서에 따라 01부터 49까지 번호를 붙였다. 원문의 分章은, 經과 注는 저본을 따라 부호 '○'로 시작한 것은 章으로 구분하여 번호를 붙이고, 疏 뒤에 '○'가 없이 經과 注가 다시 나오면 같은 章의 小節로 삼아 번호를 붙였다. 다만 疏는 단락이 길 경우 의미에 따라 역자 재량으로 분절하고 번호는 붙이지 않았다. 예컨대 '01-01-01'은 '〈곡례 상〉 제1장 제1절'이라는 의미이다.

8. 저본의 反切 注는 생략하되 문맥을 이해하기 위해 필요한 경우에는 살리고, 독음이 특수하거나 僻字인 경우는 원문의 해당 글자 뒤의 ( ) 속에 한글로 音을 달아주었다.

9. 疏에서 설명 대상으로 인용한 經과 注의 단어나 구절은 번역하지 않고 원문 그대로 〔 〕 속에 넣어주었다.

   예 〔儼若思〕 '儼'은 엄숙하고 장중한 모습이다.

10. 번역은 原義에 충실하게 하되 이해가 어려운 부분은 보충역을 하였다. 다만 鄭玄과 孔穎達·陸德明의 해석이 다를 경우 정현 주에 근거하여 번역하고 공영달과 육덕명의 다른 해석을 주석으로 밝혔다.
11. 注疏에서 인용한 13경의 구절은 ≪十三經注疏≫에 근거하여 번역하였다.
12. 번역문은 한글과 한자를 혼용하였으며, 맞춤법과 띄어쓰기는 한글 맞춤법과 표준어 규정을 따르는 것을 원칙으로 하였다.
13. 譯註는 校勘, 異說, 인용문의 出典, 故事, 역사적 사건, 전문용어, 難解語, 人物, 制度, 官職 등에 관한 사항을 밝혔다.
14. 校勘은 원문의 誤字, 脫字, 衍字, 倒文 등을 대상으로 하였다. 다만 己·已·巳는 별도의 주석 없이 문맥에 맞게 곧바로 수정하였으며, 이체자 역시 한국고전종합DB 이체자검색(http://db.itkc.or.kr/DCH)에 의거하여 대표자로 수정하였다.
15. 校勘은 저본인 阮刻本의 校勘記에서 꼭 필요한 경우에만 선택적으로 譯註에 반영하였다. 이밖에 北京大本 校勘記를 비롯한 여러 原典 자료를 참조하였으며, 참조한 자료는 譯註에 밝혔다.
16. 阮刻本에서 校勘에 참고한 書目의 略稱은 다음과 같으며, 譯註에 약칭으로 표기하였다.
    - 嘉靖本 : 明나라 嘉靖(1522~1566) 年間本. 刊板人 未詳
    - 監本 : 明나라 萬曆(1573~1620) 연간의 國子監 刻本
    - 考文宋板 : 日本 山井鼎·物觀의 ≪七經孟子考文補遺≫에 실려 있는 宋板本
    - 南宋石經 : 宋나라 高宗 御書本
    - 盧文弨校本 : 淸나라 盧文弨(1717~1795)가 교감한 것
    - 段玉裁校本 : 淸나라 段玉裁(1735~1815)가 교감한 것
    - 毛本 : 明나라 崇禎 12년(1639) 毛晉의 汲古閣 校刊本
    - 閩本 : 明나라 嘉靖(1522~1566) 연간의 閩中御史 李元陽의 校刊本
    - 附釋音本 : 南宋 시기 原刻本
    - 石經 : 唐나라 開成 2년(837)의 石刻本
    - 孫志祖校本 : 淸나라 孫志祖(1736~1800)가 교감한 것
    - 岳本 : 宋나라 岳珂刻本. 淸나라 武英殿翻刻仿宋本을 사용
    - 衛氏集說 : 南宋 衛湜의 ≪禮記集說≫
    - 浦鏜校本 : 淸나라 浦鏜(?~1762)의 ≪十三經注疏正字≫
    - 惠棟校宋本 : 淸나라 惠棟(1697~1758)이 宋刊本에 근거하여 汲古閣本을 교감한 것

17. 본서의 校勘에 사용된 符號는 다음과 같다.

( )〔 〕: (저본의 誤字)〔교감한 正字〕

〔 〕: 저본의 脫字 補充

( ): 저본의 衍字

18. 본서에 사용된 주요 符號는 다음과 같다.

“ ”: 對話, 각종 引用

‘ ’: “ ” 안에서 再引用, 强調

「 」: ‘ ’ 안에서 再引用, 强調

( ): 원문에서는 讀音이 특수한 글자나 僻字의 音
번역문에서는 간단한 譯註

〔 〕: 번역문과 뜻은 같으나 音이 다른 漢字나 句節, 譯註에서 인용한 原文
疏에서 설명 대상으로 제시한 經이나 注의 단어나 구절

≪ ≫: 書名이나 典據

< >: 篇章名, 作品名, 補充譯

【 】: 注와 疏의 표시

○ : 저본에 사용된 단락 구분 표시 遵用

19. 본서에서 사용된 標點符號는 다음과 같다.

. : 문장의 종결

, : 한 문장 안에서 句나 節의 구분이 필요한 곳

· : 대등한 명사나 구절의 병렬

“ ”: 對話, 각종 引用

‘ ’: “ ” 안에서 再引用, 强調

「 」: ‘ ’ 안에서 再引用, 强調

: : 疏의 내용을 포괄하는 ‘正義曰’ 뒤에 사용

目 次

解 題

李霜芽[*)]

1. 成書

≪禮記≫ 49편은 처음에는 禮·禮記·士禮·禮經·禮古經·古文禮 등으로 불렸던 ≪儀禮≫의 부속 기록으로서 단지 '記' 등으로만 불렸다. 각 편의 저자도 한두 사람이 아니며 지은 시기도 동일하지 않다.[1)] 孔子와 제자들, 후학들이 춘추 말부터 전국 말까지 3백 년 동안 계속해서 기록하고 정리하여 전한 기록이다. 게다가 49편은 단독으로 묶여 전해진 것도 아니다. 각 편 또는 각 편의 일부가 서로 다른 사람들의 저작 속에 혹은 儒家 제자들의 記文 속에 수록되어 전해지던 것을 秦漢의 학자들이 증익하거나 산삭하였고, 다시 西漢의 今文 경학가인 戴聖이 당시 전해지던 ≪記≫ 131편 중 49편을 뽑아 ≪小戴禮記≫ 즉 지금의 ≪예기≫로 정리한 것이다. ≪예기≫는 편찬된 후 兩漢에서 광범위하게 전파되었으며, 東漢에 와서는 ≪예기≫의 주석서인 馬融(79~166)의 ≪禮記注≫, 盧植(?~192)의 ≪禮記解詁≫, 鄭玄(127~200)의 ≪禮記注≫가 나오게 되었다.

동한 말부터 隋나라에 이르기까지 정치적·사회적으로 어지러운 국면이 이어지면서 경학 역시 따라서 쇠퇴하였는데, 정현이 개창한 경학 학파는 오히려 鄭學 또는 通學 등으로 불리며 천하에 크게 성행하였다. 이는 ≪예기≫의 경우 정현 이전에는 의도적이든 의도적이지 않든 改變과 增削을 거쳐 글자가 서로 다른 많은 판본이 유통되고 있었고, 注本 역시 정현의 주본 이전에 마융의 주본과 노식의 주본이 있었으나 정현의 주본은 경문과 주석에 今文과 古文, 異文들을 함께 수록하고 이전의 의미 있는 주석들을 소개함으로써 ≪예기≫ 주본의 집대성이라 할 수 있었기 때문이었다. 당시 지나치게 번다한 주석에 염증을 느낀

---

*) 성균관대학교 대동문화연구원 수석연구원

1) 본서 43쪽 '7. 附錄' 참조.

학자들에게 정현의 간결한 주본은 가뭄에 단비와도 같은 것이었다. 비록 晉나라 초기 魏나라의 박학한 경학가이자 司馬昭의 장인이었던 王肅이 주를 낸 경서들이 學官에 세워져 王學이 유행하면서 잠시 정학이 쇠퇴하기도 하였으나, 동진 이후에는 권력을 등에 업고 발전한 왕학은 모두 쇠퇴하고 다시 정학이 유행하게 되었다. 魏나라에서 學官에 설치한 19博士 중 ≪春秋公羊傳≫·≪春秋穀梁傳≫·≪論語≫의 3경을 제외하고 ≪周易≫·≪尙書≫·≪毛詩≫·≪周官≫·≪儀禮≫·≪禮記≫·≪孝經≫은 모두 정학을 따랐으며, 東晉 때 학관에 설치한 9박사 중 ≪주역≫·≪古文尙書≫·≪春秋左氏傳≫을 제외하고 ≪상서≫·≪모시≫·≪周禮≫·≪예기≫·≪논어≫·≪효경≫의 6박사는 모두 정학을 따랐다. 南北朝에 와서도 경학은 南學과 北學으로 나뉘어 남학은 三禮學이 두루 발달하고 북학은 삼례학 중에서도 禮記學이 유독 발달한 차이는 있으나, 남학과 북학 모두 정현의 ≪예기주≫를 위주로 발달했다는 점에서는 동일하며, 隋나라 역시 박사를 세울 때 삼례학에 있어서는 정학을 따랐다. 孔穎達은 "예는 정학이다."[2]라고까지 말하고 있다.

위진남북조부터 수나라에 이르기까지 근 4백 년간의 전란 뒤에 건립된 통일 제국 唐나라는 경제가 번영하고 정치가 안정되자 쇠퇴했던 경학이 다시 일어나게 되었다. 이에 唐太宗은 訓詁學과 校讐學에 뛰어났던 顔師古에게 서로 다른 판본들의 五經 문자를 考訂하게 하였는데, 貞觀 4년(630)에 ≪五經定本≫이 이루어지자[3] 당 태종은 또 남북 경학가들의 견해를 융합하여 분분히 다투는 주석 국면을 종결지음으로써 전국에 반포할 경학 교재를 만들고 이것으로 과거를 시행하여 인재를 뽑고자 하였다. 漢나라 때는 경문이 위주였고 주석은 경문을 이해하기 위한 보조적인 수단에 불과하였으나, 위진 이후로는 경학이란 것이 실제로는 이미 주석을 통해 경문을 이해하는 주석학이 되었기 때문이다. 이에 태종은 공영달 등에게 詔書를 내려 오경의 義訓을 撰定하게 함으로써 정관 16년(642)에 ≪周易正義≫·≪尙書正義≫·≪毛詩正義≫·≪禮記正義≫·≪春秋左傳正義≫의 ≪五經正義≫ 180권이 이루어졌다.[4] ≪오경정의≫의 편찬은 오경의 문자를 考訂하고, 오경

---

2) "禮是鄭學."(≪禮記正義≫ 原目, 〈雜記 上〉 孔穎達 疏)

3) ≪五經定本≫은 太宗 貞觀 4년(630)에 成書되었으나, 정관 7년(633) 11월에 정식으로 반포되었다.(≪舊唐書≫ 권3 〈太宗紀 下〉 貞觀 7년, 권73 〈顔師古列傳〉)

4) ≪五經正義≫ 180권은 太宗 貞觀 16년(642)에 成書되었으나, 高宗 永徽 2년(651)에 考訂과 增刪을 거쳐 영휘 4년(653)에 정식으로 천하에 반포되었다. 다만 ≪舊唐書≫ 〈經籍志〉에는 총 181권으로, ≪新唐書≫ 〈藝文志〉에는 총 182권으로 저록되어 있는데, 이것은 ≪周易正義≫가 각각 14권과 16권, ≪春秋左傳正義≫가 각각 37권과 36권으로 저록된 차이에서 온 것이다.(≪舊唐書≫ 권46 〈經籍志 上〉, 권73 〈孔穎達傳〉, ≪新唐書≫ 권57 〈藝文志〉, 권198 〈儒學列傳 上〉 孔穎達)

문자의 音訓을 통일하고,[5] ≪五經義疏≫를 수정하였음을 의미한다.

주목할 점은, 한나라 때 ≪예기≫는 본래 ≪의례≫의 부속으로 여겨졌으나 정현이 ≪예기≫에 주를 낸 이후 비로소 '삼례'라는 명칭과 개념이 처음으로 정립되고 魏나라에 와서는 학관에 禮記博士가 최초로 설치까지 되었다는 것이다. 그리고 당나라에 와서는 삼례 중 오직 ≪예기≫만 ≪오경정의≫에 수록됨으로써 ≪예기≫의 지위가 ≪의례≫·≪주례≫의 위에 놓이게 되었다는 것, 조정에서 최초로 ≪예기≫를 경서로 인정했다는 것, 당나라 이후에는 삼례학 중 유독 예기학이 흥성하였다는 것이다. 당나라에서 ≪의례≫·≪주례≫의 經을 버리고 경의 부속인 記를 취한 이유는 삼례의 내용에서 찾을 수 있다.

≪주례≫는 3백여 개 관직의 직무를 기술하여 이상적인 정치제도를 구상하고 있으나 한 번도 실행된 적이 없는 예서이다. 王莽 때 학관에 박사를 설치하여 ≪주례≫를 존숭하고, 西魏의 宇文泰가 蘇綽을 등용하여 제도를 개혁하면서 ≪주례≫에 따라 六官을 설치하고 그 아들이 北周를 건립하여 육관의 제도를 그대로 쓴 일이 있으나, ≪주례≫를 온전히 실제에 적용하기에는 매우 어려웠다. ≪의례≫는 冠·婚·喪·祭·射·燕·聘·覲禮 등 오로지 구체적인 의식만을 기록하고 있는데, 〈樂記〉의 "돗자리를 펴고 술 단지와 俎를 진열하고 籩과 豆를 진열하고서 오르내리는 것을 예로 삼는 것은 예의 末節이다. 그러므로 有司가 이를 관장하는 것이다."[6]라는 구절을 보면 그 당시 ≪의례≫를 예의 末節로 인식했을 가능성이 있다. 이와 달리 ≪예기≫는 禮의 의미를 해석하는 내용이 많다. 〈郊特牲〉에 이르기를 "예가 높은 것은 그 의미가 높기 때문이니, 그 의미를 잃고 그 수만 진열하는 것은 祝史의 일이다. 그러므로 그 수는 진열할 수 있으나 그 의미는 알기 어려우니, 그 의미를 알아 공경히 지키는 것은 천자가 천하를 다스리는 이유이다."[7]라고 하였으며, 皮錫瑞는 말하기를 "≪주례≫는 한 시대의 제도이니, 오히려 두루 행할 수 있고 학문하는 방법과 국가를 다스리는 방법을 포함하지 않은 것이 없는 ≪예기≫만 못하다. 〈王制〉 한 편은 규모가 크고 내용이 광박하며 ≪孟子≫·≪춘추공양전≫과 합치하는 부분이 많으니, 그 책을 쓰면 천하를 다스릴 수 있다. ≪주례≫에 비하면 더욱 간명하니, 주소를

5) 陸德明이 편찬한 ≪經典釋文≫ 30권의 내용을 채택한 것을 이른다. 이 중 三禮는 ≪周禮≫가 2권, ≪儀禮≫가 1권, ≪禮記≫가 4권이다. 唐 太宗은 ≪경전석문≫을 보고 가상하게 여겨 그의 집에 束帛 200段을 하사하였다고 한다.(≪舊唐書≫ 권189 〈儒學列傳 上〉 陸德明)

6) "鋪筵席, 陳尊俎, 列籩豆, 以升降爲禮者, 禮之末節也, 故有司掌之."(≪禮記≫ 〈樂記〉)

7) "禮之所尊, 尊其義也. 失其義, 陳其數, 祝史之事也. 故其數可陳也, 其義難知也. 知其義而敬守之, 天子之所以治天下也."(≪禮記≫ 〈郊特牲〉)

연구하는 자는 의당 ≪예기≫에서부터 시작해야 할 것이다."[8]라고 하였다.

당나라에서 ≪의례≫·≪주례≫의 經을 버리고 ≪예기≫를 취한 이유는 이처럼 ≪예기≫ 자체가 가진 가치 외에도 당 태종의 禮治 사상에서 찾을 수 있다. 태종은 공영달과 천자의 籍田을 논의할 때 "예는 인정을 따르니 또한 어찌 일정함이 있겠는가."[9]라고 말한 적이 있는데, 이는 ≪예기≫의 내용과 상통한다.[10] ≪주례≫나 ≪의례≫를 그대로 실천하기에는 이미 시대적인 상황이나 名物 등에서 가능하지 않은 반면, ≪예기≫를 통해 본래의 行禮 의미를 알면 당시의 상황에 맞게 예를 정립할 수 있는 것이다. 또 신하들과 국사를 논의할 때 종종 ≪예기≫를 근거로 거론하였는데, 태종의 정치 득실과 정치·경제 방면에서의 주요 조치사항을 기록하고 있는 ≪貞觀政要≫의 경우 ≪예기≫를 인용한 횟수가 모두 18차례나 된다. 태종은 또 ≪예기≫의 편찬자인 戴聖을 표창하여 貞觀 21년(647)에 대성과 左丘明 등 21명을 孔子廟에 배향하도록 하였으며, 태자와 諸王에게도 ≪예기≫를 학습할 것을 요구하였다. ≪오경정의≫에서 ≪예기≫를 취한 것이 결코 우연이 아님을 알 수 있다.

附釋音禮記注疏卷第一
國子祭酒上護軍曲阜縣開國子臣孔穎達等撰
國子博士兼太子中允贈齊州刺史吳縣開國男臣陸德明釋文
禮記〇陸德明音義曰此記二禮之遺闕故名禮記〔疏〕正義曰夫禮者經天地理人倫本其所起在天
地未分之前故禮運云夫禮必本於大一是天地未分之前
已有禮也禮者理也其用以治則與天地俱興故昭二十六
年左傳稱晏子云禮之可以爲國也久矣與天地並但于時
質略物生則自然而有尊卑若羊羔跪乳鴻鴈飛有行列豈
由教之者哉是三才既判尊卑自然而有但天地初分之後
即應有君臣治國但年代縣遠無文以言案易緯通卦驗云
天皇之先與乾曜合元君有五期輔有三名注云君之用事
五行王亦有五期輔有三名公卿大夫也又云遂皇始出握
機矩注云遂皇謂遂人在伏犧前始王天下也矩法也言遂
皇持斗機運轉之法指天以施政教既云始王天下是尊卑
之禮起於遂皇也持斗星以施政教者即禮緯斗威儀云宮
主君商主臣角主父徵主子羽主夫少宮主婦少商主政是
記疏卷一 一

≪禮記正義(附校勘記)≫ 阮元校刻本

2. 書名

東漢 鄭玄의 注와 唐나라 孔穎達의 疏로 이루어진 ≪禮記正義≫는 후대에는 ≪禮記注疏≫로 통칭하며 저본 역시 ≪예기주소≫라는 서명을 사용하고 있다. ≪정의≫는 처음에는 ≪義贊≫이라 명명하였으나 뒤에 태종이 ≪정의≫로 서명을 바꾸었는데,[11] 오

8) "周禮是一代之制, 猶不如禮記可以通行, 學術治術無所不包. 王制一篇, 體大物博, 與孟子公羊多合. 用其書, 可以治天下. 比之周禮, 尤爲簡明. 治注疏者, 當從此始."(≪經學歷史≫(皮錫瑞 著, 周予同 注釋, 北京 : 中華書局, 1959. 2008重印) p.203~204.)

9) "太宗曰 '禮緣人情, 亦何常之有.'"(≪舊唐書≫ 권24 〈禮儀志 4〉)

10) "凡禮之大體, 體天地, 法四時, 則陰陽, 順人情, 故謂之禮."(≪禮記≫ 〈喪服四制〉)

늘날 '注疏', '正義', '義贊'은 모두 주석의 의미로 쓰인다.

'正義'는 의찬과 함께 疏의 한 종류이다. 淸나라 顧炎武는 ≪日知錄≫ 〈十三經注疏〉에서 "선유들이 경을 해석한 책을 '傳', '箋', '解', '學' 등으로 불렀는데, 지금은 이들을 통틀어 '注'라고 한다.……후대의 유자들이 분석하고 해석한 책을 '正義'라고 하였는데, 오늘날에는 이를 통틀어 '疏'라고 한다."[12]라고 하였다.

本義를 살펴보면 '注'는 甲骨文과 金文에 보이지 않고 ≪說文解字≫에 "물을 붓는 것이다.〔灌也〕"라고 하였으며, '疏'는 갑골문과 금문에 보이지 않고 ≪설문해자≫에 "통하는 것이다.〔通也〕"라고 하였다. 즉 '주'는 경문의 뜻을 물을 붓듯 해석해준다는 의미이며, '소'는 傳이나 注 뒤에 다시 주석을 달아서 전이나 주를 소통시켜 의미를 알기 쉽게 한다는 말이다. '소'의 이칭으로는 義疏, 義注, 義章, 義贊, 義證, 詛府, 義略, 義鈔, 章疏, 注疏, 講疏, 講義, 述義, 正義, 兼義, 別義, 大義 등이 있다. 이때 '義'는 '道理'라는 뜻으로, '주석 대상이 되는 책에 내포된 함의' 또는 '주석의 의미를 탐구한다'는 의미이다.

正義는 주석의 성질로 보면 스승의 학설이나 누군가의 학설을 祖述하고 발전시킨 述補類에 속하여 '소는 주에 위배되지 않는다'는 뜻의 '疏不駁注' 또는 '疏不破注'의 특징을 가지며, 내용으로 보면 문자 훈고로부터 句意의 설명, 篇章의 연구, 사상 내용과 사회적 의의의 분석에 이르기까지 모두 갖춘 종합적인 주석에 해당한다.

3. 版本[13]

1) 唐代의 판본

당대의 판본은 初本, 定本, 寫本의 세 유형으로 구분할 수 있다.

(1) 初本

太宗 貞觀 16년(642)에 成書된 ≪禮記正義≫ 70권을 이른다.[14] 성서된 뒤 太學博士

11) "初, 穎達與顔師古・司馬才章・王恭・王琰受詔譔五經義訓凡百餘篇, 號義贊, 詔改爲正義云." (≪新唐書≫ 권198 〈儒學列傳 上〉 孔穎達)

12) "其先儒釋經之書, 或曰傳, 或曰箋, 或曰解, 或曰學, 今通謂之注.……其後儒辨釋之書, 名曰正義, 今通謂之疏."(≪日知錄≫ 〈十三經注疏〉)

13) 陶廣學의 〈孔穎達 ≪禮記正義≫ 研究〉(江蘇省 揚州大學 博士論文, 2013) 참조.

馬嘉運의 비판을 받자 태종은 다시 詳定하라고 하였는데, 孔穎達은 이를 완성하지 못하고 정관 22년(648)에 세상을 떠났으며,[15] ≪오경정의≫는 정관 23년(649)에 태종이 세상을 떠날 때까지도 간행되지 못하였다.

(2) 修定本

高宗 永徽 4년(653)에 반포된 본을 이른다. 고종은 영휘 2년(651) 3월 14일 長孫無忌에게 조서를 내려 공영달이 편찬한 ≪오경정의≫를 刊正하게 하고, 영휘 4년 3월 1일 ≪오경정의≫ 수정본이 완성되자 천하에 반포하고 매년 明經科에서 이에 의거하여 시험 보이게 하였다.[16]

(3) 寫本殘卷

일본 平安 시대에 중국에서 흘러 들어간 唐代의 ≪예기정의≫ 殘本 4종 중 하나인 권5의 殘卷 1권을 이른다. 疏만 있는 單疏本이며, 首尾가 조금 빠진 〈曲禮〉 上·下가 들어 있다. 늦어도 1008년 이전에 일본으로 유입되었을 것으로 추정되며, 현재 일본의 중요문화재로 등록되어 東洋文庫에 소장되어 있다.

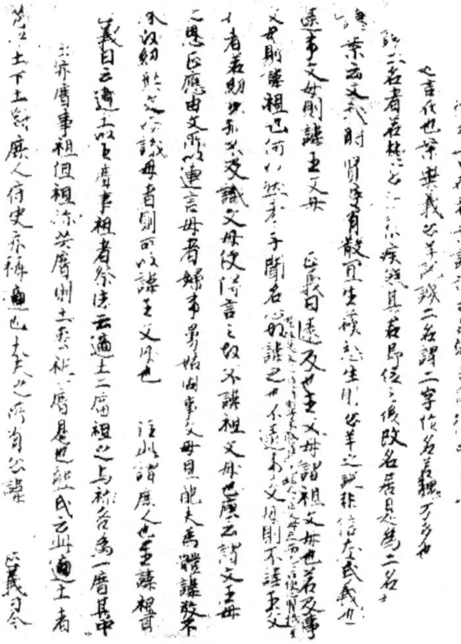

東洋文庫 소장 寫本殘卷 ≪禮記正義≫

2) 宋代의 單疏本

옛사람의 義疏는 모두 經·注와 분리되어 단독으로 유통되다가[17] 東漢 말에 馬融

14) "恐獨見膚淺, 不敢自專……至十六年, 又奉敕爲之正義, 凡成七十卷."(〈禮記正義序〉)

15) "時又有太學博士馬嘉運駁穎達所撰正義, 詔更令詳定, 功竟未就."(≪舊唐書≫ 권73 〈孔穎達傳〉)
"嘉運以穎達所撰正義頗多繁雜, 每掎摭之, 諸儒亦稱爲允當."(≪舊唐書≫ 권73 〈馬嘉運傳〉)

16) "永徽二年三月十四日, 詔太尉趙衛公長孫無忌及中書·門下·及國子三館博士·弘文學士 : 故國子祭酒孔穎達所撰五經正義, 事有遺謬, 仰卽刊正. 至四年三月一日, 太尉無忌·左僕射張行成·侍中高季輔·及國子監官, 先受詔修改五經正義, 至是功畢. 進之. 詔頒于天下, 每年明經, 依此考試."(≪唐會要≫ 권77 〈貢擧 下〉 論經義)

이 ≪周禮≫에 注를 낼 때 학자들의 수고를 덜어주기 위해 주석을 본문에 들이면서부터 경문과 주석이 함께 실린 合本이 시작되었다.[18] 이후로는 經注 합본이 관례가 되었으나 疏는 여전히 별도로 유통되었다. 唐나라 때 ≪오경정의≫가 편찬된 이후에도 공영달의 ≪정의≫는 별도로 유통되었으며 北宋 때 간행된 ≪예기정의≫ 역시 단소본만 있다.

(1) 北宋單疏本

북송 眞宗 咸平 2년(999)에 이루어진 수정본을 이른다. 端拱 원년(988) 3월에 太宗은 司業 孔維 등에게 명하여 공영달의 ≪오경정의≫ 180권을 교감하게 하였는데, ≪예기≫는 胡迪 등 5인이 교감하고, 紀自成 등 7인이 再校하고, 李至 등이 詳定하여 태종 淳化 5년(994) 5월에 바쳤다. 그러나 그해에 判監 이지가 ≪義疏≫와 ≪釋文≫에 여전히 오류가 있으니 다시 勘定할 것을 요청하였고, 진종이 즉위한 뒤에도 계속해서 여러 학자가 오류를 지적하며 교정할 것을 주장하였다. 이에 진종은 崔頤正 등에게 다시 상정하게 하여 마침내 공유 등이 처음 교감을 시작한 지 12년 만인 함평 2년에 ≪오경정의≫ 180권 수정본이 완성되었다.[19]

(2) 南宋監本單疏本

남송 초에 이루어진 12經 重刻本을 이른다. 紹興 9년(1139) 9월 7일에 高宗은 諸郡에 조서를 내려 국자감에서 반포한 善本을 찾아서 교감하여 간행하라고 하였고, 15년(1145) 윤11월에는 박사 王之望의 요청으로 群經의 義疏 중 아직 간행하지 않은 경서들을 간행하게 하였으며, 21년(1151) 5월에는 국자감에 조서를 내려 ≪오경≫의 三館舊監本을 찾아서 간행하라고 하였는데,[20] 이것이 남송의 감본 단소본이다.

3) 南宋 이후의 合刻本

남송 高宗 紹興(1131~1162) 연간에 학자들의 요구에 따라 經·注·疏의 합각본이 처음으로 나오기 시작하였으며, 이후로는 경·주·소 합각본이 관례가 되었다.

---

17) "古人義疏, 皆不附於經注而單行."(阮元의 〈禮記注疏校勘記序〉)

18) "及馬融爲周禮之注, 乃云 '欲省學者兩讀, 故具載本文.' 然則後漢以來, 始就經爲注."(孔穎達의 ≪毛詩正義≫)

19) 王應麟의 ≪玉海≫ 권43 〈端拱校五經正義〉조 참조.

20) ≪玉海≫ 권43 〈景德群書漆板 刊正四經〉조 참조.

(1) 兼義本

남송 소흥 연간의 經·注·疏 초창기 合刻本을 이른다. 阮元은 "正義는 대부분 경·주 아래에 덧붙여 수록되었는데, 처음에는 이를 '兼義'라고 불렀다가 뒤에는 곧바로 '某經注疏'라고 불렀다. 처음에는 본래 釋文이 없었는데, 뒤에 또 석문을 덧붙이고 '附釋音某經注疏'라고 불렀으며, 마지막에는 또 '附釋音' 세 글자를 제거하였다. 이는 모두 소흥 연간 이후에 한 것이고 북송 때는 이런 일이 없었다."라고 하였다.[21] '경-주-석문-소'로 이루어진 오늘날의 ≪十三經注疏≫ 체제가 이때 정립되었음을 알 수 있다. 완원에 따르면, 겸의본보다 앞서 吳中藏本 중에 정의를 덧붙인 본이 있기는 하나, 겸의본이 경·주를 위주로 소를 덧붙였다면 이 오중장본은 소를 위주로 경·주를 덧붙이되 경·주의 권수도 소의 권수도 붙이지 않아 당나라 ≪정의≫의 권차를 알 수 없게 만든 것이다.[22]

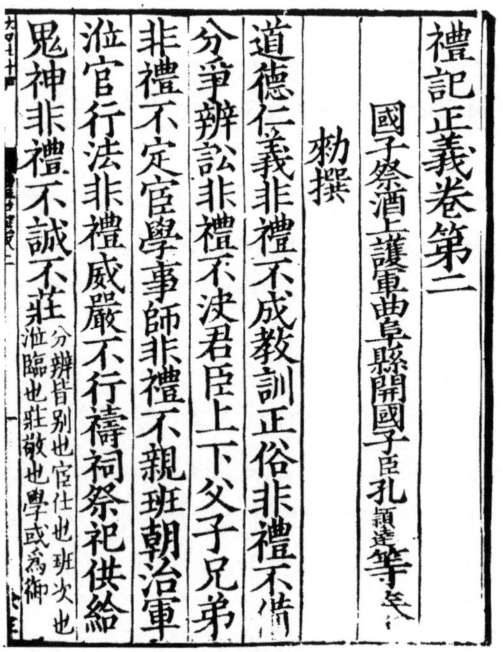
禮記正義卷第二
國子祭酒上護軍曲阜縣開國子臣孔穎達等奉
勑撰
道德仁義非禮不成教訓正俗非禮不備
分爭辨訟非禮不決君臣上下父子兄弟
非禮不定宦學事師非禮不親班朝治軍
涖官行法非禮威嚴不行禱祠祭祀供給
鬼神非禮不誠不莊 分辨皆別也宦仕也班次也 涖臨也莊敬也學或爲御

八行本 ≪禮記正義≫(宋元遞修本)

(2) 八行本(黃唐本)

남송 光宗 紹熙 3년(1192) 8월에 浙東茶鹽司 司庾로 재직하던 黃唐이 ≪예기≫ 疏義를 취하여 정밀하게 교감한 뒤 경·주·소를 한 책에 모아 간행한 ≪예기정의≫ 70권 40책을 이른다.[23] 경·주·소 합각본 第一版으로, 半葉에 8行, 1행에 15자, 注가 雙行 22자로 되어 있다. 紹興에서 간행하여 '越州本', 반엽에 8행으로 되어 있다

21) "正義多附載經注之下, 其始謂之兼義, 其後直謂之某經注疏. 其始本無釋文, 其後又附以釋文, 謂之附釋音某經注疏, 最後又去附釋音三字. 蓋皆紹興以後所爲, 而北宋無此也."(阮元의 〈禮記注疏校勘記序〉)

22) "有在兼義之先爲之者, 今所見吳中藏本, 有春秋·禮記二種. 春秋曰春秋正義卷第幾, 禮記曰禮記正義卷第幾, 皆不標爲某經注疏.……蓋以單行正義爲主, 而以經注分置之, 此紹興初年所爲. 非如兼義注疏之以經注爲主, 而以疏附之, 既不用經注之卷數, 又不用正義之卷數, 春秋爲六十卷, 禮記爲六十三卷, 遂使唐人正義之卷次不可知."(阮元의 〈禮記注疏校勘記序〉)

23) "紹熙辛亥仲冬唐備員司庾遂取毛詩·禮記疏義如前三經編彙, 精加讐正, 用鋟諸木, 庶廣前人之所未備.……壬子秋八月, 三山黃唐謹識."(傅增湘의 ≪藏園群書經眼錄≫)

하여 '八行注疏本'이라고도 한다.

(3) 越州本

남송 광종 소희 후에 紹興知府 沈作賓이 간행한 경 · 주 · 소 합각본을 이른다. 다만 주와 소를 관련 경문 아래에 분산시켜 놓아서 單注 · 單疏와는 문자의 출입이 있다.

(4) 十行本(南雍本, 附釋音)

남송 말에 간행한 福州府學本을 이른다. 남송 말에 書坊들은 과거 시험을 준비하는 사람들을 위해 경 · 주 · 소를 한데 모으고 釋文을 注 아래에 나누어 붙였는데, 正義와 석문을 임의로 산삭하고 纂圖 · 互注 · 重言 · 重意 등의 각종 명목을 붙여 원래의 모습을 변형시켰다. 이러한 남송 劣本의 영향을 받아 간행된 것이 이 십행본으로, 이후의 경 · 주 · 소 합각본은 모두 십행본에서 나온 것이며, 阮元의 南昌府學本 ≪십삼경주소≫도 십행본을 저본으로 삼은 것이다. '南雍'은 남경에 설치한 국자감이다.

(5) 南監本(三朝本)

元 世祖 至元 28년(1291)에 남송 국자감의 옛터에 西湖書院을 개축하면서 서호서원에 있던 木版을 修補하여 간행한 남송 십행본의 原版을 이른다. 명나라 때 남경 국자감본을 수보한 것도 '남감본'이라 칭하는데, 남송 · 원 · 명에서 나왔다 하여 '三朝本'이라 칭한다.

(6) 閩本(李元陽九行本)

明 世宗 嘉靖(1522~1566) 연간에 閩中御史 李元陽이 십행본에 의거하여 重刻한 ≪십삼경주소≫를 이른다. ≪십삼경주소≫를 한꺼번에 모두 간행한 것은 이 본이 최초이며, 이전의 판본들은 모두 차례차례 간행한 것이다. 半葉에 9行이어서 또 '九行本'이라고도 한다.

(7) 北監本

明 神宗 萬曆(1573~1619) 연간에 북경 국자감에서 李元陽本, 즉 閩本에 의거하여 번각한 판본을 이른다. 釋音을 덧붙였으며 매 권의 두 번째 세 번째 행에 "皇明朝列大夫國子監祭酒盛內等奉敕重校刊"라는 구절이 있다. 卷末에 〈後序〉를 실었다.

(8) 汲古閣本(毛本)

明 毅宗 崇禎(1628~1644) 연간에 毛晉이 北監本에 의거해 판각한 본을 이른다. 舊本의 오류를 수정하지 않았을 뿐 아니라 오히려 好古라는 명목으로 唐·宋의 글자들을 가볍게 고치면서 訛字·俗字 등 오류가 더욱 많아졌다. '汲古閣'은 명나라 말에 모진이 지금의 江蘇省에 속하는 常熟에 건립한 藏書樓이다. 宋元의 善本과 秘籍을 많이 소장하였으며 名士에게 교감을 요청하여 각종 서적을 대량으로 刊印하였다. ≪汲古閣秘本書目≫이 있다.

(9) 惠棟校宋本

淸 高宗 乾隆(1736~1795) 연간에 惠棟이 吳中 吳泰來 집에서 소장한 ≪예기≫ 70권본을 가지고 汲古閣本을 교감한 본이다. 阮元에 따르면, 譌字 4,704개, 脫字 1,145개, 闕文 2,217개, 문자가 다른 것 2,625개, 衍文 971개를 바로잡은 것이다.[24)]

(10) 武英殿本

淸 高宗 乾隆 41년(1776) 9월에 孔繼涵이 北監本을 저본으로 戴震의 교감 및 수차례의 정밀한 교감을 거친 뒤 간행한 ≪예기주소≫ 63권을 이른다. 監本·毛本보다 훨씬 낫다는 평가를 받는다. 정현의 주, 공영달의 정의, 육덕명의 음의를 실었다. '武英殿'은 지금의 북경 古宮博物院 西華門 안에 있던 청나라의 궁중 刻書 기구이다.

(11) 南昌府學本(阮刻本)

淸 仁宗 嘉慶 20년(1815) 江西南昌府學에서 江西巡撫兼提督 阮元이 자신이 소장한 十行本 11經과 蘇州 사람 黃丕烈이 소장한 單疏本 2經을 저본으로 삼고 他本으로 교감하여 重刻한 ≪십삼경주소≫ 중 ≪附釋音禮記注疏≫ 63권을 이른다. 매 卷末에 〈校勘記〉를 덧붙였다. 이후 이 初刻阮刻本은 교감이 비교적 정밀하다 하여 善本으로 불리며 刻印이 끊임없이 이어졌고, 완원의 〈교감기〉는 경학 연구에 있어 중요한 문헌이 되었다. 완원에 따르면, 宋板 십행본의 분명한 誤字에 대해서도 곧바로 고치지 않고 오자 옆에 圈點 표시만 한 뒤 별도로 매 권말에 붙인 교감기에 이를 언급함으로써 학자들이 고적을 의심하지

---

24) "禮記七十卷之本, 出於吳中吳泰來家, 乾隆間, 惠棟用以校汲古閣本. 識之云 '譌字四千七百有四, 脫字一千一百四十有五, 闕文二千二百一十有七, 文字異者二千六百二十有五, 羨文九百七十有一.' 點勘是正, 四百年來闕誤之書犂然備具, 爲之稱快."(阮元의 〈禮記注疏校勘記序〉)

않도록 하였으며, 經文과 注文이 明本과 다른 점에 대해서도 학자들이 명본을 읽고는 도리어 宋本이 오류라고 의심할까 우려하여 이 내용도 교감기에 실었다.[25)]

다만 이 완각본이 盡善盡美하지 않다는 점에 대해 완원의 셋째 아들 阮福은 "이 책의 교감이 완전히 끝나기 전에 아버지는 명을 받아 河南으로 전근 가시고 뒤이어 교감하는 사람은 아버지만큼 세심하지 못하여 錯字가 매우 많다. 監本・毛本은 틀리지 않았는데 도리어 이 책에서는 틀린 것이 있으니 두루 참조하여 보면 유익할 것이다. 교감기의 취사 역시 완벽하지 않아서 아버지께서도 매우 불만스럽게 생각하셨다."라고 하였다.[26)]

또 呂友仁은 완각본 ≪예기정의≫의 부족한 점을 다음 세 가지로 말하였다.[27)] 첫째, 저본이 좋지 않다는 것이다. 그러나 이것은 어쩔 수 없었던 것으로, 완원 역시 八行本이 좋다는 것을 알았지만 구할 수 없었으므로 부득이 十行本을 저본으로 삼고 惠棟의 교감기를 통해 간접적으로 팔행본의 장점을 수록하였다는 것이다. 둘째, 撫本을 배척하고 ≪考異≫를 쓰지 않았다는 것이다. 撫本은 남송 孝宗 淳熙 4년(1177)에 張敦仁이 撫州公使庫에서 판각한 ≪예기≫ 鄭注本 20권을 이르며, ≪고이≫는 청나라의 저명한 교감학자 顧廣圻가 淸 仁宗 嘉慶 11년(1806)에 장돈인의 무본을 교감하여 간인한 ≪撫本禮記鄭注考異≫를 이른다. 완원의 〈교감기〉에 실린 참고 各本 목록에도 經注本은 岳本과 嘉靖本 2종만 실려 있다. 셋째, 당대의 연구 성과를 반영하지 않았다는 것이다. 예컨대 王引之의 ≪經義述聞≫에서 ≪예기≫를 언급한 것이 모두 3권 202조목이나 되는데, 이 가운데 교감에 관한 언급이 매우 많은데도 완원의 〈교감기〉에는 겨우 1회만 이를 인용했다는 것이다.

(12) 廣東書局本

淸 穆宗 同治 10년(1871)에 廣東書局에서 菊坡精舍藏板 武英殿本에 의거하여 重刻한 ≪십삼경주소≫를 이른다. 당시 국파정사의 山長이었던 陳澧가 교감과 편집을 주관하였다. '국파정사'는 청나라 廣州의 高等學府이다.

---

25) "刻書者最患以臆見改古書, 今重刻宋板, 凡有明知宋板之誤字, 亦不使輕改, 但加圈於誤字之旁, 而別據校勘記擇其說附載於每卷之末, 俾後之學者不疑於古籍之不可據, 愼之至也. 其經文・注文有與明本不同, 恐後人習讀明本而反臆疑宋本之誤, 故盧氏亦引校勘記載於卷後, 愼之至也." (阮元의 〈禮記注疏校勘記序〉)

26) "此書尙未刻校完梭, 家大人卽卽奉命移撫河南, 校書之人不能如家大人在江西時細心, 其中錯字甚多, 有監本・毛本不錯而今反錯者, 要在善讀書人, 參觀而得益矣. 校勘記去取亦不盡善, 故家大人頗不以此可爲善也."(阮福의 〈江西校刻宋本十三經注疏書後〉)

27) 呂友仁의 ≪≪十三經注疏・禮記注疏≫ 整理本平議≫(彭林 主編, 桂林 : 廣西師範大學出版社, 2005)

(13) 南昌府學本 이후 판본

淸 宣宗 道光 6년(1826) 重訂本, 淸 穆宗 同治 12년(1873) 江西書局本, 淸 德宗 光緖 13년(1887) 上海脈望仙館石印本, 광서 18년(1892) 寶慶務本書局本, 23년(1897) 點石齋石印本, 掃葉山房石印本(1924), 錦章圖書局石印本(1932), 世界書局石印本(1935), 上海中華書局四部備要排印本(1936) 등이 있다.

(14) 中華書局影印本

1980년에 중화서국에서 上海世界書局縮印本(1935)에 의거하여 영인한 것으로, 영인하기 전에 江西書局에서 重修한 阮本과 點石齋石印本을 對校하여 문자의 訛脫과 오류 3백여 곳을 바로잡았다.

(15) 影印南宋越刊八行本禮記正義

2015년에 3책으로 北京大學出版社에서 영인하였다.

4) 근래 정리본

(1) 李學勤 主編, ≪十三經注疏≫整理本, 北京大學出版社, 1999.

간체자본이다. 총 21책 중 ≪예기정의≫는 3책이다. 1979년 中華書局에서 영인한 淸 仁宗 嘉慶 21년(1816) 완원의 ≪십삼경주소≫를 저본으로 하여 표점・문자처리・교감을 진행하고 최근의 연구 성과 등을 반영하여 정리한 것이다.

(2) 李學勤 主編, ≪十三經注疏≫整理本, 北京大學出版社, 2000.

번체자본이다. 총 26책 중 ≪예기정의≫는 4책이다.

(3) 國立編譯館 主編, 中華叢書≪十三經注疏≫, 台灣新文豐出版公司, 2001.

번체자로 되어 있으며, 총 20책 중 ≪예기주소≫는 3책이다.

(4) 呂友仁 整理, ≪禮記正義≫ 3책, 上海古籍出版社, 2008.

번체자로 되어 있다.

(5) 郜同麟 點校, ≪禮記正義≫ 3책, 浙江大學出版社, 2021.

≪中華禮藏≫이라는 예학 관련 문헌을 집대성한 총서의 한 서종으로, '禮經卷 · 禮記之屬'에 속한다.

4. 著者

1) 戴聖 : ?~?

(1) 생애

생몰년은 자세하지 않다. 字는 次君이며, 지금의 중국 河南省 商丘市 睢陽區에 속하는 梁國의 國都 睢陽에서 태어났다. ≪大戴禮記≫를 편찬한 숙부 戴德을 '大戴'라고 부르는 것에 상대하여 '小戴'라 불린다. ≪士禮≫ 17편을 전한 高堂生의 4傳 제자로, ≪后氏曲臺記≫를 지은 后倉에게서 戴德 · 慶普와 함께 今文≪禮≫를 전수받았다. 이로부터 ≪예≫에 大戴學 · 小戴學 · 慶氏學이 있게 되었다. 대성의 예학은 同鄕의 橋仁(字는 季卿)과 楊榮(字는 子孫)에게 전수되어 또 橋氏學 · 楊氏學이 있게 되었다. 일찍이 博士의 신분으로 漢 宣帝 甘露 3년(B.C. 51)에 열렸던 石渠閣 회의[28]에 참여하여 禮를 논하였다. 九江太守를 역임하였으며, 구강태수에서 스스로 물러난 뒤 다시 博士가 되었다.[29]

戴聖

관리로서의 행적은 다음과 같은 기록이 전한다. 대성은 구강태수로 있을 때 법을 준수하지 않은 경우가 많았는데 당시 揚州刺史가 대성을 大儒라 하여 너그럽게 보아주었다고 한다. 뒤에 何武가 새로운 양주자사로 부임하여 미결 죄수를 처리하도록 하였으나, 대성

28) '石渠閣'은 未央宮 안에 있던 藏書閣으로, 석거각 회의는 漢 宣帝 甘露 3년에 선제가 전국의 학자들을 경사에 초빙하여 五經 문자의 통일과 해석의 차이에 대해 논의하게 했던 대규모 학술 토론이다. 太子太傅 蕭望之가 주관하였으며, 참석한 학자들로는 戴德과 戴聖을 비롯하여 劉向, 韋玄成, 薛廣德, 施讎, 梁丘臨, 林尊, 周堪, 張山拊, 聞人通漢, 歐陽地餘 등이 있다. 이 회의를 통해 오경을 考定하고 梁丘≪易≫, 大 · 小夏侯≪尙書≫, 穀梁≪春秋≫ 博士를 증설하기로 결정하였다.

29) 이상은 ≪漢書≫ 권88 〈儒林傳 孟卿〉, ≪後漢書≫ 권109下 〈儒林列傳 衛宏傳〉 참조.

은 "後進生이 무엇을 알아서 남의 다스림을 어지럽게 하는가.〔後進生何知 迺欲亂人治〕"라고 하고서 처결하지 않았다. 하무가 조사관을 보내 대성의 죄를 조사하게 하자 대성은 두려움을 느껴 스스로 사직하였다. 뒤에 대성은 博士가 되자 조정에서 하무를 비방하곤 하였는데, 아들의 빈객이 도적 떼가 된 일로 인해 아들이 廬江에 구금되는 일이 발생하였다. 대성은 아들이 사형을 면치 못할 것이라고 여겼으나 대성의 아들은 하무의 공정한 판결로 인해 죽음을 면하게 되었다. 대성은 이에 부끄러움을 느껴 이후로는 하무가 업무 보고를 위해 京師에 올라올 때마다 하무를 찾아가서 謝恩했다고 한다.[30)]

근래의 연구에 따르면 하무가 양주자사로 부임했을 때는 이미 50세 전후였는데 대성이 하무에게 '後進生'이라고 하였으니, 당시 대성의 나이는 최소 60세 이상은 되었을 것으로 추정된다. 그리고 이를 근거로 살펴보면 대성의 출생 시기는 대략 漢 昭帝 始元 6년(B.C. 81) 전후이다. 또 당시 규정에 따르면 18세 이상이 되어야 博士弟子에 보임할 수 있었으니,[31)] 대성이 후창에게 今文《禮》를 배운 시기는 한 선제 때이며, 석거각 회의에 참석했을 때는 30여 세였을 것으로 추정된다. 《예기》의 편찬은 한 선제 감로 3년 이후부터 漢 成帝 陽朔 4년(B.C. 21) 이전까지 30년 사이에 이루어졌을 것으로 추정된다.[32)]

(2) 저술

《禮記》 20권, 《石渠禮論》 4권,[33)] 《小戴禮記》 20권[34)], 《禮義》, 《禮議》, 《禮議奏》 38편,[35)] 《禮記群儒疑義》[36)] 등을 저술하였다.

---

30) 이상은 《漢書》 권86 〈何武傳〉 참조.

31) "太常擇民年十八以上儀狀端正者, 補博士弟子."(《漢書》 권88 〈儒林傳 序〉)

32) 이상은 〈戴聖生平和《禮記》的編選〉(王鍔, 《中國文化硏究》, 2006) 참조. 《예기》의 편찬 시기는 《漢書》 〈何武傳〉·〈百官公卿表〉 등의 기록을 근거로 추정한 것이다.

33) 이상 2종은 《隋書》 권32 〈經籍志1〉 참조. 다만 《禮記》 20권은 《수서》 소주에 "戴聖撰, 鄭玄注."라고 되어 있는 것에 의거하면 이는 정현의 《禮記注》를 가리키는 것으로 보인다.

34) 이상 1종은 《舊唐書》 권46 〈經籍志 上〉 참조. 이 역시 《구당서》 소주에 "戴聖撰, 鄭玄注."라고 되어 있다. 다만 《예기》 49편의 편찬에 대해서는 '禮記四十九篇' 또는 '小戴禮記四十九篇'을 대성이 지었다는 기록이 逸書인 정현의 《六藝論》이나 《三禮目錄》, 劉向의 《別錄》 등을 인용한 문헌들에 간접적으로 보일 뿐이다.

35) 이상 3종은 《古經解鉤沈》 권1上 〈古經解姓氏書目 戴聖〉 참조.

36) 이상 1종은 《經義考》 권139 〈戴氏〔聖〕禮記〉 참조.

2) 鄭玄[37)]: 127～200(74세)

(1) 생애

鄭玄

字는 康成으로 지금의 중국 山東省에 속하는 北海郡 高密縣 사람이다. 동한 順帝 永建 2년(127)에 태어나 獻帝 建安 5년(200)에 74세를 일기로 病死하였다. 동한 초기의 二鄭, 즉 大中大夫 鄭興과 정흥의 아들인 大司農 鄭衆은 모두 정현의 일족으로 동한의 저명한 古文經學家이다.

13세 때 五經에 능통하였으며 天文·占候·風角·隱術을 좋아하였다. 가난했던 정현은 20세를 전후하여 太山太守·北海相 杜密의 도움으로 관직을 띤 상태에서 녹봉을 받으며 10여 년 동안 太學에 유학하였다. 태학에서 第五元先에게 ≪京氏易≫·≪公羊春秋≫·≪三統曆≫·≪九章算術≫을, 張恭祖에게 ≪周官≫·≪禮記≫·≪左氏春秋≫·≪韓詩≫·≪古文尙書≫를 배우고, 각지로 스승을 찾아 求學하였다. 당시 후한의 名將 馬援의 종손이자 古文經學의 대가였던 馬融의 門下에 문하생인 盧植의 소개를 받아 들어갔으나 3년 동안 마융을 보지 못하다가 天文曆算의 문제로 추천을 받아 마융을 직접 만날 수 있었다. 마융의 문하에 있은 지 7년 만인 166년에 40세의 나이로 고향에 돌아왔는데, 이때 마융이 정현을 송별하며 "나의 도가 동쪽으로 가게 되었다.〔吾道東矣〕"라고 한 일화는 유명하다.

고향에 돌아온 3년 뒤인 靈帝 建寧 2년(169)에 제2차 黨錮의 禍가 일어나 184년까지 16년 동안 두밀·李膺·范滂 등 백여 명이 구금되고 이에 연루되어 6, 7백 명이 죽거나 유배되었는데, 정현 역시 두밀의 옛 관리라 하여 45세 때인 171년부터 14년 동안 벼슬길에 나가지 못하였다. 이 시기에 ≪주관≫·≪예기≫·≪儀禮≫에 차례로 注를 내고 ≪六藝論≫·≪七緯注≫·≪發公羊墨守≫·≪箴左氏膏盲≫·≪起穀梁廢疾≫ 등을 저술하였으며, 黨禁이 풀린 뒤에는 ≪古文尙書≫·≪論語≫·≪毛詩≫·≪周易≫에 차례로 주를 내었다.

62세 때인 188년에는 황건적의 난이 일어나고, 64세 때인 190년에는 董卓이 長安으

37) 楊天宇의 ≪鄭玄三禮注硏究≫(天津 : 天津人民出版社, 2007) 및 ≪後漢書≫ 권35 〈鄭玄列傳〉 참조.

로 천도를 강행하였으며, 71세 때인 197년에는 袁紹가 스스로 대장군이 되어 위세를 부렸는데, 이 기간에 정현은 난을 피해 고향을 떠나 궁박할 때도 있었으나 조정의 부름에도 동탁·원소의 부름에도 모두 출사하지 않고 강학과 교학에만 힘썼다. 당시 정현의 명성이 자자하여 황건적은 정현을 보면 모두 절을 하고 정현의 고향인 고밀현으로 들어가지 말자고 약속하였다 하며, 北海相 孔融은 정현을 매우 존경하여 고밀현을 '鄭公鄕'이라 명명하고 고밀현의 길을 넓혀 높은 수레가 지나가게 하고서 '通德門'이라 불렀다. 69세 때인 195년에는 徐州刺史 劉備가 정현을 스승의 예로 섬겼으며, 70세 때인 196년에는 공융이 하속들에게 명하여 정현을 존경하는 의미에서 이름을 부르지 말고 '鄭君'으로 호칭하도록 하였다. 72세 때인 198년에는 大司農에 임명되었는데, 숙배만 하고 고향으로 돌아와 직임에 나가지 않았으나 이미 숙배하였기 때문에 동한 초기의 鄭衆과 동일한 호칭인 '鄭司農'으로 부르기도 하였다. 74세 때인 200년에 曹操와 힘을 겨루던 원소가 정현의 명성을 이용하기 위해 자신의 군대를 따르도록 강요하자, 정현은 병든 몸으로 길을 떠났다가 지금의 河北省에 속한 元城縣에서 세상을 떠났다.

(2) 저술

크게 주석서와 저작, 그리고 문인의 집록으로 구분할 수 있다.

주석서에는 經傳 주석서로 ≪周易注≫·≪周易文言注義≫·≪尙書注≫·≪尙書大傳注≫·≪毛詩箋≫·≪周禮注≫·≪儀禮注≫·≪喪服經傳注≫·≪禮記注≫·≪喪服變除注≫·≪喪服譜注≫·≪孝經注≫·≪論語注≫·≪論語篇目弟子注≫·≪論語釋義注≫ 15종, 緯書 주석서로 ≪易緯注≫·≪尙書緯注≫·≪尙書中候注≫·≪詩緯注≫·≪禮緯注≫·≪禮記默房注≫·≪春秋緯注≫·≪樂緯注≫·≪孝經緯注≫·≪河圖洛書注≫ 10종, 기타 주석서로 ≪乾象曆注≫·≪九宮經注≫·≪九宮行棋經注≫·≪漢律章句≫·≪漢宮香方注≫·≪日月交會圖注≫ 6종, 모두 31종이 있다.

저작에는 ≪尙書義問≫·≪書贊≫·≪書論≫·≪毛詩譜≫·≪答臨孝存周禮難≫·≪禮議≫·≪魯禮禘祫志≫·≪三禮目錄≫·≪三禮圖≫·≪發公羊墨守≫·≪針左氏膏肓≫·≪起穀梁廢疾≫·≪駁何氏漢議≫·≪駁何氏漢議敍≫·≪答何休≫·≪春秋左氏分野≫·≪春秋十二公名≫·≪六藝論≫·≪駁許愼五經異義≫·≪天文七政論≫·≪九旗飛變≫·≪自傳≫·≪鄭玄集≫ 23종이 있다.

문인의 집록에는 ≪鄭志≫·≪鄭記≫ 2종이 있다.

3) 孔穎達 : 574~648(75세)

(1) 생애[38)]

孔穎達

字는 沖遠 또는 仲達로, 지금의 중국 河北省에 속하는 冀州 衡水 사람이다. 北齊 後主 武平 5년(574)에 태어나 唐 太宗 貞觀 22년(648)에 75세를 일기로 病死하였다. 당나라 초기의 경학가이자 후에 당 태종이 된 李世民의 秦王府 18學士 중 한 사람이다.

8세 때인 581년에 隋 文帝가 수나라를 건립한 뒤 儒術을 존숭하여 크게 학교를 일으키고 학자들을 우대하자 不遠千里하고 스승을 찾아 떠나는 자들이 도로에 끊이지 않았는데, 공영달 역시 이러한 풍조 속에서 학업에 매진하였다. 특히 고문경학가 服虔이 注를 낸 ≪春秋左氏傳≫, 정현이 주를 낸 ≪尙書≫·≪毛詩≫·≪禮記≫, 王弼이 주를 낸 ≪周易≫에 능통하였으며 算術과 曆法에도 뛰어난 재능을 보였다. 당시 동향 사람으로 천문학자인 劉焯의 명성이 자자하였는데, 공영달이 유작을 찾아갔을 때 유작은 처음에는 공영달을 예로 대하지 않다가 자신이 생각도 하지 못했던 질의를 들은 뒤 공영달을 공경하게 되었다.

隋 煬帝 大業 초에 明經科에 응시하여 높은 성적으로 합격한 뒤 河內郡博士에 임명되었다. 당시 양제는 천하의 宿儒들을 洛陽에 초빙하여 國子秘書學士들로 하여금 이들과 학문을 토론하게 하였는데, 가장 나이 어린 공영달이 가장 뛰어나자 수치감을 느낀 숙유들이 자객을 보내 공영달을 죽이려고까지 하였다는 일화가 있다. 수나라 말기 전란을 만나 피난 갔다가 秦王 이세민이 낙양을 평정하자 진왕부의 文學館學士에 천거되었다. 53세 때인 唐 高祖 武德 9년(626)에 國子博士에, 59세 때인 당 태종 정관 6년(632)에는 國子司業, 散騎常侍에 임명되었다. 이후 太子右庶子, 國子祭酒 등을 역임하고 동궁에서 侍講하였다. 70세 때인 643년에 致仕하였으며, 644년에 淩煙閣에 초상화가 걸렸다.

조정에 벼슬하는 동안 공영달은 魏徵과 함께 ≪隋書≫를 편찬하고 조정 신하들과 함께 ≪五禮≫를 편찬하였으며, 국학에서 태종의 명을 받아 ≪孝經≫을 강해하였다. 또 태종의 명을 받아 顔師古·司馬才章·王恭·王琰 등과 함께 총 180권의 ≪五經正義≫를 찬

38) ≪舊唐書≫ 권73 〈孔穎達傳〉, ≪新唐書≫ 권198 〈儒學列傳 上 孔穎達〉 참조.

정하였는데, 太學博士 馬嘉運의 비판을 받자 공영달은 태종의 명을 받아 수정하고자 하였으나 완성하지 못하고 세상을 떠났다. 사후 당 태종의 능인 昭陵에 陪葬되었다.

(2) 저술[39]

주석서로 ≪周易正義≫·≪尙書正義≫·≪毛詩正義≫·≪禮記正義≫·≪春秋左氏傳正義≫·≪孝經義疏≫·≪孝經章句≫ 7종, 편찬서로 ≪隋書≫·≪大唐儀禮≫·≪五禮≫ 3종, 문집으로 ≪孔穎達集≫ 5권이 있다. 이 가운데 ≪효경의소≫·≪효경장구≫·≪대당의례≫·≪오례≫·≪공영달집≫은 대부분 망실되었다.

5. 特徵

1) 鄭玄의 注

정현은 처음에는 今文을 익히고 뒤에는 古文을 익힌 通人으로, 금문 경학에서 중시한 義理뿐 아니라 고문 경학에서 중시한 訓詁를 아울러 채택하여 주를 내었다. 스스로 주를 내는 방식에 대해 "하나의 벼리〔綱〕를 들면 수많은 그물코〔目〕가 펴지고 하나의 卷을 풀이하면 뭇 篇들이 분명해져서 힘을 들이는 것은 적어지고 생각하는 것은 적어지니, 여러 군자 또한 여기에 즐거움이 있을 것이다."라고 하였는데,[40] 정현의 주에 대해 皮錫瑞(1850~1908)는 다음과 같이 말하고 있다.

> "漢나라 때 하나의 經마다 數家가 있고 家마다 數說이 있어 학자들은 무엇을 따라야 할지 알 수 없었는데, 鄭君이 금문과 고문에 모두 통하여 하나로 통일시키자 이에 경서를 공부하는 자들이 모두 정현을 따르고 더는 다른 家의 설을 찾을 필요가 없게 되었다.……정군의 문도가 천하에 두루 퍼져 있어 경학에 나아가 논한다면 小統一時代라고 말할 수 있다."[41]

39) 張亭의 〈孔穎達著述考〉(樂山師範學院學報, 권29, 第7期, 2014) 참조.

40) "擧一綱而萬目張, 解一卷而衆篇明, 於力則鮮, 於思則寡, 其諸君子亦有樂於是與."(≪毛詩正義≫〈詩譜序〉)

41) "蓋以漢時經有數家, 家有數說, 學者莫知所從. 鄭君兼通今古文, 溝合爲一, 於是經生皆從鄭氏, 不必更求各家.……鄭君徒黨徧天下, 卽經學論, 可謂小統一時代."(≪經學歷史≫(皮錫瑞 著, 周予

이렇게 천하 유자들의 존승을 받았던 정현의 ≪禮記≫ 주는 크게 주석을 내는 방법과 주석의 體例 두 가지로 구분하여 얘기할 수 있다.[42]

먼저 주석을 내는 방법 면에서 말한다면 다음과 같은 특징을 갖고 있다.

첫째, 주석이 매우 간략하다. 금문 경학가들이 장구 해설을 중시하여 微言大義를 번다하게 설명하면서 경마다 수가가 있고 가마다 수설이 있어 평생 1종의 경만 읽어도 다 읽을 수 없었던 방대한 주석들을, 정현은 주석의 글자 수를 종종 경문의 글자 수보다 적게 하는 방법을 통해 당시 학자들의 고충을 해결하고자 하였다. 예컨대 〈學記〉·〈樂記〉 2편의 글자 수는 경문이 6,459자이고 주석이 5,533자이며, 〈祭法〉·〈祭義〉·〈祭統〉 3편의 글자 수는 경문이 7,182자이고 주석이 5,409자이다.[43] 정현은 이에 대해 문장의 뜻을 절로 알 수 있으면 언급하지 않고 이해되지 않은 것만 말한다고 하였다.[44]

둘째, 금문과 고문을 모두 보존하였다. 秦나라의 焚書坑儒와 挾書律을 거친 漢代의 경학은 금문에서 출발하여 西漢 때 학관에 박사가 세워진 것은 모두 금문 경학이었는데, 서한 말에 劉歆이 고문에도 박사를 세워야 한다고 주장하면서부터 원래부터도 분분했던 금문 제가의 설이 더욱 복잡해지며 수차례의 격렬한 금고문 논쟁으로까지 발전하게 되었다. 박사의 설치 여부에 대한 타당성 문제로부터 시작하여 뒤에는 학술 논쟁, 道統 논쟁으로 발전했던 금고문 논쟁에 대해, 정현은 경문에 금문을 사용하였으면 주석에는 고문을 사용하는 방식으로 금고문을 모두 보존하는 방식을 취하여 금문 경학과 고문 경학을 융합하였다. 예컨대 〈鄕飮酒義〉의 "손을 씻고 술잔을 드는 것은 깨끗함을 지극히 하는 것이다.〔盥洗揚觶 所以致絜也〕"라는 구절에 대한 정현의 주에 "揚은 든다는 뜻이니, 금문 ≪예≫에는 모두 騰으로 되어 있다.〔揚 擧也 今禮皆作騰〕"라고 하였고, "손님과 주인은 하늘과 땅을 형상한 것이고, 介와 僎(준)은 음과 양을 형상한 것이다.〔賓主象天地也 介僎象陰陽也〕"라는 구절에 대한 정현의 주에 "고문 ≪예≫에는 僎이 모두 遵으로 되어 있다.〔古文禮僎皆作遵〕"라고 하였다.

셋째, 異文을 보존하였다. 정현은 수많은 ≪예기≫ 판본을 교감하여 本字·通假字·異

同 注釋, 北京 : 中華書局, 1959. 2008重印) p.142, 151.)

42) 이하 楊天宇의 ≪鄭玄三禮注硏究≫(天津 : 天津人民出版社, 2007), 王鍔의 ≪≪禮記≫ 成書考≫(北京 : 中華書局, 2007) 참조.

43) 阮元의 ≪十三經注疏(附校勘記)≫(北京 : 中華書局, 1980) 참조.

44) "鄭志答張逸云……文義自解, 故不言之, 凡說不解者耳."(≪毛詩正義≫ 〈周南 螽斯〉 孔穎達 疏)

體字 등을 일정한 기준에 따라 선별하여 경문에 사용하고 그 이문을 주석에 남겼다. 즉 두 글자의 뜻이 모두 통할 경우에는 그 뜻이 좀 더 적절한 글자를 채택하고, 본자 대신 익숙히 사용하는 통가자를 채택하고, 옛사람의 언어 습관이나 事理・禮制・文意에 근거하여 글자를 채택하였다. 예컨대 〈曲禮 上〉의 "벼슬을 하고 학문을 할 때 스승을 섬기는데 예가 아니면 서로 친애할 수 없다.〔宦學事師 非禮不親〕"라는 구절에 대한 정현의 주에 "學은 혹 御로도 쓴다.〔學或爲御〕"라고 하였다. '御'는 보통 '모시다〔侍〕'의 뜻으로 쓰이나, 本義는 甲骨文과 金文에 근거하면 '맞이하다〔迓〕'의 뜻이다. 정현은 이미 '宦'을 '벼슬하다〔仕〕'의 뜻으로 보았는데 이 구절을 '宦御事師'로 본다면 문장의 뜻이 전혀 달라지기 때문에 '學'을 채택한 것이다. 또 〈곡례 하〉의 "감히 세자와 같은 이름을 사용하지 못한다.〔不敢與世子同名〕"라는 구절에 대한 정현의 주에 "世는 혹 大로 되어 있기도 하다.〔世或爲大〕"라고 하였다. '大'는 즉 '太'로 고문에서 통용하였는데, 太는 본자이고 世는 통가자이나 ≪春秋公羊傳≫의 '世室', ≪論語≫의 '世叔' 등처럼 禮書에서 世를 습관적으로 사용하였기 때문에 경문에 世를 사용한 것이다. 또 〈檀弓 下〉의 "叔仲衍이 子柳에게 이를 고하였다.〔叔仲衍以告〕"라는 구절에 대한 정현의 주에 "숙중연은 叔仲皮의 아우인 듯하다. 衍은 혹 皮로 되어 있기도 하다.〔衍 蓋皮之弟 衍或爲皮〕"라고 하였다. 이것은 바로 앞의 경문이 "숙중피가 죽었다.〔叔仲皮死〕"라는 구절에 뒤이어 나온 것이기 때문에 或本의 '皮'를 채택하지 않은 것이다.

넷째, 경문에 서로 모순이 있거나 다를 경우 '다른 시대의 예'라는 것으로 조화시키고자 하였다. 예컨대 〈王制〉의 "천자국에는 3명의 公과 9명의 卿과 27명의 大夫와 81명의 元士가 있다.〔天子三公 九卿 二十七大夫 八十一元士〕"라는 구절에 대한 정현의 주에 "이것은 夏나라의 제도이다. 〈明堂位〉에 이르기를 '하후씨의 관직은 백 개다.'라고 하였는데, 이는 成數를 든 것이다.〔此夏制也 明堂位曰 夏后氏之官百 擧成數也〕"라고 하였다. ≪周禮≫에서 언급한 관직이 360개이고 〈명당위〉에서 언급한 殷나라의 관직이 200개인데, 여기 〈왕제〉에서 언급한 관직이 120개이므로 하나라의 제도라고 말한 것이다. 그리고 하나라의 120개 관직을 〈명당위〉에서 100개라고 한 모순에 대해서도 '성수'라는 개념을 도입하여 설명하고자 하였다.

다섯째, 音訓의 방법을 사용하여 경문을 해석하였다. 일반적으로 訓詁學에서는 義訓・形訓・音訓(聲訓)의 세 가지 방법을 사용하여 풀이한다. ≪爾雅≫는 의훈을 한 대표적인 저작이며, ≪說文解字≫는 형훈을 한 대표적인 저작이다. 정현은 주석에 이러한 훈고학의 방법을 두루 사용하였는데, 특히 음훈을 많이 사용하였다. 예컨대 〈곡례 하〉의 "천자의 妃를 后라 하고……士의 아내를 婦人이라 한다.〔天子之妃曰后……士曰婦人〕"라는 구절에 대한 정현의 주에 "婦라는 글자는 服의 뜻이다.〔婦之言服〕"라고 하였는데, '婦'와 '服'은 모두 竝紐・之部의 글자로 韻과 聲이 완전히 같다. 또 〈제법〉의 "이 때문에 왕은 일곱 개의 묘를 세운다.〔是故王立七廟〕"라는 구절에 대한 정현의 주에 "廟라는 글자는 貌의 뜻이니, 종묘는 선조의 존귀한 모습이다.〔廟之言貌也 宗廟者先祖之尊貌也〕"라고 하였는데, '廟'와 '貌'는 모두 明紐・宵部의 글자로 韻과 聲이 완전히 같다.

다음으로 주석의 체례 면에서 말한다면 다음과 같은 특징을 갖고 있다.

첫째, 글자의 音義를 바로잡았다. 정현의 주에는 讀如・讀若, 讀爲・讀曰, 當爲, 聲之誤, 字之誤와 같이 音義를 표시하는 어휘가 종종 보인다. '讀如'와 '讀若'은 해당 글자의 음을 비슷한 음의 다른 글자로 제시한 것이며, '讀爲'와 '讀曰'은 비슷한 음의 다른 글자로 바꾸어서 뜻을 아울러 제시한 것이며, '當爲'는 해당 글자가 誤字여서 제시한 글자로 고쳐야 한다는 것을 말한 것이다. '聲之誤'는 해당 글자가 음이 같거나 비슷하여 오류가 생긴 글자임을 말한 것이며, '字之誤'는 해당 글자가 형태가 비슷하여 오류가 생긴 글자임을 말한 것이다.

예컨대 讀如・讀若은, 〈玉藻〉의 "왕후는 褘衣를 입고, 부인은 揄狄을 입는다.〔王后褘衣夫人揄狄〕"라는 구절에 대한 정현의 주에 "褘는 翬와 같이 읽고, 揄는 搖와 같이 읽는다. 翬와 搖는 모두 꿩의 이름이니, 이를 새기고 그려서 옷에 부착하여 장식을 삼기 때문에 이로 인해 의복의 명칭으로 삼은 것이다.〔褘讀如翬 揄讀如搖 翬搖皆翟雉名也 刻繪而畫之 著於衣以爲飾 因以爲名也〕"라고 하였는데, 이것은 비슷한 음을 가진 글자를 제시하여 뜻을 아울러 언급한 것이다. 讀爲・讀曰은, 〈曾子問〉의 "攝主는 厭祭를 지내지 않으며, 旅酬하지 않으며, 복을 내리는 말을 하지 않는다.〔攝主不厭祭 不旅 不假〕"라는 구절에 대한 정현의 주에 "假는 嘏로 읽으니, 不嘏는 주인에게 복을 내리는 말을 하지 않는다는 뜻이다.〔假讀爲嘏 不嘏 不嘏主人也〕"라고 하였는데, '假'와 '嘏'는 음이 같은 글자로 이것은 본자로 통가자를 읽은 것이다. 當爲와 聲之誤는, 〈雜記 上〉의 "다른 나라의 대등한 자에게 부고할 때는 '그대의 국외에 있는 신하 寡大夫 아무개가 不祿하였기에 저로 하여금 부음을 전하러 오게 하였습니다.'라고 한다.〔訃於適者 曰 吾子之外私寡大夫某不祿 使某實〕"라는 구절에 대한 정현의 주에 "適은 匹敵의 敵으로 읽으니, 작위가 같은 자를 이른다. 實은 至가 되어야 하니, 이것은 周나라와 秦나라 사람들이 음이 비슷하여 오류가 생긴 것이다.〔適讀爲匹敵之敵 謂爵同者也 實當爲至 此讀周秦之人聲之誤也〕"라고 하였다. 當爲와 字之誤는, 〈제법〉의 "幽宗은 별을 제사하는 것이다.〔幽宗 祭星也〕"라는 구절에 대한 정현의 주에 "宗은 모두 禜이 되어야 하니 글자가 비슷하여 오류가 생긴 것이다. 幽禜은 또한 星壇을 이른다. 별은 황혼에 비로소 보이니, 禜은 營이라는 뜻이다.〔宗皆當爲禜 字之誤也 幽禜 亦謂星壇也 星以昏始見 禜之言營也〕"라고 하였다.

둘째, 名物을 풀이하였다. 예컨대 〈곡례 상〉의 "무릇 활과 검, 苞와 苴, 簞과 笥를 다른 사람에게 선물할 경우에는〔凡以弓劍苞苴簞笥問人者〕"이라는 구절에 대한 정현의 주에 "苞와 苴는 어물이나 육류 등속을 싸는 것으로, 갈대로 만들기도 하고 띠풀로 만들기도 한다.〔苞苴 裹魚肉 或以葦 或以茅〕"라고 하였다.

셋째, 다양한 방법으로 경문을 해석하였다. 정현의 주에서는 여러 가지 방법으로 경문을 해석하였는데, 다른 경문을 인용하여 해당 경문을 해석하는 경우, 당시의 제도나 풍속을 가지고 옛 제도를 해석하는 경우, 경문의 의미에 근거를 두고 추론하여 경문을 해석하는 경우, 경문이 구비되어 있지 않거나 불충분할 때 보충하여 채워넣는 경우, 篇章이나 단락의 大義를 개괄하거나 경문의 주된 요지를 밝히는 경우, 증거로 삼을 문헌이 없을 때는 자신의 의견으로 해석하는 경우 등이 있다.

넷째, 禮制의 목적과 의의를 밝혔다. 즉 聖人의 微言大義를 밝힌 것이다. 예컨대 〈단궁 하〉의 "魯나라 사람 중에 周豐이라는 자가 있었는데, 哀公이 폐백을 보내 만나볼 것을 청하였다.〔魯人有周豐也者 哀公執摯請見之〕"라는 구절에 대한 정현의 주에 "현자에게 자신을 낮춘 것이다. 摯는 짐승을 예물로 쓴 것이다. 제후인데도 짐승으로 예물을 삼은 것은 높은 신분을 낮추어 낮은 자에게 나아가는 뜻이다.〔下賢也 摯 禽摯也 諸侯而用禽摯 降尊就卑之義〕"라고 하였다.

다섯째, 경문의 誤字, 衍字, 脫字, 錯字를 바로잡았다. 예컨대 〈단궁 상〉의 "천자가 제후를 위하여 곡할 때 士의 祭服인 爵弁과 緇衣를 착용한다.〔天子之哭諸侯也 爵弁絰紂衣〕"라는 구절에 대한 정현의 주에 "천자는 지극히 존귀하므로 직접 시신이나 널을 보지 않았으면 조문복을 입지 않으며 길복에 加麻하지 않는다. 여기 경문에서 絰을 말한 것은 衍字이다. 당시 사람들 사이에서 弁에 麻絰을 두르는 경우가 있으므로 인하여 말한 것뿐이다.〔天子至尊 不見尸柩 不弔服 麻不加於采 此言絰 衍字也 時人間有弁絰 因云之耳〕"라고 하였다. 또 〈제의〉의 "서리가 이미 내리면 군자가 밟고서 반드시 서글퍼 하는 마음이 있다.〔霜露旣降

君子履之 必有悽愴之心〕"라는 구절에 대한 정현의 주에 "霜露既降은 ≪예≫에서 가을에 있다고 말하니, 여기 경문에 '秋'자가 없는 것은 아마도 脫字인 듯하다.〔霜露既降 禮說在秋 此無秋字 蓋脫爾〕"라고 하여 탈자를 보충하였으며, 〈옥조〉의 "素帶에 붉은 속감을 대고 끝까지 선을 두른다.〔而素帶 終辟〕"라는 구절에 대한 정현의 주에 "이것은 而素帶부터 어지럽게 탈자되어 여기에 있는 것일 뿐이니, 의당 다음에 나오는 경문 朱裏終辟을 이어야 한다.〔此自而素帶 亂脫在是耳 宜承朱裏終辟〕"라고 하여 錯字를 바로잡았다.

정현의 주는 이밖에도 정현 이전의 典章文物 제도를 연구하는 데 많은 도움을 주고 있으며, 근래 발굴된 출토 문물의 용도나 명칭 역시 정현의 주를 통해 알 수 있다. 또 지금은 이미 망실된 수많은 문헌과 師說들을 정현의 주를 통해 알 수 있는 부분이 적지 않다. 다만 오늘날 발굴된 출토 문물이나 정현 이후 축적된 수많은 연구 성과에 근거할 때 주로 다음 몇 가지 방면에서 비판을 받고 있다.

첫째, ≪주례≫를 周公이 만든 실제 周나라의 제도라고 믿어서 〈왕제〉 등의 제도가 ≪주례≫와 맞지 않을 경우 殷나라나 夏나라의 제도로 여겼다는 것이다. 예컨대 〈곡례 하〉의 "천자는 天官을 세우되 6太를 먼저 세운다. 태재·태종·태사·태축·태사·태복이니, 六典을 지켜 주관한다.〔天子建天官 先六大 曰大宰 大宗 大史 大祝 大士 大卜 典司六典〕"라는 구절에 대해, 정현은 "이것은 은나라의 제도인 듯하다. 주나라는 태재가 천관이며, 태종은 종백이라 하니 종백은 춘관으로 태사 이하가 이에 속한다. 태사는 신을 담당하는 것으로 벼슬하는 자이다.〔此蓋殷時制也 周則大宰爲天官 大宗曰宗伯 宗伯爲春官 大史以下屬焉 大士以神仕者〕"라고 하였다. 이것은 선후가 뒤바뀐 것이다. ≪주례≫는 전국시대 6국의 제도뿐 아니라 秦漢의 제도까지 잡다하게 섞인 일종의 왕국 설계서로, 이후 한 번도 실행된 적이 없었으며 漢나라에 들어와 고문 경학가들이 ≪주례≫를 주공이 태평성대를 이룩했던 자취라고 주장하면서 중시되기 시작했을 뿐이다.

둘째, 緯書를 인용하여 경문을 설명한 곳이 많다는 것이다. 이것은 위서로 경서를 설명하는 것이 성행했던 漢나라 말의 풍조와도 깊이 관련된 것으로, 정현 역시 젊어서부터 천문·占候·風角·隱術을 좋아하였으며 저술 중에 위서 주석서가 10종이나 된다. 예컨대 〈禮器〉의 "그러므로 魯나라 사람은 장차 上帝에게 제사를 올리려고 할 때 반드시 먼저 반궁에서 제사를 올렸다.〔故魯人將有事於上帝 必先有事於頖宮〕"라는 구절에 대해, 정현은 "상제는 주나라에서 교제사를 지내는 대상이니, 蒼帝靈威仰을 이른다.〔上帝 周所郊祀之帝 謂蒼帝靈威

仰也〕"라고 하였다. 이는 六天說, 五精感生說 등의 음양오행설에서 나온 이론에 근거하여 설명한 것이다. 육천설은 하늘에 지존인 상제가 한 분 있고, 상제 아래 東方蒼帝靈威仰, 南方赤帝赤熛怒, 中央黃帝含樞紐, 西方白帝白招拒, 北方黑帝汁光紀의 다섯 天帝가 상제를 보좌한다는 것이며, 오정감생설은 다섯 천제에게 제사할 때 각각 그 정기에 감응하여 태어난 太昊, 炎帝, 黃帝, 少昊, 顓頊의 다섯 人帝를 각각 동방창제, 남방적제, 중앙황제, 서방백제, 북방흑제에게 배향한다는 것이다. 茶山 丁若鏞 역시 정현의 五帝說은 緯家의 邪說로 후세 祀典이 어지러워진 책임의 반은 정현에게서 비롯되었다고 비판하고 있다.45)

셋째, 典章名物에 대해 해석할 때 근거로 든 문헌이나 師說에 오류가 있을 경우 정현의 주 역시 오류를 피하기 어렵다는 것이다. 예컨대 〈명당위〉의 "술 단지는 사준·상준·산뢰를 쓴다.〔尊用犧 象 山罍〕"라는 구절에 대해, 정현은 "尊은 酒器이다. 犧尊은 너울너울 춤추는 봉황을 그려서 장식으로 삼은 것이다. 象은 象尊이니 상아로 장식한 것이다.〔尊 酒器也 犧尊 以沙羽爲畫飾 象 象尊 骨飾之〕"라고 하였다. 그러나 근래의 출토 문물에 근거하면 鳥獸로 이름을 지은 술 단지는 모두 조수의 형태를 띠고 있다. 즉 사준은 소 형상의 술 단지이며 상준은 코끼리 형상의 술 단지이다. 정약용 역시 정현의 주에 대해 경서를 가지고 경서에 주를 냈다 해도 여전히 모순을 면치 못하는 부분이 있다고 말한다.46)

넷째, 근거 없이 억측으로 주석을 내기도 했다는 것이다. 예컨대 〈명당위〉의 "유우씨는 관직이 50개, 하후씨는 관직이 100개, 은나라는 200개, 주나라는 300개이다.〔有虞氏官五十 夏后氏官百 殷二百 周三百〕"라는 구절에 대해, 정현은 "주나라의 6卿은 그 소속 관직이 각각 60개이니, 그렇다면 주나라는 360개 관직이다. 여기에서 300이라고 한 것은 기록할 때 〈冬官〉이 없어진 것이다. 〈昏義〉에 이르기를 '천자는 6官을 세우니, 3公·9卿·27大夫·81元士로 관직이 모두 120개이다.'라고 하였는데, 이는 하나라 때를 이른 듯하다. 하나라와 주나라로 전후의 차이를 미루어 살펴보면 유우씨의 관직은 60개, 하후씨는 120개, 은나라는 240개가 되어야 하며 이와 같이 기록해서는 안 된다.〔周之六卿 其屬各六十 則周三百六十官也 此云三百者 記時冬官亡矣 昏義曰天子立六官 三公 九卿 二十七大夫 八十一元士 凡百二十 蓋謂夏時也 以夏周推前後之差 有虞氏官宜六十 夏后氏宜百二十 殷宜二百四十 不得如此記也〕"라고 하였다. 이는 아무런 근거 없이 한 왕조의 관직의 수가 이전의 왕조보다 두

---

45) "鄭玄五帝之座, 是緯家之邪說.……後世祀典之瀆亂不經, 半由於王莽, 半由於鄭玄."(≪與猶堂全書≫ 經集 권22 〈尙書古訓 堯典〉)

46) "況馬融鄭玄之輩, 引經注經, 而猶不免矛盾."(≪與猶堂全書≫ 詩文集 권14 〈題毛奇齡喪禮吾說篇〉)

배라고 믿고서 〈명당위〉의 내용이 틀렸다고 주장한 것이다.

다섯째, 주석을 보아도 여전히 명확하지 않은 부분이 있다는 것이다. 이는 정현 주의 장점인 간략함이 도리어 단점이 되는 부분이기도 하다. 예컨대 〈단궁 상〉의 “여우가 죽을 때 머리를 바로 하여 예전에 살던 언덕으로 향하는 것은 仁이다.〔狐死正丘首 仁也〕”라는 구절에 대해 정현은 “正丘首는 正首丘이다.〔正丘首 正首丘也〕”라고 하였는데, 정현의 주만 보아서는 의미를 여전히 알 수 없다.

2) 孔穎達의 正義[47]

鄭玄의 注는 간결한 것이 특징이다. 공영달은 그 속에서 주로 微言大義를 드러내고 밝히는 데 중점을 두어, 때로는 보충하고 때로는 근거를 들어 입증하고 때로는 오류를 바로잡았다. 그러나 정현의 주에만 초점을 맞춘 것은 아니었다. 아울러 前人의 설을 근거로 때로는 자신의 설을 입증하고 때로는 반박하며 독자적인 해석을 전개한 부분이 적지 않다. 공영달이 주석을 내는 기준을 〈禮記正義序〉에서 엿볼 수 있는데, 공영달은 다음과 같이 말하고 있다.

> “熊安生은 본래의 경문과 어긋나고 외부의 뜻을 인용한 것이 많으니, 이는 마치 남쪽 楚나라에 가고자 하면서 북쪽으로 가는 것과 같아서 말이 아무리 빨리 달려도 가면 갈수록 더욱 멀어지는 것과 같다. 또 경문을 해석하고자 하면서 오직 어려운 뜻만 모아놓았으니, 이는 마치 실을 정리하려다 엉키게 하는 것과 같아서 손을 아무리 부지런히 놀려도 실은 더욱 어지럽게 엉키는 것과 같다. 皇侃은 비록 章句가 자세하고 올바르나 조금 번다하고 광범위하다. 또 이미 정현의 설을 따르고서도 때때로 또 정현의 뜻에 어긋나기도 하니, 이는 나뭇잎이 떨어져서 그 뿌리로 돌아가지 않는 것이며 여우가 죽을 때 자기가 살던 언덕으로 머리를 돌리지 않는 것이다. 이는 모두 두 학설의 폐단으로 옳다고 할 수 없는 점이다.”[48]

---

47) 이하 陶廣學의 〈孔穎達 ≪禮記正義≫ 硏究〉(江蘇省 揚州大學 博士論文, 2013) 참조.

48) “熊則違背本經, 多引外義, 猶之楚而北行, 馬雖疾而去逾遠矣. 又欲釋經文, 唯聚難義, 猶治絲而棼之, 手雖繁而絲益亂也. 皇氏雖章句詳正, 微稍繁廣. 又旣遵鄭氏, 乃時乖鄭義, 此是木落不歸其本, 狐死不首其丘. 此皆二家之弊, 未爲得也.”

즉 경문과 어긋나서는 안 된다는 것, 외부의 뜻을 많이 인용해서는 안 된다는 것, 어려운 뜻으로 풀이해서는 안 된다는 것, 번다하고 광범위해서는 안 된다는 것, 정현의 뜻에 어긋나서는 안 된다는 것이다. 이러한 원칙을 가지고 訓釋한 공영달의 正義 역시 크게 주석을 내는 방법과 주석의 體例 두 가지로 구분하여 얘기할 수 있다.

먼저 주석을 내는 방법 면에서 말한다면 다음과 같은 특징을 갖고 있다.

첫째, 章節을 나누어 訓釋하였다. 이는 漢代 이래의 章句體로 경문을 훈석하는 풍조의 영향을 받은 것이다. 예컨대 〈禮運〉의 "故聖人作則, 必以天地爲本, 以陰陽爲端, 以四時爲柄, 以日星爲紀, 月以爲量, 鬼神以爲徒, 五行以爲質, 禮義以爲器, 人情以爲田, 四靈以爲畜."이라는 구절에 대해, 공영달의 소에서는 "'天地爲本'부터 여기까지 10구 중 앞의 4구는 모두 '以'를 일의 앞에 두고 '月以爲量' 이하 6구는 '以'를 일의 뒤에 둔 것은, 앞은 天道를 밝힌 것이어서 일이 멀므로 '以'를 일의 앞에 두어서 하늘에 연결한 것이고, 뒤는 地道를 밝힌 것이어서 일이 가까우므로 '以'를 뒤에 두어 사람에 연결시키고자 한 것이다. 살펴보면 앞의 경문에서 '人者, 天地之德, 陰陽之交, 鬼神之會, 五行之秀氣'라고 말한 것은 네 가지를 갖추어 논한 것이다. 여기 경문에서 '天秉陽'이라 한 것은 하늘에 해와 별이 있음을 다시 말한 것이고, 다음 경문에서 '地秉陰'이라 한 것은 땅은 四時가 있고 아울러 달이 있음을 말한 것이다. 다음 경문에서 五行의 動함을 말한 것은 五行을 다시 말한 것이니, 앞의 천지 · 음양 · 귀신 · 오행 중에 오직 천지와 오행만 말한 것은 그 큰 것을 든 것이다. 여기 경문에서는 앞의 일을 통틀어 다시 말하였으므로 '以天地爲本, 以陰陽爲端, 以四時爲柄, 以日星爲紀, 月以爲量, 鬼神以爲徒, 五行以爲質'이라고 말한 것이니, 모두 앞의 일을 다시 말한 것이다. '禮義以爲器'는 앞의 '禮何以哉'를 다시 말한 것이다."[49]라고 하였다.

둘째, 의심의 여지가 있을 때 단정 짓지 않고 '恐', '恐誤', '恐非', '或然'이라는 말을 사용하여 독자의 판단에 맡겼다.

셋째, 義訓의 방법을 사용하여 경문과 정현의 주를 풀이하였다. 정현의 주와 마찬가지로 訓詁學의 形訓 · 聲訓 · 義訓의 방법을 두루 사용하였으나 공영달의 정의에서는 주로

---

49) "自'天地爲本'至此凡十句, 上四句皆以'以'字在於事上, 從'月以爲量'以下六句, '以'字置於事下者, 上明天道, 事遠, 故'以'字在事上, 連於天也. 後明地道, 事近, 故'以'字居下, 欲連於人. 案前經云 '人者, 天地之德, 陰陽之交, 鬼神之會, 五行之秀氣', 備論四者, 此經云 '天秉陽', 覆說天有日星. 次經云 '地秉陰', 地有四時, 幷有月也. 次經云五行之動, 覆說五行也, 於前天地陰陽鬼神五行之中, 唯說天地與五行, 擧其大者. 此經總覆前事, 故云 '以天地爲本, 以陰陽爲端, 以四時爲柄, 以日星爲紀, 月以爲量, 鬼神以爲徒, 五行以爲質', 皆覆說前事, '禮義以爲器', 覆說上舍'禮何以哉'."

의훈을 사용하여 풀이하였다. 예컨대 〈곡례 상〉의 "고모와 자매와 딸자식이 이미 시집갔다가 되돌아오면 남자 형제가 같은 자리에 앉지 않으며, 같은 그릇으로 음식을 먹지 않는다. 부자간에는 같은 돗자리에 함께 앉지 않는다.〔姑姊妹 女子子已嫁而反 兄弟弗與同席而坐 弗與同器而食 父子不同席〕"라는 구절에 대한 공영달의 소에 "'女子子'는 이미 시집간 딸자식을 이르니 이는 자신의 딸이다. '女子'라고만 하지 않고 '女子子'라고 한 것은, 무릇 남자와 여자는 모두 아버지가 낳아서 똑같이 아버지의 자식이지만 남자는 '子'를 한 번만 칭하고 여자는 '子'를 중복하여 칭한 것은, ≪儀禮≫ 〈喪服〉 정현의 주에 이르기를 '女子子라고 중복하여 말한 것은 남자와 구별한 것이니 이 때문에 女子子라고 말한 것이다.'라고 하였다."[50]라고 하였다.

다음으로 주석의 체례 면에서 말한다면 다음과 같은 특징을 갖고 있다.

첫째, 간결한 정현의 주를 보충하였다. 예컨대 〈곡례 하〉의 "제후가 封地를 잃으면 이름을 쓰고, 동성의 나라를 멸망시키면 이름을 쓴다.〔諸侯失地名 滅同姓名〕"라는 구절에 대한 정현의 주에 "끊은 것이다.〔絶之〕"라고 하였는데, 공영달의 소에 "≪春秋≫ 莊公 10년에 荊나라가 蔡나라 군대를 莘에서 패퇴시키고 채나라 군주 獻舞를 데리고 돌아갔다. ≪春秋公羊傳≫에 이르기를 '왜 이름을 썼는가? 끊은 것이다. 어찌하여 끊었는가? 사로잡혔기 때문이다.'라고 하였으니, 이것은 봉지를 잃어서 이름을 쓴 것이다. 僖公 25년에 衛나라 군주 燬가 邢나라를 멸망시켰다. ≪춘추공양전≫에 이르기를 '왜 이름을 썼는가? 끊은 것이다. 어찌하여 끊었는가? 同姓의 나라를 멸망시켰기 때문이다.'라고 하였으니, 이것은 동성의 나라를 멸망시켜 이름을 쓴 것이다. 그러므로 정현이 통틀어서 '끊은 것이다.'라고 말한 것이다."[51]라고 하였다. 공영달의 소가 없을 경우 정현의 주를 이해하기 쉽지 않다.

둘째, 각종 문헌을 제시하여 정현의 주를 입증하였다. 예컨대 〈단궁 하〉의 "獻文子가 말하기를 '내가 여기에서 음악을 울리고 여기에서 곡하고 여기에서 국빈과 친족을 모을 수 있다면, 이는 내가 몸을 온전히 보전해서 돌아가신 아버지를 조상의 묘소가 있는 九京에서 따르는 것이다.'라고 하였다.〔文子曰 武也得歌於斯 哭於斯 聚國族於斯 是全要領以從先大

50) "女子子者, 謂已嫁女子子, 是己之女. 不直云女子, 而云女子子者, 凡男子女子皆是父生, 同爲父之子, 男子則單稱子, 女子則重言子者, 案鄭注喪服云, '重言女子子, 是別於男子, 故云女子子.'"

51) "春秋莊十年, 荊敗蔡師於莘, 以蔡侯獻舞歸. 公羊云 '何以名? 絶. 曷爲絶之? 獲也.' 此失地名也. 僖二十五年, 衛侯燬滅邢. 公羊云 '何以名? 絶. 曷爲絶之? 滅同姓也.' 此滅同姓名也. 故鄭總言絶之."

夫於九京也〕"라는 구절에 대한 정현의 주에 "晉나라 경대부의 묘소는 九原에 있으니, '京'은 글자의 오자인 듯하다. 마땅히 '原'이 되어야 한다.〔晉卿大夫之墓地在九原 京蓋字之誤 當爲原〕"라고 하였는데, 공영달의 소에 "정현의 주에서 '京'이 '原'이 되어야 함을 아는 것은, 살펴보면 ≪韓詩外傳≫에 이르기를 '晉나라 趙武가 叔向과 함께 구원에서 구경하였다.'라고 하였고, 또 ≪爾雅≫에 이르기를 '매우 높은 곳을 京이라 하고 넓고 평평한 곳을 原이라 한다.'라고 하였다. 京은 장례할 장소가 아니고 原은 분묘의 장소이므로 原이라고 한 것이다."[52]라고 하였다. 정현의 주는 근거를 대지 않고 추정과 주장만 있어 믿기 어려우므로 공영달이 이를 입증할 문헌을 근거로 제시한 것이다.

셋째, 정현 주의 오류를 그대로 따르지 않았다. 대체로 정현의 주를 따르고 부연 설명한 부분이 많으나 正義의 일반적인 특징인 疏不破注의 원칙을 맹종하지는 않았다는 것이다. 예컨대 〈坊記〉의 "≪周易≫에 이르기를 '밭 갈지 않고 수확하며, 1년 된 밭을 만들지 않고 3년 된 밭을 만드니, 凶하다.'라고 하였다.〔易曰 不耕穫 不菑畬 凶〕"라는 구절에 대한 정현의 주에 "밭이 1년 된 것을 菑(치), 2년 된 것을 畬(여), 3년 된 것을 新田이라 한다.〔田一歲曰菑 二歲曰畬 三歲曰新田〕"라고 하였는데, 공영달의 소에 "살펴보면 ≪이아≫ 〈釋地〉에 이르기를 '밭이 1년 된 것을 菑라 한다.'라고 하였는데, 孫炎이 말하기를 '처음 개간하여 초목을 죽이는 것이다.'라고 하였다. 〈석지〉에 이르기를 '2년 된 것을 新田이라 한다.'라고 하였는데, 손염이 말하기를 '새로 부드러운 밭을 이룬 것이다.'라고 하였다. 〈석지〉에 이르기를 '3년 된 것을 畬라 한다.'라고 하였는데, 손염이 말하기를 '畬는 느슨하다는 뜻이다.'라고 하였다. ≪詩經≫ 〈周頌 采芑〉 毛亨의 傳에도 이르기를 '3년 된 밭을 畬라 한다.'라고 하였으니, 여기 정현의 주에서 '3년 된 밭을 新田이라 한다.'라고 한 것은 틀린 것이다."[53]라고 하였다.

넷째, 다양한 校勘 방법을 사용하여 교감하였다. 예컨대 〈文王世子〉의 "마침내 三老와 五更과 여러 노인의 자리를 마련한다.〔遂設三老五更群老之席位焉〕"라는 구절에 대한 정현의 주에 "삼로와 오경은 각각 한 사람이니, 모두 연로하여 일을 많이 겪고 벼슬에서 물러난 자이다.〔三老五更 各一人也 皆年老更事致仕者也〕"라고 하였는데, 공영달의 소에 "蔡邕은 '更'을 '叟'로 보았는데, '叟'는 노인의 호칭이다."[54]라고 하였다. 이것은 교감학의 對校法

52) "知京當爲原者, 案韓詩外傳云 '晉趙武與叔向觀於九原.' 又爾雅云 '絶高爲京, 廣平曰原.' 京非葬之處, 原是墳墓之所, 故爲原也."

53) "案爾雅釋地云 '田一歲曰菑.' 孫炎云 '始菑殺其草木.' '二歲曰新田', 孫炎云 '新成柔田也.' '三歲曰畬', 孫炎云 '畬, 舒緩.' 周頌傳亦云 '三歲曰畬.' 此云三歲曰新田者, 誤也."

54) "蔡邕以爲更字爲叟, 叟, 老稱."

을 사용하여 채옹의 本으로 정현의 주를 교감한 것이다. 또 〈왕제〉의 "천자와 제후가 지내는 종묘의 제사를 봄 제사는 '礿'이라 하고, 여름 제사는 '禘'라 하고, 가을 제사는 '嘗'이라 하고, 겨울 제사는 '烝'이라 한다.〔天子諸侯宗廟之祭 春曰礿 夏曰禘 秋曰嘗 冬曰烝〕"라는 구절에 대한 정현의 주에 "이것은 하나라와 은나라의 제사인 듯하다.〔此蓋夏殷之祭〕"라고 하였는데, 공영달의 소에 "여기에서는 '春礿'이라 하고 〈교특생〉에서는 '春禘'라고 한 것은, 정현의 〈교특생〉 주에 '禘'는 '禴'이 되어야 한다고 하였기 때문에 이를 따라 '春礿'이라 한 것을 올바르다 본 것이다. 〈제의〉에서 '春禘'라고 한 것에 대해서는 정현의 주에서 단지 '하나라와 은나라의 예이다.'라고 하여 '禘'를 틀렸다고 하지 않은 것은 〈교특생〉에서 이미 '禘'를 '禴'으로 고쳤기 때문에 〈제의〉에서는 생략한 것임을 알 수 있다."[55]라고 하였다. 이것은 정현의 주를 따르되 교감학의 本校法을 사용하여 〈왕제〉로 〈교특생〉과 〈제의〉를 교감한 것이다. 또 〈곡례 하〉의 "천자는 后를 두며, 夫人을 두며, 世婦를 두며, 嬪을 두며, 妻를 두며, 妾을 둔다.〔天子有后 有夫人 有世婦 有嬪 有妻 有妾〕"라는 구절에 대한 공영달의 소에 "《주례》에는 嬪이 世婦 위에 있고 또 妾이란 글자가 없다. 지금 나열한 것이 《주례》의 글과 뒤섞이면서 차례가 맞지 않은 것은 기록한 자의 말이니, 《주례》를 한결같이 따라서는 안 되며, 혹 하나라와 은나라의 예를 뒤섞어서 말한 것일 수 있다."[56]라고 하였는데, 이것은 교감학의 他校法을 사용하여 《주례》로 《예기》를 교감한 것이다. 이밖에도 교감학의 理校法이나 종합적인 방법을 사용하여 경문과 정현 주를 비롯하여 前人의 설 중 訛誤·衍文·倒文·異文 등을 교감하였다.

다섯째, 다량의 異文을 보존하였다. 정현의 주와 마찬가지로 공영달의 소에서도 다량의 이문을 보존하였다. 예컨대 〈곡례 하〉의 "군주가 士에게 활을 쏘게 했는데 사가 활을 쏘지 못하겠으면 병이 있다는 뜻으로 사양하여 말하기를 '아무개(士의 이름)가 땔나무를 할 수 없는 근심이 있습니다.'라고 한다.〔君使士射 不能則辭以疾 言曰某有負薪之憂〕"라는 구절에 대한 공영달의 소에 "《白虎通》에 이르기를 '천자가 병든 것을 不豫라 하니, 더는 정사에 참여하지 못한다는 말이다. 제후가 병든 것을 負子라 하니, 子는 백성이라는 뜻이니, 백성을 더는 사랑하지 못할까 근심한다는 말이다.'라고 하였다. 《춘추》 桓公 16년 조에 '衛侯 朔이 齊나라로 망명하였다.'라고 하였는데, 《춘추공양전》에 이르기를 '제후가 병든

55) "此云春礿而郊特牲云春禘者, 鄭彼注云禘當爲禴, 從此爲正. 祭義曰春禘, 鄭注直云夏殷禮, 不破禘字者, 以郊特牲已改禘爲禴, 故於祭義略之, 從可知也."

56) "周禮則嬪在世婦上, 又無妾之文也. 今此所陳, 與周禮雜而不次者, 記者之言, 不可一依周禮, 或可雜夏殷而言之."

것을 負玆라 한다.'라고 하였다. 제후의 병에 대해 명칭이 다른 이유는 子와 玆가 소리가 비슷하여 글자가 어지러워진 듯하니, 어느 것이 옳은지 모르겠다. ≪音義隱≫에 이르기를 '천자가 병든 것을 不豫라 하고, 제후가 병든 것을 負玆라 하고, 대부가 병든 것을 犬馬라 하고, 士가 병든 것을 負薪이라 한다.'라고 하였다."[57] 하였다. ≪백호통≫·≪춘추공양전≫·≪음의은≫으로 교감하여 負子·負玆·不玆의 세 이문을 남겨둔 것이다.

여섯째, 인물과 名物을 고증하였다. 인물은 경문과 정현의 주에 보이는 三皇五帝 등의 전설상의 인물을 비롯하여 文王·武王·周公·成王·孔子·子亢·子柳·帝乙·老聃·延陵季子·叔譽·叔向 등의 역사 인물에 대해 주로 고증하였는데, 특히 주공과 공자에 대한 고증이 매우 상세하다. 명물은 幣玉·圭·璧·璋·琮 등의 玉器, 爵·觚·觶·角·散·瓦 등의 酒器, 棺槨·翣·旌 등의 喪器, 犧尊·象尊·山罍·玉瓚·大圭·玉豆·雕篹·玉琖·仍雕·璧散·璧角·梡·嶡 등의 祭器에 대해 고증하였으며, 이밖에도 樂器·兵器 등의 기물들을 고증하였다.

일곱째, 각종 제도를 고증하였다. 천지·사방·산천·五祀·人鬼에 대한 제사, 관례·혼례·음식·射禮·鄕禮·燕禮·脤膰·賀慶 등의 嘉禮, 小學·大學·辟雍·泮宮 등의 학교 제도, 喪禮, 賓禮, 軍禮에 대해 고증하였다.

공영달의 정의 역시 다음 몇 가지 면에서 비판을 받고 있다.

첫째, 반드시 교감해야 할 것을 교감하지 않았다는 것이다. 예컨대 〈잡기 상〉의 "처를 위하여 상복을 입을 때 부모님이 살아계시면 지팡이를 짚지 않으며, 稽顙하지 않는다.〔爲妻父母在 不杖 不稽顙〕"라는 구절에 대한 공영달의 소에 "어머니가 살아 있으면 지팡이를 짚지 않는 것은 부모는 존귀함이 같으므로 아버지로 인해 어머니까지 이어 말한 것이다. 어머니가 살아 있으면 처를 위하여 상복을 입을 때 비록 지팡이를 짚을 수 있지만 계상은 할 수 없다. 지팡이와 계상이 연이어 있어 '不杖'은 父在에 속하고 '不稽顙'은 母在에 속하므로 '父母在, 不杖, 不稽顙.'이라 말한 것이다."[58]라고 하였다. 그러나 이 사례는 공영달이 교감을 하지 않아 오류가 발생한 것이다. 黃以周에 따르면, 〈잡기 상〉의 바로 다음 경문에 "母在,

57) "白虎通云 '天子病曰不豫, 言不復豫政也.' '諸侯曰負子, 子, 民也, 言憂民不復子之也.' 桓十六年, 衛侯朔出奔齊. 公羊曰 '有疾曰負玆.' 諸侯之疾所以名不同者, 蓋子玆聲相近, 其字相亂, 未知孰是. 音義隱云 '天子曰不豫, 諸侯曰不玆, 大夫曰犬馬, 士曰負薪.'"

58) "所以母在不杖者, 以父母尊同, 因父而連言母. 父沒, 母存, 爲妻雖得杖, 而不得稽顙, 以杖與稽顙文連, 不杖屬於父在, 不稽顙文屬母在, 故云 '父母在, 不杖, 不稽顙.'"

不稽顙."이라는 구절이 나오고, 또 ≪주례≫ 〈春官 大祝〉 賈公彦의 소에서도 ≪記≫를 인용하여 "父在, 爲妻, 不杖, 不稽顙."이라고 하였으니, 여기 경문의 '母'는 衍文이다.[59)]

둘째, 정현 주의 오류를 그대로 따르다 오류가 생긴 경우가 있다는 것이다. 예컨대 〈內則〉의 "군주의 세자가 태어나 군주에게 고하거든 太牢로 접견하되 宰夫가 이 예를 갖추는 것을 관장한다.〔國君世子生 告于君 接以大牢 宰掌具〕"라는 구절에 대한 정현의 주에 "接은 捷으로 읽어야 하니, 捷은 이긴다는 뜻이다. 그 어미를 먹여서 虛를 보하고 氣를 강하게 하는 것을 이른다.〔接讀爲捷 捷勝也 謂食其母 使補虛强氣也〕"라고 하였는데, 공영달의 소에 "왕숙과 두예는 모두 부인을 태뢰로 접대하는 것이라고 하였는데 정현은 반드시 捷으로 읽어서 허를 보하고 기를 강하게 하는 것이라고 한 것은, 부인이 처음 출산하면 반드시 병들고 허약해져서 3일 안에는 틀림없이 예로 만날 수 없고 자식을 안은 뒤를 기다려야 한다. 그런데 지금 앞당겨서 하므로 허를 보하고 기를 강하게 하는 것을 속히 해야 함을 알았기 때문이다."[60)] 라고 하였다. 그러나 정현의 주는 바로 다음에 나오는 경문 "무릇 자식을 만날 때는 날짜를 가리니, 冢子이면 태뢰를 쓰고, 庶人은 特豚을 쓰고, 士는 特豕를 쓰고, 대부는 소뢰를 쓰고, 國君의 세자는 태뢰를 쓴다. 총자가 아닌 경우는 모두 한 등급을 낮춘다.〔凡接子擇日 冢子則大牢 庶人特豚 士特豕 大夫少牢 國君世子大牢 其非冢子 則皆降一等〕"라는 구절과 부합하지 않은 것이다. 孫希旦은 "接은 자식을 만나는 것이다."[61)]라고 하였고, 황이주는 "接은 자식을 만나는 것을 이른다. 다음 경문의 '무릇 자식을 만날 때'라고 한 것이 그 증거이다."[62)]라고 하였다. 공영달은 잘못된 정현의 주를 바로잡지 않고 그대로 따라 답습한 것이다.

셋째, 前人의 설을 반박한 것이 오히려 오류인 경우가 있다는 것이다. 예컨대 〈喪大記〉의 "대렴에 布絞는 세로로 놓은 것이 세 가닥이고 가로로 놓은 것이 다섯 가닥이며, 布紟과 衾 두 채를 사용한다.〔大斂布絞 縮者三 橫者五 布紟 二衾〕"라는 구절에 대한 정현의 주에 "二衾은 혹 덮기도 하고 혹 바치기도 한다.〔二衾者 或覆之 或薦之〕"라고 하였는데, 공영달의 소에 "布紟은 皇氏가 말하기를 '紟은 홑이불이니, 絞束 아래에 둔 것을 취하여 장차 시신을 들 때 사용하려는 것이다. ≪孝經≫에 이르기를 「衣衾而擧之」라고 한 것이 이것

---

59) "雜記下文別言'母在不稽顙', 則此'母'字衍也. 春官大祝疏兩引記云 '父在爲妻不杖不稽首'."(黃以周의 ≪禮書通故≫(北京 : 中華書局, 2007) p.348)

60) "王肅杜預竝以爲接待夫人以大牢, 鄭必讀爲捷, 爲補虛强氣者, 以婦人初產, 必困病虛羸, 當產三日之內必未能以禮相接, 應待負子之後. 今在前爲之, 故知補虛强氣宜速故也."

61) "接, 接子也."(孫希旦의 ≪禮記集解≫(北京 : 中華書局, 1989), p.762)

62) "接謂接子也. 下云 '凡接子擇', 是其證."(黃以周의 ≪禮書通故≫(北京 : 中華書局, 2007) p.277)

이다.'라고 하였다. 지금 살펴보면 경문에서는 紟을 絞 뒤에 말하였는데, 紟은 혹 絞 위에 있어야 絞로 묶을 수 있다. 그리고 군주의 옷은 백 벌이고 또 소렴과 襲에 사용한 옷까지 모두 들어야 하니 單紟으로 들 수 있는 것이 아니다. 또 ≪효경≫에서는 衾을 말하고 紟을 말하지 않았으니, 皇氏의 설은 좋지 않다."[63]라고 하였다. ≪의례≫ 〈사상례〉의 "絞·紟과 2채의 衾을 진열한다.〔絞紟衾二〕"라는 구절에 대한 정현의 주에 "紟은 홑이불이다.〔紟 單被也〕"라고 한 것에 근거하면 紟과 衾은 다른 것으로 황씨의 설이 옳다. 공영달은 紟과 衾을 같은 것으로 보아 황간의 설을 잘못으로 본 것이다.

6. 影響

≪禮記≫는, 고구려에서 太學을 설치하고 백제에 五經博士가 있었으며[64] 신라에서 ≪예기≫ 등을 공부했다는 기록[65]에 근거하면 삼국 시대 때 이미 수입되었음을 알 수 있다. 특히 唐 高宗 永徽 4년(653)에 정식으로 반포되어 당나라에서 매년 과거 시험 과목의 하나가 된[66] 이후의 ≪예기≫ 관련 기록을 살펴보면 통일신라 神文王 2년(682)에는 國學을 설립하여 ≪예기≫ 등 오경을 가르쳤으며,[67] 6년(686)에는 당나라에 사신을 보내 ≪예기≫와 새로운 글을 청하자 則天武后가 吉凶要禮 및 ≪文館詞林≫에서 規誡에 관련된 글을 뽑아 50권을 보내주었으며,[68] 통일신라 元聖王 4년(788)에는 처음으로 讀書三品을 정하여 관리를 선발하면서 ≪예기≫를 ≪春秋左氏傳≫·≪文選≫과

63) "布紟者, 皇氏云 '紟, 禪被也, 取置絞束之下, 擬用以擧尸也. 孝經云衣衾而擧之是也'. 今案, 經云紟在絞後, 紟或當在絞上, 以絞束之. 且君衣百稱, 又通小斂與襲之衣, 非單紟所能擧也. 又孝經云衾不云紟, 皇氏之說未善也."

64) ≪日本書紀≫ 등에 백제 武寧王 13년(513)에 백제에서 五經博士 段楊爾와 高安茂를 倭에 파견하였다는 기록이 보인다.(≪日本書紀≫ 권17 繼體紀 7년(513), 10년(516)·≪東史約上≫ 권2 〈新羅高句麗百濟紀〉)

65) "詩·尙書·禮·傳, 倫淂誓三年."(≪壬申誓記石≫)

66) "四年……三月壬子朔, 頒孔穎達五經正義於天下, 每年明經, 令依此考試."(≪舊唐書≫ 권4 〈高宗紀 上〉 永徽 4년)

67) "六月, 立國學, 置卿一人."(≪三國史記≫ 권8 〈新羅本紀〉 神文王 2년) "國學……教授之法, 以周易·尙書·毛詩·禮記·春秋左氏傳·文選, 分而爲之業."(≪三國史記≫ 권38 〈雜志 職官 上〉)

68) "遣使入唐, 奏請禮記竝文章. 則天令所司, 寫吉凶要礼, 幷於文舘詞林, 採其詞涉規誡者, 勒成五十卷, 賜之."(≪三國史記≫ 권8 〈新羅本紀〉 神文王 6년)
"則天垂拱二年二月, 新羅王金政明遣使請禮記一部幷新文章, 令所司寫吉凶要禮, 幷於文館詞林採其詞涉規誡者, 勒成五十卷賜之."(≪册府元龜≫ 권999 〈外臣部 請求〉)

함께 정식 과거 시험 과목으로 채택하였다.[69] 신문왕 때 당나라에 요청한 ≪예기≫가 ≪禮記正義≫를 가리키는지에 대해 이견을 제기하는 학자도 있으나[70] 통일신라 시기 언급된 ≪예기≫는 당나라의 관찬 예서인 ≪예기정의≫일 가능성이 매우 크다. 고려 시대에 들어와서도 ≪예기≫ 관련 기록이 적지 않은데, ≪예기정의≫를 직접 언급한 것은 고려 靖宗 11년(1045) 4월에 秘書省에서 새로 간행한 ≪예기정의≫ 70本과 ≪毛詩正義≫ 40본을 바치자 이 중 1본은 御書閣에 보관하고 나머지는 문신들에게 하사하였다는 기록이다.[71] 정종 이전에 ≪예기정의≫가 이미 수입되어 널리 보급되었음을 알 수 있다. 또 고려 恭愍王 19년(1370)에 鄕試와 會試 第1場에서 五經의 뜻을 시험할 때 ≪예기≫는 古注疏, 즉 정현의 주와 공영달의 소를 시험하였다는 기록이 보이는데,[72] 고려 말까지도 ≪예기정의≫가 과거 시험의 주요 교재였음을 알 수 있다.

그러나 고려 말에 신유학인 性理學과 함께 朱熹의 四傳弟子인 元나라 학자 陳澔의 ≪禮記集說≫이 수입되어 학자들에 의해 연구되었는데,[73] 조선에 들어와 世宗 1년(1419)에 敬寧君 등이 북경에서 돌아올 때 明나라 成祖가 하사한 ≪禮記集說大全≫을 받아오면서[74] ≪예기집설대전≫이 차츰 ≪예기정의≫의 권위를 대신하게 되었다. ≪예기집설대전≫은 명 성조 永樂 13년(1415)에 성조의 명을 받아 胡廣 등 42명이 편찬한 永樂三大典, 즉 ≪四書大全≫·≪五經大全≫·≪性理大全≫ 중 ≪오경대전≫의 하나

---

69) "四年, 春, 始定讀書三品以出身. 讀春秋左氏傳若禮記若文選, 而能通其義, 兼明論語·孝經者爲上."(≪三國史記≫ 권10 〈新羅本紀〉 元聖王)

70) ≪舊唐書≫ 권199 〈東夷列傳 新羅〉의 "垂拱二年, 政明遣使來朝, 因上表請唐禮一部幷雜文章, 則天令所司寫吉凶要禮, 幷於文館詞林採其詞涉規誡者, 勒成五十卷以賜之."라는 구절 중 '唐禮一部'라는 어구와 ≪新唐書≫ 권220 〈東夷列傳 新羅〉의 "開耀元年, 死子政明襲王, 遣使者朝丐唐禮及它文辭, 武后賜吉凶禮幷文辭五十篇."이라는 구절 중 '唐禮'라는 어구에 근거하여 신라가 686년에 요청하여 받은 것은 ≪예기≫가 아니라 唐禮였을 것이라는 견해가 있다.(이강래의 ≪삼국사기 I≫(서울 : 한길사, 1998) p.211)

71) "己酉, 秘書省進新刊禮記正義七十本, 毛詩正義四十本, 命藏一本於御書閣, 餘賜文臣."(≪高麗史≫ 권6 〈世家〉 靖宗 11년 4월)

72) "鄕試·會試, 文字程式. 第一場, 試五經義.……禮記, 古注疏."(≪高麗史≫ 권42 〈世家〉 恭愍王 19년 6월)

73) ≪예기집설≫에 최초로 주석을 낸 權近의 ≪禮記淺見錄≫이 10여 년 동안의 작업을 거쳐 1405년(태종 5)에 成書되었다는 ≪태종실록≫의 기록에 근거하면, 진호의 ≪예기집설≫은 고려 말에 수입되었을 것으로 보인다. 조선에서는 ≪雲莊禮記集說≫·≪陳氏輯說≫ 등으로 불렸다.(≪太宗實錄≫ 5년 10월 17일)

74) "特賜御製序新修性理大全·四書五經大全."(≪世宗實錄≫ 1년 12월 7일)

로, 진호의 ≪예기집설≫ 注를 채택하고 諸家의 설을 疏로 실은 ≪예기≫ 주석서이다. 명나라에서는 이후 과거 시험의 표준서가 되었으며, 조선에서도 주희의 예설을 위주로 실은 ≪예기집설대전≫이 수차례 간행되어 널리 보급되었다. 조선 후기에 이르러서는 예학의 전성시대라 불릴 정도로 ≪朱子家禮≫를 비롯한 예서 관련 주석서와 저술이 쏟아져 나왔는데, ≪예기집설대전≫이 비록 주요한 위치를 차지하기는 하였으나 ≪예기정의≫ 역시 古注疏로서 종종 ≪예기집설대전≫의 부족한 부분을 검증하고 變禮를 정립하는 가장 기초적인 자료로서 함께 언급되고 연구되었다. 조정에서 공식적으로 논의된 사례를 살펴보면 다음과 같다.

행 대사헌 權尙夏는 의견을 올리기를 "……≪예기≫에는 '方喪三年'이라 하였는데, 공영달의 소에 '方은 견준다는 뜻이다.'라고 하였으니, 아비의 喪禮에 견주어서 임금의 喪事에 행한다고 이른 것입니다."라고 하였다.[75)]

扶餘縣監 蔡之洪이 말하기를 "……공영달의 正義와 眞德秀의 설은 비록 다르나 두 설이 모두 좋습니다."라고 하였다.[76)]

奎章閣에서 아뢰기를 "……공영달은 '甲·乙·丙·丁 등을 日이라 하고 郊祭에 첫 辛日을 쓰는 것을 元日이라 한다. ≪예기≫ 〈교특생〉에는 교제에 신일을 쓴다고 하여 교제에 대해서만 말하고 풍년을 비는 것에 대해서는 말하지 않았고, 이 〈월령〉에서는 풍년을 비는 것만 말하고 교제에 대해서는 말하지 않았으므로, 정현은 이미 두 가지 제사를 한 가지 제사로 보았기 때문에 이 주에서 첫 신일에 교외에서 하늘에 제사 지낸다고 말하고 ≪春秋傳≫을 인용하여 증명한 것이다.' 하였습니다."라고 하였다.[77)]

弘文館에서 아뢰기를 "……공영달은 해석하기를 '喪事는 장례와 練祭·祥祭를

---

75) "行大司憲權尙夏議曰 '……記曰「方喪三年.」 疏曰「方, 比方也.」 請比方父喪禮以喪君.'"

76) "之洪曰 '……孔氏·眞氏之說各異, 而二說俱好.'"(≪英祖實錄≫ 3년 5월 20일)

77) "奎章閣啓言'……孔穎達曰「甲乙丙丁等謂之日, 郊之用辛云元日. 郊特牲, 郊之用辛也. 言郊不言祈穀, 此經言祈穀不言郊. 鄭旣以二祭爲一, 故此註謂以上辛郊祭天也, 引春秋傳以明之.」'"(≪正祖實錄≫ 17년 12월 7일)

말하는데 이는 슬퍼하는 마음을 앗아간다는 뜻으로 효자가 바라는 것이 아니다. 그러나 服制에 있어 부득이한 것이기 때문에 날짜를 잡을 때 遠日을 따르는 것을 우선으로 하는데, 이는 급급히 하는 것은 마땅하지 않다는 것을 보여서 은미하게 효심을 펴기 위한 것이다.'라고 하였습니다."라고 하였다.[78)]

위 사례에서 사헌부・규장각・홍문관의 관원과 山林급 儒賢인 蔡之洪이 모두 조정에서 ≪예기정의≫를 주장의 근거로 인용하고 있다. 이외에 개인의 문답이나 저술에서 ≪예기정의≫의 주소를 인용한 사례는 이루 셀 수 없을 정도로 많은데, 비록 茶山 丁若鏞처럼 '공영달의 訓詁가 모두 본래의 뜻이라고 기필할 수는 없으며, 또 본래의 뜻을 터득한 것이라 해도 글자의 뜻만 밝히고 구절만 바로잡는 데 지나지 않아서 이것만 가지고는 先王과 先聖의 도학과 명교의 근원에 대해 그 깊은 뜻을 엿보아 규명할 수가 없다.'[79)], '정현의 주는 간혹 서로 모순되고 공영달의 소는 오류와 번잡함이 없지 않다.'[80)] 등의 ≪예기정의≫에 대한 비판의 목소리 또한 없지 않으나, 이러한 비판들 역시 깊은 연구 끝에 나오는 것이며, 깊은 연구는 그만큼 중요한 전적이라는 것을 의미한다. 중국뿐 아니라 우리나라 역시 삼국 시대부터 조선 시대에 이르기까지 수천 년 동안 王朝禮와 私家禮를 비롯하여 수많은 變禮에 이론을 제공하거나 없는 예를 새로 정립하는 데 ≪예기정의≫가 많은 영향을 미쳤다는 것은 부인할 수 없다.

7. 附錄

이하는 ≪禮記≫의 구성, 내용, 成書 시기, 편찬자[81)] 및 정현의 ≪禮記目錄≫에서 기술한 西漢 劉向의 ≪別錄≫에서의 분류를 표로 정리한 것이다.

---

78) "弘文館啓言'……孔穎達釋之曰「喪事葬與練・祥, 是奪哀之義也, 非孝子之所欲. 但制不獲已, 故卜先從遠日而起, 示不宜急, 微伸孝心也.」'"(≪純祖實錄≫ 5년 2월 4일)

79) "至孔穎達, 賈公彦爲之疏釋, 而天下靡然宗之, 可謂盛矣. 然其詁訓之所傳受者, 未必皆本旨, 雖其得本旨者, 不過字義明而句絶正而已, 于先王先聖道教之源, 未嘗窺其奥而溯之也."(≪定本與猶堂全書≫ 詩文集 권11 〈五學論〉 2)

80) "鄭康成之注, 間相予盾, 孔穎達之疏, 不無謬冗, 而至于今悠久不替者何歟."(≪定本與猶堂全書≫ 詩文集 권8 〈對策 十三經策〉)

81) 王鍔의 ≪≪禮記≫ 成書考≫(北京 : 中華書局, 2007) 참조. 49편 중 〈曲禮〉, 〈檀弓〉, 〈雜記〉를 上下로 구분한 것은 모두 簡策이 무겁고 많아서 단순히 분량에 따른 것으로, 사실상 하나의 편이다.

차례	편 명	내 용	성서 시기 및 편찬자	분류
1	曲禮 上	周나라의 소소한 예절. 언어, 음식, 청소, 응대, 진퇴 등에 관한 예	· 春秋 말기~戰國 전기 · 曾子 또는 증자의 제자가 정리한 것으로 추정	제도
2	曲禮 下	上同	· 上同	上同
3	檀弓 上	실제 사례에 나아가 喪禮에 대해 문답 및 토론	· 전국 말기 · 《孔子家語》와 겹침 · 공자, 공자 제자, 再傳 제자가 정리한 것을 전국 말기에 《春秋左氏傳》·《國語》 및 유가의 문헌을 참고하여 정리 편찬	통론
4	檀弓 下	上同	· 上同	上同
5	王制	고대 제왕이 천하를 다스리던 제도. 封國, 爵祿, 관직, 제사, 喪葬, 巡狩, 養老, 형법, 관리 선발, 학교 교육에 관한 제도	· 전국 중기, 秦漢 · '高者以周尺八尺爲步' 이전은 전국 중기의 경문, 이후는 경문에 대한 秦漢 사람의 해석	제도
6	月令	일 년 열두 달의 천문 현상 특징, 천자의 거처·거마·의복·음식·시행할 정령	· 전국 말기 · 《詩經》〈豳風 七月〉과 《大戴禮記》〈夏小正〉을 계승하여 음양오행가인 晉나라 사람의 후손이 저술 · 《呂氏春秋》〈十二紀〉 首章 및 《여씨춘추》〈音律篇〉은 〈월령〉과 저본이 동일. 《淮南子》〈時則訓〉은 〈월령〉을 근거로 저술. · 蔡邕이 지은 '章句'의 〈월령〉과 《說文解字》에서 인용한 《明堂月令》은 《예기》〈월령〉이며 정현이 말한 《今月令》은 한나라 때 통행된 〈월령〉으로 《예기》〈월령〉이 아님	明堂陰陽記
7	曾子問	喪禮 및 吉禮 중 喪事를 당했을 때 대응에 관한 曾子·子游·子夏와 공자의 문답	· 전국 전기 · 증자의 제자 · 《漢書》〈藝文志〉의 《증자》 18편 중 1편으로 추정	喪服
8	文王世子	문왕·무왕·성왕의 사례를 통한 세자의 교육 및 관련 교육 제도, 인재 선발 방법, 養老禮	· 전국 말기 · 여섯 부분으로 구분 · 앞 3편은 〈文王之爲世子〉·〈教世子〉·〈周公踐祚〉, 중간 두 부분은 세자 교육, 끝은 〈世子之記〉	世子法

차례	편 명	내 용	성서 시기 및 편찬자	분류
9	禮運	공자와 子游의 토론을 통한 예의 발전 과정과 운용	· 전국 말기 · 전국 초기에 자유 기록, 전국 말기에 음양오행가의 설이 뒤섞임	통론
10	禮器	예의 제정과 실행의 원칙 및 표현 방식, 상응하는 기물에 대한 설명	· 전국 중기 · 앞부분은 예의 사례, 뒷부분은 공자와 옛 군자의 언행을 인용하여 증명 · 《孟子》 成書 이전 · 齊나라 사람으로 子路의 후학이 지은 것으로 추정	제도
11	郊特牲	제례를 위주로 각종 예에 대한 기록 및 예의 의미 천명	· 전국 말기	제사
12	內則	가정 안에서의 예. 부모·시부모에 대한 시봉, 음식 제도	· 전국 중기 · 《儀禮》〈公食大夫禮〉 및 《예기》〈曲禮〉·〈少儀〉와 내용 유사	子法
13	玉藻	천자·제후의 의복·음식·거처 및 왕후·夫人·命婦의 服制	· 전국 중기 · 《논어》 및 《의례》〈사상견례〉의 성서 무렵	통론
14	明堂位	周公이 明堂에서 제후에게 조회받는 위치, 주공의 공훈, 魯나라에서 주공으로 인해 虞舜·夏·殷·周 4대의 예악과 의복·기물·관직을 사용할 수 있게 됨을 기술	· 전국 말기 · 《逸周書》〈明堂解〉와 내용 유사 · 魯나라의 멸망 전후 노나라의 儒者가 당시의 문헌을 기초로 노나라의 역사와 관련된 내용을 정리	明堂陰陽
15	喪服小記	상복 제도, 종법 제도, 廟祭 제도	· 전국 중기 · 《의례》〈喪服〉 보충	喪服
16	大傳	종법 제도, 祭法과 服制	· 전국 중기	통론
17	少儀	소소한 예절. 相見이나 賓主가 만났을 때의 예, 청소, 事君, 식사 시봉, 점치는 것, 수레 모는 예 등	· 전국 전기	제도
18	學記	교육의 목적, 教學의 원칙과 방법, 교학 제도, 교사의 지위와 역할 등	· 전국 전기	통론
19	樂記	음악에 관한 儒家의 이론. 음악의 발생, 음악과 예·사회·사람의 관계 및 역할	· 전국 전기 · 70 제자 중 하나인 公孫尼子	樂記
20	雜記 上	제후 이하 士까지의 喪禮	· 전국 중기	喪服
21	雜記 下	上同	· 전국 중기 · 《대대례기》〈諸侯釁廟〉와 일부 겹침	없음

차례	편 명	내 용	성서 시기 및 편찬자	분류
22	喪大記	국군·대부·士의 喪禮	·전국 중기 ·《의례》〈士喪禮〉 이후, 《의례》〈喪服傳〉과 《荀子》 이전	喪服
23	祭法	제사의 방법·대상·장소·원칙, 제사 제도, 立社 제도	·전국 중기	제사
24	祭義	어떻게 제사를 통해 孝悌를 구현하는가에 대해 기술	·전국 중기 ·공자의 三傳弟子 樂正子春의 문인 이후, 《순자》·《맹자》 이전	제사
25	祭統	제사의 의의, 재계, 鍾鼎 銘文의 성질·내용·의의	·전국 중기	제사
26	經解	경서, 천자의 덕, 霸者와 王者의 그릇, 예를 숭상하는 의미에 대해 기술	·전국 중기	통론
27	哀公問	魯 哀公과 공자의 문답. 問禮와 問政으로 구분	·춘추 말기~전국 전기 ·공자 저작	통론
28	仲尼燕居	예에 대한 공자와 子貢·子有·子張의 담론 및 문답. 예의 내용·본질·역할 및 行禮의 의미	·춘추 말기~전국 전기 ·공자 저작. 자공·자유·자장 등의 제자가 정리	통론
29	孔子閒居	王者가 갖추어야 할 덕에 대한 공자와 자하의 문답	·춘추 말기~전국 전기 ·공자 저작. 자하 또는 자하의 제자가 기록 및 정리	통론
30	坊記	違德失禮, 不忠不孝, 犯上亂倫, 貪利忘義를 어떻게 막을 것인가에 대한 子思의 논의	·전국 전기 ·자사 저작	통론
31	中庸	중용의 도에 대해 천명	·전국 전기 ·자사 저작	통론
32	表記	군자가 일을 행하는 근본, 仁과 義의 관계·요소, 虞舜·夏·殷·周 4대의 政教 득실, 事君의 도, 사람을 대하는 도	·전국 전기 ·자사 저작	통론
33	緇衣	군신 간의 덕·도·관계를 통해 治國의 도를 논함	·전국 전기 ·자사 저작	통론
34	奔喪	타국이나 타향에서 집으로 돌아와 奔喪하는 예	·전국 중기 ·《禮古經》의 逸篇	喪服之禮
35	問喪	부모의 초상 때 襲·斂·장례·虞祭 등의 예, 袒·喪杖의 의미	·전국 중기 ·《의례》 〈상복〉·〈사상례〉·〈士虞禮〉 이후	喪服
36	服問	喪禮 때 복제에 관한 문제	·전국 중기 ·〈대전〉·〈잡기〉보다 늦음	喪服

차례	편 명	내 용	성서 시기 및 편찬자	분류
37	間傳	거상하는 자의 슬픔을 외모·언어·의복에 표현하는 방식, 관련 상복	· 전국 중기 · 《의례》 〈상복〉 경문의 傳記	喪服
38	三年問	부모에 대한 삼년상의 이유를 자문자답의 형식으로 기술	· 전국 중기 · 《순자》 〈禮論〉과 일부 겹침	喪服
39	深衣	심의의 제도·의의·용도	· 전국 중기~전국 말기 · 經은 〈옥조〉와 비슷한 전국 중기, 傳은 전국 말기	제도
40	投壺	투호의 예	· 전국 중기 · 《禮古經》의 逸篇 · 漢나라 때 경문은 《대대례기》 〈투호〉, 記文은 《소대례기》 즉 《예기》에 수록됨	吉禮
41	儒行	儒者의 덕행에 대한 공자의 담론	· 춘추 말기~전국 전기 · 공자의 저작, 노나라 사관의 기록을 공자의 제자가 정리	통론
42	大學	儒家에서 말하는 학습의 목적, 수신·제가·치국·평천하에 대한 논의	· 전국 전기 · 經은 공자의 뜻을 증자가, 傳은 증자의 뜻을 제자가 기술	통론
43	冠義	《의례》 〈士冠禮〉에 대한 해석	· 전국 중기~말기	吉事
44	昏義	《의례》 〈士昏禮〉에 대한 해석	· 전국 중기~말기 · '古者天子' 이하는 漢나라 사람의 기술로 추정	吉事
45	鄕飮酒義	鄕飮酒禮의 의의	· 전국 중기~말기, 秦漢 · '貴賤明' 이전까지는 전국 중기~말기, '鄕飮酒之義立賓'부터는 음양오행 사상으로 향음주례 인물의 방위를 해석하였으므로 진한 사람의 기술로 추정 · 합편된 것은 前漢 때로 추정	吉事
46	射義	射禮의 의의	· 전국 중기~말기	吉事
47	燕義	《의례》 〈燕禮〉에 대한 해석	· 전국 중기~말기 · 《순자》 이전	吉事
48	聘義	《의례》 〈聘禮〉에 대한 해석	· 전국 중기~말기 · 《대대례기》 〈朝事〉와 겹침	吉事
49	喪服四制	고대 상복 제도가 근거로 삼은 네 가지 원칙, 즉 은혜·의리·절제·權道를 仁·義·禮·智와 결합하여 논함	· 전국 중기 · 《대대례기》 〈本命〉 및 《공자가어》 〈本命解〉와 내용 유사 · 子思學派와 관련됨	喪服

참고문헌

◇ 국내

- 金富軾 著, 이강래 譯, ≪삼국사기 I ≫, 서울 : 한길사, 1998.
- 汪耀楠 著, 신승운 외 옮김, ≪주석학개론≫, 서울 : 한국고전번역원, 2014.
- 丁若鏞, ≪定本與猶堂全書≫, 서울 : 茶山學術文化財團, 2012.

◇ 국외

- 陶廣學, 〈孔穎達 ≪禮記正義≫ 硏究〉, 揚州大學博士論文, 2013.
- 孫希旦, ≪禮記集解≫, 北京 : 中華書局, 1989.
- 十三經注疏整理委員會, ≪毛詩正義≫, 北京 : 北京大學出版社, 2000.
- 十三經注疏整理委員會, ≪禮記正義≫, 北京 : 北京大學出版社, 2000.
- 楊天宇, ≪鄭玄三禮注硏究≫, 天津 : 天津人民出版社, 2007.
- 呂友仁, ≪≪十三經注疏·禮記注疏≫ 整理本平議≫, 彭林 主編, 桂林 : 廣西師範大學出版社, 2005.
- 王 鍔, ≪≪禮記≫ 成書考≫, 北京 : 中華書局, 2007.
- 汪耀楠, ≪注釋學綱要≫, 北京 : 語文出版社, 1991.
- 劉金鑫, 〈≪禮記正義≫ 解經硏究〉, 南京 : 南京師範大學, 2011.
- 張 亭, 〈孔穎達著述考〉, 樂山師範學院學報, 卷29, 第7期, 2014.
- 皮錫瑞, ≪經學歷史≫, 周予同注釋, 北京 : 中華書局, 1959, 2008重印.
- 黃以周, ≪禮書通故≫, 北京 : 中華書局, 2007.

◇ 전자자료 및 Web DB

- ≪고려사≫(http://db.history.go.kr/KOREA/item/level.do?itemId=kr&types=r)
- ≪삼국사기≫(http://db.history.go.kr/item/level.do?itemId=sg)
- ≪조선왕조실록≫(http://sillok.history.go.kr)
- 한국사데이터베이스(http://db.history.go.kr)
- 電子版 文淵閣四庫全書, 上海古籍出版社.

譯註 禮記正義 1

예기정의

欽定四庫全書總目 禮記正義六十三卷

漢鄭(元)〔玄〕[1]注요 唐孔穎達疏라 隋書經籍志曰 漢初에 河間獻王이 得仲尼弟子及後學者所記一百三十一篇하여 獻之러니 時無傳之者라 至劉向하여 考校經籍하여 檢得一百三十篇하여 第而敍之하고 又得明堂陰陽記三十三篇과 孔子三朝記七篇과 王史氏記二十一篇과 樂記二十三篇하니 凡五種에 合二百十四篇이라 戴德이 刪其煩重하고 合而記之하여 爲八十五篇하고 謂之大戴記요 而戴聖이 又刪大戴之書하여 爲四十六篇하고 謂之小戴記라 漢末에 馬融이 遂傳小戴之學하고 融이 又益[2]月令一篇과 明堂位一篇과 樂記一篇하여 合四十九篇云云이라하니 其說이 不知所本이라

1) (元)〔玄〕: 저본에는 '元'으로 되어 있으나, 淸 聖祖의 성명 愛新覺羅玄燁의 '玄'을 避諱한 것이므로, 원글자인 '玄'으로 돌려놓았다. 이하 '玄'을 '元'으로 바꾼 것은 모두 동일하다.

2) 益: ≪隋書≫ 권32 〈經籍志〉에는 '定'으로 되어 있다.

≪禮記正義≫ 63권은 漢나라 鄭玄이 注를 달고 唐나라 孔穎達이 疏를 낸 것이다. ≪隋書≫ 〈經籍志〉에 이르기를 "한나라 초에 河間獻王이 孔子의 제자와 후학들이 기록한 131편을 얻어서 〈漢 武帝에게〉 바쳤는데 당시에는 이를 전한 자가 없었다. 後漢의 劉向에 이르러 經籍을 고찰하여 130편을 찾아내서 차례를 매겨 기술하고, 또 ≪明堂陰陽記≫ 33편과 ≪孔子三朝記≫ 7편과 ≪王史氏記≫ 21편과 ≪樂記≫ 23편을 얻으니, 모두 5종에 도합 214편이다. 戴德이 이 가운데 중복된 것을 산삭하고서 이를 합쳐 기록하여 85편을 만들고 ≪大戴記≫라 하였으며, 戴聖이 또 대덕의 책을 산삭하여 46편으로 만들고 ≪小戴記≫라 하였다. 한나라 말에 馬融이 마침내 대성의 학문을 전하였다. 마융은 또 〈≪소대기≫ 46편에〉 〈月令〉 1편과 〈明堂位〉 1편과 〈樂記〉 1편을 증익하여 도합 49편을 만들었다."라고 운운하고 있다. 다만 이 설이 어디에 근본을 두었는지는 알지 못한다.

今考後漢書橋(元)〔玄〕傳하면 云 七世祖仁이 著禮記章句四十九篇하고 號曰橋君學이라하니

仁은 卽班固所謂小戴授梁人橋季卿者로 成帝時에 嘗官大鴻臚(려)하니 其時에 已稱四十九篇이요 無四十六篇之說이라

지금 ≪後漢書≫ 〈橋玄傳〉을 살펴보면 "橋玄의 7대조 橋仁이 ≪禮記章句≫ 49편을 짓고 橋君學이라고 불렀다."라고 말하고 있다. 교인은 바로 班固가 이른바 "戴聖은 梁人 橋季卿에게 전해주었다."라고 한 사람으로, 後漢 成帝 때 일찍이 大鴻臚의 벼슬을 하였으니, 그때 이미 49편을 칭했던 것이고 46편의 설은 없었다.

又孔疏稱 別錄에 禮記四十九篇에 樂記第十九라하니라 四十九篇之首에 疏皆引鄭目錄하고 鄭目錄之末에 必云 此於劉向別錄에 屬某門이라하니 月令의 目錄云 此於別錄에 屬明堂陰陽記라하고 明堂位의 目錄云 此於別錄에 屬明堂陰陽記라하고 樂記의 目錄云 此於別錄에 屬樂記하니 蓋十一篇이러니 今爲一篇이라하니 則三篇은 皆劉向別錄所有니 安得以爲馬融所增이리오

또 공영달의 소에 이르기를 "〈前漢 劉向의〉 ≪別錄≫에 따르면 ≪예기≫ 49편 중 〈樂記〉는 19번째 편이다."라고 하였다. 49편 각각의 첫머리에 공영달의 소에서는 모두 정현의 ≪目錄≫을 인용하였으며, 인용한 정현의 ≪목록≫ 마지막에는 반드시 "이 편은 ≪별록≫에서는 某門에 속한다."라고 하였다. 〈月令〉의 ≪목록≫에서는 "이것은 ≪별록≫에서 〈明堂陰陽記〉에 속한다."라고 하였고, 〈明堂位〉의 ≪목록≫에서는 "이것은 ≪별록≫에서 〈명당음양기〉에 속한다."라고 하였고, 〈樂記〉의 ≪목록≫에서는 "이것은 ≪별록≫에서 〈악기〉에 속한다. 11편이었는데 지금은 1편이다."라고 하였다. 이 3편은 모두 유향의 ≪별록≫에 들어 있던 것이니, 어떻게 馬融이 증익한 편들이라고 말할 수 있겠는가.

疏에 又引(元)〔玄〕六藝論曰 戴德傳記八十五篇하니 則大戴禮是也요 戴聖傳禮四十九篇하니 則此禮記是也라하니라 (元)〔玄〕爲馬融弟子니 使三篇이 果融所增이면 (元)〔玄〕不容不知니 豈有以四十九篇으로 屬於戴聖之理리오 況融所傳者는 乃周禮라 若小戴之學은 一授橋仁하고 一授楊榮하니 後傳其學者는 有劉祐高誘鄭(元)〔玄〕盧植이요 融이 絶不豫其授受니 又何從而增三篇乎아 知今四十九篇은 實戴聖之原書니 隋志誤也라

공영달의 소에서는 또 정현의 ≪六藝論≫을 인용하여 "戴德이 記 85편을 전하였으니 ≪大戴禮≫가 바로 이것이고, 戴聖이 禮 49편을 전하였으니 이 ≪예기≫가 바로

이것이다."라고 하였다. 정현은 馬融의 제자이니 만일 3편이 정말로 마융이 증익한 편들이라면 정현이 알지 않을 수 없었을 것이다. 어찌 49편을 대성에게 귀속시킬 이치가 있겠는가. 더구나 마융이 전한 것은 바로 ≪周禮≫이다. 대성의 예학은 한 갈래는 橋仁에게 전하고 다른 한 갈래는 楊榮에게 전하였다. 뒤에 이 예학을 전해받은 사람은 劉祐·高誘·鄭玄·盧植이었고 마융은 이 주고받는 데 전혀 끼지 않았으니 또 어떻게 3편을 증익하였겠는가. 지금의 49편은 실로 대성의 원래 책으로 ≪隋書≫ 〈經籍志〉가 잘못되었다는 것을 알 수 있다.

元延祐中에 行科擧法할새 定禮記用鄭(元)〔玄〕注라 故元儒說禮에 率有根據러니 自明永樂中에 勅修禮記大全할새 始廢鄭注하고 改用陳澔集說로 禮學遂荒이라

元나라 延祐(1314~1320) 연간에 科擧法을 시행할 때 ≪예기≫는 정현의 주를 쓰기로 정하였다. 그러므로 원나라 儒者들이 禮를 말할 때는 대부분 근거가 있었는데, 明나라 永樂(1403~1424) 연간에 황제의 명을 받아 ≪禮記大全≫을 편수할 때 처음으로 정현의 주를 폐기하고 陳澔의 ≪禮記集說≫을 쓰는 것으로 바꾸면서부터 禮學이 마침내 황폐하게 되었다.

然硏思古義之事하여 好之者終不絶也하여 爲之疏義者 唐初에 尙存皇侃熊安生二家라[1] 貞觀中에 勅孔穎達等하여 修正義할새 乃以皇氏爲本하고 以熊氏로 補所未備라 穎達序에 稱熊則違背本經하고 多引外義하니 猶之楚而北行하여 馬雖疾而去愈遠이요 又欲釋經文에 惟聚難義하니 猶治絲而棼之하여 手雖繁而絲益亂也라 皇氏는 雖章句詳正이나 微稍繁廣하고 又旣遵鄭氏나 乃時乖鄭義하니 此是木落不歸其本이요 狐死不首其邱라 此皆二家之弊니 未爲得也라하니라 故其書務伸鄭注하여 未免有附會之處라 然採摭舊文하여 詞富理博하니 說禮之家가 鑽硏莫盡이라 譬諸依山鑄銅하고 煮海爲鹽이니 卽衛湜之書 尙不能窺其涯涘요 陳澔之流는 益如莛與楹矣라

1)〔原注〕案明北監本에 以皇侃爲皇甫侃하고 以熊安生爲熊安하여 二人姓名竝誤하니 足徵校刊之疏라 謹附訂於此라

살펴보면 明나라 北監本에는 皇侃이 皇甫侃으로 되어 있고 熊安生이 熊安으로 되어 있어 두 사람의 성명이 모두 틀렸으니, 校勘과 刊行의 엉성함을 증명할 수 있다. 삼가 여기에 정정한 것을 덧붙인다.

그러나 옛 뜻을 연구하는 일은 좋아하는 사람들이 끝내 끊어지지 않아서 옛 뜻을 통하게 하고 밝힌 사람으로 唐나라 초기에는 그래도 皇侃과 熊安生 두 학자가 있었다. 당나라 貞觀 연간에 황제가 공영달 등에게 명하여 ≪예기정의≫를 편수할 때 마침내 황간의 설로 기본을 삼고 웅안생의 설로 미비한 곳을 보충하였다.

공영달의 서문에 이르기를 "웅안생은 본래의 경문과 어긋나고 외부의 뜻을 인용한 것이 많으니, 이는 마치 남쪽 楚나라에 가고자 하면서 북쪽으로 가는 것과 같아서 말이 아무리 빨리 달려도 가면 갈수록 더욱 멀어지는 것과 같다. 또 경문을 해석하고자 하면서 오직 어려운 뜻만 모아놓았으니, 이는 마치 실을 정리하려다 엉키게 하는 것과 같아서 손을 아무리 부지런히 놀려도 실은 더욱 어지럽게 엉키는 것과 같다. 황간은 비록 章句가 자세하고 올바르나 조금 번다하고 광범위하다. 또 이미 정현의 설을 따르고서도 도리어 때때로 정현의 뜻에 어긋나기도 하니, 이는 나뭇잎이 떨어져서 그 뿌리로 돌아가지 않는 것이며 여우가 죽을 때 자기가 살던 언덕으로 머리를 돌리지 않는 것이다. 이는 모두 두 학설의 폐단으로 옳다고 할 수 없는 점이다."라고 하였다.

그러므로 이 ≪예기정의≫는 정현의 주를 밝히는 데 힘쓰다 보니 견강부회한 곳이 있는 것을 면치 못하였으나, 옛글을 가려모아서 文詞가 풍부하고 이치가 폭넓기 때문에 예를 말하는 학자들이 깊이 연구하여 다함이 없는 것이다. 비유하면 산 옆에서 구리를 주조하고 바닷물을 끓여서 소금을 만드는 것과 같으니, 바로 〈宋나라〉 衛湜의 책(≪禮記集說≫)은 오히려 그 근처도 엿보지 못하며, 元나라 陳澔의 부류는 더더욱 풀줄기와 나무 기둥만큼이나 차이가 난다.

禮記正義序

國子祭酒 上護軍 曲阜縣 開國子 臣 孔穎達等 奉勅撰[1)]

夫禮者는 經天緯地하니 本之則大(태)一之初요 原始要終하면 體之乃人情之欲이라 夫人이 上資六氣하고 下乘四序하여 賦淸濁以醇醨(순리)하고 感陰陽而遷變이라 故曰 人生而靜은 天之性也요 感物而動은 性之欲也라하니 喜怒哀樂之志가 於是乎生하고 動靜愛惡(오)之心이 於是乎在라

1) 國子祭酒……奉勅撰 : 監本・毛本에는 '唐孔穎達撰' 5자로 되어 있다.(阮元의 校勘記 참조)

무릇 禮는 천지를 경영하고 다스리는 것이니 근본을 둔 곳은 최초의 太極이며, 그 처음과 끝을 궁구해보면 이를 체득한 것은 바로 人情에 바라는 것이다. 무릇 사람은 위로 〈陰・陽・風・雨・晦・明의〉 여섯 가지 자연 현상에 의지하고 아래로 〈春・夏・秋・冬〉 네 계절의 질서를 따라서, 淸濁의 기운을 부여받아 돈후하고 박정하며, 陰陽에 감응하여 옮겨가고 변한다. 그러므로 ≪禮記≫ 〈樂記〉에서 "사람이 태어나 고요한 것은 하늘로부터 부여받은 본성이고, 사물에 감응하여 동하는 것은 본성에 바라는 것이다."라고 한 것이다. 기쁘고 노여운 뜻과 슬프고 즐거운 뜻이 이에 생겨나고, 동하고 고요한 마음과 사랑하고 미워하는 마음이 이에 있게 된다.

精粹者 雖復凝然不動이나 浮躁者 實亦無所不爲라 是以로 古先聖王이 鑑其若此하여 欲保之以正直하고 納之於德義하니 猶襄陵之浸을 修隄防以制之하고 覂(봉)駕之馬를 設銜策以驅之라 故乃上法圓象하고 下參方載하여 道之以德하고 齊之以禮라

精粹한 것은 비록 凝然하여 다시 동하지 않으나 들뜨는 것은 실로 또한 하지 않는 것이 없다. 이 때문에 옛 聖王은 이와 같음을 살피고서 올바름과 곧음으로 보존하고 덕과 의리에 들이고자 하였으니, 이는 마치 홍수가 언덕을 넘는 것에 대해 제방을 정비하여 제재하고 수레를 뒤집어엎는 말에 대해 재갈과 채찍을 준비하여 모는 것과 같

은 것이었다. 그러므로 마침내 위로 천체의 현상을 본받고 아래로 땅의 이치를 참작하여 德으로 인도하고 禮로 가지런히 한 것이다.

然飛走之倫이 皆有懷於嗜慾하니 則鴻荒之世에도 非無心於性情이라 燔黍는 則大享[1]之濫觴이요 土鼓는 乃雲門[2]之拳石이며 冠冕이 飾於軒初하고 玉帛이 朝於虞始하니 夏商革命에 損益可知요 文武重光에 典章斯備라 洎乎姬旦하여 負扆(의)臨朝하여 述曲禮以節威儀하고 制周禮而經邦國이라

1) 享 : 浦鏜校本에서는 '烹'의 誤字로 보았으나, 阮元은 ≪書經≫ 〈盤庚〉에 '大享'이 보이는데 '享'은 '饗'과 통용자로 '大饗'이 本經에 많이 보인다는 점에서 포당의 설을 옳지 않다고 보았다.(阮元의 校勘記 참조)

2) 雲門 : 周나라 여섯 樂舞 중의 하나로 天神에게 제사할 때 사용하였다. 黃帝 때 만들어졌다고 한다.

그러나 날짐승이든 길짐승이든 동물의 무리는 모두 좋아하고 원하는 마음이 있으니, 그렇다면 태고의 세상에도 性情에 예를 차리는 마음이 없었던 것이 아니다. 찰기장을 달군 돌 위에 올려놓아 익힌 것은 大享의 기원이며, 흙으로 북을 만든 것은 바로 周나라 〈雲門〉 곡의 土音이다. 冠冕은 軒轅氏 때 최초로 꾸밈에 사용되었고 玉帛은 舜임금 때 처음으로 조회에 사용되었으니, 夏나라와 商나라의 天命이 바뀜에 그 가감을 알 수 있으며, 周나라 文王과 武王이 계속해서 덕을 밝힘에 문물제도가 이에 구비되었다. 그리고 주나라 周公(姬旦)에 이르러서는 〈어린 成王을 대신해 섭정하여〉 병풍〔扆〕을 등지고 조회에 임하여서 ≪曲禮≫를 기술하여 威儀를 절도 있게 하고 ≪周禮≫를 제정하여 나라를 경영하였다.

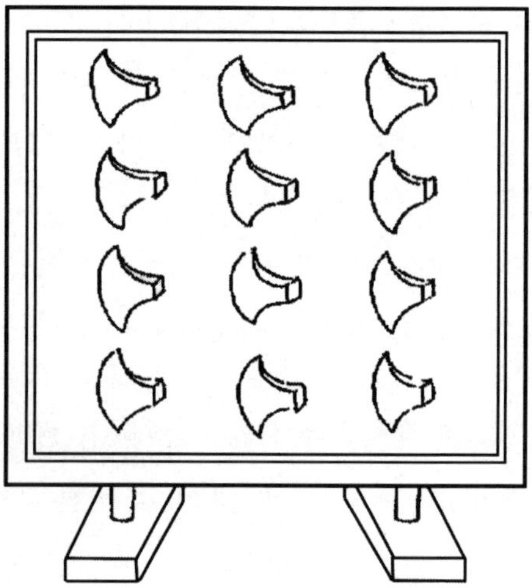

扆

禮者는 體也요 履也니 郁郁乎文哉라 三百三千이 於斯爲盛하여 綱紀萬事하고 雕琢六情이라 非彼日月이 照大明於寰宇면 類此松筠이 負貞心於霜雪하리니 順之則宗祏固하고 社稷寧하고 君臣序하고 朝廷正하며 逆之則紀綱廢하고 政教煩하여 陰陽이 錯於上하고 人神이 怨於下라 故

曰 人之所生에 **禮爲大也**라하니라 **非禮**면 **無以事天地之神**하고 **辯君臣長幼之位**하니 **是禮之時義大矣哉**라

禮는 '체행하다'·'실천하다'의 뜻이니, 그 문채가 참으로 성대하다. 3백 가지 經禮와 3천 가지 曲禮가 이에 성대히 제정되어 만사를 다스리고 〈喜·怒·哀·樂·愛·惡의〉 六情을 조탁하였다. 저 해와 달이 천하를 환히 비추지 않으면 대체로 이 소나무와 대나무는 서리와 눈에 곧은 마음을 저버릴 것이니, 이를 따르면 宗廟가 굳건해지고 社稷이 편안해지고 군신 간에 질서가 있게 되고 조정이 바르게 되며, 이를 거스르면 기강이 무너지고 정사가 번다해져서 위에서는 陰陽이 잘못되고 아래에서는 사람과 神明이 원망하게 된다. 그러므로 사람이 살아가는 데 예가 가장 크다고 하는 것이다. 예가 아니면 천지의 신명을 섬길 수 없고 군신과 長幼의 지위를 변별할 수 없으니, 예의 時義가 참으로 크다.

曁周昭王南征之後에 **彝倫漸壞**러니 **彗星東出之際**에 **憲章遂泯**이라 **夫子雖定禮正樂**하여 **頹綱暫理**나 **而**[1]**國異家殊**하여 **異端竝作**이라 **畫蛇之說**이 **文擅於縱橫**하고 **非馬之談**이 **辨離於堅白**[2]이라 **曁乎道喪兩楹**[3]하고 **義乖四術**에 **上自游夏之初**로 **下終秦漢之際**히 **其間岐塗詭說**이 **雖紛然競起**나 **而餘風曩烈**이 **亦時或獨存**이라

1) 而 : 惠棟校宋本에는 '然'으로 되어 있다.(阮元의 校勘記 참조)

2) 非馬之談 辨離於堅白 : 전국 시대 趙나라 사람 公孫龍이 ≪公孫龍子≫ 〈白馬論〉과 〈堅白論〉에서 주장한, '흰 말은 말이 아니다'는 '白馬非馬'의 설과 '단단함과 흼은 분리되어 있다'는 '離堅白'의 설을 이른다. 名家 학파의 대표적인 설이다. 공손룡은 〈백마론〉에서 "馬는 형태를 명명한 것이고, 白은 색을 명명한 것이다. 색과 형태를 명명한 것은 형태를 명명한 것이 아니므로 白馬는 馬가 아니다.〔馬者 所以命形也 白者 所以命色也 命色形者 非命形也 故曰白馬非馬〕"라고 하였고, 〈견백론〉에서 "보는 것은 단단함을 얻을 수 없으니 흼을 얻을 수 있는 것은 단단함이 없고, 만지는 것은 그 흼을 얻을 수 없으니 단단함을 얻을 수 있는 것은 흼이 없는 것이다.〔視不得其所堅 而得其所白者 無堅也 拊不得其所白 而得其所堅者 無白也〕"라고 하였다.

3) 兩楹 : 孔子가 堂 위의 두 기둥 사이에 앉아 음식을 받는 꿈을 꾸고 별세했다고 하여 뒤에 사람의 임종을 일컫게 되었다. ≪禮記≫ 〈檀弓 上〉에 "殷나라 사람은 당 위 두 기둥 사이에 殯을 하였는데……나는 은나라 사람이다. 내가 어젯밤에 당 위 두 기둥 사이에 남면하여 앉아서 음식을 받는 꿈을 꾸었다.……내가 아마도 죽을 것이다.〔殷人殯於兩楹之間……丘也殷人也 予疇昔之夜 夢坐奠於兩楹之間……予殆將死也〕"라는 내용이 보인다.

周 昭王이 남방을 순수하다가 별세한 뒤로 떳떳한 윤리가 점점 무너지더니 〈재난의 징조인〉 彗星이 동쪽에서 나왔을 때 典章 제도가 마침내 없어졌다. 孔子께서 비록 禮樂을 확정하고 바로잡아서 무너진 기강이 잠시 다스려졌으나 나라가 다르고 집안이 달라서 이단이 한꺼번에 일어났다. 그리하여 뱀에 발을 그리는 것과 같은 군더더기 설이 縱橫家에서 제멋대로 문식되고, 흰 말은 말이 아니라는 名家의 담론이 단단함과 흰 것에서 분리되어 변석되었다.

道가 공자가 별세하신 이후 사라지고 의리가 詩書禮樂의 네 經術에 어긋나게 되자, 위로는 子游와 子夏가 처음 도를 전할 때로부터 아래로는 秦나라와 漢나라가 교체되는 시기까지 그 사이에 올바르지 않은 궤변들이 비록 분분히 다투어 일어났으나 남은 風教와 옛 공렬이 또한 때때로 홀로 보존되었다.

於是에 博物通人하고 知今溫古하여 考前代之憲章하고 參當時之得失하여 俱[1]以所見으로 各記舊聞이라 錯總鳩聚하여 以類相附하니 禮記之目이 於是乎在라

1) 俱 : 閩本・監本・毛本에는 '是'로 되어 있고, 重刊宋本에는 脫漏되어 있다.(阮元의 校勘記 참조)

이에 사물과 사람에 두루 통하고 지금과 옛것을 알고 되새겨서 이전 시대의 전장 제도를 고찰하고 당대의 득실을 참고하여 모두 본 것을 가지고 각각 지난날 전해 들었던 것들을 기록하였다. 그리고 이렇게 수집한 기록들을 이리저리 종합하여 종류에 따라 덧붙이니 ≪예기≫의 항목이 이에 있게 되었다.

去聖逾遠하여 異端漸扇이라 故大小二戴가 共氏而分門하고 王鄭兩家가 同經而異注라 爰從晉宋으로 逮于周隋히 其傳禮業者는 江左尤盛이라 其爲義疏者는 南人에 有賀循賀瑒庾蔚〔之〕[1]崔靈恩沈重〔范〕[2]宣皇(甫)侃[3]等이요 北人에 有徐(道)〔遵〕[4]明李業興李寶鼎侯聰熊安〔生〕[5]等이로되 其見於世者는 唯皇熊二家而已라

1) 〔之〕 : 저본에는 '之'가 없으나, 盧文弨校本에 의거하여 보충하였다.(阮元의 校勘記 참조)
2) 〔范〕 : 저본에는 '范'이 없으나, 衛氏集說・浦鏜校本에 의거하여 보충하였다.(阮元의 校勘記 참조)
3) 皇(甫)侃 : 저본에는 '皇甫侃'으로 되어 있으나, 姓을 '皇甫'라는 復姓으로 잘못 본 것이므로, '甫'를 衍文으로 처리하였다.
4) (道)〔遵〕 : 저본에는 '道'로 되어 있으나, 阮元의 校勘記에 의거하여 '遵'으로 바로잡았다.

5)〔生〕: 저본에는 '生'이 없으나, 衛氏集說·浦鏜校本에 의거하여 보충하였다.(阮元의 校勘記 참조)

聖人이 별세한 뒤로 시간이 갈수록 멀어지면서 이단이 점점 번성해졌다. 그러므로 戴德과 戴聖 두 대씨가 성씨는 같으나 문파를 나누었고, 王肅과 鄭玄 두 학자가 같은 經에 주석을 달리 달았다. 이에 東晉 말 劉宋 초부터 北周 말 隋나라 초에 이르기까지 ≪禮≫학을 전한 사람은 동진과 南朝에서 더욱 성하였다. 義疏를 지은 사람으로 남조의 인물로는 賀循·賀瑒·庾蔚之·崔靈恩·沈重·范宣·皇侃 등이 있고 北朝의 인물로는 徐遵明·李業興·李寶鼎·侯聰·熊安生 등이 있는데, 세상에 드러난 사람은 오직 황간과 웅안생 두 학자뿐이다.

熊則違背本經하여 多引外義하니 猶之楚而北行하여 馬雖疾而去逾遠矣요 又欲釋經文에 唯聚難義하니 猶治絲而棼之하여 手雖繁而絲益亂也라 皇氏는 雖章句詳正이나 微稍繁廣하고 又既遵鄭氏로되 乃時乖鄭義하니 此是木落不歸其本이요 狐死不首其(丘)〔丘〕[1]니 此皆二家之弊로 未爲得也라 然以熊比皇하면 皇氏勝矣라 雖體例既別하여 不可因循이나 今奉勅刪理에 仍據皇氏以爲本하고 其有不備는 以熊氏補焉이요 必取文證詳悉하고 義理精審하여 翦其繁蕪하고 撮其機要라

1) (丘)〔丘〕: 저본에는 '丘'로 되어 있으나, 孔子의 성명 孔丘의 '丘'를 避諱한 것이므로, 원글자인 '丘'로 돌려놓았다.

熊安生은 본래의 경문과 어긋나고 외부의 뜻을 인용한 것이 많으니, 이는 마치 남쪽 楚나라에 가고자 하면서 북쪽으로 가는 것과 같아서 말이 아무리 빨리 달려도 가면 갈수록 더욱 멀어지는 것과 같다. 또 경문을 해석하고자 하면서 오직 어려운 뜻만 모아놓았으니, 이는 마치 실을 정리하려다 엉키게 하는 것과 같아서 손을 아무리 부지런히 놀려도 실은 더욱 어지럽게 엉키는 것과 같다.

皇侃은 비록 章句가 자세하고 올바르나 조금 번다하고 광범위하다. 또 이미 정현의 설을 따르고서도 도리어 때때로 정현의 뜻에 어긋나기도 하니, 이는 나뭇잎이 떨어져서 그 뿌리로 돌아가지 않는 것이며 여우가 죽을 때 자기가 살던 언덕으로 머리를 돌리지 않는 것이다.

이는 모두 두 학설의 폐단으로 옳다고 할 수 없는 점이다. 그러나 웅안생의 설을 황간의 설과 비교하면 황간의 설이 낫다. 비록 體例가 이미 달라서 그대로 따르지는 못

하나, 지금 황제의 명을 받아 산삭하고 정리할 때 여전히 황간의 설에 근거한 것을 기본으로 삼고 미비한 부분은 웅안생의 설로 보충하였으며, 반드시 증명하는 글이 상세하고 의리가 정밀한 것을 취하여 번다한 것은 제거하고 핵심만 추렸다.

恐獨見膚淺하여 不敢自專하여 謹與中散大夫守國子司業臣朱子奢와 國子助教臣李善信과 守太學博士臣賈(가)公彦과 行太常博士臣柳士宣과 魏王東閤祭(좨)酒臣范義頵과 魏王參軍事臣張權等으로 對共量定이라 至十六年又奉勅하여 與前修疏人及儒林郎守太學助教雲騎尉臣周(玄)〔玄〕[1]達과 儒林郎守四門助教雲騎尉臣趙君贊과 儒林郎守四門助教雲騎尉臣王士雄等으로 對勅使趙(弘)〔弘〕[2]智하여 覆更詳審하여 爲之正義하여 凡成七十卷이라 庶能光贊大猷하여 垂法後進이라 故敘其意義하여 列之云爾라

1) (玄)〔玄〕: 저본에는 '玄'으로 되어 있으나, 淸 聖祖의 성명 愛新覺羅玄燁의 '玄'을 避諱한 것이므로, 원글자인 '玄'으로 돌려놓았다.

2) (弘)〔弘〕: 저본에는 '弘'으로 되어 있으나, 淸 高宗의 성명 愛新覺羅弘曆의 '弘'을 避諱한 것이므로, 원글자인 '弘'으로 돌려놓았다.

나만의 견해는 깊이가 얕을까 염려되어 감히 내 마음대로 하지 못하고 삼가 中散大夫 守國子司業 臣 朱子奢, 國子助教 臣 李善信, 守太學博士 臣 賈公彦, 行太常博士 臣 柳士宣, 魏王東閤祭酒 臣 范義頵, 魏王參軍事 臣 張權 등과 마주하여 함께 헤아려서 정하였다.

貞觀 16년(642)이 되자 또 황제의 명을 받들어 이전에 疏를 정리했던 사람들 및 儒林郎 守太學助教 雲騎尉 臣 周玄達, 儒林郎 守四門助教 雲騎尉 臣 趙君贊, 儒林郎 守四門助教 雲騎尉 臣 王士雄 등과 함께 勅使 趙弘智와 마주하여 다시 자세히 살펴서 正義를 지어 모두 70권을 이루었다. 큰 계책을 다방면으로 도와 후진에게 법을 남길 수 있기를 바라므로 그 의의를 서술하여 이와 같이 열기한다.

禮記正義[1)]

夫禮者는 經天地하고 理人倫하니 本其所起하면 在天地未分之前이라 故禮運云 夫禮는 必本於大(태)[2)]一이라하니 是天地未分之前에 已有禮也라 禮者는 理也니 其用以治하면 則與天地俱興이라 故昭二十六年의 左傳에 稱晏子云 禮之可以爲國也久矣니 與天地竝이라하니라 但于時質略하여 物生則自然而有尊卑하니 若羊羔跪乳하고 鴻鴈飛有行列이니 豈由敎之者哉아 是三才旣判에 尊卑自然而有라 但天地初分之後에 卽應有君臣治國이로되 但年代綿遠하여 無文以言이라

1) 禮記正義 : 이하의 내용은 ≪예기정의≫ 권1 '禮記'라는 두 글자 다음에 나오는 공영달의 疏 중 첫 번째 '正義曰' 다음에 나오는 내용과 완전히 동일하다. 阮元의 교감기에 따르면 완원이 저본으로 삼은 重刊宋本에서 별도로 〈禮記正義序〉 뒤에 표출한 것이다.

2) 大(태) : 閩本・監本・毛本에는 '太'로 되어 있고 ≪禮記≫ 〈禮運〉에는 '大'로 되어 있다. 완원은 이에 대해 경전에서 '太'가 '大'로 되어 있는 사례가 많으며 ≪荀子≫ 〈禮論〉의 '以歸大一'에 대한 楊倞의 注에서도 '大'는 '太'로 읽어야 한다고 하였다. '太一'은 道家에서 말하는 道와 같은 것으로 우주 만물의 본원을 가리킨다.(阮元의 校勘記 참조)

무릇 禮는 천지를 경영하고 인륜을 다스리니, 그 일어난 기원을 따져보면 천지가 나뉘기 전에 있었다. 그러므로 ≪禮記≫ 〈禮運〉에 이르기를 "무릇 예는 반드시 太極에 근본을 둔다."라고 하였으니, 이는 천지가 나뉘기 전에 이미 예가 있었다는 것이다. 예는 다스린다는 뜻이니, 예를 써서 다스리면 천지와 함께 흥기한다. 그러므로 ≪春秋左氏傳≫ 昭公 26년 조에서 齊나라 晏子가 "예가 나라를 다스릴 수 있는 도구가 된 지는 오래이니, 천지와 함께 일어났습니다."라고 말한 것을 거론한 것이다.

다만 당시에는 질박하여 사물이 생기면 자연스럽게 尊卑가 있었다. 예컨대 새끼 양은 무릎을 꿇고 어미의 젖을 먹으며 기러기는 날 때 행렬을 이루니, 이것이 어찌 가르침에서 나온 행동이겠는가. 이는 하늘과 땅과 사람이 이미 나뉘자 존비가 자연스럽게 있게 된 것이다. 다만 하늘과 땅이 처음 나누어진 뒤에 곧바로 군주와 신하가 나라를 다스리는 일이 있었을 것이나, 다만 연대가 멀어서 이를 말하는 글이 없을 뿐이다.

案易緯通卦驗云 天皇[1]之先에 與乾曜合元[2]하니 君有五期하고 輔有三名이라한대 注云 君[3]之用事五行하고 王[4]亦有五期요 輔有三名은 公卿大夫也라하니라 又云 遂皇이 始出握機矩라한대 注云 遂皇은 謂遂人[5]이니 在伏犧前하니 始王天下也라 矩는 法也니 言遂皇이 持斗機運轉之法하여 指天以施政教라하니라 旣云始王天下라하니 是는 尊卑之禮 起於遂皇也라 持斗星以施政教者는 卽禮緯斗威儀云 宮主君하고 商主臣하고 角主父하고 徵(치)主子하고 羽主夫하고 少宮主婦하고 少商主政이라하니 是法北斗而爲七政이니 七政之立은 是禮迹所興也라 鄭康成六藝論云 易者는 陰陽之象이니 天地之所變化요 政教之所生이니 自人皇初起라하니 人皇은 卽遂皇也라 旣政教所生이 初起於遂皇이면 則七政是也라

1) 天皇 : 浦鏜은 ≪繹史≫에는 '皇' 다음에 '氏'가 있다고 하였는데, 완원은 정현의 주에 "皇 君也"라고 한 것에 근거하여 포당의 설을 옳지 않다고 하고, 今本 ≪易緯≫ 〈通卦驗〉에는 '天皇'이 '太皇'으로 되어 있다고 하였다.(阮元의 校勘記 참조)

2) 元 : 浦鏜은 ≪繹史≫에는 '德'으로 되어 있다고 하였는데, 완원은 정현의 주에 "元 天之始也"라고 한 것에 근거하여 포당의 설을 옳지 않다고 하였다.(阮元의 校勘記 참조)

3) 君 : 浦鏜은 '天'의 誤字로 추정하였는데, 今本 ≪易緯≫ 〈通卦驗〉 정현의 주에는 '君'으로 되어 있다고 하였다.(阮元의 校勘記 참조)

4) 王 : 浦鏜은 '皇'의 誤字라고 하였는데, 今本 ≪易緯≫ 〈通卦驗〉 정현의 주에는 '王' 앞에 '代'가 있다는 것에 근거하여 포당의 설을 오류라고 하였다.(阮元의 校勘記 참조)

5) 遂人 : 浦鏜은 〈周禮序〉를 따라 '人皇'으로 수정하였는데, ≪易緯≫ 〈通卦驗〉에 의하면 遂皇·遂人·人皇은 사실 동일한 사람으로, 만약 여기의 '遂人'을 '人皇'으로 수정한다면 이 단락 말미에서 "人皇 卽遂皇也"라고 할 필요가 없었을 것이라고 하였다.(阮元의 校勘記 참조)

살펴보면 ≪易緯≫ 〈通卦驗〉에 이르기를 "天皇보다 앞선 시대에는 태양과 元氣를 합하였다. 군주에게는 五期가 있었고 보필하는 신하에게는 三名이 있었다."라고 하였는데, 주에 이르기를 "군주는 五行을 행하였고 왕 또한 五期가 있었다. 보필하는 신하에게 三名이 있다는 것은 公·卿·大夫를 이른다."라고 하였다.

또 이르기를 "遂皇이 처음으로 나와 북두칠성의 矩를 잡았다."라고 하였는데, 주에 이르기를 "수황은 遂人을 이르니 伏犧 전에 있었다. 처음으로 왕이 되어 천하를 다스렸다. '矩'는 '法'이라는 뜻이니, 수황은 북두칠성이 운행하는 법을 잡고서 하늘을 가리켜 政教를 폈다."라고 하였다.

이미 "처음으로 왕이 되어 천하를 다스렸다."라고 하였으니, 이것은 尊卑의 예가 수황에게서 시작된 것이다. '북두칠성이 운행하는 법을 잡고서 정교를 폈다'는 것은, 즉 ≪禮緯≫ 〈斗威儀〉에서 "宮은 군주를 주관하고, 商은 신하를 주관하고, 角은 아버지를 주관하고, 徵는 자식을 주관하고, 羽는 남편을 주관하고, 少宮은 아내를 주관하고, 少商은 정사를 주관한다."라고 하였으니, 이는 북두칠성을 본받아 〈日·月·金·木·水·火·土의〉 七政을 고르게 한 것이다. 칠정의 확립은 바로 禮의 자취가 일어난 것이다.

정현의 ≪六藝論≫에 이르기를 "≪易≫은 陰陽을 형상한 것이다. 천지가 변화하는 것이고 정교가 일어나는 것이니, 人皇 때부터 처음 일어난 것이다."라고 하였다. 인황은 바로 遂皇이다. 이미 정교가 생겨난 것이 처음 수황에게서 일어났다면 칠정이 바로 이것이다.

六藝論에 又云 遂皇之後에 歷六紀九十一代하여 至伏犧하여 始作十(二)[1]言之教라하니 然則伏犧之時에 易道既彰이니 則禮事彌著라 案譙周古史考云 有聖人以火德王하여 造作鑽燧出火하여 教民熟食한대 人民大悅하니 號曰遂人이라 次有三姓하고 乃至伏犧하여 制嫁娶하여 以儷皮爲禮하고 作琴瑟以爲樂이라하니라 又帝王世紀云 燧人氏沒에 包犧氏代之라하니 以此言之하면 則嫁娶嘉禮가 始於伏犧也라 但古史考엔 遂皇至于伏犧히 唯經三姓이어늘 六藝論云 歷六紀九十一代라하니 其(又)〔文〕[2]不同하니 未知孰是라 或於三姓而爲九十一代也리라 案廣雅云 一紀는 二十(七萬六)〔六萬七〕[3]千年이라하니라 方叔機[4]注六藝論云 六紀者는 九頭紀와 五龍紀와 攝提紀와 合洛紀와 連通紀와 序命紀로 凡六紀也요 九十一代者는 九頭一과 五龍五와 攝提七十二와 合洛三과 連通六과 序命四로 凡九十一代也라하니라 但伏犧之前과 及伏犧之後는 年代參差(참치)하여 所說不一하고 緯候紛紜하여 各相乖背요 且復煩而無用하니 今竝略之하고 唯據六藝論之文과 及帝王世紀하여 以爲說也로라

1) 十(二) : 저본에는 '十二'로 되어 있으나, ≪春秋左氏傳≫ 定公 4년 조 正義의 '十言之教曰' 구에 의거하여 '二'를 衍文으로 처리하였다. 段玉裁의 校本에서도 '二'를 衍文으로 보았다.(阮元의 校勘記 참조)

2) (又)〔文〕: 저본에는 '又'로 되어 있으나, 문맥이 통하지 않아 '文'으로 바로잡았다. ≪예기정의≫ 권1 '禮記'라는 두 글자 다음에 나오는 공영달의 소에는 '文'으로 되어 있으며, 北京大本 校勘記에서도 '文'이 되어야 한다고 하였다.

3) (七萬六)〔六萬七〕: 저본에는 '七萬六'으로 되어 있으나, 阮元의 校勘記에 의거하여 '六

萬七'로 바로잡았다.(阮元의 校勘記 참조)

4) 機 : 惠棟校宋本에는 '璣'로 되어 있다.(阮元의 校勘記 참조)

정현의 ≪六藝論≫에 또 이르기를 "遂皇 후에 6紀 91代를 지나 伏犧에 이르러서 처음으로 10자의 가르침을 지었다."라고 하였다. 그렇다면 복희 때에 ≪易≫의 도가 이미 밝게 드러난 것이니, 禮事가 더욱 드러난 것이다.

살펴보면 譙周의 ≪古史考≫에 이르기를 "聖人이 있어 火德으로 왕이 되어 다스렸다. 鑽燧를 만들어 불을 일으켜서 백성들에게 익혀 먹는 것을 가르치자 백성들이 크게 기뻐하니 號를 遂人이라고 하였다. 그다음에는 三姓이 있었으며, 마침내 복희에 이르러서 시집가고 장가가는 법을 제정하여 두 장의 사슴 가죽으로 예를 행하는 예물로 삼고 琴瑟을 만들어 악기로 삼았다."라고 하였다. 또 ≪帝王世紀≫에 이르기를 "燧人氏가 별세한 뒤 包犧氏가 그 뒤를 이었다."라고 하였다.

이상의 내용을 가지고 말한다면 시집가고 장가가는 嘉禮는 복희에게서 시작된 것이다. 다만 ≪고사고≫에서는 수황부터 복희에 이르기까지 오직 三姓만 거쳤다고 하였는데, ≪육예론≫에서는 "6紀 91代를 지났다."라고 하여 그 글이 다르니, 어느 설이 옳은지 모르겠다. 아마도 三姓에서 91代가 된 것이리라.

살펴보면 ≪廣雅≫에 이르기를 "1紀는 26만 7천 년이다."라고 하였다. 方叔機는 ≪육예론≫의 주에서 이르기를 "6紀는 九頭紀・五龍紀・攝提紀・合洛紀・連通紀・序命紀로, 모두 6紀이다. 91代는 九頭 1대, 五龍 5대, 攝提 72대, 合洛 3대, 連通 6대, 序命 4대로, 모두 91대이다."라고 하였다.

다만 복희 이전과 복희 이후는 연대가 들쭉날쭉하여 설이 일치되지 않고 緯書가 분분하여 저마다 서로 어긋나는 데다 또 번다하고 쓸데없기에, 지금 모두 생략하고 오직 ≪육예론≫의 글과 ≪제왕세기≫에만 근거하여 설을 삼는다.

案易繫辭云 包犧氏沒커시늘 神農氏作이라하니라 案帝王世紀云 伏犧之後에 女媧氏亦風姓也요 女媧氏沒에 次有大庭氏柏皇氏中央氏栗陸氏驪連氏赫胥氏尊盧氏渾沌氏昊英氏有巢氏朱襄氏葛天氏陰康氏無懷氏하니 凡十五代니 皆襲伏犧之號라하니라 然鄭(玄)〔玄〕[1]은 以大庭氏是神農之別號라하니라 案封禪書[2]에 無懷氏在伏犧之前이어늘 今在伏犧之後하니 則世紀之文은 未可信用이라 世紀又云 神農이 始教天下種穀이라 故人號曰神農이라하니라

1) (玄)〔玄〕 : 저본에는 '玄'으로 되어 있으나, 淸 聖祖의 성명 愛新覺羅玄燁의 '玄'을 避諱

한 것이므로, 원글자인 '玄'으로 돌려놓았다.

2) 書 : ≪예기정의≫ 권1 '禮記'라는 두 글자 다음에 나오는 공영달의 소에는 '云'으로 되어 있다. 惠棟校宋本에는 '書'로 되어 있다.(阮元의 校勘記 참조)

살펴보면 ≪周易≫ 〈繫辭傳〉에 이르기를 "包犧氏가 별세한 뒤 神農氏가 나왔다."라고 하였다. 살펴보면 ≪帝王世紀≫에서는 "伏犧 후에 女媧氏가 또한 風姓이었다."고 하였고, 여와씨가 별세한 뒤 그다음에 大庭氏·柏皇氏·中央氏·栗陸氏·驪連氏·赫胥氏·尊盧氏·渾沌氏·昊英氏·有巢氏·朱襄氏·葛天氏·陰康氏·無懷氏가 있었으니, 〈여와씨부터〉 모두 15代이다. 모두 복희의 호를 그대로 물려받았다."라고 하였다.

그러나 정현은 大庭氏를 신농의 별호라고 하였다. 살펴보면 ≪史記≫ 〈封禪書〉에는 無懷氏가 복희 앞에 있는데 지금은 복희 뒤에 있으니, ≪제왕세기≫의 글은 신용할 수 없다. ≪제왕세기≫에서는 또 "신농이 처음으로 천하에 곡식 심는 것을 가르쳤다. 그러므로 사람들이 '신농'이라고 불렀다."라고 하였다.

案禮運云 夫禮之初는 始諸飮食하니 燔黍捭(벽)豚하며 蕢(괴)桴而土鼓라하고 又明堂位云 土鼓葦籥은 伊耆氏之樂이라하고 又郊特牲云 伊耆氏始爲蜡(사)라하니 蜡는 卽田祭니 與種穀相協이요 土鼓葦籥이 又與蕢桴土鼓相當이라 故熊氏云 伊耆氏는 卽神農也라하니라 旣云 始諸飮食하여 致敬鬼神이면 則祭祀吉禮는 起於神農也라 又史記云 黃帝與蚩(치)尤戰於涿(탁)鹿이라하니 則有軍禮也요 易繫辭黃帝九事章云 古者에 葬諸中野라하니 則有凶禮也요 又論語撰考云 軒知地利하여 九牧倡敎라하니 旣有九州之牧이면 當有朝聘이니 是賓禮也라 若然이면 自伏犧以後至黃帝하여 吉凶賓軍嘉五禮始具라

살펴보면 ≪예기≫ 〈禮運〉에 이르기를 "무릇 禮의 처음은 음식에서 시작되었다. 찰기장을 달군 돌 위에 올려놓아 익히고 돼지를 갈라서 달군 돌 위에 올려놓아 익히며, 흙을 이겨 북채를 만들고 흙을 뭉쳐 북을 만들었다."라고 하였고, 또 ≪예기≫ 〈明堂位〉에 이르기를 "흙을 이겨 만든 북과 갈대로 만든 피리는 伊耆氏의 음악이다."라고 하였고, 또 ≪예기≫ 〈郊特牲〉에 이르기를 "이기씨가 처음으로 蜡祭를 만들었다."라고 하였다.

〈교특생〉의 '蜡'는 즉 〈토지신과 곡물신에게 지내는〉 田祭이니 ≪제왕세기≫의 '神農이 곡식을 심는 것'과 어울리고, 〈명당위〉의 '흙을 이겨 만든 북과 갈대로 만든 피리'는 또 〈예운〉의 '흙을 뭉쳐 북채를 만들고 흙을 이겨 북을 만들었다'는 것과 들어맞는다.

이 때문에 熊安生이 "이기씨는 바로 신농이다."라고 한 것이다. 이미 음식에서 시작하여 귀신에게 공경을 지극히 바쳤다면 제사의 吉禮는 신농에게서 일어난 것이다.

또 ≪史記≫ 〈五帝本紀〉에 이르기를 "黃帝가 蚩尤와 涿鹿에서 싸웠다."라고 하였으니 軍禮가 있었던 것이고, ≪주역≫ 〈繫辭傳〉 黃帝九事章에 이르기를 "옛날에는 들 가운데 장례하였다."라고 하였으니 凶禮가 있었던 것이다. 또 ≪古微書≫ 〈論語撰考〉에 이르기를 "軒轅氏가 地利를 알아서 九牧이 가르침을 창도하였다."라고 하였으니, 이미 九州의 牧이 있었다면 마땅히 朝聘이 있었을 것이니 이것은 賓禮가 있었던 것이다.

만약 이러하다면 伏犧부터 이후 黃帝에 이르러서야 吉·凶·賓·軍·嘉의 五禮가 비로소 갖추어진 것이다.

皇氏云 禮有三起하니 禮理는 起於大[1]一하고 禮事는 起於遂皇하고 禮名起於黃帝라하니 其禮理起於大一은 其義通也요 其禮事起於遂皇하고 禮名起於黃帝는 其義乖也라 且遂皇在伏犧之前이요 禮運燔黍捭(벽)豚은 在伏犧之後하니 何得以祭祀在遂皇之時리오 其唐堯는 則舜典云修五禮라호대 鄭康成以爲公侯伯子男之禮라하고 又云 命伯夷하여 典朕三禮라하니 五禮其文이 亦見經也라 案舜典云 類于上帝는 則吉禮也요 百姓如喪考妣는 則凶禮也요 群后四朝는 則賓禮也요 舜征有苗는 則軍禮也요 嬪于虞는 則嘉禮也니 是舜時五禮具備라 直云典朕三禮者는 據事天地與人爲三禮니 其實은 事天地唯吉禮也요 其餘四禮는 竝人事兼之也라 案論語云殷因於夏禮하고 周因於殷禮라하니 則禮記는 摠陳虞夏商周니 則是虞夏商周各有當代之禮니 則夏商亦有五禮라

1) 大 : ≪예기정의≫ 권1 '禮記'라는 두 글자 다음에 나오는 공영달의 소에는 '太'로 되어 있다. 惠棟校宋本에는 다음에 나오는 '其禮理起於大一'의 '大'와 함께 모두 '大'로 되어 있는데, 阮元은 '大'가 옳다고 하였다.(阮元의 校勘記 참조)

皇侃은 "禮는 세 차례의 일어남이 있었다. 禮理는 太極에서 일어났고, 禮事는 遂皇에게서 일어났고, 禮名은 黃帝에게서 일어났다."라고 하였다. '예리는 태극에서 일어났다'는 것은 그 뜻이 통하지만, '예사는 수황에게서 일어났고 예명은 황제에게서 일어났다'는 것은 그 뜻이 어긋난다. 또 수황은 伏犧 이전에 있었고, ≪예기≫ 〈禮運〉의 '찰기장을 달군 돌 위에 올려놓아 익히고 돼지를 갈라서 달군 돌 위에 올려놓아 익혔다'는 것은 복희 뒤에 있던 일이니, 어떻게 제사가 수황의 시대에 있을 수 있겠는가.

堯임금의 경우 ≪書經≫ 〈舜典〉에 이르기를 "五禮를 정비하였다."라고 하였는데, 정현

은 오례를 公·侯·伯·子·男의 禮라고 하였다. 또 〈순전〉에 이르기를 舜임금이 伯夷에게 명하여 "나의 三禮를 맡도록 하라."라고 하였으니, '오례'의 그 글이 또한 經에 보인다.

살펴보면 〈순전〉에 이르기를 "上帝에게 類제사를 지냈다."라고 한 것은 吉禮이고, "〈堯임금이 별세하자〉 백성들이 마치 부모의 상을 당한 것처럼 하였다."라고 한 것은 凶禮이고, "여러 제후가 동·서·남·북 사방에서 조회하였다."라고 한 것은 賓禮이고, ≪서경≫ 〈大禹謨〉에 이르기를 "舜임금 때 〈禹에게 명하여〉 有苗를 정벌하였다."라고 한 것은 軍禮이고, ≪서경≫ 〈堯典〉에 이르기를 "〈요임금은 두 딸을〉 舜에게 下嫁시켰다."라고 한 것은 嘉禮이니, 이것은 순임금 때 오례가 구비된 것이다.

단지 "나의 삼례를 맡도록 하라."라고만 한 것은 하늘과 땅과 사람을 섬기는 것을 삼례로 본 것에 근거한 것이니, 사실은 하늘과 땅을 섬기는 것만 길례이고 나머지 四禮는 모두 人事를 겸한 것이다.

살펴보면 ≪論語≫ 〈爲政〉에 이르기를 "殷나라는 夏나라의 예를 그대로 답습하였다."라고 하고, "周나라는 殷나라의 예를 그대로 답습하였다."라고 하였다. ≪예기≫에서는 순임금·하나라·은나라·주나라의 예를 통틀어 기술하였으니, 이것은 순임금·하나라·은나라·주나라에 각각 당대의 예가 있었다는 것이다. 즉 하나라와 은나라 역시 오례가 있었다는 것이다.

鄭康成注大宗伯에 **唯云唐虞有三禮**러니 **至周分爲五禮**[1]라하여 **不言夏商者**는 **但書篇散亡**하여 **夏商之禮絶滅**하여 **無文以言**이라 **故據周禮有文者而言耳**라 **武王沒後**에 **成王幼弱**일새 **周公代之攝政**이러니 **六年**에 **致大**(태)**平**이어늘 **述文武之德而制禮也**라 **故洛誥云 考朕昭子刑**하여 **乃單文祖德**이라하고 **又禮記明堂位云 周公**이 **攝政六年**에 **制禮作樂**하고 **頒度量於天下**라하니 **但所制之禮**는 **則周官儀禮也**라

1) 鄭康成注大宗伯……至周分爲五禮 : ≪周禮≫ 정현의 주에는 이 내용이 보이지 않고 ≪주례≫ 〈春官敍〉 賈公彦의 소에서 정현의 ≪禮論≫을 인용한 말에 이 구절이 보인다. 北京大本 校勘記에서는 공영달이 '禮論'을 '周禮注'로 오인한 듯하다고 하였다.

정현은 ≪周禮≫ 〈春官 大宗伯〉의 주에서 오직 "요임금과 순임금 때 三禮가 있었는데 周나라에 와서 나뉘어 五禮가 되었다."라고만 하여 夏나라와 殷나라를 언급하지 않았는데, 이것은 다만 書篇이 흩어지고 사라져서 하나라와 은나라의 禮가 끊어지고 없어져 이를 말하는 글이 없었기 때문에 주나라의 예 중 글이 있는 것에 근거하여 말한 것뿐이다.

주나라 武王이 별세한 뒤 成王이 어렸기 때문에 周公이 대신하여 섭정하였는데, 6년 만에 태평성대를 이룩하자 문왕과 무왕의 덕을 기술하고 예를 제정하였다. 그러므로 ≪서경≫ 〈洛誥〉에 이르기를 "우리 밝은 군주의 본보기를 이루어 문왕의 덕을 다할 것입니다."라고 하였고, 또 ≪예기≫ 〈明堂位〉에서는 주공이 섭정한 지 6년이 되었을 때 예를 제정하고 음악을 만들었으며 도량형을 천하에 반포하였다고 하였다. 다만 이때 만든 예는 ≪周官≫과 ≪儀禮≫였다.

鄭作序云 禮者는 **體也**요 **履也**니 **統之於心曰體**요 **踐而行之曰履**라하니라 **鄭知然者**는 **禮器云 禮者**는 **體也**라하고 **祭義云 禮者**는 **履此者也**라하니 **禮記既有此釋**이라 **故鄭依而用之**라 **禮雖合訓體履**나 **則周官爲體**하고 **儀禮爲履**라 **故鄭序又云 然則三百三千**이 **雖混同爲禮**나 **至於竝立俱陳**이면 **則曰 此經禮也**요 **此曲禮也**라 **或云 此經文也**라하고 **此威儀也**라하니 **是周禮儀禮**가 **有體履之別也**라

정현은 서문을 지어 이르기를 "禮는 體이고 履이니, 마음에 통합하는 것을 體라 하고, 실천하여 행하는 것을 履라고 한다."라고 하였다. 정현이 이러함을 알았던 것은, ≪예기≫ 〈禮器〉에 이르기를 "예는 體이다."라고 하였고, ≪예기≫ 〈祭義〉에 이르기를 "예는 이를 실천하는 것이다."라고 하였으니, ≪예기≫에 이미 이러한 해석이 있기 때문에 정현이 이에 근거하여 사용한 것이다.

예는 비록 體와 履로 풀이하는 것이 맞지만 ≪周官≫에서는 體가 되고 ≪儀禮≫에서는 履가 된다. 이 때문에 정현은 서문에 또 이르기를 "그렇다면 經禮 3백 가지와 曲禮 3천 가지 예가 비록 뒤섞여서 예가 되는 것이다. 그러나 나란히 서서 함께 언급하게 되면 이것은 경례이고 이것은 곡례라고 하며, 혹은 이것은 經文이고 이것은 威儀라고 한다."라고 하였으니, 이것은 ≪주례≫와 ≪의례≫가 體와 履의 구별이 있는 것이다.

所以周禮爲體者는 **周禮是立治之本**이니 **統之心體**하여 **以齊正於物**이라 **故爲(禮)〔體〕**[1]라 **賀瑒**(창)**云 其體有二**하니 **一是物體**니 **言萬物貴賤高下小大文質**이 **各有其體**요 **二曰禮體**니 **言聖人制法**에 **體此萬物**하여 **使高下貴賤**으로 **各得其宜也**라하니라 **其儀禮**는 **但明體之所行踐履之事**하니 **物雖萬體**나 **皆同一履**니 **履無兩義也**라

1) (禮)〔體〕 : 저본에는 '禮'로 되어 있으나, 惠棟校宋本에 의거하여 '體'로 바로잡았다. ≪예기정의≫ 권1 '禮記'라는 두 글자 다음에 나오는 공영달의 소에도 '體'로 되어 있다.(阮元의 校勘記 참조)

≪周禮≫가 體가 되는 이유는 ≪주례≫는 정치를 확립하는 근본이기 때문이니, 통틀어서 心體가 되어 물건을 가지런히 하고 바르게 하기 때문에 體가 되는 것이다. 賀瑒은 말하기를 "그 體에는 두 가지가 있다. 하나는 物體이니, 만물의 貴賤・高下・大小・文質이 각각 그 體가 있음을 말한다. 다른 하나는 禮體이니, 聖人이 법을 제정할 때 이 만물을 체득하여 고하와 귀천이 저마다 그 마땅함을 얻게 한 것을 말한다."라고 하였다.

≪儀禮≫는 다만 體가 실천하는 일을 밝히는 것이다. 물건은 비록 수많은 體이지만 모두 동일한 履이니, 履에는 두 가지 뜻이 없다.

于周之禮에 其文大備라 故論語云 周監於二代하니 郁郁乎文哉라 吾從周也라하니라 然周旣禮道大用[1]이어늘 何以老子云 失道而後德하고 失德而後仁하고 失仁而後義하고 失義而後禮니 禮者는 忠信之薄이요 道德之華요 爭愚之始오 故先師準緯候之文하여 以爲三皇行道하고 五帝行德하고 三王行仁하고 五霸行義라하니 若失義而後禮면 豈周之成康이 在五霸之後리라 所以不同者는 老子盛言道德質素之事와 無爲靜默之教라 故云此也라 禮爲浮薄而施하니 所以抑浮薄이라 故云 忠信之薄이라하니라 且聖人之王天下에 道德仁義及禮를 竝蘊于心이로되 但量時設教하여 道德仁義及禮를 須用則行이니 豈可三皇五帝之時엔 全無仁義禮也하고 殷周之時엔 全無道德也리오 老子意有所主하니 不可據之以難經也라

1) 用 : 浦鏜의 校勘記에서는 '備'의 오류인 듯하다고 하였다.(阮元의 校勘記 참조)

周나라의 禮에 문채가 크게 갖추어졌으므로 ≪論語≫ 〈八佾〉에서 "주나라의 예는 夏나라와 殷나라 두 왕조의 예를 살펴 가감하였으니, 문채가 참으로 성대하다. 나는 주나라의 예를 따르겠다."라고 한 것이다.

그러나 주나라에 이미 禮의 道가 크게 쓰였건만 무엇 때문에 ≪老子≫에서는 "道를 잃은 후에 德이 생기고, 德을 잃은 후에 仁이 나타나고, 仁을 잃은 후에 義가 밝혀지고, 義를 잃은 후에 禮를 행하니, 禮는 忠信이 박한 것이며 道德의 〈열매가 아닌〉 꽃이며 어리석음을 다투는 시작이다."라고 하였는가? 이 때문에 先師는 緯書의 글에 따라 三皇은 道를 행하고, 五帝는 德을 행하고, 三王은 仁을 행하고, 五霸는 義를 행하였다고 말하였다. 만약 義를 잃은 후에 禮를 행한다면 아마도 주나라의 成王과 康王은 오패의 뒤에 있을 것이다.

≪노자≫의 말이 사실과 다른 이유는, ≪노자≫는 道德의 소박한 일과 無爲의 고요한 가르침을 극력 주장했기 때문에 이렇게 말한 것이다. 禮는 인심이 각박해진 것 때

문에 베푼 것이니, 각박해진 인심을 억누르기 위한 것이므로 忠信이 박한 것이라고 말한 것이다. 그리고 聖人은 왕이 되어 천하를 다스릴 때 道・德・仁・義・禮를 모두 마음에 품고 있으며 다만 때를 헤아려 가르침을 베풀어서 도・덕・인・의・예를 쓰는 것이 필요하면 시행하는 것뿐이니, 어찌 삼황과 오제 때는 인・의・예가 아예 없고 은나라와 주나라 때는 도・덕이 아예 없었겠는가. ≪노자≫는 뜻이 별도로 주장하는 바가 있어서이니, 이를 근거로 經을 비난해서는 안 된다.

既周禮爲體인댄 其周禮見於經籍에 其名異者 見有七處라 按孝經說云禮經[1]三百이 一也요 禮器云經禮三百이 二也요 中庸云禮儀三百이 三也요 春秋說云禮經三百이 四也요 禮說云有正經三百이 五也요 周官外題謂爲周禮가 六也요 漢書藝文志云周官經六篇이 七也라 七者에 皆云三百이라 故知俱是周官이니 周官三百六十이로되 擧其大數而云三百也라

1) 禮經 : 閩本・監本・毛本 및 ≪예기정의≫ 권1 '禮記'라는 두 글자 다음에 나오는 공영달의 소에는 '經禮'로 되어 있다.(阮元의 校勘記 참조)

이미 ≪周禮≫가 體가 된다면 ≪주례≫가 經籍에 보일 때 그 이름이 다른 것이 현재 7곳이 있다. 살펴보면 ≪孝經說≫에 "禮經이 3백이다."라고 한 것이 첫 번째이고, ≪예기≫ 〈禮器〉에 "經禮가 3백이다."라고 한 것이 두 번째이고, ≪예기≫ 〈중용〉에 "禮儀가 3백이다."라고 한 것이 세 번째이고, ≪春秋說≫에 "禮經이 3백이다."라고 한 것이 네 번째이고, ≪禮說≫에 "正經이 3백이 있다."라고 한 것이 다섯 번째이고, ≪周官外題≫에 "≪주례≫이다."라고 말한 것이 여섯 번째이고, ≪漢書≫ 〈藝文志〉에 "≪周官經≫ 6편이다."라고 한 것이 일곱 번째이다.

일곱 곳 모두 '3백'이라고 말하고 있으므로 모두가 ≪周官≫이라는 것을 알 수 있으니, ≪주관≫의 관직은 360개이지만 큰 수를 들어 3백이라고 한 것이다.

其儀禮之別이 亦有七處로되 而有五名이라 一則孝經說春秋及中庸에 竝云威儀三千이요 二則禮器云曲禮三千이요 三則禮說云動儀三千이요 四則謂爲儀禮요 五則漢書藝文志謂儀禮爲古禮經이라 凡此七處五名은 稱謂竝承三百之下라 故知卽儀禮也라 所以三千者는 其履行周官五禮之別에 其事委曲하고 條數繁廣이라 故有三千也라 非謂篇有三千이요 但事之殊別이 有三千條耳로되 或[1]一篇一卷이면 則有數條之事라

1) 或 : 惠棟校宋本에는 '故'로 되어 있다.(阮元의 校勘記 참조)

≪儀禮≫가 다르게 보이는 것이 ≪주례≫와 마찬가지로 7곳이 있지만 이름은 5개이다. 첫 번째는 ≪孝經說≫·≪春秋≫·≪예기≫ 〈中庸〉에서 모두 "威儀가 3천이다."라고 한 것이고, 두 번째는 ≪예기≫ 〈禮器〉에서 "曲禮가 3천이다."라고 한 것이고, 세 번째는 ≪禮說≫에서 "動儀가 3천이다."라고 한 것이고, 네 번째는 "≪의례≫이다."라고 말한 것이고, 다섯 번째는 ≪漢書≫ 〈藝文志〉에서 ≪의례≫를 일러 ≪古禮經≫이라고 한 것이다.

무릇 이 7곳의 5개 이름은 명칭이 모두 '3백' 다음에 나오므로 곧 ≪의례≫임을 알 수 있다. '3천'인 이유는 ≪주관≫의 서로 구별되는 五禮를 실행할 때 그 일이 세세하고 항목이 번다하므로 3천이 있다는 것이다. 篇이 3천 편이 있다는 말이 아니라 다만 서로 달라서 구별되는 일이 3천 조목이 있다는 것이다. 혹 1편이나 1권이면 몇 조목의 일이 있다.

今行於世者는 **唯十七篇而已**라 **故漢書藝文志云 漢初**에 **高堂生傳禮十七篇**이 **是也**라 **至武帝時**하여 **河間獻王**이 **得古禮五十六篇**하여 **獻王**이 **獻之**하고 **又六藝論云 後得孔子壁中古文禮**하니 **凡五十六篇**이로되 **其十七篇**은 **與高堂生所傳同而字多異**하고 **其十七篇外**는 **則逸禮是也**라

지금 세상에 전하는 것은 오직 17편뿐이다. 그러므로 ≪漢書≫ 〈藝文志〉에 이르기를 "漢나라 초에 高堂生이 ≪禮≫ 17편을 전하였다."라고 한 것이 이것이다. 漢 武帝 때에 이르러 河間獻王이 古≪禮≫ 56편을 얻어서 헌왕이 이를 무제에게 바쳤다.

또 정현의 ≪六藝論≫에 이르기를 "뒤에 孔子의 옛집의 벽에서 고문으로 된 ≪禮≫를 얻었는데 모두 56편이었다. 이 가운데 17편은 고당생이 전한 것과 같았으나 글자가 다른 것이 많았고, 17편 외에는 逸≪禮≫가 이것이다."라고 하였다.

周禮爲本하니 **則聖人體之**하고 **儀禮爲末**하니 **賢人履之**라 **故鄭序云 體之謂聖**이요 **履之爲賢**이 **是也**라 **旣周禮爲本**이면 **則重者在前**이라 **故宗伯序五禮**에 **以吉禮爲上**이요 **儀禮爲末**이라 **故輕者在前故**로 **儀禮先冠昏**하고 **後喪祭**라 **故鄭序云 二者**는 **或施而上**하고 **或循而下**라하니라

≪周禮≫는 근본이니 聖人이 이를 체득하고, ≪儀禮≫는 말엽이니 賢人이 이를 실천한다. 그러므로 정현의 서문에 이르기를 "체득한 사람을 일러 성인이라 하고, 실천하는 사람을 일러 현인이라고 한다."라고 한 것이 이것이다. 이미 ≪주례≫가 근본이라면 중

한 것이 앞에 있으므로 大宗伯이 五禮를 차례할 때 吉禮를 위로 여긴 것이며, ≪의례≫는 말엽이므로 가벼운 것이 앞에 있기 때문에 ≪의례≫에서는 冠禮와 昏禮를 앞에 두고 喪禮와 祭禮를 뒤에 둔 것이다. 그러므로 정현의 서문에 이르기를 "이 두 예는 혹은 베풀어서 위로 올라가기도 하고, 혹은 따라서 아래로 내려가기도 한다."라고 한 것이다.

其周禮는 六藝論云 周官壁中所得六篇이라하고 漢書에 說河間獻王이 開獻書之路하여 得周官有五篇이니 失其冬官一篇일새 乃購千金不得이라 取考工記하여 以補其闕이라하니라 漢書云得五篇이라하고 六藝論云得其六篇이라하여 其文不同하니 未知孰是라

≪周禮≫는, ≪六藝論≫에 이르기를 "≪周官≫은 벽 안에서 얻은 것이 6편이다."라고 하였다. ≪漢書≫에서는 말하기를, 河間獻王이 서적을 바치는 길을 열어서 ≪주관≫을 얻은 것이 5편으로, 〈冬官〉 1편이 없었기 때문에 마침내 천금을 내걸었으나 얻지 못하자 〈考工記〉를 취하여 그 빠진 〈동관〉편을 보완하였다고 한다.

≪한서≫에서는 5편을 얻었다고 하고 ≪육예론≫에서는 6편을 얻었다고 하여 그 글이 같지 않으니, 어느 것이 옳은지 모르겠다.

其禮記之作은 出自孔氏라 但正禮殘缺하여 無復能明이라 故范武子不識殽烝[1]하고 趙鞅及魯君이 謂儀爲禮러니 至孔子沒後에 七十二〔子〕[2]之徒 共撰所聞하여 以爲此記라 或錄舊禮之義하고 或錄變禮所由하고 或兼記體履하고 或雜序得失이라 故編而錄之하여 以爲記也라 中庸은 是子思伋所作이요 緇衣는 公孫尼子所撰이라 鄭康成云 月令은 呂不韋所修라하고 盧植云 王制는 謂漢文時博士所錄이라하니 其餘衆篇이 皆如此例로되 但未能盡知所記之人也라

1) 殽烝 : '殽'는 ≪禮記≫ 〈曲禮 上〉 孔穎達의 疏에 따르면 '수육으로 뼈가 붙어 있는 고깃덩이〔熟肉帶骨而臠〕'를 이르고, '烝'은 '脀(증)'이라고도 하며, '조에 담는 것〔升於俎〕'을 이른다.

2) 〔子〕 : 저본에는 '子가 없으나, 惠棟校宋本에 의거하여 보충하였다. 완원의 교감기 표제어에는 '子'가 있다.(阮元의 校勘記 참조)

≪예기≫가 지어진 것은 孔子에게서 나온 것이다. 다만 正禮가 흠결되어 다시 밝힐 수 있는 사람이 없었기 때문에, 晉나라 대부 范武子는 殽烝을 알지 못하였고 晉나라 대부 趙鞅과 魯나라 군주는 威儀 차리는 것을 禮라고 여겼다. 그러다가 공자가 별세한 뒤에 72제자의 무리가 자신들이 들었던 것을 함께 편찬하여 이 ≪記≫를 지었다. 혹은 舊禮의

의미를 기록하고 혹은 變禮의 유래를 기록하였으며, 혹은 내용〔體〕과 실천〔履〕을 겸하여 기록하고 혹은 득실을 잡다하게 열기하였으므로 이를 엮어 수록하여 ≪기≫로 삼았다.

〈中庸〉은 子思인 伋이 지은 것이고, 〈緇衣〉는 公孫尼子가 편찬한 것이다. 정현은 말하기를 "〈月令〉은 呂不韋가 편찬한 것"이라고 하였고, 盧植은 말하기를 "〈王制〉는 漢文帝 때 博士들이 기록한 것"이라고 하였다. ≪예기≫의 나머지 편들도 모두 이 사례와 같을 것이나 다만 기록한 사람을 다 알지는 못하는 것뿐이다.

其周禮儀禮와 **是禮記之書**는 **自漢以後**로 **各有傳授**라 **鄭君六藝論云 按漢書藝文志**와 **儒林傳云 傳禮者十三家**로되 **唯高堂生及五傳弟子戴德戴聖名在也**라하니라 **又案儒林傳云 漢興**에 **高堂生**이 **傳禮十七篇**한대 **而魯徐生**이 **善爲容**이러니 **孝文時**에 **徐生**이 **以容爲禮官大夫**하고 **瑕(丘)〔丘〕**[1]**蕭奮**이 **以禮至淮陽太守**라 **孟卿**은 **東海人**이니 **事蕭奮**하여 **以授戴德戴聖**이라하니라 **六藝論云五傳弟子者**는 **熊氏云 則高堂生蕭奮孟卿后倉及戴德戴聖爲五也**라하니 **此所傳**은 **皆儀禮也**라

1) (丘)〔丘〕: 저본에는 '丘'로 되어 있으나, 孔子의 성명 孔丘의 '丘'를 避諱한 것이므로, 원글자인 '丘'로 돌려놓았다.

≪周禮≫・≪儀禮≫와 이 ≪예기≫라는 책은 漢나라 이후 각각 전수되었다.

정현의 ≪六藝論≫에 이르기를 "살펴보면 ≪漢書≫ 〈藝文志〉와 〈儒林傳〉에서는 ≪禮≫를 전한 자가 13家라고 말하고 있으나 오직 高堂生과 5傳 제자인 戴德과 戴聖의 이름만 있다."라고 하였다. 또 살펴보면 ≪한서≫ 〈유림전〉에 이르기를 "漢나라가 건국되고 고당생이 ≪禮≫ 17편을 전하였다. 魯나라의 徐生이 禮容에 뛰어났는데, 漢 文帝 때 서생은 禮容으로 禮官大夫가 되었고, 瑕丘 사람 蕭奮은 禮로 淮陽太守까지 되었다. 孟卿은 東海 사람으로 소분을 사사하여 대덕과 대성에게 전수하였다."라고 하였다.

≪육예론≫에서 '5傳 제자'라고 한 것에 대해, 〈北周의〉 熊安生은 말하기를 "고당생・소분・孟卿・后倉 및 대덕・대성까지 5傳이다."라고 하였다. 이들이 전한 것은 모두 ≪의례≫이다.

六藝論云 今禮行於世者는 **戴德戴聖之學也**라 **又云 戴德傳記八十五篇**이라하니 **則大戴禮是也**요 **戴聖傳禮四十九篇**이라하니 **則此禮記是也**라하니라 **儒林傳云 大戴授琅邪**(야)**徐氏**하고 **小戴授梁人橋仁字季卿**과 **楊榮字子孫**이러니 **仁爲大鴻臚**(려)하여 **家世傳業**이라하니라

정현의 ≪六藝論≫에 이르기를 "지금 세상에 행해지는 禮는 戴德과 戴聖의 학문이다."라고 하였다. 또 이르기를 "대덕은 ≪記≫ 85편을 전하였다."라고 하였으니 ≪大戴禮≫가 이것이고, "대성은 ≪禮≫ 49편을 전하였다."라고 하였으니 이 ≪예기≫가 이것이다.

≪漢書≫ 〈儒林傳〉에 이르기를 "대덕은 琅邪 사람 徐氏에게 전하였고, 대성은 梁國 사람으로 字가 季卿인 橋仁과 자가 子孫인 楊榮에게 전하였는데, 교인은 大鴻臚가 되어 집안 대대로 학문을 전하였다."라고 하였다.

其周官者는 始皇深惡(오)之러니 至孝武帝時하여 始開獻書之路하여 既出於山巖屋壁이로되 復(부)入祕府하여 五家之儒 莫得見焉이라 至孝成時하여 通人劉歆이 校理祕書할새 始得列序하여 著于錄略이라 爲衆儒排棄로되 歆獨識之하여 知是周公致太平之道라 河南緱氏(구지)杜子春이 永平時[1]에 初能通其讀하니 鄭衆賈逵往(授)〔受〕[2]業焉이러니 其後馬融鄭(玄)〔玄〕[3]之等이 各有傳授하니 不復繁言也라

1) 時 : 北京大本에서는 孫志祖의 교감기를 따라 '之'로 수정하였는데, '之'로 수정하면 '永平之初(영평 연간 초에)'가 되어 뜻이 달라진다.
2) (授)〔受〕 : 저본에는 '授'로 되어 있으나, 衛氏集說 · ≪通典≫에 의거하여 '受'로 바로잡았다.(阮元의 校勘記 참조)
3) (玄)〔玄〕 : 저본에는 '玄'으로 되어 있으나, 淸 聖祖의 성명 愛新覺羅玄燁의 '玄'을 避諱한 것이므로, 원글자인 '玄'으로 돌려놓았다.

≪周官≫은 秦 始皇이 매우 싫어하였다. 그러다가 漢 武帝 때에 이르러 처음으로 서적을 바치는 길을 열어서 이미 산속 바위와 옛 가옥의 벽에서 나왔으나 다시 궁중 도서관으로 들어가 五家의 儒者들이 본 사람이 없었다.

漢 成帝 때에 이르러 通人 劉向과 〈아들 劉歆이〉 궁중 도서관의 서적들을 교감하고 정리할 때 비로소 ≪주관≫을 알게 되어 차례로 배열하여 유향의 ≪別錄≫과 유흠의 ≪七略≫에 저록하였다. ≪주관≫은 여러 유자들에게 배척되어 버려졌으나 유흠이 홀로 이를 알아보고 이것은 周公이 태평성세를 이룩한 도라는 것을 알았다.

河南 緱氏 사람 杜子春이 漢 明帝 永平 연간에 최초로 이 책을 읽을 수 있게 되자 鄭衆과 賈逵가 두자춘에게 가서 학업을 전수받았다. 그 후에 馬融과 鄭玄 등이 각각 전수하였는데, 이에 대해서는 다시 번다하게 말하지 않겠다.

禮記注疏校勘記序

小戴禮記는 隋唐志에 竝二十卷[1]이니 唐石經[2]所分이 是也라 貞觀中에 孔穎達等이 爲正義하니 舊新唐志皆云七十卷이라하고 晁氏讀書志[3]와 陳氏書錄解題[4]에 皆同이라

1) 隋唐志 竝二十卷 : ≪隋書≫ 〈經籍志〉에는 "禮記二十卷 漢九江太守戴聖撰 鄭玄注", ≪舊唐書≫ 〈經籍志〉에는 "小戴禮記二十卷 戴聖撰 鄭玄注", ≪新唐書≫ 〈藝文志〉에는 "小戴聖禮記二十卷"으로 되어 있다.

2) 唐石經 : 唐代의 十二經刻石으로, 開成石經이라고도 한다. 唐 文宗 太和 7년(833)에 刻石을 시작하여 당 문종 開成 2년(837)에 완성되었다. 원래의 碑는 長安城 國子監 내에 있었는데, 宋나라 때 府學의 북쪽 담장 쪽으로 옮겼으니 바로 지금의 西安碑林이다.

3) 晁氏讀書志 : 南宋 晁公武의 ≪郡齋讀書志≫에 "禮記疏七十卷"으로 되어 있다.

4) 陳氏書錄解題 : 南宋 陳振孫의 ≪直齋書錄解題≫에 "禮記正義七十卷"으로 되어 있다.

≪小戴禮記≫는 ≪隋書≫ 〈經籍志〉와 ≪舊唐書≫ 〈經籍志〉와 ≪新唐書≫ 〈藝文志〉에 모두 20권으로 되어 있으니 唐石經에서 분류한 것이 이것이다. 唐 太宗 貞觀 연간에 孔穎達 등이 ≪禮記正義≫를 지었는데, ≪구당서≫ 〈경적지〉와 ≪신당서≫ 〈예문지〉에서 모두 70권이라 하였고, 晁公武의 ≪郡齋讀書志≫와 陳振孫의 ≪直齋書錄解題≫에서도 모두 똑같이 70권이라 하였다.

案古人義疏를 皆不附於經注而單行하니 猶古春秋三傳과 詩毛傳을 不附於經而單行也라 單行之疏는 北宋皆有鐫本이러니 今僅有存者하여 儀禮穀梁爾雅 間存藏書家요 而他經多亡이라 正義는 多附載經注之下하니 其始謂之兼義러니 其後에 直謂之某經注疏라 其始는 本無釋文이러니 其後에 又附以釋文하고 謂之附釋音某經注疏요 最後에 又去附釋音三字하니 蓋皆紹興以後所爲요 而北宋은 無此也라

살펴보면 옛사람은 義疏를 모두 經·注에 덧붙이지 않고 단독으로 유통하였으니, 옛 ≪春秋≫ 三傳과 ≪詩≫ 毛傳을 經에 덧붙이지 않고 단독으로 유통한 것과 같다. 단독으로 유통한 疏는 北宋 때 모두 간행본이 있었는데, 오늘날 근근이 남은 것으로는

≪儀禮≫·≪春秋穀梁傳≫·≪爾雅≫의 疏가 간간이 장서가에게 보존되어 있고 다른 經의 疏들은 대부분 망실되었다.

正義는 대부분 經·注 아래에 덧붙여 수록되었다. 처음에는 이를 '兼義'라고 불렀는데, 그 뒤에는 곧바로 '某經注疏'라고 불렀다. 처음에는 본래 釋文이 없었는데, 뒤에 또 석문을 덧붙이고 '附釋音某經注疏'라고 불렀으며, 마지막에는 또 '附釋音' 세 글자를 제거하였다. 이는 모두 南宋 高宗 紹興 연간 이후에 한 것이고, 북송 때는 이런 일이 없었다.

有在兼義之先爲之者는 今所見吳中藏本에 有春秋禮記二種하니 春秋曰 春秋正義卷第幾라하고 禮記曰 禮記正義卷第幾라하고 皆不標爲某經注疏라 其卷數는 則春秋三十六卷이요 禮記七十卷이니 皆與唐志正義卷數合이라 蓋以單行正義爲主하고 而以經注分置之하니 此紹興初年所爲니 非如兼義注疏之以經注爲主하고 而以疏附之하여 旣不用經注之卷數하고 又不用正義之卷數라 春秋爲六十卷하고 禮記爲六十三卷하여 遂使唐人正義之卷次不可知하니 蓋古今之遷變如此라

兼義보다 먼저 이를 했던 것은 지금 보는 吳中 藏本에 ≪春秋≫와 ≪禮記≫ 2종이 있다. ≪춘추≫는 '春秋正義卷第幾', ≪예기≫는 '禮記正義卷第幾'라 하고, 모두 '某經注疏'라는 표제를 달지 않고 있다. 그 卷數는 ≪춘추≫는 36권, ≪예기≫는 70권이니, 모두 ≪구당서≫ 〈경적지〉와 ≪신당서≫ 〈예문지〉의 ≪春秋正義≫·≪禮記正義≫와 권수가 맞는다. 단독으로 유통하는 正義를 위주로 經·注를 나누어 배치한 것이니, 이것은 南宋 高宗 紹興 초년에 한 것이다. 兼義나 注疏처럼 經·注를 위주로 하고 疏를 덧붙인 것이 아니어서, 경·주의 권수도 쓰지 않고 정의의 권수도 쓰지 않았다. ≪춘추≫는 60권, ≪예기≫는 63권으로 만들어서 마침내 唐나라 사람의 ≪춘추정의≫·≪예기정의≫ 卷次를 알 수 없게 만들었으니, 古今의 변천이 이와 같다.

禮記七十卷之本이 出於吳中吳泰來家러니 乾隆間에 惠棟이 用以校汲古閣本하고 識(지)之云 譌字四千七百有四요 脫字一千一百四十有五요 闕文二千二百一十有七이요 文字異者二千六百二十有五요 羨文九百七十有一이라 點勘是正하여 四百年來闕誤之書 犂然備具하니 爲之稱快라하니 今記中所云惠棟校宋本者是也라 其眞本은 今藏曲阜孔氏어늘 近年有巧僞之書賈 取六十三卷舊刻하여 添注塗改하고 綴以惠棟跋語하여 鬻於人하니 鏤板

京師者는 乃贋本耳라 今屬臨海生員洪震煊하여 以惠棟本爲主하고 竝合元舊校本及新得各本하여 考其異同하여 元復定其是非하여 爲校勘記六十有三卷하고 釋文則別爲四卷하니 後之爲小戴學者는 庶幾有取於是라 阮元記

≪예기≫ 70권본은 吳中 吳泰來의 집에서 나왔는데, 淸 高宗 乾隆 연간에 惠棟이 이것을 가지고 汲古閣本을 교감한 뒤 다음과 같이 기록하였다.

"譌字가 4,704개, 脫字가 1,145개, 闕文이 2,217개, 문자가 다른 것이 2,625개, 衍文이 971개다. 對校하고 교정하기를 올바로 하여 400년 동안 빠지고 잘못된 책이 분명하게 갖추어졌으니 참으로 기쁘다."

지금 교감기에서 말하는 惠棟校宋本이 이것이다.

그 眞本은 지금 曲阜의 孔氏에게 소장되어 있는데, 근년에 교묘히 사람들을 속이는 서적상이 63권 舊刻을 가져다 注를 첨가하거나 〈원래의 글자를〉 지우고 고쳐서 혜동의 발문을 이어붙여 사람들에게 팔고 있으니, 京師에서 출판되는 것은 바로 贋本일 뿐이다. 지금 臨海의 生員 洪震煊에게 맡겨서, 혜동교송본을 위주로 하고 나〔元〕의 舊校本과 새로 얻은 各本을 모두 합쳐 그 異同을 살펴서 내가 다시 그 是非를 정하여 ≪禮記注疏校勘記≫ 63권을 만들고 ≪禮記釋文校勘記≫는 별도로 4권을 만들었으니, 뒤에 小戴學을 하는 사람들은 여기에서 취함이 있기를 바란다.

阮元이 기록하다.

引據各本目錄

□ 經本

石經

唐開成二年刻石하니 所謂唐國子學石經이 是也라 其中虎淵世民豫誦純恒湛等字와 及偏傍涉者는 皆缺末一筆[1)]이요 惟月令은 經明皇更(갱)定하니 與本經乖違하여 不足據라

1) 虎淵世民豫誦純恒湛等字……皆缺末一筆 : 避諱의 한 방법으로 마지막 한 획을 긋지 않는 缺筆을 이른다. 피휘의 결필은 唐 高宗 때부터 시작되었으며, 여기에 제시한 예는 모두 당나라 역대 황제들의 이름과 관련한 國諱이다. '虎'는 高祖의 할아버지 이름이며, '淵'은 高祖, '世'와 '民'은 太宗, '豫'는 代宗, '誦'은 順宗, '純'은 憲宗, '恒'은 穆宗, '湛'은 敬宗의 이름이다.(陳垣의 ≪史諱擧例≫ 참조)

唐 文宗 開成 2년(837)에 비석에 새긴 것이니, 이른바 唐國子學石經이 이것이다. 이 가운데 虎·淵·世·民·豫·誦·純·恒·湛 등의 글자와 이들이 편방으로 들어간 글자들은 모두 마지막 한 획을 缺筆하였다. 오직 ≪禮記≫ 〈月令〉만은 唐 玄宗이 다시 확정하였으니, 本經과 어긋나 근거로 삼기에 부족하다.

南宋石經

宋高宗御書라 禮記止中庸一篇이요 今又止存一碑하니 自必自邇譬如登高[1)]起하여 至篇末止라

1) 必自邇譬如登高 : 南宋 朱熹의 ≪中庸章句≫로는 제15장에 속한다.

宋 高宗의 친필이다. ≪禮記≫는 〈中庸〉 한 편뿐인데 지금 또 비석 하나만 남았으니, '必自邇譬如登高'부터 시작해서 이 편 끝까지이다.

□ 經注本

岳本

宋岳珂刻本이니 武英殿[1)]飜刻倣宋本이라

1) 武英殿 : 北京 紫禁城 熙和門 서쪽에 있는 궁전으로, 明代 永樂 연간에 처음 건립되었다. 淸 高宗 乾隆(1736~1795) 연간에 여기에서 木活字로 총서가 간행되었으며, 朝鮮 正祖 때 이 활자를 본으로 하여 목활자 및 동활자를 만들었다.

南宋 岳珂(1183~1243)의 刻本이다. 武英殿에서 宋本을 본떠 번각한 것이다.

嘉靖本

此本은 不著刊板人姓氏하니 書分二十卷하고 每卷後에 記經若干字와 注若干字라 段玉裁定爲嘉靖時倣宋刻本하니 但中如曲禮上의 情不正之言五字를 羼(찬)入正義하고 檀弓下曹桓公依注音宣一條를 羼入釋文하니 卽宋本이니 當亦在附音本之後라

이 판본은 판본을 간행한 사람의 성씨를 적지 않았다. 책을 20권으로 나누고 매 권 뒤에 經文 약간과 注 약간을 기록하였다. 段玉裁는 明 世宗 嘉靖(1522~1566) 연간에 宋刻本을 본뜬 것이라고 확정하였다. 다만 이 가운데 〈曲禮 上〉의 '情不正之言' 5자를 正義에 섞어서 넣고, 〈檀弓 下〉의 '曹桓公依注音宣' 한 조항을 釋文에 섞어서 넣었다. 바로 宋本이니, 또한 附音本의 뒤에 있어야 한다.

□ 注疏本

附釋音本

此卽所謂十行本이니 據十行本以校各本이라 故又稱十行本爲此本이라 此本爲南宋時原刻이요 中有明正德時補頁하니 山井鼎[1)]卽據以爲正德本이 是也라

1) 山井鼎 : 에도 중기의 유학자인 야마노이 테이(1690~1728)로, 일본 에도 유학 교감학의 제1인자이다. 고판본들에 의거하여 지은 ≪七經孟子考文≫은 四庫全書에 수록되었고, 淸나라 乾隆(1736~1795) 시대 교감학의 밑거름이 되었다.

이것이 바로 이른바 十行本이다. 십행본에 의거하여 各本을 교감한 것이므로 또 십

행본을 이 本으로 칭하기도 한다. 이 本은 南宋 때의 原刻이다. 이 안에 明 武宗 正德(1506~1521) 연간에 보충한 쪽이 있는데, 山井鼎이 바로 이에 의거하여 正德本을 만든 것이 이것이다.

閩本

明嘉靖時에 閩中李元陽刻이니 每頁中縫著記疏字로되 尙沿十行本舊式이라 七經孟子考文補遺에 所稱嘉靖本이 是也라

明 世宗 嘉靖(1522~1566) 연간에 閩中의 李元陽이 판각한 것이다. 매 쪽마다 中縫에 '記疏'라는 글자를 붙이되 여전히 十行本 舊式을 그대로 따랐다. ≪七經孟子考文補遺≫에서 말한 嘉靖本이 이것이다.

監本

明神廟時國子監刻本이니 每卷首에 有監臣田一儁吳士元等校刊重脩字樣이라

明 神宗 때의 國子監 刻本이다. 매 卷首에 '監臣 田一儁 吳士元等 校刊重脩'의 글자가 있다.

毛本

卽汲古閣本이니 書末에 有明崇禎十二年歲在屠維單閼古虞毛氏鐫題字一行이라

즉 汲古閣本이다. 책 말미에 '明 崇禎十二年 歲在屠維單閼 古虞毛氏鐫題(明 毅宗 崇禎 12년(1639) 기묘년에 古虞 사람 毛晉이 새기다.)'라는 한 행이 있다.

衛氏集說

宋衛湜禮記集說通志堂刻本이니 其中載注疏不全하고 亦間有刪節改次하여 不可盡據라 惟當其未經刪節改次之處의 所據之本은 究係眞宋本이라

宋나라 衛湜의 ≪禮記集說≫ 通志堂 刻本이다. 여기에 실은 注疏가 불완전하고 또한 중간중간 刪節하고 改次한 곳이 있어 모두 다 근거로 삼을 수는 없다. 오직 산절과 개차를 거치지 않은 곳에서 근거한 本만이 결국 진짜 宋本이다.

□ 校本

惠棟校宋本

宋刊本禮記正義七十卷이니 不附釋音이라 惠棟據以校汲古閣本이라

宋刊本 ≪禮記正義≫ 70권이다. 釋音을 붙이지 않았다. 惠棟이 이에 의거하여 汲古閣本을 교감하였다.

盧文弨校本

孫志祖校本

校汲古閣本이라

汲古閣本을 교감한 것이다.

段玉裁校本

校監本이라

監本을 교감한 것이다.

考文宋板

日本山井鼎과 物觀의 七經孟子考文補遺所載宋板禮記正義니 與惠棟校所據宋으로 本是一書라 間有不合處나 不及千分之一이니 亦傳寫之譌요 非二書有不同也라 玆旣據惠棟校宋本일새 凡惠棟校所有者를 不復載入하고 必惠棟校所無者라야 始采之라

일본 사람 山井鼎과 物觀이 지은 ≪七經孟子考文補遺≫에 실린 宋板 ≪禮記正義≫로, 惠棟이 교감에 근거로 삼은 宋本과 같은 책이다. 간간이 맞지 않은 곳이 있으나 천분의 일도 되지 않으니 또한 잘못 傳寫한 것이며 두 책이 다른 것이 아니다. 이에 이미 惠棟校宋本에 의거한 것이므로 모든 혜동교송본에 있는 것은 다시 싣지 않고 반드시 혜동교송본에 없는 것이어야 비로소 채록하였다.

浦鏜校本

浦鏜의 十三經正誤禮記正誤十五卷이니 其以各本校者는 仍歸各本하고 錄其以意校爲各本所無而不誤者는 稱浦鏜校라

浦鏜의 ≪十三經正誤≫ 〈禮記正誤〉 15권이다. 各本의 교감 내용을 그대로 각본으로 귀속시키고, 포당의 생각으로 교감한 것이 각본에는 없으나 틀리지 않은 것을 채록한 것은 浦鏜校라 칭한다.

□ 釋文

通志堂本

經典釋文禮記音義라

唐나라 陸德明의 ≪經典釋文≫ 〈禮記音義〉이다.

葉(섭)本

明葉林宗影寫宋本이라

明나라 葉林宗이 宋本을 모사한 것이다.

撫州公使庫本

宋淳熙四年刊本이라

南宋 孝宗 淳熙 4년(1177)에 간행한 刊本이다.

禮記注疏[1)] 제1권

國子祭酒 上護軍 曲阜縣 開國子 臣 孔穎達等 撰[2)]
國子博士 兼太子中允 贈齊州刺史 吳縣 開國男 臣 陸德明 釋文

禮記[3)]

1) 禮記注疏 : 惠棟校宋本에는 '禮記正義'로 되어 있다.(阮元의 校勘記 참조)
2) 撰 : 惠棟校宋本에는 이 앞에 '奉勅' 2자가 더 있다.(阮元의 校勘記 참조)
3) 禮記 : 陸德明의 音義에 "이것은 ≪周禮≫와 ≪儀禮≫에 빠진 것을 기록한 것이므로 ≪禮記≫라는 이름을 붙였다.〔此記二禮之遺闕 故名禮記〕"라고 하였다. 考文宋板에는 이 2자가 없는데, 완원은 이에 대해 이 2자는 본서의 권2처럼 마땅히 '曲禮上第一' 뒤에 있어야 한다고 하였다.(阮元의 校勘記 참조)

【疏】 正義曰[1)]

1) 正義曰 : 이하의 내용은 바로 앞의 〈禮記正義〉의 내용과 동일하므로 생략한다. 考文宋板에는 '正義曰' 3자가 없다.(阮元의 校勘記 참조)

제1편 曲禮 上[1)]

1) 曲禮 上 : 陸德明의 音義에 "판본 중에는 혹 '曲禮'로 되어 있는 것도 있는데, '上'은 후대 사람이 덧붙인 것이다. 〈檀弓〉과 〈雜記〉도 이와 같다. '曲禮'는 ≪儀禮≫의 옛 이름으로, 禮의 일을 상세하게 말하였다는 뜻이다.〔本或作曲禮 上者後人加也 檀弓雜記放此 曲禮者 是儀禮之舊名 委曲說禮之事〕"라고 하였다.

【疏】 正義曰 : 案鄭目錄云 "名曰曲禮者, 以其篇記五禮之事. 祭祀之說, 吉禮也. 喪荒去國之說, 凶禮也. 致貢朝會之說, 賓禮也. 兵車旌鴻之說, 軍禮也. 事長敬老・執贄納女之說, 嘉禮也. 此於別錄屬制度."

正義曰 : 살펴보면 鄭玄의 ≪目錄≫에 이르기를 "'曲禮'라고 이름을 붙인 것은 이 편이 五禮의 일을 기록하였기 때문이다. 제사에 관한 내용은 吉禮이고, 초상이나 흉년에 나라를 떠나는 내용은 凶禮이고, 공물을 바치고 조회하는 내용은 賓禮이고, 兵車에 날아가는 기러기가 그려진 깃발을 치켜드는 설은 軍禮이고, 연장자를 섬기고 노인을 공경하며 예물을 잡고 군주에게 딸을 바치는 내용은 嘉禮이다. 이것은 劉向의 ≪別錄≫에서는 制度에 속한다."라고 하였다.

【疏】案鄭此說, 則此曲禮篇中有含五禮之義. 是以經云"禱祠祭祀"之說, 當吉禮也. "送喪不由徑", "歲凶, 年穀不登", 又云"大夫士去國", 如此之類, 是喪荒去國之說, 當凶禮也. "五官致貢曰享", "天子當宁(저)而立曰朝", "相見於郤地曰會", 如此之類, 是致貢朝會之說, 當賓禮也. "兵車不式", "前有水, 則載靑旌", 如此之類, 是兵車旌鴻之說, 當軍禮也. "侍坐於長者", "故君子式黃髮", "婦人之贄, 椇榛棗栗", "納女於天子", 如此之類, 是事長敬老・執贄納女之說, 當嘉禮也. 必知執贄當婦人之贄者, 以其士相見, 鄭目錄以士執贄爲賓禮故也. 此篇旣含五禮, 故其篇名爲曲禮.

정현의 이 설을 살펴보면 이 〈曲禮〉편 안에는 五禮의 뜻을 포함하고 있다. 그러므로 경문에서 "기도하고 제사 지낸다."라고 말한 내용은 吉禮에 해당한다.

"다른 사람의 상여를 보낼 때 지름길로 가지 않는다.", "농사가 흉년이 들어서 곡식이 익지 않았다."라고 하고, 또 이르기를 "〈세 차례 간하여도 군주가 들어주지 않아〉 大夫나 士가 나라를 떠난다."라고 한 이와 같은 유는 초상이나 흉년에 나라를 떠나는 내용이니 凶禮에 해당한다.

"〈연말에 司徒 이하〉 五官이 〈각각 자기가 맡은 한 해의〉 성과를 〈왕에게〉 바치는 것을 享이라고 한다.", "천자가 〈봄과 여름에 路門 밖 두 塾 사이의〉 宁에서 〈남면하여〉 서 있으면 〈여러 公은 동향하고 여러 侯는 서향하여 알현하는 것을〉 朝라 한다.", "〈제후들이 만나기로 한 날에〉 국경의 비어 있는 지역에서 서로 만나는 것을 會라 한다."라고 한 이와 같은 유는 공물을 바치고 조회하는 내용이니 賓禮에 해당한다.

"兵車에서는 〈용맹을 숭상하여 양보가 없어야 하므로〉 수레의 軾을 잡고 고개를 조금 숙여 공경을 표하는 예를 하지 않는다.", "〈왕의 행차 때 前驅는〉 앞에 물이 있으면 푸른 물새가 그려진 깃발을 치켜든다."라고 한 이와 같은 유는 병거와 날아가는 기러기가 그려진 깃발을 치켜드는 내용이니 軍禮에 해당한다.

"堂에서 長者를 모시고 앉는다.", "그러므로 군자는 누런 머리의 노인을 보면 수레의 軾을 잡고 고개를 조금 숙여 공경을 표한다.", "〈혼인할 때 시부모를 알현하는〉 부인의 예물은, 호깨나무 열매, 개암, 〈脯, 생강과 계피를 첨가하여 말린 길쭉한 포〔脩〕〉 대추, 밤이다.", "천자에게 딸을 바치다."라고 한 이와 같은 유는 연장자를 섬기고 노인을 공경하며 예물을 잡고 군주에게 딸을 바치는 내용이니 嘉禮에 해당한다. 예물을 잡는 것이 부인의 예물에 해당한다는 것을 반드시 아는 이유는 ≪儀禮≫ 〈士相見禮〉 정현의 ≪目錄≫에서 士가 예물을 잡고 만나는 것을 賓禮라고 했기 때문이다.

이 편이 이미 오례를 포함하고 있으므로 이 편의 이름을 〈곡례〉라고 한 것이다.

【疏】 曲禮之與儀禮, 其事是一, 以其屈曲行事則曰曲禮, 見(현)於威儀則曰儀禮, 但曲之與儀相對. 周禮統心爲號, 若總而言之, 則周禮亦有曲名. 故藝文志云 "帝王爲政, 世有損益, 至周曲爲之防, 事爲之制. 故曰經禮三百, 威儀三千." 是二禮互而相通, 皆有曲稱也. 云"上"者, 對下生名. 本以語多, 簡策重大, 分爲上下, 更無義也. "第一"者, 小爾雅云 "第, 次也." 呂靖云 "一者, 數之始." "禮記"者, 一部之大名, "曲禮"者, 當篇之小目. 旣題"曲禮"於上, 故著"禮記"於下, 以配注耳.

〈曲禮〉는 ≪儀禮≫와 그 일은 동일하나, 세세히 일을 행하는 관점에서 말하면 '곡례'라 하고, 威儀에 드러나는 관점에서 말하면 '의례'라고 하니, 다만 '曲'은 '儀'와 상대적으로 말하는 것뿐이다. ≪周禮≫는 마음을 統轄하는 것으로 호칭을 삼은 것이니, 만약 총괄하여 말한다면 ≪주례≫ 또한 '曲'이라는 명칭이 있다. 그러므로 ≪漢書≫ 〈藝文志〉에 이르기를 "제왕이 정사를 행하는 것이 대대로 가감이 있었는데, 周나라에 와서 세세히 예방과 한계를 두어 매사에 제도를 만들었다. 그러므로 經禮가 3백, 威儀가 3천이었다."라고 하였으니, 이는 ≪의례≫와 ≪주례≫가 서로 통하는 것이어서 모두 '曲'이라는 명칭이 있었다는 것이다.

'上'이라고 한 것은 '下'와 상대적으로 생겨난 이름이다. 본래는 내용이 많아서 簡策이 무겁고 컸기 때문에 나누어 上·下로 삼은 것일 뿐 달리 뜻은 없다.

'第一'은 ≪孔叢子≫ 〈小爾雅 廣詁〉에 이르기를 "第는 차례라는 뜻이다."라고 하였고, 呂靖은 이르기를 "一은 숫자의 시작이다."라고 하였다. '禮記'는 한 책의 큰 이름이고, '曲禮'는 해당 편의 작은 제목이다. 이미 앞에 '곡례'라고 제목을 붙였기 때문에 뒤에 '예기'를 드러내어 짝을 지어 注를 달아놓은 것뿐이다.

【疏】鄭氏者, 姓鄭名(𤣥)〔玄〕[1], 字康成, 北海高密縣人, 前漢僕射(야)鄭崇八世之孫也. 後漢徵爲大司農, 年七十四乃卒. 然鄭亦附盧・馬之本而爲之注. 注者, 卽解書之名. 但釋義之人多稱爲傳, 傳謂傳述爲義, 或親承聖旨, 或師儒相傳, 故云傳. 今謂之注者, 謙也, 不敢傳授, 直注己意而已. 若然, 則傳之與注, 各出己情. 皇氏以爲自漢以前爲傳, 自漢以後爲注. 然王肅在鄭之後, 何以亦謂之傳. 其義非也.

1) (𤣥)〔玄〕: 저본에는 '𤣥'으로 되어 있으나, 清 聖祖의 성명 愛新覺羅玄燁의 '玄'을 避諱한 것이므로, 원글자인 '玄'으로 돌려놓았다.

鄭氏는 성은 鄭, 이름은 玄, 자는 康成, 北海 高密縣 사람으로, 前漢 때 僕射였던 鄭崇의 8세손이다. 後漢 때 부름을 받아 大司農이 되었으며, 74세에 별세하였다. 그러나 정현 역시 盧植과 馬融의 本에 덧붙여서 注를 단 것이다. '注'는 즉 글을 풀이한다는 뜻을 이름한 것이다. 다만 뜻을 해석하는 사람이 '傳'이라고 칭하는 경우가 많은데, '傳'은 '傳述하다'로 뜻을 삼은 것을 이른다. 혹 직접 聖人의 뜻을 계승하였다거나 經師와 儒者가 서로 전해주고 전해받았기 때문에 傳이라 이르기도 한다. 지금 '注'라고 한 것은 겸손하게 말한 것으로, 감히 전수받았다고 하지 않고 단지 자신의 뜻을 주를 내어 밝힌 것뿐이라는 말이다. 만약 그렇다면 傳과 注는 각각 자신의 뜻에서 나온 것이다. 皇侃은 말하기를 漢나라 이전에는 傳이라 하였고 한나라 이후에는 注라고 한다고 하였다. 그러나 王肅은 정현의 후대 사람인데 어떻게 또한 傳이라고 하였단 말인가? 황간의 뜻은 틀린 것이다.

01-01-01 曲禮曰 毋[1]不敬하며

1) 毋: 陸德明의 音義에 "'毋'는 음이 '無'이다. ≪說文解字≫에 이르기를 '금지하는 말이다. 이 글자가 女에서 의미를 취하고 그 안에 하나의 획이 있는 것은 간사한 모습이 있음을 형상한 것이니, 금지하여 간사하게 하지 말라는 것이다. 옛사람이 이르기를 「毋는 지금 사람들이 莫이라고 말하는 것과 같다.」 하였다.'라고 하였다. 살펴보면 '毋'자는 '父母'의 '母'자와 같지 않은데도 俗本에 혼란이 많아서 읽는 자들이 모두 '母'자에 붉은색 점을 찍어 '無' 음이라고 하는데, 틀린 것이다. 뒤에 나오는 '毋'도 이와 같다. 〔毋音無 說文云 止之詞 其字從女 內有一畫 象有姦之形 禁止之 勿令姦 古人云 毋猶今人言莫也 案毋字與父母字不同 俗本多亂 讀者皆朱點母字 以作無音 非也 後放此〕"라고 하였다.

〈曲禮〉에 말하였다. 〈마음은〉 공경하지 않음이 없으며,

【注】 禮主於敬이라

禮는 공경을 위주로 한다.

儼[1]若思하며

1) 儼 : ≪經典釋文≫에는 '嚴'으로 되어 있다. 阮元에 따르면 '儼'은 正字이고 '嚴'은 假借字이다.(阮元의 校勘記 참조)

〈모습은〉 엄숙히 생각하는 듯이 하며,

【注】 儼은 矜莊貌니 人之坐思에 貌必儼然이라

'儼'은 엄숙하고 장중한 모습이니, '儼若思'는 사람이 앉아서 생각할 때에 모습을 반드시 엄숙하게 해야 한다는 말이다.

安定辭하면

말을 자세히 살펴서 하면,

【注】 審言語也라 易曰 言語者는 君子之樞機라하니라

언어를 자세히 살피는 것이다. ≪周易≫ 〈繫辭傳 上〉에 이르기를 "언어는 군자의 樞機이다."라고 하였다.

安民哉인저

백성을 편안하게 할 수 있을 것이다.

【注】 此上三句可以安民이라하니 說曲禮者 美之云耳라

이것은 위의 3구(毋不敬·儼若思·安定辭)로 백성을 편안하게 할 수 있다는 것이니, 〈곡례〉를 말한 자가 이를 아름답게 여겨서 말한 것뿐이다.

【疏】 正義曰 : 此一節明人君立治之本, 先當肅心·謹身·愼口之事. ○"曲禮曰"者, 案下文"安民哉", 是爲君上所行, 故記人引儀禮[1]正經"毋不敬"以下三句而爲實驗也. ○"毋不

敬"者, 人君行禮, 無有不敬, 行五禮, 皆須敬也. ○"儼若思"者, 儼, 矜莊貌也. 若, 如也. 思, 計慮也, 夫人計慮, 狀必端慤. 今明人君矜莊之貌, 如人之思也. ○"安定辭"者, 安定, 審也. 辭, 言語也. 人君出言, 必當慮之於心, 然後宣之於口, 是詳審於言語也. ○"安民哉"者, 但人君發擧, 不離口與身心, 旣心能肅敬, 身乃矜莊, 口復(부)審愼, 三者依於德義, 則政教可以安民也. 云"哉"者, 記人美此三句者也.

1) 儀禮 : 옛사람은 ≪周禮≫를 經禮, ≪儀禮≫를 曲禮로 삼았으므로 여기서는 '曲禮'를 가리킨다.

正義曰 : 이 절은 人君이 정치를 확립하는 근본을 밝힌 것이니, 먼저 마음을 엄숙하게 하고 몸을 삼가며 입을 조심하는 일을 해야 한다고 하였다.

○〔曲禮曰〕 살펴보면 다음에 나오는 '安民哉'는 군주가 행하는 것이므로 기록하는 사람이 ≪의례≫ 경문의 '毋不敬' 이하 3구를 인용하여 실제 증거로 삼은 것이다.

○〔毋不敬〕 인군은 예를 행할 때 공경하지 않음이 없으니, 五禮를 행할 때 모두 공경해야 한다는 것이다.

○〔儼若思〕 '儼'은 엄숙하고 장중한 모습이다. '若'은 '~와 같다'는 뜻이다. '思'는 계획하는 것이니, 무릇 사람이 계획할 때에는 모습을 반드시 단정하고 성실하게 한다. 지금 인군의 엄숙하고 장중한 모습이 마치 사람이 생각하고 있는 것과 같다고 밝힌 것이다.

○〔安定辭〕 '安定'은 자세히 살핀다는 뜻이다. '辭'는 언어라는 뜻이다. 인군이 말을 할 때 반드시 마음에서 생각한 뒤에 입 밖으로 이를 내야 하니, 이것이 언어를 자세히 살피는 것이다.

○〔安民哉〕 다만 인군이 일을 행하는 것은 입과 몸과 마음에서 벗어나지 않으니, 이미 마음이 능히 엄숙하고 공경하며, 몸이 이어서 엄숙하고 장중한데, 입이 다시 자세히 살피고 삼가서, 이 세 가지가 德義를 따른다면 政敎가 백성을 편안히 할 수 있는 것이다. '哉'라고 한 것은 기록하는 사람이 '毋不敬' 이하 3구를 아름답게 여긴 것이다.

【疏】 ○ 注'禮主於敬'. ○ 正義曰 : 孝經云"禮者敬而已矣"是也. 又案鄭目錄云"曲禮之中, 體含五禮", 今云"曲禮曰 毋不敬", 則五禮皆須敬, 故鄭云"禮主於敬". 然五禮皆以拜爲敬禮, 則"祭極敬"[1]·"主人拜尸"[2]之類, 是吉禮須敬也. "拜而後稽顙"[3]之類, 是凶禮須敬也. "主人拜迎賓"[4)]之類, 是賓禮須敬也. "軍中之拜肅拜"[5)]之類, 是軍禮須敬也. 冠·昏·飮酒, 皆有賓主拜答之類, 是嘉禮須敬也. "兵車不式"[6)]·"乘玉[7)]路不式"[8)]·鄭云"大事不崇曲敬"[9)]者, 謂敬天神及軍之大事, 故不崇曲小之敬. 熊氏以爲唯此不敬者, 恐義不然也. 旣云"曲禮曰", 是引儀禮正經, 若引"春秋曰"·"詩曰"之類. 所引者若冠禮戒辭云"壽考惟祺, 介爾景福"之等, 今不見者, 或在三千散亡之中也.

1) 祭極敬 : ≪예기≫ 〈表記〉에 보인다.
2) 主人拜尸 : ≪의례≫ 〈士虞禮〉·〈特牲饋食禮〉·〈有司徹〉에 보인다.
3) 拜而後稽顙 : ≪예기≫ 〈檀弓 上〉에 보인다.
4) 主人拜迎賓 : ≪예기≫ 〈鄕飮酒義〉에 보인다.
5) 軍中之拜肅拜 : ≪예기≫ 〈少儀〉 '武車不式'에 대한 鄭玄의 注에 보인다.
6) 兵車不式 : ≪예기≫ 〈曲禮 上〉에 보인다.
7) 玉 : 浦鏜校本에는 '王'으로 되어 있다.(阮元의 校勘記 참조)
8) 乘玉路不式 : ≪예기≫ 〈王藻〉에 '乘路車不式'이라는 내용이 보인다. '玉路'는 金路·象路·革路·木路와 함께 왕이 타는 다섯 가지 수레 중 하나로, 교외에서 하늘에 제사 지낼 때 때 탄다. '路車'는 천자나 제후가 타는 수레이다.
9) 鄭云大事不崇曲敬 : ≪예기≫ 〈王藻〉 '禮不盛 服不充'에 대한 정현의 주에 보인다.

○ 注의 〔禮主於敬〕

○ 正義曰 : ≪孝經≫ 〈廣要道章〉에 이르기를 "禮는 공경일 뿐이다."라고 한 것이 이것이다. 또 살펴보면 정현의 ≪目錄≫에 이르기를 "〈曲禮〉 안에는 五禮를 포함하고 있다."라고 하였는데, 지금 '曲禮曰 毋不敬'이라고 하였으니, 오례 모두 공경을 해야 하므로 정현이 '禮主於敬'이라고 한 것이다. 그러나 오례는 모두 절하는 것으로 공경하는 예를 삼으니, "제사는 공경을 지극히 한다.", "주인이 尸童에게 절한다."와 같은 유는 吉禮에 공경해야 한다는 것이다. "절한 뒤에 무릎을 꿇고 이마를 바닥에 댄다."와 같은 유는 凶禮에 공경해야 한다는 것이다. "주인이 절하여 賓을 맞이한다."와 같은 유는 賓禮에 공경해야 한다는 것이다. "군대 안에서의 절은 肅拜이다."와 같은 유는 軍禮에 공경해야 한다는 것이다. 冠禮·昏禮·飮酒禮에서 모두 賓과 주인이 절하고 답하는 것과 같은 유는 嘉禮에 공경해야 한다는 것이다.

"兵車에서는 〈용맹해야 하므로 사양함이 없어서〉 수레의 軾을 잡고 고개를 조금 숙여 공경을 표하는 예를 하지 않는다.", "〈하늘에 제사 지낼 때 타는 수레인〉 玉路에 타서는 수레의 軾을 잡고 고개를 조금 숙여 공경을 표하는 예를 하지 않는다.", 정현이

"大事에는 곡진히 공경을 표하는 예를 숭상하지 않는다."라고 말한 것은, 天神과 군대의 대사를 공경함을 이르니, 이 때문에 세세한 공경을 숭상하지 않는 것이다. 熊安生은 오직 이 경우에만 공경을 표하지 않는 것은 의리가 옳지 않은 듯하다고 하였다. 이미 '曲禮曰'이라고 하였다면 이것은 ≪의례≫ 경문을 인용한 것이니, 마치 "≪春秋≫에 이르기를"이나 "≪詩經≫에 이르기를"이라고 인용한 유와 같다. 인용한 내용은 ≪의례≫ 〈士冠禮〉의 〈첫 번째 冠을 씌워줄 때〉 경계하는 말에 "장수토록 복을 받아 너의 큰 복을 더욱 크게 하리라."라고 말한 것과 같은 것으로, 지금 〈'曲禮曰' 이하의 내용이 ≪의례≫에〉 보이지 않는 것은 아마도 흩어지고 없어진 3천 가지 예 가운데 들어있어서일 것이다.

【疏】 ○ 注'儼矜'至'儼然'. ○ 正義曰 : 經唯云"儼若思", 不云"坐", 鄭必知"坐思"者, 案大學云 "定而後能靜, 靜而後能安, 安而後能慮."[1] 慮卽思, 故知思必當坐也.

1) 定而後能靜……安而後能慮 : 남송 朱熹의 ≪大學章句≫에는 經1章에 보인다.

○ 注의 〔儼矜〕에서 〔儼然〕까지

○ 正義曰 : 經에서는 오직 '儼若思'라고만 하고 '坐'를 말하지 않았는데 정현이 반드시 '坐思'임을 안 것은, 살펴보면 〈大學〉에 이르기를 "정해진 뒤에 능히 고요하고, 고요한 뒤에 능히 편안하고, 편안한 뒤에 능히 생각한다."라고 하였는데, 慮는 즉 思이므로 思는 반드시 앉아서 해야 함을 안 것이다.

【疏】 ○ 注'審言'至'樞機'. ○ 正義曰 : 論語云"駟不及舌", 故審言語也. "易曰"者, 易繫辭之文也, 故彼云 "君子出其言善, 則千里之外應之, 況其邇者乎. 出其言不善, 則千里之外違之, 況其邇者乎. 言行者, 君子之樞機." 鄭注 "樞謂戶樞, 機謂弩牙. 戶樞之發, 或明或闇, 弩牙之發, 或中或否. 以喩君子之言, 或榮或辱." 引之者, 證審言語之事. 彼爲"言行", 鄭云"言語"者, 旣證經辭, 無取於行, 故變文爲語也.

○ 注의 〔審言〕에서 〔樞機〕까지

○ 正義曰 : ≪論語≫ 〈顔淵〉에 이르기를 "네 필 말도 혀를 따라잡지는 못한다."라고 하였으니, 이 때문에 언어를 자세히 살피는 것이다.

〔易曰〕 ≪周易≫ 〈繫辭傳 上〉의 글이다. 그러므로 〈계사전 상〉에 이르기를 "군자가 말을 냄이 선하면 천 리 밖에서도 응하니, 더구나 가까운 자는 말해 무엇하겠는가. 말

을 냄이 선하지 못하면 천 리 밖에서도 떠나가니, 더구나 가까운 자는 말해 무엇하겠는가. 言行은 군자의 樞機이다."라고 하였는데, 정현의 주에 "樞는 문의 지도리를 이르며, 機는 쇠뇌의 시위를 거는 곳을 이른다. 문의 지도리가 발하면 밝아지기도 하고 어두워지기도 하며, 쇠뇌의 시위를 거는 곳이 발하면 적중하기도 하고 적중하지 않기도 하니, 이것으로 군자의 말이 영화롭기도 하고 욕되기도 하다는 것을 비유한 것이다."라고 하였다. 이를 인용한 것은 언어를 자세히 살피는 일을 증명한 것이다. 〈계사전 상〉에서는 '言行'이라고 하였는데 정현이 '言語'라고 한 것은, 이미 經의 말을 증명하였다면 '行'에서는 취할 것이 없으므로 글자를 바꾸어 '語'라고 한 것이다.

01-02-01 敖[1]不可長[2]이며 欲不可從[3]이며 志不可滿이며 樂[4]不可極이니라

1) 敖 : 考文引古本에는 '傲'로 되어 있다. 陸德明의 音義에서는 '태만하다〔慢〕'의 뜻으로 보고, 일설로 '놀고 즐기다〔遨遊〕'의 뜻으로 본 王肅의 설을 소개하였다. 완원은 고문에서 '傲'는 '敖'로 쓰는 경우가 많으나 여기에서는 결코 '傲'로 쓸 수 없다고 하였다. (阮元의 校勘記 참조)
2) 長 : 육덕명의 음의에서는 음을 丁丈反이라 하고, 일설로 直良反으로 본 盧植·馬融·王肅의 설을 소개하였다. '長'은 음이 丁丈反일 때 '길다' 또는 '장구하다'의 뜻을 지니며, 直良反일 때 '자라다' 또는 '師長'의 뜻을 지닌다.
3) 從 : 考文引古本에는 '縱'으로 되어 있다. 완원은 육덕명의 음의에서 '방종하다〔放縱〕'의 뜻으로 본 것에 근거하여, 원래 '縱'으로 되어 있지 않음을 알 수 있다고 하였다. (阮元의 校勘記 참조)
4) 樂 : 孔穎達의 疏에 따르면 '음악'의 뜻으로, 이때 음은 '악'이 된다. 육덕명의 음의에서는 '즐겁다'의 뜻으로 보아 음을 '락(洛)'이라 하였으며, 일설로 '음악'의 뜻으로 보아 음을 '악(岳)'이라고 한 皇侃의 설을 소개하였다.

태만함은 길게 가게 해서는 안 되며, 욕망은 제멋대로 풀어놓아서는 안 되며, 뜻은 스스로 가득 차게 해서는 안 되며, 음악은 지극히 해서는 안 된다.

【注】 四者는 慢遊之道니 桀紂所以自禍라

이 네 가지는 방탕하게 즐기는 도이니, 夏나라 桀王과 殷나라 紂王이 스스로 화를 초래한 원인이다.

【疏】'敖不'至'可極'[1]. ○ 正義曰：此一節承上人君敬愼之道, 此亦據人君恭謹節儉之事, 故鄭引桀・紂以證之. ○"敖不可長"者, 敖者矜慢在心之名, 長者行敖著迹之稱. 夫矜我慢物, 中人不免, 若有心而無迹, 則於物無傷, 若迹著而行用, 則侵虐爲甚. 傾國亡家, 必由乎[2]此, 故戒不可長. ○"欲不可從"者, 心所貪愛爲欲, 則"飮食男女, 人之大欲存焉"是也. 人皆有欲, 但不得從之也. ○"志不可滿"者, 六情徧覩在心未見(현)爲志, 凡人各有志意, 但不得自滿. 故六韜(도)云"器滿則傾, 志滿則覆."[3] ○"樂不可極"者, 樂者天子宮縣[4]以下, 皆得有樂, 但主歡心, 人情所不能已, 當自抑止, 不可極爲. 故樂記云"樂盈而反, 以反爲文."

1) 敖不至可極：惠棟校宋本에는 이 5자가 없다.(阮元의 校勘記 참조)
2) 乎：惠棟校宋本에는 '於'로 되어 있다.(阮元의 校勘記 참조)
3) 六韜(도)云……志滿則覆：'六韜'는 周 文王의 스승인 姜太公 呂望이 지었다고 하는 兵法書로, 근래 연구에 의하면 전국 시기의 전적이다. 여기에서 인용한 구절은 지금 전하는 ≪육도≫에는 보이지 않는다.
4) 宮縣：'縣'은 '懸'과 통하며 '매달다'는 뜻으로, '宮縣'은 鐘이나 磬 등의 악기를 악기 틀에 매달아서 궁실의 담장처럼 동・서・남・북 四面에 설치한 천자의 음악을 이른다. 제후는 三面에 설치한 軒縣, 경대부는 兩面에 설치한 判縣, 士는 一面에 설치한 特縣을 쓴다.

經의 〔敖不〕에서 〔可極〕까지

○ 正義曰：이 절은 앞 경문의 공경하고 삼가는 인군의 도를 이어받은 것이니, 이 구절 또한 인군이 공손하고 삼가며 절약하고 검소한 일에 근거하여 말한 것이다. 그러므로 정현이 夏나라 桀王과 殷나라 紂王을 인용하여 증거로 삼은 것이다.

○〔敖不可長〕'敖'는 자긍심과 오만함이 마음속에 있는 것을 이름한 것이고, '長'은 오만함을 행하여 자취가 드러남을 칭한 것이다. 무릇 나를 자랑스럽게 생각하고 남을 경홀히 여기는 것을 中人은 면치 못하니, 만약 이런 마음이 있어도 자취가 없으면 남에게 해가 없지만, 만약 자취가 드러나 이를 쓰게 되면 침해가 심하게 된다. 나라를 기울게 하고 집안을 망하게 하는 것은 반드시 여기에서 비롯되므로 오만함이 길게 가게 해서는 안 된다고 경계한 것이다.

○〔欲不可從〕마음속으로 탐하고 좋아하는 것이 '欲'이니, 〈≪禮記≫ 〈禮運〉의〉 "음식과 남녀에 사람의 큰 욕망이 존재한다."라는 것이 이것이다. 사람은 모두 욕망이 있지만 다만 제멋대로 풀어놓아서는 안 된다.

○ 〔志不可滿〕 〈기쁨・노여움・슬픔・즐거움・사랑・미움의〉 여섯 가지 감정이 마음속에 두루 보여도 겉으로 드러나지 않는 것이 '志'이니, 무릇 사람은 저마다 志意가 있지만 다만 스스로 가득 차게 해서는 안 된다. 그러므로 ≪六韜≫에 이르기를 "그릇이 가득 차면 기울어지고, 뜻이 가득 차면 엎어진다."라고 하였다.

○ 〔樂不可極〕 '樂'은 천자의 宮縣 이하로 모두 음악이 있을 수 있어 마음을 기쁘게 하는 것만을 주장하니 인정에 그칠 수 없는 것이지만, 마땅히 스스로 억누르고 그치게 해야 하며 지극히 해서는 안 된다. 그러므로 ≪예기≫ 〈樂記〉에 이르기를 "음악은 가득 차도 스스로 억제하여 돌아와서, 돌아옴을 아름다움으로 삼는다."라고 하였다.

【疏】 ○ 注'四者'至'自禍'. ○ 正義曰 : 案尙書・史記說紂惡甚多, 不可具載. 皇氏云 "斮朝涉之脛, 剖賢人之心[1], 是長敖也. 糟(Ｅ)〔丘〕[2]・酒池[3]之等, 是從欲也. 玉杯象箸[4]之等, 是志滿也. 靡靡之樂[5], 是樂極也." 桀之爲惡, 唯有民隊(추)[6]塗炭, 淫於妹嬉[7]之事, 雖史傳不言四事, 亦應俱有四者之惡, 故紂焚宣室[8], 桀放南巢[9]. 但"天作孼, 猶可違, 自作孼, 不可逭[10]", 桀・紂皆自身爲惡, 以致滅亡, 故云"自禍"也.

1) 斮朝涉之脛 剖賢人之心 : ≪書經≫ 〈泰誓 下〉에 보인다.

2) 糟(Ｅ)〔丘〕 : 저본에는 'Ｅ'로 되어 있으나, 孔子의 성명인 孔丘의 '丘'를 避諱한 것이므로, 원글자인 '丘'로 돌려놓았다. '糟丘'는 옛 전적에 夏나라 桀王의 고사 또는 殷나라 紂王의 고사로 보인다. ≪韓詩外傳≫ 권4에 "걸왕이 술지게미로 만든 언덕에서는 멀리 10리를 바라볼 수 있었다.〔糟丘足以望十里〕"라고 하였으며, ≪後漢書≫ 권110하 〈文苑列傳 張升傳〉 李賢의 주에 "≪史記≫에서는 주왕이 술지게미로 언덕을 만들고 술로 연못을 만들었다고 하였다.〔史記紂作糟丘酒池〕"라고 하였다. 다만 지금 ≪사기≫에는 이 내용이 보이지 않는다.

3) 酒池 : ≪사기≫ 권3 〈殷本紀〉에 "〈紂王은〉 술로 연못을 만들고 고기를 매달아 숲을 만들고서 남녀에게 벌거벗은 몸으로 그 사이에서 서로 뒤쫓게 하였다.〔以酒爲池 縣肉爲林 使男女裸相逐其間〕"라는 내용이 보인다.

4) 玉杯象箸 : ≪사기≫ 권38 〈宋微子世家〉에 "紂王이 처음으로 젓가락을 상아로 만들자 箕子가 탄식하기를 '저 사람이 상아 젓가락을 만들었으니 필시 옥 술잔을 만들 것이다.'라고 하였다.〔紂始爲象箸 箕子歎曰 彼爲象箸 必爲玉桮〕"라는 내용이 보인다. '箸'는 監本・毛本에는 '著'로 되어 있다. 阮元은 '箸'가 옳다고 하였는데, 王力은 ≪說文解字≫에 '著'가 없고 '箸'만 있는 것에 근거하여 '著'는 箸의 分化字라고 하였다.(阮元의 校勘記, 王力의 ≪王力古漢語字典≫ 참조)

5) 靡靡之樂 : ≪韓非子≫ 〈十過〉에 "이 〈亡國의 소리는 殷나라의 樂師인〉 師延이 만든 것이니, 紂王과 함께 유약하고 퇴폐적인 음악을 만든 것이다.〔此師延之所作 與紂爲靡靡之樂也〕"라는 내용이 보인다.
6) 隊(추) : 閩本·監本·毛本에는 '墜'로 되어 있다.(阮元의 校勘記 참조)
7) 嬉 : 監本·毛本에는 '喜'로 되어 있다.(阮元의 校勘記 참조)
8) 紂焚宣室 : ≪淮南子≫ 〈本經訓〉에 "周나라 무왕이 전차병과 보병 3천을 거느리고 殷나라 紂王의 〈군대를 도성 밖 남쪽 교외의〉 牧野란 곳에서 격파하고, 〈주왕을 은나라의 궁전인〉 宣室에서 죽였다.〔武王甲卒三千 破紂牧野 殺之宣室〕"라고 하였고, ≪逸周書≫ 〈世俘〉에 "商나라 왕 紂가 天智라는 가장 좋은 옥 5개를 취하여 몸에 두껍게 두르고서 스스로 불타 죽었다.〔商王紂取天智玉琰五 環身厚以自焚〕"라는 내용이 보인다.
9) 桀放南巢 : ≪서경≫ 〈仲虺之誥〉에 "殷나라 湯王이 夏나라 桀王을 남소에 유폐시키고 부끄러워하는 덕이 있었다.〔成湯放桀於南巢 惟有慚德〕"라는 내용이 보인다.
10) 天作孽……不可逭 : ≪서경≫ 〈太甲 中〉에 보인다.

○ 注의 〔四者〕에서 〔自禍〕까지

○ 正義曰 : 살펴보면 ≪尙書≫와 ≪史記≫에 殷나라 紂王의 惡을 말한 것이 매우 많아서 모두 실을 수는 없다. 皇侃은 말하기를 "〈紂王이 겨울에 추위를 잘 견딘 것을 보기 위해〉 아침에 물을 건너간 사람의 정강이를 잘라서 보고 〈聖人은 심장에 일곱 개의 구멍이 있다는 말을 듣고〉 賢人인 比干의 심장을 갈라서 본 것은 '長敖'이며, 술지게미로 언덕을 만들고 술로 연못을 만든 것 등은 '從欲'이며, 옥 술잔과 상아 젓가락을 만든 것 등은 '志滿'이며, 유약하고 퇴폐적인 음악을 만든 것은 '樂極'이다."라고 하였다.

夏나라 桀王이 惡을 행한 것은 오직 백성을 도탄에 빠뜨리고 妹嬉에게 지나치게 빠져 산 일이 있을 뿐이니, 비록 역사서에서는 〈長敖·從欲·志滿·樂極의〉 네 가지 일을 언급하지 않았으나 또한 이 네 가지 악을 모두 가지고 있었을 것이다. 이 때문에 殷나라 주왕은 궁전인 宣室에서 불타 죽었고, 하나라 걸왕은 南巢라는 곳에 유폐된 것이다. 다만 "하늘이 지은 재앙은 오히려 피할 수 있으나 스스로 지은 재앙은 도망할 수가 없으니" 걸왕과 주왕은 모두 스스로 악을 행하여 멸망에 이른 것이므로 '自禍'라고 한 것이다.

01-03-01 賢者는 狎而敬之하며

어진 자는 그를 가까이하더라도 공경하며,

【注】 狎은 習也요 近也니 謂附而近之하여 習其所行也라 月令曰 雖有貴戚[1]近習이라하니라

1) 戚 : ≪經典釋文≫에는 '傶(척)'으로 되어 있다.

'狎'은 '익숙하게 여기다', '가까이하다'의 뜻이니, 가까이하여 행하는 바를 익숙하게 여기는 것을 이른다. ≪예기≫ 〈月令〉에 이르기를 "〈仲冬의 이달에 부인에게 금하는 것은〉 비록 천자의 고모와 자매 또는 천자를 가까이 모시며 총애를 받는 시첩이나 궁녀가 있더라도 〈사치스럽거나 기이한 물건을 금하지 않는 일이 없게 한다.〉"라고 하였다.

畏而愛之하며

敬畏하더라도 사랑하며,

【注】 心服曰畏라 曾子曰 吾先子之所畏라하니라

마음속으로 따르는 것을 '畏'라고 한다. ≪孟子≫ 〈公孫丑 上〉에 〈曾子의 손자인〉 曾西가 말하기를 "〈子路는〉 우리 선조(증자)께서 경외하신 분이다."라고 하였다.

愛而知其惡하며 憎而知其善하며

사랑하더라도 그 사람의 단점을 알며, 미워하더라도 그 사람의 장점을 알며,

【注】 謂凡與人交에 不可以己心之愛憎으로 誣人之善惡이라

무릇 남과 사귈 때 자기 마음의 사랑과 미움을 가지고 남의 좋은 점과 나쁜 점을 왜곡해서는 안 된다는 말이다.

積而能散하며

재물을 축적했더라도 〈빈궁한 사람들에게〉 베풀 수 있어야 하며,

【注】 謂已有蓄積이어든 見貧窮者하면 則當能散以賙(주)救之를 若宋樂(악)氏라

자기에게 축적된 재물이 있을 경우 빈궁한 자를 보면 마땅히 흩어서 나누어주어 宋나라의 司城인 樂喜처럼 구휼할 수 있어야 한다는 말이다.

安安而能遷하나니라

처한 바의 편안함을 편안히 여기더라도 의리로 옮겨갈 수 있어야 한다.

【注】 謂己今安此之安이라도 圖後有害[1]니 則當能遷이라 晉咎[2]犯與姜氏醉重耳而行이 近之라

1) 害 : '難'으로 되어 있는 판본도 있다.(陸德明의 音義 참조)

2) 咎 : 惠棟校宋本·嘉靖本·宋監本·衛氏集說에는 '舅'로 되어 있다.(阮元의 校勘記 참조)

자기가 지금 이 편안함을 편안히 여기더라도 뒤에 해가 있을 것을 생각해야 하니, 〈해가 있을 것 같으면〉 마땅히 옮겨갈 수 있어야 한다는 말이다. 晉나라의 咎犯이 姜氏와 함께 公子 重耳를 술에 취하게 하여 길을 떠난 사례가 이에 가깝다.

臨財毋苟得하며

재물 앞에서 구차히 얻으려 하지 말며,

【注】 爲傷廉也라

청렴함을 손상하기 때문이다.

臨難毋苟免하며

君父의 위난 앞에서 구차히 화를 피하지 말며,

【注】 爲傷義也라

義를 손상하기 때문이다.

很(흔)毋求勝하며 **分毋求多**하며

소소하게 다툴 때 이기기를 구하지 말며, 물건을 나눌 때 더 많이 가지려 하지 말며,

【注】 爲傷平也라 很은 鬩(혁)也니 謂爭訟也니 詩云 兄弟鬩於牆이라하니라

공평함을 손상하기 때문이다. '很'은 다툰다는 뜻이니, 쟁송하는 것을 이른다. ≪詩經≫ 〈小雅 常棣〉에 이르기를 "형제가 담장 안에서 다툰다."라고 하였다.

疑事를 毋質하며

의심스러운 일을 확정적으로 말하지 말며

【注】 質은 成也라 彼己俱疑어늘 而己成言之라가 終不然이면 則傷知라

'質'은 확정하는 것이다. 저 사람과 자기가 모두 의심하는데도 자기가 확정적으로 말했다가 끝내 그렇지 않으면 자기의 앎을 손상하게 된다.

直而勿有니라

〈자기는 의심하지 않더라도 스승과 벗의 설을 칭하여 상대방의 의심을〉 바로잡아 주고 자신의 소견으로 주장하지 말아야 한다.

【注】 直은 正也라 己若不疑면 則當稱師友而正之니 謙也라

'直'은 바로잡는다는 뜻이다. 〈상대방은 의심하고〉 자기는 의심하지 않으면 마땅히 스승과 벗의 설을 칭하여 바로잡아 주어야 하니, 이렇게 하는 것이 겸손한 것이다.

【疏】 '賢者'至'勿有'[1]. ○ 正義曰 : 此一節總明愛敬安危忠信之事, 各隨文解之. ○"賢者狎而敬之"者, 賢是有德成[2]之稱. 狎謂近也, 習也. 賢者身有道藝, 朋類見賢思齊焉[3], 必須附而近之, 習其德藝, 儕倫易(이)相褻慢, 故戒令相敬也.

1) 賢者至勿有 : 惠棟校宋本에는 없다.(阮元의 校勘記 참조)
2) 成 : 浦鏜은 衛氏集說을 따라 衍文으로 보았다.(阮元의 校勘記 참조)
3) 見賢思齊焉 : ≪論語≫ 〈里仁〉에 보인다.

經의 〔賢者〕에서 〔勿有〕까지

○ 正義曰 : 이 절은 愛敬과 安危와 忠信의 일을 총괄적으로 밝힌 것이니, 각각 글을 따라 풀이하겠다.

○〔賢者狎而敬之〕 '賢'은 덕을 이룸이 있음을 칭한 것이다. '狎'은 '가까이하다', '익

숙하게 여기다'라는 말이다. 현자는 몸에 道와 기예가 있으니, 朋友가 현자를 보고 그와 같아질 것을 생각하면 반드시 그를 가까이하여 그 도와 기예를 익혀야 하는데, 붕우 간에는 쉽게 설만해지므로 공경하도록 경계한 것이다.

【疏】 ○ 注'狎習'至'近習'. ○ 正義曰：引月令者, 案月令仲冬之月, 禁戒婦功, 不得奢慢. 貴戚謂王之姑姊妹. 近習謂王之所親幸嬪御之屬, 言近習者, 王附而近之, 習其色. 引之者, 證賢者附而近之, 習其道藝. 連引貴戚, 於義無所當也.

○ 注의 〔狎習〕에서 〔近習〕까지

○ 正義曰：≪예기≫ 〈月令〉을 인용한 것은, 살펴보면 〈월령〉 仲冬의 달에 부인의 일을 금하고 경계하여 사치하거나 태만하지 못하게 하기 때문이다. '貴戚'은 왕의 고모와 자매를 이른다. '近習'은 왕이 가까이하고 총애하는 시첩과 궁녀의 등속을 이르니, '近習'이라고 한 것은 왕이 가까이하여 그 여색을 익숙하게 여긴다는 것이다. 정현의 주에 〈월령〉의 '近習'을 인용한 것은, 현자를 가까이하여 그 도와 기예를 익숙하게 여기는 것을 증명한 것이다. 그러나 연이어서 貴戚을 인용한 것은 의리에 마땅한 바가 없다.

【疏】 ○ '畏而愛之'. ○ 正義曰：賢者有其德行, 人皆心服畏之. 旣有所畏, 必當愛其德義, 不可疏之.

○ 經의 〔畏而愛之〕

○ 正義曰：현자는 덕행이 있어서 사람들이 모두 마음으로 따르고 경외하니, 이미 경외함이 있으면 반드시 그 德義를 사랑해야 하며 소원히 대해서는 안 된다.

【疏】 ○ 注'心服'至'所畏'. ○ 正義曰：引"曾子曰 吾先子之所畏"者, 孟子云 "或問曾西曰 吾子與子路孰賢. 曾西蹴然曰 吾先子之所畏也." 先子謂祖曾參, 不在四科, (○)[1]而子路入四科[2], 故曾參心服子路. 引之者, 證經"畏"是心服之義.

1) (○)：저본에는 부호 '○'가 있으나, 監本·毛本에 의거하여 衍文으로 처리하였다.(阮元의 校勘記 참조)

2) 四科：공자의 高弟 10명을 장점에 따라 德行·言語·政事·文學의 네 가지 유형으로 분류한 것으로, 보통 孔門四科라고 칭한다. ≪論語≫ 〈先進〉에 따르면 덕행에는 顔淵·閔子騫·冉伯牛·仲弓을 칭하고, 언어에는 宰我·子貢을 칭하고, 정사에는 冉有·子路를 칭하고, 문학에는 子游·子夏를 칭한다.

○ 注의 〔心服〕에서 〔所畏〕까지

○ 正義曰 : 정현의 주에서 "曾子曰 吾先子之所畏"를 인용한 것은, ≪孟子≫에 이르기를 "어떤 사람이 曾西에게 묻기를 '그대와 子路 중에 누가 더 어진가?'라고 하자, 증서가 편치 않은 모습으로 말하기를 '〈자로는〉 우리 先子께서도 경외하신 분이다.' 하였다."라고 하였다. '先子'는 증서의 할아버지 曾參으로 孔門四科에 들어 있지 않은데 자로는 공문사과에 들어가므로 증삼이 자로를 마음으로 따른 것이다. 이를 인용한 것은 경문의 '畏'가 마음으로 따른다는 뜻임을 증명하기 위해서이다.

【疏】 ○ '愛而知其惡, 憎而知其善'. ○ 正義曰 : 愛謂已所親幸, 憎謂已所嫌(慢)〔恨〕[1]. 人多愛而不知其惡, 憎而不知其善, 故記人戒之云, 凡人雖愛, 必當知其心懷惡行. 崔氏云 "若石碏知子厚[2]是也. 心雖憎疾, 亦當知其善能. 若祁奚知其解狐[3]是也. 若然, 乃可審知人之賢愚."

1) (慢)〔恨〕: 저본에는 '慢'으로 되어 있으나, 考文宋板에 의거하여 '恨'으로 바로잡았다.(阮元의 校勘記 참조)

2) 石碏知子厚 : '石碏'은 춘추시대 衛나라의 대부이다. 아들 石厚가 衛 莊公의 첩 소생인 州吁와 어울리며 싸움을 좋아하였는데, 뒤에 주우가 장공의 아들 桓公을 죽이고 스스로 즉위하자 석작은 아들 석후와 주우를 유인하여 陳나라에 보내 죽이고 공자 晉을 옹립하였다.(≪春秋左氏傳≫ 隱公 4년)

3) 祁奚知其解狐 : '祁奚'는 춘추시대 晉나라의 대부이다. 관직에서 물러날 때 후임자로 자신과 원수 관계인 解狐를 먼저 천거하고 자기 아들 祁午를 뒤에 천거하였다. 閩本·監本·毛本에는 '其' 뒤에 '仇'가 있다.(≪春秋左氏傳≫ 襄公 3년, 阮元의 校勘記 참조)

○ 經의 〔愛而知其惡 憎而知其善〕

○ 正義曰 : '愛'는 자기가 가까이하고 사랑하는 사람을 이르며, '憎'은 자기가 꺼리고 미워하는 사람을 이른다. 사람들은 대부분 사랑하면 그 사람의 단점을 알지 못하고 미워하면 그 사람의 장점을 알지 못한다. 그러므로 이를 기록한 사람이 경계하여 '무릇 사람은 비록 사랑하더라도 그 사람의 마음속에서는 악행을 생각하고 있음을 반드시 알아야 한다.'고 말한 것이다. 崔靈恩은 말하기를 "〈비록 사랑하더라도 그 단점을 알았던 것은〉 예컨대 〈춘추시대 衛나라 대부〉 石碏이 아들 石厚의 단점을 알았던 것이 이런 경우이다. 마음속으로는 비록 미워하고 시기하더라도 또한 그 사람의 장점을 알아야 하니, 예컨대 〈춘추시대 晉나라의 대부〉 祁奚가 원수인 解狐의 장점을 알았던 것

이 이런 경우이다. 만약 이렇게 한다면 비로소 사람들의 賢愚를 자세히 살펴 알 수 있다."라고 하였다.

【疏】○'積而能散'. ○ 正義曰：凡人貪嗇, 皆好積而不好散. 今謂已有畜[1)]積, 能賑乏賙無, 則是仁惠也.

1) 畜：閩本·監本·毛本에는 '蓄'으로 되어 있다. 완원에 따르면 옛날에 '蓄'은 '畜'으로 쓰는 경우가 많았다. 王力은 이 두 글자 모두 '기르다' 또는 '쌓아두다'의 뜻이 있으나, 구별한다면 '蓄'은 '畜'의 分別字로, 畜은 '좋아하다〔喜愛〕'의 뜻이 있지만 '蓄'은 없다고 하였다.(阮元의 校勘記, 王力의 ≪王力古漢語字典≫ 참조)

○ 經의〔積而能散〕

○ 正義曰：무릇 사람은 탐욕스럽고 인색하여 모두 재물을 축적하는 것을 좋아하고 흩어서 나누는 것을 좋아하지 않는다. 그런데 지금 자기에게 축적한 재물이 있는데 능히 궁핍한 사람을 구휼하고 없는 사람에게 나누어줄 수 있다고 하면 이는 어질고 은혜로운 것이다.

【疏】○ 注'謂已'至'樂氏'. ○ 正義曰：引宋樂氏者, 案襄二十九年左傳云, 鄭國飢[1)], 子皮[2)]貸民粟, 戶一鐘[3)]. 樂氏者, 宋司城官, 姓樂, 名喜, 字子罕. 宋亦飢, 樂喜請於平公云"隣於善, 民之望." 請貸民粟, 竝使諸大夫亦貸之. 今不引鄭罕氏而引宋樂氏者, 鄭罕氏施而斂之, 宋樂氏施而不斂, 故晉叔向聞之曰"鄭之罕, 宋之樂, 施而不德, 樂氏加焉." 熊氏云"禮, 家施不及國, 大夫不收公利[4)], 二家皆非也." 今鄭爲能散者, 直取一邊, 能散之義是同, 不據家施非禮之事. 鄭不言"是"而言"若"者, 但禮與諸經事實是一, 惟文字不同, 鄭則言"是". 若檀弓云"諸侯伐秦, 曹(桓)〔宣〕公卒於會[5)]." 鄭注引春秋傳云"曹伯廬卒於師是也." 以其一事, 故云"是"也. 此禮本不爲樂氏而作, 但事類相似, 引以爲證, 故云"若"也.

1) 飢：浦鏜校本에는 '饑'로 고쳐져 있다. 王力에 따르면 '飢'와 '饑'는 지금은 통용하나 上古에는 음과 뜻이 달라, '飢'는 '배불리 먹지 못하다〔吃不飽〕'의 뜻이었으며 '饑'는 '기근〔災荒〕'의 뜻이었다.(阮元의 校勘記, 王力의 ≪王力古漢語字典≫ 참조)

2) 子皮：춘추시대 鄭나라의 대부 罕虎의 字로, 성은 姬, 씨는 罕, 이름은 虎이다. 鄭 穆公의 증손이며, 上卿으로 정나라의 국정을 담당하였다.

3) 鐘：浦鏜校本에는 '鍾'으로 고쳐져 있다. 王力에 따르면 '鐘'과 '鍾'은 통용자이다.(阮元

의 校勘記, 王力의 《王力古漢語字典》 참조)

4) 禮……大夫不收公利 : 《春秋左氏傳》 昭公 26년 조에 보이는 내용으로, 齊 景公이 재상인 晏嬰과 正寢에서 대화할 때 안영이 한 말이다.

5) 曹(桓)〔宣〕公卒於會 : 저본에는 '桓'으로 되어 있으나, 鄭玄의 注에 의거하여 '宣'으로 바로잡았다. 이와 관련하여 《춘추좌씨전》 成公 13년 조에 "曹나라 군주 盧가 군대 안에서 죽었다.〔曹伯盧卒于師〕"라는 구절이 보인다. '盧'는 曹 宣公의 이름으로, 《春秋穀梁傳》과 《春秋公羊傳》에는 '廬(려)'로 되어 있다.

○ 注의 〔謂己〕에서 〔樂氏〕까지

○ 正義曰 : 정현의 주에서 宋나라의 樂氏를 인용한 것은, 살펴보면 《春秋左氏傳》 襄公 29년 조에 다음과 같은 내용이 보인다. 鄭나라에 기근이 들자 大夫 子皮가 백성들에게 곡식을 한 가구당 1鍾씩 빌려주었다. 樂氏는 宋나라의 司城으로, 성은 樂, 이름은 喜, 자는 子罕이다. 송나라 역시 기근이 들었는데, 樂喜는 宋 平公에게 청하여 "善人을 가까이하는 것이 백성들의 바람입니다."라고 하고서, 백성들에게 곡식을 빌려줄 것을 청하고 아울러 대부들에게도 곡식을 빌려주게 하였다. 지금 정나라의 罕氏(子皮)의 사례를 인용하지 않고 송나라의 악씨(子罕)의 사례를 인용한 것은, 정나라의 한씨는 베풀고서 이를 거두어들였고 송나라의 악씨는 베풀고서 이를 거두어들이지 않았기 때문이다. 그러므로 晉나라의 대부 叔向이 이를 듣고서 "정나라의 한씨와 송나라의 악씨는 은혜를 베풀고도 스스로 덕으로 여기지 않았는데 악씨가 한씨보다 더하였다."라고 하였다.

熊安生은 말하기를 "禮에 따르면 대부는 〈사사로이〉 은혜를 베푸는 것이 國人에 미치지 않으며 대부는 公家의 이익을 취하지 않으니, 한씨와 악씨 두 대부 모두 잘못한 것이다."라고 하였는데, 지금 정현이 악씨를 '能散'의 사례로 삼은 것은, 단지 한 면만을 취하여 能散의 뜻이 같다는 것이고 대부가 은혜를 베푸는 예에 맞지 않는 일에 근거하여 말한 것은 아니다. 정현이 '바로 이런 경우〔是〕'라 하지 않고 '~와 같은 경우〔若〕'라고 한 것은, 다만 禮와 여러 경전의 일이 실제로는 동일한데 문자만 같지 않을 경우에 정현은 '是'라고 하였다. 예컨대 《예기》 〈檀弓 下〉에 이르기를 "제후들이 秦나라를 칠 때 曹 宣公이 회합한 곳에서 죽었다."라고 하였는데, 정현의 주에 《춘추좌씨전》을 인용하여 "조나라 군주 廬가 군대 안에서 죽은 것이 바로 이런 경우〔是〕이다."라고 하였다. 동일한 일이기 때문에 '是'라고 한 것이다. 〈'積而能散'의〉 이 禮는 본래 악씨 때문에 생겨난 것이 아니고 단지 일이 비슷해서 인용하여 증거로 삼은 것이므로 '若'이라고 한 것이다.

【疏】 ○ '安安而能遷'. ○ 正義曰：上安據心, 下安據處. 凡人多居危如安[1], 故記人戒之云, 謂己心安於此所處之安, 當圖謀於後有害以[2]否. 若後當有害, 必須早遷, 則離害也.

1) 居危如安 : ≪禮記≫ 〈禮運〉의 "능히 危亡의 경계를 지키다.〔能守危〕"에 대한 정현의 주에 "군자는 편안한 상황에 처하기를 위태로운 상황에 처한 것처럼 여기고, 소인은 위태로운 상황에 처하기를 편안한 상황에 처한 것처럼 여긴다.〔君子居安如危 小人居危如安〕"라는 구절이 보인다.
2) 以 : 閩本·監本에는 '與', 毛本에는 '於'로 되어 있다. 완원에 따르면 以·與·於는 聲母가 같거나 비슷한 글자들이 韻母가 달라지면서 글자가 分化되거나 通假하게 된 一聲之轉으로, '以'는 古文이고 '與'는 今文이며 '於'는 誤字이다.(阮元의 校勘記 참조)

○ 經의 〔安安而能遷〕

○ 正義曰 : 앞에 나오는 '安'은 마음에 근거한 것이고, 뒤에 나오는 '安'은 처한 바에 근거한 것이다. 무릇 사람들은 대부분 위태로운 상황에 처하기를 편안한 상황에 처한 것처럼 여기므로 禮를 기록한 사람이 경계하여 이르기를, 자기 마음이 이 처한 바의 편안함에 편안함을 느낀다면 마땅히 뒤에 해가 있을지의 여부를 생각해야 한다는 것을 이른 것이다. 만약 뒤에 해가 있을 것 같으면 반드시 일찌감치 옮겨가야 할 것이니, 이렇게 하면 해를 떠날 수 있다는 것이다.

【疏】 ○ 注'謂己'至'近之'. ○ 正義曰：晉舅[1]犯者, 案左傳僖二十三年, 晉重耳自翟之齊, 齊桓公妻之, 有馬二十乘, 重耳心安於齊, 不欲歸晉. 從者重耳之舅, 字子犯, "謀於桑下. 蠶妾在其上, 以告姜氏. 姜氏殺之, 而謂公子曰 '子有四方之志, 其聞之者, 吾殺之矣.' 公子曰 '無之.' 姜氏曰 '行也, 懷與安, 實敗名.' 公子不可, 姜氏與子犯謀, 醉而遣之. 醒, 以戈逐子犯." 至秦, 秦伯納之, 卒爲霸主. 是"安安而能遷"之事. 鄭不云"是", 又不云"若", 而言"近之"者, 安安能遷, 亦不爲重耳而作, 不得云"是", 遷又非重耳之意, 不得云"若", 故云"近之"也.

1) 舅 : 阮元은 鄭玄의 注에 '咎'로 되어 있는 것은 ≪經典釋文≫을 따른 것이고, 孔穎達의 疏에 '舅'로 되어 있는 것은 舊本을 따른 것이라고 하였다.(阮元의 校勘記 참조)

○ 注의 〔謂己〕에서 〔近之〕까지

○ 正義曰 : 晉나라의 舅犯은, 살펴보면 ≪春秋左氏傳≫ 僖公 23년 조에 다음과 같은

내용이 보인다. 晉나라의 公子 重耳가 翟나라에서 齊나라로 가자, 齊 桓公이 〈중이에게 딸 姜氏를〉 아내로 주고 말 80필을 주었다. 이에 중이는 마음속으로 제나라 생활을 편안히 여겨 진나라로 돌아가려고 하지 않았다. 중이를 따른 사람들 가운데 중이의 삼촌 舅犯은 字가 子犯으로, "뽕나무 아래에서 〈제나라를 떠날 것을〉 모의하였다. 누에 치는 첩이 뽕나무 위에 있다가 〈이 모의를 듣고〉 강씨에게 고하였다. 강씨가 그 첩을 죽여 〈입을 막고서〉 공자 중이에게 '공자께서 가지신 천하를 경영할 원대한 뜻에 대해 들은 사람을 내가 이미 죽였습니다.'라고 하자, 중이는 '나는 그럴 뜻이 없다.'라고 하였다. 강씨가 '떠나십시오. 아내를 사모하고 안일을 탐하는 것은 실로 공명을 무너뜨리는 일입니다.'라고 하였다. 중이가 듣지 않자 강씨는 자범과 상의하여 중이를 술에 취하게 한 뒤 〈수레에 실어 제나라에서〉 떠나보냈다. 중이는 술이 깬 뒤에 〈크게 노하여〉 창을 들고 자범을 뒤쫓았다." 중이가 秦나라에 이르자 秦나라 군주가 중이를 〈晉나라의 군주로〉 들여보내 중이는 마침내 제후들의 霸者가 되었다. 이것이 바로 '安安而能遷'의 일이다. 정현이 '是'라 하지 않고 또 '若'이라고도 하지 않고 '近之'라고 말한 것은, 安安能遷이 또한 중이 때문에 생겨난 禮가 아니므로 '是'라 할 수 없고, 遷이 또 중이의 뜻이 아니어서 '若'이라 할 수도 없으므로 '近之'라고 한 것이다.

【疏】 ○'臨財毋苟得'. ○ 正義曰 : 財(則)〔利〕[1], 人之所貪, 非義而取謂之苟得. 故記人戒之, 今有財利, 元非兩人之物, 兩人俱臨而求之, 若苟得入已, 則傷廉隅, 故鄭云"爲傷廉也".

1) (則)〔利〕: 저본에는 '則'으로 되어 있으나, 北京大本에 의거하여 '利'로 바로잡았다. 아래 문장에도 '今有財利'로 되어 있다.

○ 經의 〔臨財毋苟得〕

○ 正義曰 : 재물의 이익은 사람들이 탐하는 것이니, 의리가 아닌데 취하는 것을 '苟得'이라고 한다. 그러므로 기록하는 사람이 이를 경계하기를, 지금 재물의 이익이 있는데 원래는 두 사람의 물건이 아니지만 두 사람 모두 재물 앞에서 이를 구할 경우, 만약 구차히 얻어서 자기에게 들어오게 한다면 청렴함을 손상하므로 정현이 '爲傷廉也'라고 한 것이다.

【疏】 ○'臨難毋苟免'. ○ 正義曰 : 難謂有寇仇謀害君父, 爲人臣子, 當致身授命以救之. 故記人戒之云, 若君父有難, 臣子若苟且免身而不鬭, 則陷君父於危亡, 故云"毋苟免". 見義不爲, 無勇也, 故鄭云"爲傷義也".

○ 經의 〔臨難毋苟免〕

○ 正義曰 : '難'은 적이 君父를 해치려고 도모하는 것을 이르니, 臣子가 된 자는 마땅히 몸을 바쳐 목숨을 걸고 구해야 한다. 그러므로 기록하는 사람이 경계하여 이르기를, 만약 군부에게 위난이 있는데 신자가 구차하게 화를 피하여 싸우지 않는다면 군부를 危亡에 빠뜨리는 것이므로 '毋苟免'이라고 한 것이다. 義를 보고서도 행동하지 않는 것은 용기가 없는 것이므로 정현이 '爲傷義也'라고 한 것이다.

【疏】 ○ '很(毋)〔毋〕[1]求勝, 分毋求多'. ○ 正義曰 : 很謂小小鬩很. 凡人所爭, 皆欲求勝. 故記人戒之云, 而[2]有小小鬩很, 當引過歸己, 不可求勝. ○"分毋求多"者, 此元是衆人之物, 當共分之, 人皆貪欲, 望多入己. 故記人戒之云, 所分之物毋得求多也.

1) (毋)〔毋〕: 저본에는 '毋'로 되어 있으나, 본서 經文에 의거하여 '毋'로 바로잡았다.
2) 而 : 監本·毛本에는 '如'로 되어 있다. '而'와 '如'는 聲母가 같거나 비슷한 글자들이 韻母가 달라지면서 글자가 分化되거나 通假하게 된 一聲之轉으로, 옛날에는 통용하는 글자였다.(阮元의 校勘記 참조)

○ 經의 〔很毋求勝 分毋求多〕

○ 正義曰 : '很'은 소소하게 다투는 것을 이른다. 무릇 사람들은 다툴 때 모두 이기고자 하므로 기록하는 사람이 경계하여 이르기를, 만일 소소한 다툼이 있으면 마땅히 잘못을 인정하여 자기에게 돌리고 이기고자 해서는 안 된다고 한 것이다.

○ 〔分毋求多〕 이것이 원래 여러 사람의 물건이면 마땅히 함께 나누어 가져야 하는데, 사람들이 모두 욕심을 내어 자기에게 많이 들어오기를 바라므로 기록하는 사람이 경계하여 이르기를, 물건을 나눌 때 더 많이 가지려 하지 말라고 한 것이다.

【疏】 ○ 注'爲傷'至'於牆'. ○ 正義曰 : 所引詩者, 是小雅常棣, 閔管蔡失道[1]之詩也. 彼云 "兄弟鬩於牆, 外禦其侮." 引之者, 證經"很"亦是小小鬩很之事, 若大很則當報之, 故論語孔子云"以直報怨"是也.

1) 管蔡失道 : '管蔡'는 周 武王의 庶兄인 管叔과 아우 蔡叔을 가리킨다. 武王은 殷나라를 정벌하여 천하를 통일한 뒤 은나라 紂王의 아들 武庚을 제후로 봉하여 은나라의 제사를 받들게 하고 관숙과 채숙에게 무경을 감시하도록 하였는데, 무왕이 죽고 어린

成王이 즉위하여 무왕의 아우인 周公이 섭정하자 관숙 등은 주공이 왕위를 노린다는 유언비어를 퍼뜨리며 무경과 함께 반란을 일으켰다. 이에 주공이 東征을 단행하여 이들을 잡아 처형하고 주나라를 안정시켰는데, 이 시는 관숙과 채숙을 처형한 뒤 이를 슬퍼하며 지은 시이다.

○ 注의 〔爲傷〕에서 〔於牆〕까지

○ 正義曰 : 인용한 ≪詩經≫ 구절은 〈小雅 常棣〉의 구절이니, 〈周 武王의 서형인〉 管叔과 아우 蔡叔이 도를 잃은 것을 슬퍼하는 시이다. 그 시에 이르기를 "형제가 담장 안에서는 다투나 밖으로는 모욕을 함께 막는다."라고 하였으니, 이를 인용한 것은 경문의 '很'도 소소하게 다투는 일임을 증명한 것이다. 만약 크게 다투는 것이라면 당연히 갚아주어야 하므로, ≪論語≫ 〈憲問〉에서 孔子가 말하기를 "정직함으로 원한을 갚는다."라고 한 것이 이런 경우이다.

【疏】 ○'疑事毋質'. ○ 正義曰 : 人多專固, 未知而爲已知. 故戒之云, 彼己俱疑, 而來問己, 質, 成也, 若己亦疑, 則無得成言之. 若成言疑事, 後爲賢人所譏, 則傷己智也. 故孔子戒子路云"不知爲不知"也[1].

1) 孔子戒子路云不知爲不知也 : ≪논어≫ 〈爲政〉에 공자가 제자 子路에게 "아는 것을 안다고 하고 알지 못하는 것을 알지 못한다고 하는 이것이 아는 것이다.〔知之爲知之 不知爲不知 是知也〕"라고 말한 내용이 보인다. 惠棟校宋本에는 '也' 뒤에 '是知' 2자가 있고, 考文引宋板에는 '也' 뒤에 '是知也' 3자가 더 있다.(阮元의 校勘記 참조)

○ 經의 〔疑事毋質〕

○ 正義曰 : 사람들은 대부분 고집이 있어서 알지 못하면서도 이미 알고 있다고 생각한다. 그러므로 경계하기를, 상대방과 자기가 모두 의심하고 있는데 상대방이 와서 자기에게 물을 경우, '質'은 '확정하다〔成〕'의 뜻이니, 만약 자기도 의심하고 있다면 확정적으로 말해서는 안 된다는 것이다. 만약 의심스러운 일을 확정적으로 말했다가 뒤에 賢人에게 비판을 받으면 자기의 앎을 손상하게 된다. 그러므로 孔子는 子路를 경계하여 "알지 못하는 것은 알지 못한다고 하라."라고 한 것이다.

【疏】 ○'直而勿有'. ○ 正義曰 : 此謂彼疑已不疑者, 仍須謙退. 直, 正也. 彼有疑事而來問己, 己若不疑而答之, 則當稱師友所說以正之, 勿爲己有此義也.

○ 經의 〔直而勿有〕

○ 正義曰 : 이 구절은 상대방은 의심하고 자기는 의심하지 않는 경우에도 여전히 겸손해야 함을 이른다. '直'은 '바로잡다'의 뜻이다. 상대방이 의심스러운 일이 있어 와서 자기에게 물어보는데 자기는 만약 의심스럽지 않아서 답하게 되면 마땅히 스승이나 벗이 말한 것을 칭하여 바로잡아주고 자기는 이런 뜻을 가졌다고 하지 말라는 것이다.

01-04-01 若夫인댄

만약 丈夫가 되고자 하면

【注】 言若欲爲丈夫也라 春秋傳曰 是謂我非夫라하니라

'만약 장부가 되고자 하면'이라는 말이다. ≪春秋左氏傳≫에 이르기를 "이는 나를 장부가 아니라고 말하는 것입니다."라고 하였다.

坐如尸하며

앉아 있을 때는 尸童처럼 하며

【注】 視貌正이라

보는 모습이 단정한 것이다.

立如齊(재)니라

〈尊者를 모시고〉 서 있을 때는 〈제사 지내기 전에〉 齋戒할 때처럼 〈몸을 굽혀야〉 한다.

【注】 磬且聽也라 齊는 謂祭祀時라

경쇠처럼 허리를 굽히고 듣는 것이다. '齊'는 제사 지낼 때를 이른다.

禮는 從宜하고

〈군주의 명을 받아 국경을 나갔을 때〉 禮는 당시 상황에 맞는 마땅함을 따라야 하고

【注】 事不可常也라 晉士匄(개)[1]帥(솔)師侵齊라가 聞齊侯卒하고 乃還(선)한대 春秋善之하니라

1) 匄(개) : ≪經典釋文≫에는 '丐'(면)으로 되어 있다. 완원은 '匄'가 옳으며 '丐'은 '匄'와 다른 글자로 음이 彌兗切이라 하였다.(阮元의 校勘記 참조)

일을 늘 일정하게 할 수는 없다. 晉나라의 대부 士匄가 군대를 거느리고 齊나라를 침략했다가 제나라 군주가 죽었다는 소식을 듣고 바로 군대를 돌렸는데, ≪春秋≫에서는 이를 훌륭하게 여겼다.

使(시)는 從俗이니라

사신이 되어 다른 나라에 聘問하는 법은 자국의 토속에 나오는 〈희생과 폐백으로 享禮의 예물을〉 삼아야 한다.

【注】 亦事不可常也라 牲幣之屬은 則當從俗所出이니 禮器曰 天不生하고 地不養이어든 君子不以爲禮니 鬼神不饗이라하니라

〈'禮從宜'처럼〉 이 경우에도 일을 늘 일정하게 할 수는 없는 것이다. 희생과 폐백 등속은 마땅히 토속에서 나오는 것을 따라야 하니, ≪禮記≫ 〈禮器〉에 이르기를 "하늘이 내지 않고 땅이 기르지 않았으면 군자가 예로 삼지 않으니, 귀신이 흠향하지 않는다."라고 하였다.

【疏】 '若夫'至'從俗'[1]. ○ 正義曰 : 此一節論爲丈夫之法, 當"坐如尸"以下四行竝備, 乃可立身, 各依文解之. ○"若夫"者, 凡人若爲丈夫之法, 必當如下所陳, 故目丈夫於上, 下乃論其行以結之.

1) 若夫至從俗 : 惠棟校宋本에는 이 5자가 없다.(阮元의 校勘記 참조)

經의 〔若夫〕에서 〔從俗〕까지

○ 正義曰 : 이 절은 장부가 되는 법을 논한 것이니, 마땅히 '坐如尸' 이하 〈'立如齊'·'禮從宜'·'使從俗'의〉 네 행실이 모두 갖추어져야 비로소 立身할 수 있다는 것이다. 이제 각각 글을 따라 풀이하겠다.

○〔若夫〕 무릇 사람이 만약 장부가 되고자 하면 그 법은 반드시 뒤에 진술한 것처럼 해야 하므로, 앞에서 '丈夫'를 칭하고 뒤에 그 행실을 논하여 맺은 것이다.

【疏】 ○ 注'言若'至'非夫'. ○ 正義曰：案左傳宣十二年邲(필)之戰, 楚侵鄭, 晉救之. 及河, 聞鄭既及楚平, 中軍將荀林父(보)欲還, 不濟. 上軍將士會曰 "善." 中軍佐先(穀)〔縠(곡)〕[1] 曰 "不可, 成師以出, 聞敵彊而退, 非夫也." 又哀十一年, 齊伐魯, 魯武叔初不欲戰, 爲冉求所非. 武叔曰 "是謂我不成丈夫也." 退而蒐乘. 二傳之言, 當是先縠之辭也. 彼無"是謂我", 鄭君足之也.

1) (穀)〔縠(곡)〕: 저본에는 '穀'으로 되어 있으나, ≪春秋左氏傳≫ 宣公 12년 조에 의거하여 '縠'으로 바로잡았다.

○ 注의 〔言若〕에서 〔非夫〕까지

○ 正義曰 : 살펴보면 ≪春秋左氏傳≫ 宣公 12년에 鄭나라의 邲 땅에서 벌어진 전쟁 때 楚나라가 정나라를 침략하자, 晉나라가 정나라를 구하기 위해 〈군대를 출동시켰다. 진나라 군대가〉 黃河에 이르렀을 때 정나라가 이미 초나라와 화의를 맺었다는 말을 듣고 中軍將 荀林父가 군대를 돌리려고 황하를 건너지 않았다. 上軍將 士會가 "좋다."라고 하자, 中軍佐 先縠이 "안 됩니다. 대군을 이끌고 왔다가 적이 강하다는 말을 듣고 물러가는 것은 장부가 할 일이 아닙니다."라고 하였다. 또 哀公 11년에 齊나라가 魯나라를 쳤는데, 노나라의 武叔은 처음에 싸우려고 하지 않았다가 冉求에게 비난을 받았다. 무숙은 "이 사람이 나를 장부가 못 되는 것으로 여기는구나."라고 하고서 물러나 출전하기 위해 兵車를 검열하였다.

〈정현이 인용한 '是謂我非夫'는〉 ≪춘추좌씨전≫의 두 기록 중에서 마땅히 선곡의 말이 되어야 한다. 그런데 선공 12년 조의 기록에는 '是謂我'가 없으니, 이 3자는 정현이 채워넣은 것이다.

【疏】 ○ "坐如尸"者, 尸居神位, 坐必矜莊, 言人雖不爲尸, 若所在坐法, 必當如尸之坐, 故鄭云"視貌正"也. ○ "立如齊"者, 人之倚立, 多慢不恭, 故戒之云, 倚立之時雖不齊(재), 亦當如祭前之齊, 必須磬折屈身.

○ 〔坐如尸〕 시동은 神位에 거하여 앉아 있을 때 반드시 엄숙하고 장중해야 하니, 사람이 비록 시동이 되지 않았다 하더라도 있는 곳에서 앉아 있는 법이라면 반드시 시동처럼 앉아 있어야 한다는 말이다. 그러므로 정현이 '視貌正'이라고 한 것이다.

○ 〔立如齊〕 사람이 서 있을 때는 태만하여 공손하지 못한 경우가 많다. 그러므로 경계하여 이르기를, 서 있을 때는 비록 재계하지 않더라도 또한 마땅히 제사 지내기

전에 재계하는 것처럼 해야 하니, 반드시 경쇠처럼 허리를 구부려서 몸을 굽혀야 한다고 하였다.

【疏】 ○ 注'磬且'至'祀時'. ○ 正義曰 : "磬且聽", 案士虞禮云 "無尸者, 主人哭, 出復位, 祝闔牖戶, 如食間." 是祭時主人有聽法. 云"磬"者, 謂屈身如磬之折殺. 案考工記云 "磬氏爲磬[1], 倨句一矩有半." 鄭云 "必先度(탁)一矩爲句, 一矩爲股, 而求其弦. 既而以一矩有半觸其弦, 則磬之倨句也." 是磬之折殺, 其形必曲. 人之倚立, 亦當然也. 又云"齊謂祭祀時"者, 凡齊皆在祭前, 自整齊之名, 竝於適寢之中, 坐而無立. 今云"立如齊"者, 齊有立者. 但祭前有齊, 所以自整齊也, 則祭日神前亦當齊, 則齋者是先後通稱. 此言 "立如(齋)〔齊〕[2]", 非祭前坐齋. 故鄭云 "(齋)〔齊〕[3]謂祭祀時也." 若然, 此立謂侍尊者之時, 故玉藻云 "凡侍於君, 紳垂, 足如履齊, 視下聽上"是也.

1) 磬 : 타악기의 일종으로 일반적으로 옥이나 돌로 만든다. 윗부분을 기준으로 각도〔倨句〕가 135도 구부러져 있는 형태이다. 짧고 넓은 부분은 '股', 길고 좁은 부분은 '鼓'라고 하며, 鼓 부분을 쳐서 소리를 낸다. 《周禮》 〈考工記 磬氏〉에 따르면 그 비율은, 股의 너비를 1이라고 했을 때 股의 길이는 2, 鼓의 길이는 3, 鼓의 너비는 3분의 2, 磬의 두께는 鼓의 너비의 3분의 1이므로 9분의 2가 된다.

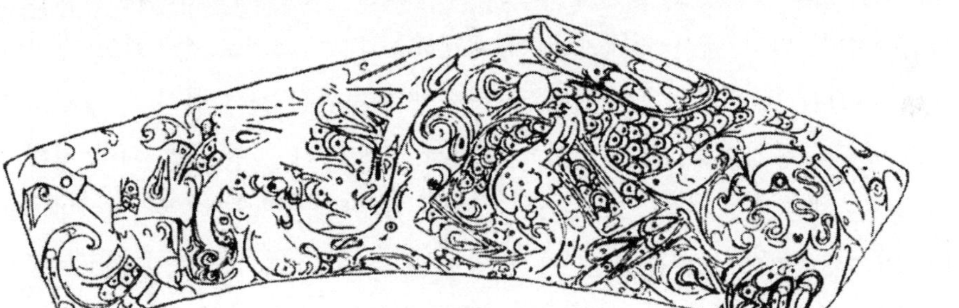

戰國彩繪石磬

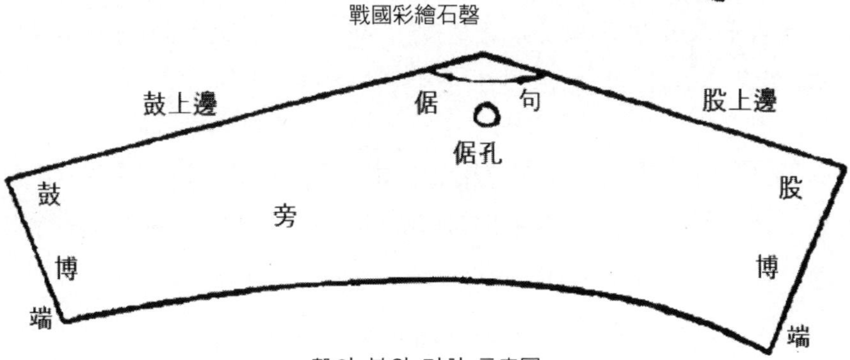

磬의 부위 명칭 示意圖

2) (齋)〔齊〕: 저본에는 '齋'로 되어 있으나, 본서 經文에 의거하여 '齊'로 바로잡았다.
3) (齋)〔齊〕: 저본에는 '齋'로 되어 있으나, 본서 鄭玄의 注에 의거하여 '齊'로 바로잡았다.

○ 注의 〔磬且〕에서 〔祀時〕까지

○ 正義曰 : 〔磬且聽〕 살펴보면 《儀禮》 〈士虞禮〉에 이르기를 "시동이 없는 경우에는 주인이 哭을 하고 室을 나와 자기 자리로 돌아가면 祝이 室의 창문과 戶를 한식경 쯤 닫아둔다."라고 하였는데, 이것은 제사 지낼 때 주인이 〈室戶 밖에서 神明의〉 소리를 듣는 법이 있는 것이다. '磬'이라고 한 것은 꺾여 있는 경쇠처럼 몸을 굽히는 것을 이른다. 살펴보면 《周禮》 〈考工記 磬氏〉에 이르기를 "磬氏가 경쇠를 만드는데, 구부러진 각도가 135도가 되도록 한다."라고 하였는데, 정현은 말하기를 "반드시 먼저 90도를 헤아려서 구부려야 하니, 90도가 되도록 股를 만들어서 그 가장자리〔弦〕를 구한다. 그런 뒤에 135도가 되도록 하여 그 가장자리와 만나게 하면 경쇠의 각도가 된다."라고 하였다. 이것은 경쇠의 꺾임이 그 형태가 반드시 구부러져 있다는 것이니, 사람이 서 있을 때도 마땅히 그렇게 해야 한다는 것이다.

〔齊謂祭祀時〕 무릇 재계하는 것은 모두 제사 지내기 전에 있어서 본래 정돈하고 가지런히 하는 것을 이름한 것이니, 모두 適寢 안에서 하므로 앉아 있기만 하고 서 있는 경우가 없다. 그런데 지금 경문에서 '立如齊'라고 한 것은 재계할 때 서 있는 경우도 있다는 것이다. 다만 제사 지내기 전에 재계하는 것은 스스로 정돈하고 가지런히 하기 위한 것이니, 제사 지내는 날 신명 앞에서도 가지런히 해야 한다. 그렇다면 재계라는 것은 선후의 통칭인 것이다. 여기 경문에서 '立如齊'라고 한 것은 제사 지내기 전에 앉아서 하는 재계가 아니다. 그러므로 정현이 '齊謂祭祀時也'라고 한 것이다. 만약 그렇다면 여기의 '立'은 尊者를 모실 때를 말하는 것이다. 그러므로 《禮記》 〈玉藻〉에 이르기를 "무릇 군주를 모실 때 〈허리를 굽혀〉 허리띠가 드리워지도록 하며, 치마 아랫자락이 바닥에 닿아 발로 이것을 밟을 듯이 하며, 시선은 아래에 있으나 위를 향하여 군주의 말을 듣는다."라고 한 것이 바로 이것이다.

【疏】 ○ "禮從宜"者, 皇氏云 "上二事, 丈夫爲儼恪之儀, 此下二事, 丈夫爲君出使之法." 義或然也. "禮從宜"者, 謂人臣奉命出使征伐之禮, 雖奉命出征, 梱外之事, 將軍裁之, 知可而進, 知難而退, 前事不可準定, 貴從當時之宜也.

○ 〔禮從宜〕 皇侃은 말하기를 "앞의 〈'坐如尸'와 '立如齊'〉 두 가지 일은 장부가 엄숙

하고 삼가는 모습을 짓는 것이고, 이 다음에 나오는 〈'禮從宜'와 '使從俗'〉 두 가지 일은 장부가 군주를 위하여 사신이 되어 국경을 나가는 법이다."라고 하였는데, 뜻이 옳은 듯하다. '禮從宜'는 신하가 군주의 명을 받들어 사신으로 나가거나 정벌하러 가는 예를 이르니, 비록 군주의 명을 받들어 출정하더라도 국경 밖의 일은 장군이 헤아려 판단해서 괜찮다는 것을 알면 진격하고 어렵다는 것을 알면 퇴각하여, 앞날의 일을 미리 일괄적으로 정해서는 안 되고 당시의 마땅함을 따르는 것을 귀하게 여긴다.

【疏】 ○ 注'事不'至'善之'. ○ 正義曰：案春秋襄十九年, "齊侯(還)〔環〕[1]卒, 晉士匄帥(솔)師侵齊, 至穀, 聞齊侯卒, 乃還(선)." 公羊云 "還者何. 善辭也. 何善爾. 大其不伐喪也. 此受命於君而伐齊, 則何大其不伐喪也. 大夫以君命出使, 進退在大夫也."

1) (還)〔環〕: 저본에는 '還'으로 되어 있으나, 監本·毛本에 의거하여 '環'으로 바로잡았다. ≪春秋公羊傳≫에는 '瑗(원)', ≪春秋左氏傳≫·≪春秋穀梁傳≫에는 '環'으로 되어 있다. 楊伯峻은 '瑗'과 '環'은 古音이 똑같은 韻部에 속해 있고 의미도 비슷하여 通假할 수 있었다고 하였다.(阮元의 校勘記, 楊伯峻의 ≪春秋左傳注≫ 참조)

○ 注의 〔事不〕에서 〔善之〕까지

○ 正義曰：살펴보면 ≪春秋≫ 襄公 19년에 "齊나라 군주 環이 죽었다. 晉나라 士匄가 군대를 거느리고 제나라를 침략하여 穀邑에 이르렀을 때 제나라 군주가 죽었다는 소식을 듣고 바로 군대를 돌렸다."라고 하였다. ≪春秋公羊傳≫에 이르기를 "'군대를 돌렸다'는 것은 무엇인가? 훌륭하게 여긴 말이다. 무엇을 훌륭하게 여긴 것인가? 喪을 당한 나라를 정벌하지 않음을 칭찬한 것이다. 이것은 군주에게서 명을 받고 제나라를 정벌하러 간 것인데 어찌하여 喪을 당한 나라를 정벌하지 않음을 칭찬한 것인가? 대부가 군주의 명으로 사신이 되어 나가면 나아가고 물러나는 것이 대부에게 달려 있기 때문이다."라고 하였다.

【疏】 ○ "使從俗"者, 使謂臣爲君出聘之法, 皆出土俗牲幣以爲享禮[1], 土俗若無, 不可境外求物, 故云"使從俗"也. 皇氏云 "上'禮從宜', 與此'使從俗', 互而相通, 皆是以禮而使." 義或然也.

1) 享禮：'享'은 바친다는 뜻으로, 享禮는 사신이 聘問 간 나라의 군주에게 예물을 바치는 의식을 이른다.

○〔使從俗〕'使'는 신하가 군주를 위하여 국경을 나가 다른 나라에 聘問하는 법을

이르니, 모두 土俗에서 나오는 희생과 폐백으로 享禮의 예물을 삼는다. 토속에 없는 것이면 국경 밖에서 물건을 구해서는 안 되기 때문에 '使從俗'이라고 한 것이다. 皇侃은 "앞의 '禮從宜'는 여기의 '使從俗'과 서로 통하여 모두 예에 따라 사신 가는 것이다." 라고 하였는데, 뜻이 옳은 듯하다.

【疏】 ○ 注'亦事'至'不饗'. ○ 正義曰："牲幣之屬, 當從俗所出"者, 謂若郊特牲及聘禮, 朝聘皆有皮馬龜金竹箭璧帛[1]之等, 有則致之, 無則已, 故云"不可常也". "禮器曰 天不生"者, 謂天不以四時而生, 若李梅冬實. "地不養"者, 謂居山以魚鼈, 居澤以鹿豕. "君子不以爲禮"者, 謂天不生地不養之等, 君子不將爲饗禮. "鬼神不饗"者, 言君子不以爲禮者, 祇由鬼神不歆饗此非常之物, 明鬼神依人也.

1) 皮馬龜金竹箭璧帛：≪儀禮≫〈覲禮〉"三享" 조 賈公彦의 疏에 따르면 初享에는 말을 쓰거나 호랑이·표범의 가죽을 쓴다. 次享에는 소·양·돼지의 三牲과 물고기 및 작은 짐승을 통째 말린 것〔腊〕, 籩豆에 담을 사철 음식, 거북, 금·은·동의 三金, 丹漆·絲纊·竹箭, 토속에서 나오는 물건을 쓰며, 三享에는 모두 璧玉과 비단을 바친다.

○ 注의〔亦事〕에서〔不饗〕까지

○ 正義曰：〔牲幣之屬 當從俗所出〕 예컨대 ≪禮記≫〈郊特牲〉과 ≪儀禮≫〈聘禮〉의 朝聘 때 바치는 예물로 모두 가죽·말·거북·三金·대나무·가는 대나무·벽옥·비단 등이 있는데, 있으면 바치고 없으면 그만두기 때문에 '不可常也'라고 한 것이다.

〔禮器曰 天不生〕 하늘이 四時에 내지 않는 것을 이르니, 예컨대 자두나 매실이 겨울에 열매 맺는 것이다.

〔地不養〕 산에 사는데 물고기나 자라를 쓰고, 연못 가에 사는데 사슴이나 돼지를 쓰는 것을 이른다.

〔君子不以爲禮〕 하늘이 내지 않고 땅이 기르지 않는 것들은 군자가 이것을 가지고 饗禮를 행하지 않는다는 말이다.

〔鬼神不饗〕 군자가 이것으로 예를 삼지 않는 것은 단지 귀신이 이 평범하지 않은 물건을 흠향하지 않기 때문이라는 말이니, 귀신은 사람을 따름을 밝힌 것이다.

01-05-01 夫禮者는 **所以定親疏**하며 **決嫌疑**하며 **別同異**하며 **明是非也**니라 **禮**는 **不妄說**(열)**人**하며

무릇 禮는 〈大功親 이상의〉 親과 〈小功親 이하의〉 疏를 정하며, 嫌과 疑를 결단하며, 同과 異를 분별하며, 是와 非를 밝히는 것이다. 예는 허튼소리로 남을 기쁘게 하지 않으며,

【注】 爲近佞媚[1]也니 君子說(열)之不以其道면 則不說(열)也라

1) 佞媚 : 陸德明의 音義에 따르면 '佞'은 '구변이 좋은 것〔口才〕'이며, '媚'는 '뜻이 향하는 것〔意向〕'이다.

아첨에 가깝기 때문이니, 군자는 올바른 도로 기쁘게 하지 않으면 기뻐하지 않는다.

不辭[1]費[2]니라

1) 辭 : 陸德明의 音義에 "'辭'는 또 '詞'로 되어 있는 판본도 있는데, 동일한 뜻이다. ≪說文解字≫에서는 '詞'를 言詞의 뜻을 가진 글자로 삼고, '辭'는 받지 않는다는 뜻이라고 하였다.〔辭 本又作詞 同 說文以詞爲言詞之字 辭 不受也〕"라고 하였다. 살펴보면 ≪설문해자≫에 "'詞'는 뜻이 안에 있어서 말이 밖으로 나온 것이다. '司'와 '言'에서 의미를 취한 會意字이다.〔意內而言外也 從司從言〕", "'辭'는 소송에서 하는 말이다. '𤔔(란)'에서 의미를 취하였다. 𤔔은 죄를 다스린다는 말과 같으니, 𤔔은 다스린다는 뜻이다.〔訟也 從𤔔 𤔔猶理辜也 𤔔 理也〕"라고 하였다. 오히려 '辤(사)'에 대해 "받지 않는다는 뜻이다. '受'와 '辛'에서 의미를 취한 회의자이니, 매운 것을 받으면 의당 받지 말아야 한다.〔不受也 從受從辛 受辛宜辭之〕"라고 하였다. 이에 근거하면 경문의 '辭'는 '詞'가 되어야 하며, 音義에 보이는 두 번째 '辭'는 '辤'가 되어야 한다.

2) 費 : 陸德明의 音義에 "말을 하고 행하지 않는 것이 '辭費'이다.〔言而不行爲辭費〕"라고 하였다.

말을 허비하지 않는다.

【注】 爲傷信이니 君子先行其言而後從之라

信義를 손상하기 때문이니, 군자는 먼저 그 말할 것을 행하고 이후에 말을 한다.

禮는 不踰節하며 不侵侮하며 不好狎이니라

禮는 절도를 넘지 않으며, 다른 사람을 침해하거나 업신여기지 않으며, 친압하는 것을 좋아하지 않는다.

【注】 爲傷敬也니 人則習近爲好狎이라

공경을 손상하기 때문이니, 사람은 익숙하고 가까우면 친압하는 것을 좋아하게 된다.

脩身踐言을 謂之善行이니

자기 몸을 수양하고 자기 말을 실천하는 것을 '善行'이라 이르니,

【注】 踐은 履也니 言履而行之라

'踐'은 '밟다'의 뜻이니, 밟아서 행함을 말한다.

行脩言道 禮之質也니라

〈忠信의〉 행실이 닦이고 말이 〈仁義의〉 도에 부합하는 것이 禮의 근본이다.

【注】 言道는 言合於道라 質은 猶本也니 禮爲之文飾耳라

'言道'는 말이 도에 부합하는 것이다. '質'은 '本'과 같은 뜻이니, 禮는 이를 문식하는 것뿐이다.

禮聞取[1)]於人이요 不聞取人이라

1) 取 : 陸德明의 音義에서는 음을 七樹反으로 보고, '급히 스승에게 나아가 도를 구하다〔趣就師求道〕'의 뜻이라고 하였다. 아울러 일설로 '스승의 도를 취하다'의 뜻으로 본 皇侃의 설을 소개하였다. 육덕명의 음의대로 '取'의 음을 七樹反으로 보면 '趨'와 통용되어 '나아가다'의 뜻이 된다.

禮에 〈군주가 되어〉 賢者에게서 덕행을 취한다는 말은 들었고, 현자를 불러 자기를 따르게 한다는 말은 듣지 못하였다.

【注】 謂君人者라 取於人은 謂高尙其道요 取人은 謂制服其身이라

사람들의 군주가 된 자를 이른다. '取於人'은 그 도를 숭상하는 것을 이르고, '取人'은 억지로 자기를 따르게 하는 것을 이른다.

禮聞來學이요 不聞往教[1]니라

1) 禮聞來學 不聞往教 : 惠棟校宋本에서는 여기까지를 제1권으로 삼아 권말에 '禮記正義卷第一終'이라 표기하고, 또 '凡十三頁'이라 하였다. 다른 판본들은 모두 63권으로 되어 있으며 이러한 표기가 없다.(阮元의 校勘記 참조)

禮에 남이 나에게 와서 배운다는 말은 들었고, 내가 남에게 가서 가르친다는 말은 듣지 못하였다.

【注】 尊道藝라

도와 기예를 존중하는 것이다.

【疏】 '夫禮'至'往教'[1]. ○正義曰 : 此一節總明治身立行, 交接得否, 皆由於禮. 故以禮爲目, 各隨文解之. ○"夫禮者, 所以定親疏"者, 五服之內, 大功已上服麤者爲親, 小功已下服精者爲疏, 故周禮小史掌定[2]繫世·辨昭穆也. ○"決嫌疑"者, 若妾爲女君期, 女君爲妾若報之則太重, 降之則有舅姑爲婦[3]之嫌, 故全不服, 是決嫌(疑者)〔也〕[4]. 孔子之喪, 門人疑所服. 子貢曰 "昔者夫子喪顏回, 若喪子而無服, 喪子路亦然, 請喪夫子, 若喪父而無服."[5] 是決疑也. ○"別同異"者, 賀瑒(창)云 "本同今異, 姑姊妹是也. 本異今同, 世母·叔母及子婦是也." ○"明是非也"者, 得禮爲是, 失禮爲非. 若主人未斂[6], 子游裼裘而弔, 得禮, 是也. 曾子襲裘而弔, 失禮, 非也.[7] 但嫌疑·同異·是非之屬, 在禮甚衆, 各擧一事爲證. 而皇氏具引, 今亦略之. ○"禮不妄說人"者, 禮動不虛, 若說人之德, 則爵之. 問人之寒, 則衣之. 若無爵無衣, 則爲妄說, 近於佞媚也.

1) 夫禮至往教 : 惠棟校宋本에는 이 5자가 없다.(阮元의 校勘記 참조)
2) 定 : ≪周禮≫ 〈春官 小史〉에는 '奠'으로 되어 있는데, 陸德明의 音義에 음은 '定'이라고 하였다.
3) 舅姑爲婦 : ≪儀禮≫ 〈喪服〉에 따르면 시부모는 嫡婦를 위하여 大功九月服을 입고, 庶婦를 위하여 小功五月服을 입는다.
4) (疑者)〔也〕 : 저본에는 '疑者'로 되어 있으나, 惠棟校宋本·衛氏集說에 의거하여 '也'로 바로잡았다.(阮元의 校勘記 참조)
5) 孔子之喪……若喪父而無服 : ≪禮記≫ 〈檀弓 上〉에 보인다.
6) 斂 : 考文引宋板과 ≪예기≫ 〈檀弓 下〉에는 이 앞에 '小'자가 있다.(阮元의 校勘記 참조)
7) 子游裼裘而弔……非也 : ≪예기≫ 〈단궁 상〉에 보인다. 옛날에 가장 안에는 袍와 襗

(탁) 같은 옷을 입고, 그 위에 겨울에는 가죽〔裘〕, 여름에는 葛衣를 입으며, 그 위에 裼衣를 입고, 그 위에 中衣인 襲衣를 입고, 그 위에 늘 입는 深衣나 皮弁服 등의 正服을 입는다. '裼裘'는 이 정복과 중의를 열고 그 왼쪽 소매를 벗어 석의를 보이도록 하는 것이며, '襲裘'는 벗었던 왼쪽 겉옷 소매를 다시 입는 것을 이른다. 공영달의 소에 따르면 일반적으로 조문하는 예는, 주인이 옷을 바꾸어 입기 전에는 조문하는 자 역시 吉服을 입고 조문한다. 길복은 검은색 양가죽 갖옷〔羔裘〕, 검은색 관〔玄冠〕, 검은색 상의〔緇衣〕, 흰색 치마〔素裳〕이다.

經의 〔夫禮〕에서 〔往教〕까지

○ 正義曰 : 이 절은 몸을 다스리고 행실을 확립하며 사람을 사귀고 만나는 잘잘못이 모두 禮에서 연유함을 총괄적으로 밝힌 것이다. 그러므로 예를 표제어로 삼은 것이니, 각각 글을 따라 풀이하겠다.

○〔夫禮者 所以定親疏〕 五服親 안에서 大功服 이상의 거친 상복을 입는 사람이 親이고, 小功服 이하의 고운 상복을 입는 사람이 疏이다. 그러므로 ≪周禮≫ 〈春官〉의 小史가 천자의 世系와 제후의 世本을 撰定하고 昭와 穆의 차서를 변별하는 것을 관장하는 것이다.

○〔決嫌疑〕 예컨대 첩은 〈남편의 嫡妻인〉 女君을 위하여 齊衰不杖期服을 입는데, 女君이 첩을 위하여 報服으로 똑같이 기년복을 입으면 너무 중하고, 降服하여 〈대공복이나 소공복을〉 입으면 시부모가 며느리를 위하여 입는다는 혐의가 있으므로 아예 입지 않으니, 이것이 '決嫌'이다. 孔子의 喪에 門人들이 입을 상복에 대해 의심하자, 子貢이 말하기를 "옛날에 夫子께서 顏回의 喪에 자식의 상을 당한 것처럼 슬퍼하였으나 상복을 입지 않으셨고 子路의 상을 당해서도 그렇게 하셨으니, 부자의 상에 아버지의 상을 당한 것처럼 하되 상복을 입지 않기를 청하노라."라고 하였으니, 이것이 '決疑'이다.

○〔別同異〕 賀瑒이 말하였다. "뿌리는 같으나 지금은 달라진 경우로 고모와 자매가 이런 경우이고, 뿌리는 다르나 지금은 같아진 경우로 백모・숙모와 며느리가 이런 경우이다."

○〔明是非也〕 예에 맞는 것이 '是'이고, 예를 잃은 것이 '非'이다. 예컨대 주인이 아직 소렴하지 않았을 때 子游가 裼裘 차림으로 조문한 것은 예에 맞는 것이니 '是'이고, 曾子가 襲裘 차림으로 조문한 것은 예에 맞지 않은 것이니 '非'이다. 다만 嫌疑・同異・是非 등속은 禮에 매우 많아서 각각 한 가지 사례를 들어 증거로 삼은 것이다. 皇侃은 모두 인용하였는데, 지금은 또한 생략하겠다.

○〔禮不妄說人〕 예는 동하는 것을 헛되이 하지 않으니, 예컨대 남의 덕을 말했으면 官爵을 주고 남의 추위를 물어보았으면 옷을 주는 것과 같은 것이다. 만약 관작을 주지 않고 옷을 주지 않는다면 허튼소리를 한 것이니 아첨에 가깝다.

【疏】 ○ 注'君子'至'說也'. ○ 正義曰：此論語文[1), 孔子曰 "君子說之不以其道, 則不說也." 不以其道說之, 是妄說, 故君子不說也, 引證經"禮不妄說人"之事.

1) 論語文：≪論語≫〈子路〉에 "군자는 섬기기는 쉬워도 기뻐하게 하기는 어렵다. 기뻐하게 하기를 道로써 하지 않으면 기뻐하지 않는다.〔君子易事而難說 說之不以道 不說也〕"라는 孔子의 말이 보인다.

○ 注의 〔君子〕에서 〔說也〕까지

○ 正義曰：이것은 ≪論語≫〈子路〉의 글이니, 孔子가 말하기를 "군자는 올바른 도로 기쁘게 하지 않으면 기뻐하지 않는다."라고 하였다. 올바른 도로 기쁘게 하지 않는 것은 허튼소리를 한 것이므로 군자가 기뻐하지 않는 것이니, 이를 인용하여 경문의 '禮不妄說人'의 일을 증명한 것이다.

【疏】 ○"不辭費"者[1). 〔○〕[2) 正義曰：凡爲人之道, 當言行相副, 今直有言而無行, 爲辭費.

1) 者：惠棟校宋本에는 없다.(阮元의 校勘記 참조)
2) 〔○〕：저본에는 부호 '○'가 없으나, 저본의 체제에 의거하여 보충하였다.

○ 經의 〔不辭費〕

○ 正義曰：무릇 사람의 도리는 말과 행동이 부합해야 하니, 지금 단지 말만 있고 행동이 없으면 말을 허비하는 것이 된다.

【疏】 ○'禮不'至'好狎'. ○ 禮者所以辨尊卑, 別等級, 使上不逼下, 下不僭上, 故云禮不踰越節度也. ○"不侵侮"者, 禮主於敬, 自卑而尊人, 故戒之不得侵犯侮慢於人也. ○"不好狎"者, 賢者當狎而敬之, 若直近而習之, 不加於敬, 則是好狎, 故鄭云"習近爲好狎"也.

○ 經의 〔禮不〕에서 〔好狎〕까지

○〔禮不踰節〕 예는 존비를 변별하고 등급을 구별하여, 윗사람은 아랫사람을 압박하지 않고 아랫사람은 윗사람을 범하지 않게 하는 것이다. 그러므로 "예는 절도를 넘지

않는다."라고 한 것이다.

○〔不侵侮〕 예는 공경을 주장하여 자신을 낮추고 남을 높인다. 그러므로 다른 사람을 침범하거나 업신여겨서는 안 된다고 경계한 것이다.

○〔不好狎〕 賢者는 허물없는 사이에도 공경하니, 만약 가깝고 익숙하다 하여 공경을 가하지 않으면 이것이 '好狎'이다. 그러므로 정현이 '習近爲好狎'이라고 한 것이다.

【疏】 ○ '行脩'至'質也'. ○ 凡爲禮之法, 皆以忠信仁義爲本, 禮以文〔爲〕[1]飾. "行脩"者, 忠信之行脩. "言道"者, 言合於仁義之道. "質", 本也, 則可與禮爲本也.

1)〔爲〕: 저본에는 없으나, 考文引宋板에 의거하여 보충하였다.(阮元의 校勘記 참조)

○ 經의 〔行脩〕에서 〔質也〕까지

○ 무릇 예를 행하는 법은 모두 忠信과 仁義를 근본으로 삼으며 禮는 꾸밈을 장식으로 삼는다. '行脩'는 忠信의 행실이 닦이는 것이며, '言道'는 말이 인의의 도에 부합하는 것이다. '質'은 '근본'이라는 뜻이니, 예와 함께 근본이 될 수 있다.

【疏】 ○ "禮聞取於人, 不聞取人"者, 熊氏以爲此謂人君在上招賢之禮, 當用賢人德行, 不得虛致其身. "禮聞取於人"者, 謂禮之所聞, 旣招致有賢之人, 當於身上取其德行, 用爲政敎, 不聞直取賢人, 授之以位, 制服而已. 故鄭云"謂君人者". 皇氏以爲人君取師受學之法, "取於人", 謂自到師門, 取其道藝.

○〔禮聞取於人 不聞取人〕 熊安生은, 이것은 人君이 위에서 賢者를 초빙하는 예를 이른 것이니, 마땅히 賢人의 덕행을 써야 하며 헛되이 그 몸만 이르게 해서는 안 된다고 하였다. '禮聞取於人'은 예에 들은 바에 따르면 이미 현덕이 있는 사람을 초빙하였으면 마땅히 그 몸에서 덕행을 취하여 이것으로 政敎를 삼아야 하며, 단지 현인을 초빙하여 그에게 爵位를 주어서 억지로 자기를 따르게 할 뿐이라는 말은 듣지 않았다는 말이다. 그러므로 정현이 '謂君人者'라고 한 것이다. 皇侃은, 인군이 스승을 구하여 학업을 전수받는 법이니, '取於人'은 스스로 스승의 문하에 가서 그 도와 기예를 취하는 것을 이른다고 하였다.

【疏】 ○ '禮聞來學, 不聞往敎'. ○ "禮聞來學"者, 凡學之法, 當就其師處, 北面伏膺. "不聞往敎"者, 不可以屈師親來就已, 故鄭云"尊道藝"也.

○ 經의 〔禮聞來學 不聞往敎〕

○ 〔禮聞來學〕 무릇 배우는 법은 마땅히 스승이 있는 곳에 나아가 북면하고 스승으로 섬겨 따라 배워야 한다.

〔不聞往敎〕 외람되이 스승에게 직접 자기에게 나아오도록 해서는 안 되므로 정현이 '尊道藝'라고 한 것이다.

01-06-01 道德仁義[1] **非禮**면 **不成**하며 **敎訓正俗**이 **非禮**면 **不備**하며 **分爭辨**[2] **訟**이 **非禮**면 **不決**하며 **君臣上下**와 **父子兄弟 非禮**면 **不定**하며 **宦學事師 非禮**면 **不親**하며 **班朝治軍**과 涖(리)[3]**官行法**[4]이 **非禮**면 **威嚴**이 **不行**하며 **禱祠**[5]**祭祀**하여 **供**[6]**給鬼神**이 **非禮**면 **不誠不莊**이니

1) 道德仁義 : 惠棟校宋本에서는 이 절부터 '幼子常視毋誑'으로 시작되는 제15절까지를 제2권으로 보고, 卷首에 '禮記正義卷第二'라 題하였다.(阮元의 校勘記 참조)

2) 辨 : 閩本・監本・毛本・岳本・衛氏集說・≪經典釋文≫에는 '辯'으로 되어 있다. ≪五經文字≫에 "'辯'은 '다스리다〔理〕'의 뜻이고, '辨'은 '구별하다〔別〕'의 뜻이다."라고 하였다. 완원은 정현의 주에서 '구별하다'의 뜻으로 풀이한 것에 근거하여 '辨'을 本字로 삼아야 한다고 하였다. 王力은, '辨'은 행동 면에서 사물을 분석하여 시비를 분별하는 것이고, '辯'은 언어 면에서 문제를 분명하게 변론하여 시비를 분별하는 것이라고 하였다.(阮元의 校勘記, 王力의 ≪王力古漢語字典≫ 참조)

3) 涖(리) : '莅(리)'로 된 판본도 있는데, 같은 글자이다. ≪說文解字≫에는 '莅'가 없고 '임하다〔臨也〕'의 뜻을 지닌 '竦(리)'가 있다.(陸德明의 音義, 王力의 ≪王力古漢語字典≫ 참조)

4) 法 : 閩本・監本・毛本・衛氏集說에는 '灋'(법)으로 되어 있다. 盧文弨는 교감기에서 여기 ≪禮記≫에서는 ≪周禮≫의 글자인 '灋'을 쓰면 안 되고 모두 '法'으로 써야 한다고 하였다.(阮元의 校勘記 참조)

5) 禱祠 : '禱'는 ≪주례≫ 〈春官 小宗伯〉 정현의 주에 따르면 '복을 구하는 것〔求福〕'이며, '祠'는 '얻기를 구하는 것〔求得〕'이다.(陸德明의 音義 참조)

6) 供 : ≪經典釋文≫에는 '共'으로 되어 있다. '供給'의 뜻으로 쓸 때 옛날에는 '供' 대신 '共'을 假借하여 쓰기도 하였다.(阮元의 校勘記 참조)

道・德・仁・義는 禮가 아니면 이룰 수 없으며, 가르치고 설명하여 風俗을 바로잡는 것은 예가 아니면 갖출 수 없으며, 다툼을 분별하고 訟事를 변별하는 것

은 예가 아니면 결단할 수 없으며, 임금과 신하, 公·卿·大夫의 윗사람과 士의 아랫사람, 아버지와 아들, 형과 아우는 예가 아니면 그 분수를 정할 수 없으며, 벼슬을 하고 배울 때에 스승을 섬기는데 예가 아니면 서로 친애할 수 없으며, 조정의 반열을 차례 짓고 군대를 다스리며 맡은 직임에 임하고 법을 집행할 때 예가 아니면 위엄을 행할 수 없으며, 기도하고 제사 지내서 귀신에게 제물을 바칠 때 예가 아니면 정성스럽지 못하고 장엄하지 못하다.

【注】分辨은 皆別也라 (官)〔宦〕[1]은 仕也라 班은 次也라 涖는 臨也라 莊은 敬也라 學은 或爲御라

1) (官)〔宦〕: 저본에는 '官'으로 되어 있으나, 정현 주의 풀이 순서에 근거하면 '宦學'의 '宦'이며 '涖官'의 '官'이 아니므로 '宦'으로 바로잡았다. 北京大本에서도 朱彬의 ≪禮記訓纂≫에 의거하여 '宦'으로 바로잡았다.

'分'과 '辨'은 모두 '구별하다'의 뜻이다. '宦'은 '벼슬하다'의 뜻이다. '班'은 '位次'의 뜻이다. '涖'는 '임하다'의 뜻이다. '莊'은 '공경하다'의 뜻이다. '學'은 '御'로 되어 있는 판본도 있다.

是以로 君子는 恭敬撙(준)[1]節退讓하여 以明禮하나니라

1) 撙(준): ≪說文解字≫에는 없다. 錢大昕은 '劕(존)'이 되어야 한다고 하였는데, '劕'은 ≪설문해자≫에 따르면 '줄이다〔減〕'의 뜻이다. ≪荀子≫ 〈不苟篇〉에는 '繜(준)', 〈仲尼篇〉에는 '僔(준)'으로 되어 있는데, 모두 '撙'과 뜻이 동일하다. '劕'과 '撙'은 古今字이다.(阮元의 校勘記 참조)

이 때문에 군자는 공경하고 법도를 향해 나아가고 겸양하여 예를 밝힌다.

【注】撙은 猶趨[1]也라

1) 趨: 陸德明의 音義에서는 '나아가다〔就〕' 또는 '향하다〔向〕'의 뜻으로 보았으나, 段玉裁는 '趣'과 같은 글자로 음이 '촉(促)'이며, '빠르다〔疾〕'의 뜻이라고 하였다.(阮元의 校勘記 참조)

'撙'은 〈'향하여 나아가다'의 뜻을 가진〉 '趨(추)'와 같다.

鸚鵡(앵무)[1]**能言**하나 **不離飛鳥**하며 **猩猩**(성성)[2]이 **能言**하나 **不離禽獸**니 **今**에 **人而無禮**면 **雖能言**하나 **不亦禽獸之心乎**아 **夫唯禽獸 無禮故**로 **父子 聚麀**(우)하나니라

1) 鸚鵡(앵무)：≪經典釋文≫에는 '嬰母(영모)', ≪說文解字≫에는 '鸚䳇(앵무)'로 되어 있다.
2) 猩猩(성성)：≪經典釋文≫에는 '狌狌(성성)'으로 되어 있다.

鸚鵡

앵무새가 말을 잘하나 공중을 나는 새에서 벗어나지 않고, 성성이가 말을 잘하나 禽獸에서 벗어나지 않으니, 이제 사람으로서 禮가 없다면 비록 말을 잘하더라도 또한 금수의 마음이 아니겠는가. 저 금수는 예가 없으므로 아비와 새끼가 암컷 하나를 함께 소유하는 것이다.

猩猩

【注】 聚는 猶共也라 鹿牝曰麀라

'聚'는 〈'공유하다'의 뜻을 가진〉 '共'과 같다. 사슴의 암컷을 '麀'라고 한다.

是故[1]로 **聖人**이 **作**하사 **爲禮以敎人**하여 **使人以有禮**하여 **知自別於禽獸**케하시니라

1) 故：石經・考文引古本・足利本에는 '以'로 되어 있다.(阮元의 校勘記 참조)

이 때문에 성인이 세상에 나와 예를 만들어 사람들을 가르쳐서, 사람들에게 예가 있게 하여 본래 〈사람이〉 금수와 다르다는 것을 알게 한 것이다.

【疏】 '道德'至'禽獸'[1]. ○ 正義曰：此一節明禮爲諸事之本, 言人能有禮然[2], 可異於禽獸也. ○ "道德仁義, 非禮不成"者, 道者通物之名, 德者得理之稱, 仁是施恩及物, 義是裁斷合宜, 言人欲行四事, 不用禮, 無由得成, 故云"非禮不成"也. 道德爲萬事之本, 仁義爲群行之大, 故擧此四者爲用禮之主, 則餘行須禮可知也. 道是通物, 德是理物, 理物由於開通, 是德從道生, 故道在德上. 此經道謂才藝, 德謂善行, 故鄭注周禮云 "道, 多才藝. 德, 能躬行[3]." 非是老子之道德也. 熊氏云 "此是老子'失道而後德, 失德而後仁, 失仁而後義[4]'. 今謂道德, 大而言之則包羅萬事, 小而言之則人之才藝善行, 無問大小, 皆須禮以行之. 是禮爲道德之具, 故云'非禮不成'. 然人之才藝善行得爲道德者, 以身有才藝, 事得開通, 身有美善, 於理爲得, 故稱道德也."

1) 道德至禽獸 : 惠棟校宋本에는 이 5자가 없다.(阮元의 校勘記 참조)

2) 禮然 : ≪禮記≫ 〈文王世子〉에 "예를 아는 사람이 '아버지가 살아계실 때는 예가 그러한 것이다.' 하고 깨우쳐주면 사람들이 부자간의 도리를 알게 된다.……예를 아는 사람이 '임금이 살아계실 때는 예가 그러한 것이다.' 하고 깨우쳐주면 사람들이 군신간의 의리를 밝게 알게 된다.〔有父在則禮然 然而衆知父子之道矣……有君在則禮然 然而衆著於君臣之義也〕"라는 내용이 보인다.

3) 道……能躬行 : ≪周禮≫ 〈春官 大司樂〉 정현의 주에는 '藝'와 '行' 뒤에 모두 '者'가 있다.

4) 失道而後德……失仁而後義 : ≪老子≫ 제38장에 보인다.

經의 〔道德〕에서 〔禽獸〕까지

○ 正義曰 : 이 절은 禮가 모든 일의 근본이 됨을 밝힌 것이니, 사람이 능히 예의 그러함을 두어야 금수와 다를 수 있음을 말하였다.

○〔道德仁義 非禮不成〕 '道'는 물건에 통달함을 이름한 것이고, '德'은 이치를 얻음을 칭한 것이고, '仁'은 은혜를 베풀어 물건에 미치는 것이고, '義'는 재단하여 마땅함에 맞게 하는 것이니, 사람이 이 네 가지 일을 행하고자 할 때 禮를 쓰지 않으면 이룰 길이 없음을 말한 것이다. 그러므로 '非禮不成'이라고 하였다. 道와 德은 모든 일의 근본이며 仁과 義는 여러 행실 중에 큰 것이다. 그러므로 이 네 가지를 들어서 예를 쓰는 주체로 삼으면 나머지 행실도 예가 필요하다는 것을 알 수 있다. 道는 물건에 통달한 것이고, 德은 물건을 다스리는 것이다. 물건을 다스리는 것은 두루 통달함에서 말미암으니, 이는 德이 道에서 생겨나는 것이므로 道가 德 앞에 있는 것이다. 여기 경문의 道는 才藝를 이르고 德은 善行을 이른다. 그러므로 鄭玄의 ≪周禮≫ 〈春官 大司樂〉 주에 이르기를 "道는 재예가 많은 것이고, 德은 능히 몸소 행하는 것이다."라고 한 것이니, ≪老子≫의 道와 德은 아니다.

熊安生은 다음과 같이 말하였다. "이것이 ≪노자≫의 '道를 잃은 뒤에 德이 생겨나고, 德을 잃은 뒤에 仁이 생겨나고, 仁을 잃은 뒤에 義가 생겨난다.'라는 것이다. 지금 道와 德은 크게 말하면 온갖 일을 포괄하고 작게 말하면 사람의 재예와 선행이니, 크고 작은 것을 따질 것 없이 모두 禮를 기다려 행한다고 말한 것이다. 이것은 禮가 道와 德의 도구가 되는 것이므로 '非禮不成'이라고 한 것이다. 그러나 사람의 재예와 선행이 道와 德이 될 수 있는 이유는, 몸에 재예를 지녀서 일에 두루 통달함을 얻고 몸에 아름다움을 지녀서 이치를 얻으므로 道와 德이라고 칭한 것이다."

【疏】 ○"教訓正俗, 非禮不備"者, 熊氏云"教謂教人師法, 訓謂訓說義理, 以此教訓, 正其風俗, 非得其禮, 不能備具, 故云'非禮不備'. 但教之與訓, 小異大同." 〔○〕[1]"分爭辨訟, 非禮不決"者, 周禮司寇"以兩造禁民訟", 又云"以兩劑禁民獄", 故鄭云[2] "爭罪曰獄, 爭財曰訟." 〔爭〕[3]則萬事通名. 故左傳云"凡有血氣, 皆有爭心." 又云"錐刀之末, 將盡爭之"是也. 此"爭財曰訟", 對文異耳, 散則通名. 故左傳云"衛侯與元咺(훤)訟", 是爭罪亦曰訟也.

1) 〔○〕 : 저본에는 부호 '○'가 없으나, 毛本에 의거하여 보충하였다.(阮元의 校勘記 참조)
2) 鄭云 : ≪周禮≫ 〈地官 大師徒〉 '凡萬民之不服教而有獄訟者'에 대한 정현의 주에 보인다.
3) 〔爭〕 : 저본에는 '爭'이 없으나, 惠棟校宋本에 의거하여 보충하였다.(阮元의 校勘記 참조)

○ 〔教訓正俗 非禮不備〕 熊安生은 다음과 같이 말하였다. "'教'는 사람들에게 스승의 법을 가르친다는 말이고, '訓'은 의리를 해석하고 설명한다는 말이니, 이러한 가르침과 설명으로 그 풍속을 바로잡되 합당한 예를 얻은 것이 아니면 구비할 수 없으므로 '非禮不備'라고 한 것이다. 다만 '教'는 '訓'과 조금 다르지만 크게는 같은 것이다."

○ 〔分爭辨訟 非禮不決〕 ≪周禮≫ 〈秋官 大司寇〉에 "〈원고와 피고〉 쌍방을 나아오게 하는 방법으로 백성들의 〈재화를 다투는〉 송사를 금한다."라고 하였고, 또 이르기를 "〈원고와 피고〉 쌍방에게 증명할 문서를 가져오게 하는 방법으로 백성들의 〈죄를 다투는〉 옥사를 금한다."라고 하였다. 그러므로 정현이 '爭罪曰獄 爭財曰訟'이라고 한 것이다. '爭'은 만사에 두루 쓰이는 통칭이다. 그러므로 ≪春秋左氏傳≫ 昭公 10년 조에 이르기를 "무릇 血氣가 있는 것은 모두 이익을 다투는 마음이 있다."라고 한 것이다. 또 ≪춘추좌씨전≫ 소공 6년 조에 이르기를 "송곳 끝처럼 작은 이익도 다 다투려고 한다."라고 한 것이 이것이다. 〈정현의 주 중〉 이 '爭財曰訟'은 상대적으로 쓸 때만 다른 뜻이며, 독립적으로 쓰면 두루 쓰는 통칭이다. 그러므로 ≪춘추좌씨전≫ 僖公 28년 조에 이르기를 "衛나라 군주가 대부 元咺과 송사를 벌였다."라고 하였으니, 이것은 죄를 다투는 것 역시 '訟'이라고 한 것이다.

【疏】 ○"君臣上下, 父子兄弟, 非禮不定"者, 上謂公·卿·大夫, 下謂士也. 君父南面, 臣子北面, 公·卿·大夫則列位於上, 士則列位於下, 兄前弟後, 唯禮能定也. 白虎通云"君, 群也, 群下之所歸心也. 臣, 堅也, 厲志自堅也. 父, 矩也, 以法度敎子也. 子, 孶也, 孶孶無已也. 兄, 況也, 況父法也. 弟, 悌也, 心順行篤也."〔○〕[1]"官學事師, 非禮不親"者, 熊氏云"宦謂學仕官之事, 學謂學習六藝, 此二者俱是事師, 非禮不親." 左傳宣二年, 趙盾(돈)見靈輒餓, 問之, 云"宦三年矣." 服虔云"宦, 學也." 是學職事爲官[2]也.

1)〔○〕: 저본에는 부호 '○'가 없으나, 본서의 체제에 의거하여 보충하였다.
2) 官 : 惠棟校宋本에는 주소 중의 '宦'이 모두 '官'으로 되어 있으며, 경문의 '宦' 역시 '官'으로 되어 있다. 완원은 이에 대해 '宦'은 애초에 '官'으로 되어 있던 것을 고친 것이며, 閩本·監本·毛本에 모두 '宦'으로 되어 있고 오직 여기에만 '官'으로 되어 있는 것은 '宦'을 미처 고치지 못해 남은 자취라고 하였다.(阮元의 校勘記 참조)

○〔君臣上下 父子兄弟 非禮不定〕'上'은 公·卿·大夫를 이르고, '下'는 士를 이른다. 君父는 남면하고 臣子는 북면하며, 공·경·대부는 위에 자리하고 士는 아래에 자리하며, 형은 앞에 있고 아우는 뒤에 있으니, 오직 禮만이 이를 정할 수 있다. ≪白虎通義≫ 〈德論下 三綱六紀〉에 이르기를 "'君'은 '무리'라는 뜻이니, 아랫사람들이 마음으로 귀의하는 대상이다. '臣'은 '견고하다'는 뜻이니, 뜻을 갈고 닦아 스스로 견고하게 하는 것이다. '父'는 '곱자'라는 뜻이니, 법도로 자식을 가르친다. '子'는 '부지런하다'는 뜻이니, 부지런히 힘써 그치지 않는다. '兄'은 '비견하다'는 뜻이니, 아버지의 법에 비견한다. '弟'는 '공경하고 사랑하다'의 뜻이니, 마음이 遜順하고 행동이 돈독한 것이다."라고 하였다.

○〔官學事師 非禮不親〕熊安生은 이르기를 "'宦'은 벼슬하는 일을 배운다는 말이고, '學'은 六藝를 배운다는 말이니, 이 두 가지는 모두 스승을 모시고 배우되 예가 아니면 가까이하지 않는다."라고 하였다. ≪春秋左氏傳≫ 宣公 2년에 〈晉나라의 집정 대신〉 趙盾이 俠士 靈輒이 굶주린 것을 보고 그 이유를 묻자, 영첩이 대답하기를 "직무를 배운 지 3년 되었습니다."라고 하였다. 服虔은 말하기를 "宦은 배운다는 뜻이다."라고 하였으니, 이것은 직무를 배우는 것을 '官'으로 본 것이다.

【疏】 ○"班朝治軍, 涖官行法, 非禮威嚴不行"者, 班, 次也. 朝, 朝廷也. 次謂司士正朝儀之位次也. 治軍謂師·旅·卒·伍[1]各正其部分[2]也. 涖, 臨也. 官謂卿·大夫·士各有職掌. 行法謂司寇士師[3]明刑法也. 皆用禮, 威嚴乃行也. 〔○〕[4]"禱祠祭祀, 供給鬼神, 非禮不誠不莊"者, 周禮都宗人云"國有大故, 則令禱祠." 鄭注云"祠謂報塞[5]."

又小宗伯注云"求福曰禱, 得求曰祠." 熊氏云"祭祀者, 國家常禮. 牲幣之屬, 以供給鬼神, 唯有禮乃能誠敬."

1) 師旅卒伍 : 옛날 군대의 편제를 말한 것으로, 師는 2,500명, 旅는 500명, 卒은 100명, 伍는 5명으로 이루어졌다.
2) 部分 : '部'는 군대의 部伍를 가리키며, 1部는 2伍 즉 10명으로 이루어졌다. '部分'은 부대마다 多少遠近의 구분이 있는 것을 이른다.
3) 司寇士師 : '司寇'는 周나라 6卿 중의 하나로, 刑獄과 규찰 등을 관장하였다. '士師'는 벼슬 이름으로, 금령과 형옥을 관장하였다.
4) 〔○〕: 저본에는 부호 '○'가 없으나, 본서의 체제에 의거하여 보충하였다.
5) 塞 : 閩本·監本·毛本에는 '賽(새)'로 되어 있다. ≪文選≫ 李善의 주에 "塞는 神의 은혜에 보답하는 것을 이른다.〔塞謂報神恩也〕", ≪後漢書≫ 李賢의 주에 "塞는 보답하는 제사이다.〔塞 報祠也〕"라고 한 것을 보면, 옛날에는 보답하는 제사〔報賽〕의 뜻으로 변방의 '塞'를 통용한 것이다. ≪주례≫ 정현의 주에도 '塞'로 되어 있으니, '塞'와 '賽'는 古今字이다.(阮元의 校勘記 참조)

○〔班朝治軍 涖官行法 非禮威嚴不行〕'班'은 '차서하다'는 뜻이고, '朝'는 '조정'이라는 뜻이니, '차서하다'는 것은 司士가 조정에서 예에 맞는 位次를 바로잡는 것을 이른다. '治軍'은 〈군대의 편제인〉 師·旅·卒·伍마다 각각 그에 맞는 구분을 바로잡는 것을 이른다. '涖'는 '임하다'의 뜻이다. '官'은 卿·大夫·士가 각각 맡은 직무가 있는 것을 이른다. '行法'은 司寇와 士師가 형법을 밝히는 것을 이른다. 모두 예를 써야 위엄이 비로소 행해진다.

○〔禱祠祭祀 供給鬼神 非禮不誠不莊〕≪周禮≫ 〈春官 都宗人〉에 이르기를 "나라에 큰일이 있으면 禱祠를 올리게 한다."라고 하였는데, 정현의 주에 "祠는 보답하는 제사를 이른다."라고 하였다. 또 ≪주례≫ 〈춘관 小宗伯〉 정현의 주에 이르기를 "복을 구하는 제사를 '禱', 구하여 얻고 난 뒤에 지내는 제사를 '祠'라고 한다."라고 하였다. 熊安生은 말하기를 "제사라는 것은 국가의 변치 않는 예이다. 희생과 폐백 등속을 귀신에게 바칠 때 오직 예가 있어야 능히 정성스럽고 공경스럽게 할 수 있다."라고 하였다.

【疏】○"是以君子恭敬撙節退讓以明禮"者, 君子是有德有爵之通稱, 王肅云 "君上位, 子下民." 又康成注少儀云 "君子, 卿大夫若有異德者." 凡禮有深疑, 則擧君子以正之. 恭敬者, 何(胤)〔胤〕[1]云 "在貌爲恭, 在心爲敬." 何之所說, 從多擧也. 夫貌多心少爲恭, 心多貌少爲敬, 所以知者, 書云"奉先思孝, 接下思恭". 又云"貌曰恭", 又少儀云"賓

客主恭, 祭祀主敬", 論語云"巧言令色足(주)恭", 又云"至於犬馬, 皆能有養, 不敬, 何以別乎", 又孝經說君父同敬, 爲母不同敬[2]. 以此諸文言之, 凡稱敬多爲尊. 故知貌多爲恭, 心多爲敬也. 又通而言之, 則恭敬是一. 左傳云"敬恭父命[3]." 士昏禮云"敬恭聽宗〔爾〕[4]父母之言." 孝經云"恭敬安親." 此竝恭敬連言, 明是一也. 撙者, 趨也, 節, 法度也, 言恒趨於法度. "退讓以明禮"者, 應進而遷曰退, 應受而推曰讓. "以明禮"者, 既[5]道德仁義已下, 竝須禮以成. 故君子之身行恭敬, 趨法度, 乃退讓之事, 以明禮也.

1) (胤)〔胤〕: 저본에는 '胤'으로 되어 있으나, 淸 世宗의 성명 愛新覺羅胤禛의 '胤'을 避諱한 것이므로, 원글자인 '胤'으로 돌려놓았다.

2) 君父同敬 爲母不同敬 : ≪孝經≫ 〈士章〉에 "아버지를 섬기는 행실에서 취하여 어머니를 섬겨야 하니 〈아버지와 어머니를〉 사랑하는 것이 똑같고, 아버지를 섬기는 행실에서 취하여 군주를 섬겨야 하니 〈아버지와 군주를〉 공경하는 것이 똑같다. 그러므로 어머니는 자식에게서 먼저 사랑을 취하고 군주는 신하에게서 먼저 공경을 취하니, 〈사랑과 공경을〉 겸하는 것은 아버지이다.〔資於事父 以事母而愛同 資於事父 以事君而敬同 故母取其愛而君取其敬 兼之者父也〕"라는 내용이 보인다.

3) 敬恭父命 : ≪春秋左氏傳≫ 襄公 23년 조에 魯나라의 季氏(季武子)가 公鉏(공서)를 馬正으로 삼은 것에 공서가 화를 내고 출사하지 않자 노나라의 대부 閔子馬가 공서에게 한 말에 보인다. ≪춘추좌씨전≫에는 '恭'이 '共'으로 되어 있다.

4) 〔爾〕: 저본에는 '爾'가 없으나, ≪儀禮≫에 의거하여 보충하였다.

5) 既 : 浦鏜校本에는 '自'로 되어 있다.(阮元의 校勘記 참조)

○〔是以君子恭敬撙節退讓以明禮〕'君子'는 덕이 있고 爵位가 있는 사람에 대한 통칭이다. 王肅은 "'君'은 윗자리이고, '子'는 아래 백성이다."라고 하였다. 또 정현의 ≪예기≫ 〈少儀〉 주에 이르기를 "'君子'는 卿大夫와 남다른 덕이 있는 사람이다."라고 하였다. 무릇 예에 깊은 의문이 있으면 군자를 등용하여 바로잡는다.

'恭敬'은, 何胤은 말하기를 "공경이 모습에 있는 것을 '恭'이라 하고, 공경이 마음에 있는 것을 '敬'이라 한다."라고 하였는데, 하윤의 설은 통설을 따른 것이다. 무릇 공경이 모습에 많고 마음에 적은 것은 '恭'이고, 마음에 많고 모습에 적은 것은 '敬'이니, 이것을 아는 이유는 ≪書經≫ 〈商書 太甲 中〉에 이르기를 "선조를 받들 때는 孝를 생각하고 아랫사람을 대할 때는 恭을 생각한다."라고 하였고, 또 ≪서경≫ 〈周書 洪範〉에 이르기를 "〈五事 중 첫 번째인〉 '貌'는 恭을 말한다."라고 하였다. 또 ≪예기≫ 〈소의〉에 이르기를 "빈객은 恭을 주장하고, 제사는 敬을 주장한다."라고 하였고, ≪論語≫ 〈公冶長〉에 이르기를

"말을 잘하고 얼굴빛을 좋게 하고 恭을 지나치게 한다."라고 하였고, 또 ≪논어≫ 〈爲政〉에 이르기를 "개와 말에게도 모두 능히 길러줌이 있으니, 敬을 하지 않으면 무엇으로 구별하겠는가."라고 하였다. 또 ≪孝經≫ 〈士章〉에서는 군주와 아버지는 敬을 똑같이 하고, 어머니를 위해서는 敬을 똑같이 하지 않는다고 말하였다. 이상 여러 글을 가지고 말한다면 보통 敬을 칭한 것은 대부분 존귀하게 여겨서이다. 그러므로 공경이 모습에 많은 것이 恭이고 마음에 많은 것이 敬임을 아는 것이다. 그러나 또 통틀어서 말한다면 恭과 敬은 같은 것이다. ≪春秋左氏傳≫ 襄公 23년 조에 "아버지의 명을 敬恭한다."라고 하였고, ≪儀禮≫ 〈士昏禮〉에 이르기를 "네 부모님의 말씀을 敬恭히 따르고 높이 받들라."라고 하였고, ≪효경≫ 〈諫諍章〉에 이르기를 "恭敬하고 부모님을 편안하게 해드린다."라고 하였다. 이 사례들에서는 모두 恭과 敬을 연이어 말하였으니, 같은 것이 분명하다.

'撙'은 '향해 나아가다'의 뜻이고 '節'은 '법도'의 뜻이니, 〈'撙節'은〉 항상 법도를 향해 나아간다는 말이다. '退讓以明禮'는, 응당 나아가야 하는데 옮겨가는 것을 '退'라 하고, 응당 받아야 하는데 남에게 미루는 것을 '讓'이라 한다. '以明禮'는, 경문의 '道德仁義' 이하가 이미 모두 예를 기다려서 이루어지므로 군자가 몸소 恭敬을 행하고 법도에 나아가며 退讓하는 일로 예를 밝히는 것이다.

【疏】 ○'猩猩'至'禽獸'. ○ 正義曰：爾雅云"猩猩小而好啼." 郭注"山海經云'人面豕身, 能言語.' 今交阯[1]封谿縣出猩猩, 狀如貛㹠(환돈), 聲似小兒啼." 今案禽獸之名, 經記不同. 爾雅云"二足而羽謂之禽, 四足而毛謂之獸." 今鸚鵡是羽曰禽, 猩猩四足而毛, 正可是獸. 今竝云禽獸者, 凡語有通別. 別而言之, 羽則曰禽, 毛則曰獸. 所以然者, 禽者, 擒也, 言鳥力小, 可擒捉而取之. 獸者, 守也, 言其力多, 不易(이)可擒, 先須圍守, 然後乃獲, 故曰獸也. 通而爲說, 鳥不可曰獸, 獸亦可曰禽, 故鸚鵡不曰獸, 而猩猩通曰禽也. 故易云"王用三驅, 失前禽." 則驅走者亦曰禽也. 又周禮司馬職云"大獸公之, 小禽私之." 以此而言, 則禽未必皆鳥也. 又康成注周禮云"凡鳥獸未孕曰禽." 周禮又云"以禽作六摯, 卿羔, 大夫鴈[2]." 白虎通云"禽者, 鳥獸之總名." 以此諸經證禽名通獸者, 以其小獸可擒, 故得通名禽也.

1) 交阯 : 毛本에는 '趾'로 되어 있다. '交阯'는 옛날에 '交趾'와 통용하였으며, '趾'는 ≪說文解字≫에는 없다.(阮元의 校勘記 참조)

2) 周禮又云……大夫鴈 : ≪주례≫ 〈春官 大宗伯〉에 "서로 만날 때 禽으로 여섯 가지 예물을 삼아서 신하들을 등급 짓는다. 孤는 예물로 가죽과 비단을 들고, 卿은 새끼 양

을 들고, 大夫는 거위를 들고, 士는 꿩을 들고, 庶人은 오리를 들고, 工人과 商人은 닭을 든다.〔以禽作六摯 以等諸臣 孤執皮帛 卿執羔 大夫執鴈 士執雉 庶人執鶩 工商執鷄〕"라는 내용이 보인다.

'摯'는 考文引宋板에는 '贄(지)'로 되어 있다. ≪五經文字≫에 "摯는 '쥐다〔握持〕'의 뜻이다. 경전에서는 '執摯'의 摯로 통용하여 贄와 똑같이 쓴다."라고 하였다. 완원은 ≪說文解字≫에 의하면 '墊'로 써야 하며, '摯'는 '墊'의 가차자라고 하였다.(阮元의 校勘記 참조)

'鴈'은 朱駿聲의 ≪經史答問≫(上海 : 華東師範大學出版社, 2010. 409쪽 樊波成 注)에 의하면 '거위〔鵝〕'이다. 그 근거로 ≪詩經≫ 〈邶風 匏有苦葉〉의 "화락하게 우는 거위는 해 떠올라 아침이 될 제 우느니라.〔雝雝鳴鴈 旭日始旦〕"라는 구절을 들어, 鴈은 닭처럼 시간을 알리는 동물이라고 하였다. 淸나라의 王引之도 ≪經義述聞≫에서 ≪儀禮≫ 〈士昏禮〉의 "예물은 죽은 것을 쓰지 않는다.〔摯不用死〕"라는 구절에 대한 정현의 주 중 "예물은 鴈이다.〔摯 鴈也〕"라는 구절을 근거로, 만약 여기에서 鴈이 기러기라면 살아 있는 야생 새를 산채로 길들일 수 없고, 잡으면 벌써 죽게 되니, 죽은 기러기를 예물로 쓸 수는 없다고 하였다.

○ 經의 〔猩猩〕에서 〔禽獸〕까지

○ 正義曰 : ≪爾雅≫ 〈釋獸〉에 이르기를 "猩猩은 몸이 작고 잘 운다."라고 하였는데, 郭璞의 주에 이르기를 "≪山海經≫에 '사람 얼굴에 돼지 몸이며 말을 할 줄 한다.'라고 하였다. 지금 交阯 封谿縣에서 성성이 나오는데, 형상은 貛狁과 같고, 소리는 어린아이가 우는 것 같다."라고 하였다.

지금 살펴보면 '禽'과 '獸'의 명칭은 經의 기록이 같지 않다. ≪爾雅≫ 〈釋鳥〉에서는 "다리가 두 개고 날개가 있는 것을 '禽'이라 하고, 다리가 네 개고 털이 있는 것을 '獸'라 한다."라고 하였다. 지금 鸚鵡는 날개가 있으니 禽이며, 猩猩은 발이 네 개고 털이 있으니 바로 獸라고 할 수 있다. 그런데 지금 모두 '禽獸'라고 한 것은, 무릇 말에는 통틀어서 하는 말이 있고 구별해서 하는 말이 있기 때문이다.

구별해서 말하면 날개가 있는 것은 禽이고 털이 있는 것은 獸이다. 그 이유는 '禽'은 '붙잡다〔擒〕'의 뜻이니, 새는 힘이 적어서 손으로 붙잡아 취할 수 있다는 말이다. '獸'는 '지키다〔守〕'의 뜻이니, 힘이 많아서 손으로 붙잡기 쉽지 않아 먼저 포위하여 지켜야 하니 그런 뒤에 비로소 잡을 수 있으므로 獸라고 한 것이다.

통틀어서 말을 한다면 새는 獸라고 할 수 없으나 獸는 또한 禽이라고 할 수 있다. 그러므로 앵무는 獸라고 하지 않으나 성성은 통틀어서 禽이라고 한다. 그러므로 ≪周易≫ 比卦 九五에 이르기를 "왕이 삼면에서 몰이함에 앞에 있는 禽을 잃는다."라고 하였으니, 몰이에 달아나는 것을 또한 禽이라고 한 것이다. 또 ≪周禮≫ 〈夏官 大司馬〉에 이르기를 "〈사냥해서〉 大獸를 잡으면 官에 바치고, 小禽을 잡으면 사사로이 취한다."라고 하였다. 이러한 사례들을 가지고 말하면 禽이 반드시 모두 다 새인 것은 아니다. 또 정현은 ≪주례≫ 〈天官 庖人〉의 주에 이르기를 "일반적으로 鳥獸 중에 새끼를 배지 않은 어린 것을 禽이라고 한다."라고 하였다. ≪주례≫ 〈春官 大宗伯〉에서는 또 이르기를 "禽으로 여섯 가지 예물을 삼아서, 경은 새끼 양을 쓰고 대부는 거위를 쓴다."라고 하였다. ≪白虎通義≫에 이르기를 "禽은 鳥獸의 총칭이다."라고 하였다. 이상 여러 經을 통해 禽이란 이름으로 獸를 통칭함을 증명한 것은, 작은 짐승은 손으로 붙잡을 수 있으므로 禽이라 통틀어 이름할 수 있는 것이다.

01-07-01 太[1]上은 貴德하고

1) 太 : 閩本・監本・毛本・石經・岳本・嘉靖本에는 '大'로 되어 있다. ≪經典釋文≫에는 '大'로 되어 있고 音義에 "음은 泰이다.〔音泰〕"라고 하였으며, ≪五經文字≫에서는 '大'를 '太'의 假借字라고 하였다. 완원은 '大'와 '太'는 古今字라고 하였다.(阮元의 校勘記 참조)

太上의 시대에는 덕을 베푸는 것을 귀하게 여기고 〈보답받을 것을 생각하지 않았으며,〉

【注】 太上은 帝皇[1]之世니 其民施而不惟報라

1) 帝皇 : 상고 시대의 제왕인 三皇五帝를 이른다. 가리키는 대상에 대해 여러 설이 있으나, 주요 설로 三皇은 여섯 가지 설을, 五帝는 네 가지 설을 들 수 있다.

三皇은, 첫째는 伏羲・神農・黃帝를 가리킨다는 설로, ≪周禮≫ 〈春官 外史〉 賈公彦의 疏와 ≪莊子≫ 〈天運〉 成玄英의 소에서 말한 것이다. 둘째는 복희・신농・女媧를 가리킨다는 설로, 이 단락 공영달의 소에서 인용한 정현의 주와 ≪呂氏春秋≫ 〈孟夏紀 用衆〉 高誘의 주에서 말한 것이다. 셋째는 복희・신농・燧人을 가리킨다는 설로, ≪白虎通義≫ 〈德論上 號〉에서 말한 것이다. 넷째는 복희・신농・祝融을 가리킨다는 설로, ≪백호통의≫ 〈덕론상 호〉에서 말한 것이다. 다섯째는 天皇・地皇・泰皇을 가리킨다는 설로, ≪史記≫ 〈秦始皇本紀〉에서 말한 것이다. 여섯째는 천황・지황・人皇을 가리킨다는 설로, ≪藝文類聚≫ 권10에서 ≪春秋緯≫를 인용하며 말한 것이다.

五帝는, 첫째는 黃帝(軒轅)・顓頊(高陽)・帝嚳(高辛)・唐堯・虞舜을 가리킨다는 설로, ≪사기≫ 〈五帝本紀〉 張守節의 正義와 ≪백호통의≫ 〈덕론상 호〉에서 말한 것이다. 둘째는 太昊(伏羲)·炎帝(神農)·황제·少昊(摯)·전욱을 가리킨다는 설로, ≪예기≫ 〈月令〉에서 말한 것이다. 셋째는 소호·전욱·高辛·당요·우순을 가리킨다는 설로, ≪書經≫ 서문과 공영달의 소 및 皇甫謐의 ≪帝王世紀≫에서 말한 것이다. 넷째는 복희·신농·황제·당요·우순을 가리킨다는 설로, ≪周易≫ 〈繫辭傳 下〉에서 말한 것이다.

'太上'은 三皇五帝의 시대이니, 그 시대의 백성들은 베풀되 보답받을 것을 생각하지 않았다.

其次는 **務施報**하니

그다음 시대에는 〈禮가 비로소 구비되어〉 덕을 베푸는 것과 그 덕에 보답하는 것을 힘썼다.

【注】 三王[1)]之世에 禮始興焉이라

1) 三王 : 주로 다음 네 가지 설이 있다. 첫째는 夏나라 禹王, 商나라 湯王, 周나라 武王을 가리킨다는 설이다. ≪春秋穀梁傳≫ 隱公 8년 조 范寧의 주에서 말한 것이다. 둘째는 하나라 우왕, 상나라 탕왕, 주나라 文王을 가리킨다는 설이다. ≪孟子≫ 〈告子 下〉 趙岐의 주에서 말한 것이다. 셋째는 상나라 탕왕, 주나라 문왕, 주나라 무왕을 가리킨다는 설이다. ≪尸子≫에 보인다. 넷째는 주나라 太王·王季·文王을 가리킨다는 설이다. ≪國語≫ 〈周語 下〉 韋昭의 주에서 말한 것이다.

三王의 시대에 禮가 처음으로 일어났다.

禮尙往來라 **往而不來 非禮也**며 **來而不往**이 **亦非禮也**니라 **人有禮則安**하고 **無禮則危**하나니 **故**로 **曰**호되 **禮者**는 **不可不學也**라하니라 **夫禮者**는 **自卑而尊人**하나니 **雖負販者**라도 **必有尊也**로되 **而況富貴乎**아

禮는 오고 감을 숭상하니, 가기만 하고 오지 않는 것이 예가 아니며, 오기만 하고 가지 않는 것 또한 예가 아니다. 사람이 예가 있으면 편안하고 예가 없으면 위태롭다. 그러므로 "예는 배우지 않으면 안 된다."라고 한 것이다.

무릇 예는 자신을 낮추고 남을 높이는 것이다. 비록 등짐을 지는 노동자나 물건을 파는 상인들 사이에도 반드시 상대방을 높이는 예가 있는데, 하물며 부귀한 자에 있어서랴.

【注】 負販者는 尤輕恌(조)[1]志利하여 宜若無禮然이라

1) 恌(조) : ≪經典釋文≫에는 '佻(조)'로 되어 있다. '恌'와 '佻' 모두 '구차하다〔偷〕'의 뜻으로, ≪說文解字≫에는 '佻'로 되어 있다.

등짐을 지는 노동자나 물건을 파는 상인들은 더욱 경박하고 이익에 뜻을 두어 마치 예를 모를 것 같다는 것이다.

富貴而知好禮하면 則不驕不淫하고 貧賤而知好禮하면 則志不懾(섭)이니라

부유하고 신분이 높은데 예를 좋아할 줄 알면 교만하지 않고 넘치지 않으며, 가난하고 신분이 낮은데 예를 좋아할 줄 알면 마음에 두려워하지 않는다.

【注】 懾은 猶怯惑이라

'懾'은 겁을 내고 의혹한다는 뜻과 같다.

【疏】 '(大)〔太〕上'至'不懾'[1]. ○ 正義曰：此一節明世變道殊, 所貴有異, 雖負販者, 必須有禮, 各隨文解之. ○ "(大)〔太〕上貴德"者, (大)〔太〕上謂三皇五帝之世也. 其時猶淳厚其德, 不尙往來之禮, 所貴者在於有德, 故曰"貴德"也. 德主務施其事, 但施而不希其反也. 皇是三皇, 帝是五帝, 不云皇帝者, 恐是一事不分, 故鄭升"帝"於"皇"上, 以殊異代矣. 然五帝雖有三禮五玉陟方朝會[2], 而猶是揖讓, 故上同三皇, 是以禮運注謂五帝爲大道之時也[3]. 熊氏云 "三皇稱皇者, 皆行合天皇之星." 故詩緯含神(務)〔霧〕[4]宋均注云 "北極天皇大帝, 其精生人." 然則稱皇者, 皆得天皇之氣也. 鄭(玄)〔玄〕[5]意則以伏犧女媧神農爲三皇, 故注中候勑省圖引運斗樞, "伏犧女媧神農爲三皇也." 然宋均注援神契引甄耀度數燧人伏犧神農爲三皇, 譙周古史考亦然. 白虎通取伏犧神農祝融爲三皇, 孔安國則以伏犧神農黃帝爲三皇, 竝與鄭不同. 此皆無所據, 其言非也. 鄭數伏犧女媧神農, 非謂其人身自相接, 其間代之王多矣. 六藝論云 "燧人至伏犧一百八十七代." 宋均注文耀鉤云 "女媧以下至神農七十二姓." 譙周以爲伏犧以次有三姓, 始至女媧, 女媧之後五十姓至神農, 神農至炎帝一百三十三姓. 是不當身相接. 譙周以神農炎帝爲別人, 又以神農爲木德, 女媧爲水德, 皆非鄭義也. 其五帝者, 鄭注中候勑省圖云"德合五帝坐

星[6]者稱帝, 則黃帝・金天氏・高陽氏・高辛氏・陶唐氏・有虞氏"是也. 實六人而稱五者, 以其俱合五帝坐星也. 五帝所以稱帝者, 坤靈圖云"德配天地, 在正不在私, 稱之曰帝." 三王稱王者, 莊三年穀梁傳曰"其曰王者, 人[7]所歸往也." 散而言之, 則三皇亦稱帝, 則月令云"其帝太昊[8]"是也. 五帝亦稱皇, 則呂刑云"皇帝淸問下民"是也. 至三王德劣, 不得上同於天, 唯稱王而已. 此云"太上貴德", 鄭云"帝皇之世", 則帝皇以上皆行德也. 所以中候握河紀云"皇道帝德, 非朕所事". 是三皇行道, 五帝行德, 不同者但德由道生, 道爲其本, 故道優於德. 散而言之, 德亦是道, 故總云"貴德". 旣三皇行道, 五帝行德, 以次推之, 則三王行仁, 五霸[9]行義. 五帝雖行德, 亦能有仁, 故大學云"堯舜率天下以仁"是也. 案老子云 "道常無名." 河上公云 "能生天地人, 則當大易之氣也." 道德經云 "上德不德." 其德稍劣於常道, 則三皇之世, 法大易之道行之也. 然則可行之道, 則伏犧畫八卦之屬是也, 三皇所行者也. "下德不失德", 河上公云"下德謂號諡之君", 則五帝所行者也. 但三皇則道多德少, 五帝則道少德多, 此皆熊氏之說也. 今謂道者開通濟物之名, 萬物由之而有, 生之不爲功, 有之不自伐, 虛無寂莫, 隨物推移, 則天地所生, 微妙不測. 聖人能同天地之性, 其愛養如此, 謂之爲道. 此則常道, 人行大道也. 其如此善行爲心, 於己爲得, 雖不矜伐, 意恒爲善, 謂之爲德, 此則劣於道也. 旣能推恩濟養, 惻隱矜恤於物, 謂之爲仁, 又劣於德. 若其以仁招物, 物不從已, 征伐刑戮, 使人服從, 謂之爲義, 又劣於仁. 以義服從, 恐其叛散, 以禮制約, 苟相羈縻, 是之謂禮, 又劣於義. 此是人情小禮, 非大禮也. 聖人之身, 俱包五事, 遇可道行道, 可德行德, 可仁行仁, 可義行義, 皆隨時應物, 其實諸事竝有, 非是有道德之時無仁義, 有仁義之時無道德也. 此道德以大言之, 則天地聖人之功也, 以小言之, 則凡人之行也. 故鄭注周禮云 "道, 多才藝. 德, 能躬行[10]." 謂於一人之上, 亦能開通, 亦於己爲德. 以此言之, 則周禮三德六德[11]及皐陶(요)九德[12], 及洪範三德[13], 諸經傳道德皆有分域, 小大殊名, 不足怪也.

1) (大)〔太〕上至不慍 : 惠棟校宋本에는 없다.(阮元의 校勘記 참조) 저본에는 '大'로 되어 있으나, 위 경문 '太上貴德'에 의거하여 '太'로 바로잡았다. 이하 동일하다.

2) 三禮五玉陟方朝會 : '三禮'는 ≪書經≫ 〈舜典〉 孔安國의 傳에 따르면 하늘과 땅과 종묘에 제사하는 天・地・人의 禮를 이른다. '五玉'은 다섯 등급의 제후들이 符信으로 삼는 5종의 玉으로, 璜・璧・璋・珪・琮을 이른다. ≪白虎通義≫ 〈德論下 文質〉에 따르면 璜은 徵召에, 璧은 聘問에, 璋은 군대를 출동할 때, 珪는 신의를 보증하는 데, 琮은 토목공사를 일으킬 때 사용한다. '陟方'은 천자의 巡狩를 이른다.

3) 禮運注謂五帝爲大道之時也 : ≪禮記≫ 〈禮運〉 정현의 주에 "경문의 '大道'는 五帝의 때를 이른다.〔大道謂五帝時也〕"라고 하였다.

4) (務)〔霧〕 : 저본에는 '務'로 되어 있으나, 惠棟校宋本에 의거하여 '霧'로 바로잡았다.(阮元의 校勘記 참조)

5) (玄)〔玄〕 : 저본에는 '玄'으로 되어 있으나, 淸 聖祖의 성명 愛新覺羅玄燁의 '玄'을 避諱한 것이므로, 원글자인 '玄'으로 돌려놓았다.

6) 五帝坐星 : 恒星에 속하는 三垣 중 太微垣에 속하는 별자리 이름으로, 5개의 별로 이루어져 있다. ≪史記≫ 〈天官書〉 張守節의 正義에 따르면 黃帝坐의 별 하나가 중앙 太微宮에 있고, 동방 蒼帝, 남방 赤帝, 서방 白帝, 북방 黑帝가 황제좌의 별을 에워싸고 있다고 한다.

7) 人 : ≪春秋穀梁傳≫ 莊公 3년 조에는 '民之'로 되어 있다.

8) 昊 : ≪예기≫ 〈月令〉 孟春・仲春・季春 조에는 '皞(호)'로 되어 있다.

9) 五霸 : 5명의 霸者라는 뜻으로, 다음 4가지 설이 있다. 첫째는 夏나라 昆吾, 殷나라 大彭과 豕韋, 周나라 齊 桓公과 晉 文公이라는 설로, ≪莊子≫ 〈大宗師〉 成玄英의 소에서 말한 것이다. 둘째는 춘추시대 齊 桓公・晉 文公・宋 襄公・楚 莊公・秦 繆公을 가리킨다는 설로, ≪呂氏春秋≫ 〈仲冬紀 當務〉 高誘의 주에서 말한 것이다. 셋째는 춘추시대 제 환공・진 문공・초 장왕・吳王 闔閭・越王 句踐을 가리킨다는 설로, ≪荀子≫ 〈王霸〉에서 말한 것이다. 넷째는 춘추시대 제 환공・진 문공・송 양공・진 목공・吳王 夫差를 가리킨다는 설로, ≪漢書≫ 〈諸侯王表〉 顔師古의 주에서 말한 것이다.

10) 道……能躬行 : ≪周禮≫ 〈春官 大司樂〉 정현의 주에는 '藝'와 '行' 뒤에 모두 '者'가 있다.

11) 周禮三德六德 : ≪주례≫ 〈地官 師氏〉에 "세 가지 덕으로 공경대부의 자제들을 가르친다. 첫째는 中和의 덕이니, 이것으로 도의 근본을 삼는다. 둘째는 때에 따라 仁義를 행하는 덕이니, 이것으로 행동의 근본을 삼는다. 셋째는 조상을 높이고 부모를 사랑하는 덕이니, 패려궂고 악한 것을 알아서 행하지 않는다.〔以三德敎國子 一曰至德 以爲道本 二曰敏德 以爲行本 三曰孝德 以知逆惡〕"라는 내용이 보이며, ≪주례≫ 〈지관 大司徒〉에 "鄕의 세 가지 일로 만민을 가르쳐서 賢能한 자를 천거한다. 첫째는 여섯 가지 덕이니, 일에 밝은 知, 사람을 사랑하여 물건에까지 미치는 仁, 통달하여 먼저 아는 聖, 능히 時宜를 판단하는 義, 말이 마음속에서 나오는 忠, 강하지도 않고 유약하지도 않은 和이다.〔以鄕三物 敎萬民而賓興之 一曰六德 知仁聖義忠和〕"라는 내용이 보인다.

12) 皐陶(요)九德 : ≪書經≫ 〈皐陶謨〉에 "너그러우면서도 장엄하며, 부드러우면서도 능히 일을 확립하며, 삼가면서도 공손하며, 다스리면서도 공경하며, 순하면서도 굳세며, 곧으면서도 온화하며, 대범하면서도 선을 지키며, 강단이 있으면서도 성실하

며, 굽힘이 없으면서도 義를 좋아하는 것이니, 아홉 가지 덕의 일정함을 밝혀서 〈사람을 가려 등용하는 것이〉 훌륭한 정사이다.〔寬而栗 柔而立 愿而恭 亂而敬 擾而毅 直而溫 簡而廉 剛而塞 彊而義 彰厥有常 吉哉〕"라는 고요의 말이 보인다.

13) 洪範三德：≪서경≫ 〈洪範〉에 "세 가지 덕은, 첫째는 능히 다른 사람의 굽은 것을 바로잡아서 곧게 하는 正直, 둘째는 강건하면서도 능히 일을 확립하는 剛克, 셋째는 부드러우면서도 능히 다스리는 柔克이다.〔三德 一曰正直 二曰剛克 三曰柔克〕"라는 내용이 보인다.

經의 〔太上〕에서 〔不懾〕까지

○ 正義曰：이 절은 세상이 변하고 도가 달라지면서 귀하게 여기는 것도 달라졌으나 비록 등짐을 지는 노동자나 물건을 파는 상인이라 하더라도 반드시 예를 두어야 함을 밝힌 것이니, 각각 글을 따라 풀이하겠다.

○〔太上貴德〕 經文의 '太上'은 三皇五帝의 시대이다. 그때는 아직 그 덕을 순후히 하여 오가는 예를 숭상하지 않았으며, 귀하게 여기는 것은 덕을 베푸는 데에 있었으므로 '貴德'이라 한 것이다. 덕은 주로 그 일을 베푸는 데 힘써서 단지 베풀기만 하고 그 보답을 바라지 않는다. 鄭玄 注의 '皇'은 三皇이며 '帝'는 五帝이다. 〈'帝皇'이라 하여〉 '皇帝'라고 하지 않은 것은, 구분하지 않고 한 가지 일로 볼까 염려되었으므로 정현이 '帝'를 '皇' 앞에 놓아서 다른 시대임을 구별한 것이다. 그러나 오제는 비록 三禮·五玉·陟方·朝會의 禮를 두었으나 여전히 禪位하였으므로 위로 삼황과 같았다. 이 때문에 ≪예기≫ 〈禮運〉 정현의 주에서 오제를 大道의 때라고 말한 것이다. 熊安生은 "三皇을 '皇'이라 칭한 것은 모두 행동이 天皇의 별에 합치되기 때문이다."라고 하였다. 그러므로 ≪詩緯≫ 〈含神霧〉 宋均의 주에 이르기를 "北極의 天皇大帝는 그 정기가 사람을 낳는다."라고 한 것이다. 그렇다면 '皇'을 칭한 것은 모두 천황의 기운을 얻은 것이다.

정현의 뜻은 伏犧·女媧·神農을 삼황으로 본 것이다. 그러므로 정현의 ≪尙書中候≫ 〈敕省圖〉 주에서 ≪春秋緯≫ 〈運斗樞〉를 인용하여 "복희·여와·신농이 삼황이다."라고 한 것이다. 그러나 송균의 ≪孝經緯≫ 〈援神契〉 주에서는 ≪洛書甄耀度≫를 인용하여 燧人·복희·신농을 꼽아 삼황으로 삼았고, 譙周의 ≪古史考≫에서도 이렇게 보았다. ≪白虎通義≫ 〈德論上 號〉에서는 복희·신농·祝融을 취하여 삼황으로 삼았고, 孔安國은 복희·신농·黃帝로 삼황을 삼아서 모두 정현과 다르게 보았는데, 이것은 모두 근거가 없는 것들로 그 말이 틀리다.

정현이 복희·여와·신농을 꼽은 것은 그 사람들이 서로 이어진 것을 말한 것이 아니니, 이들 사이에 계승한 왕이 많을 것이다. 정현의 ≪六藝論≫에 이르기를 "수인부터 복희까지 187代이다."라고 하였고, 송균은 ≪춘추위≫ 〈文耀鉤〉의 주에 이르기를 "여와부터 이하 신농에 이르기까지 72姓이다."라고 하였다. 초주는, 복희부터 차례로 3姓이 있고서 비로소 여와에 이르렀고, 여와 후에 50姓이 있고서 신농에 이르렀고, 신농부터 炎帝에 이르기까지 133姓이 있다고 하였다. 이것은 삼황 본인들이 서로 잇지 않은 것이다. 초주는 신농과 염제를 별개의 사람으로 보았으며, 또 신농을 木德으로 보고 여와를 水德으로 보았으니, 모두 정현의 뜻이 아니다.

정현 주의 '오제'는, 정현의 ≪상서중후≫ 〈내성도〉 주에 이르기를 "덕이 五帝坐星에 부합한 사람을 帝라 칭하니, 黃帝・金天氏・高陽氏・高辛氏・陶唐氏・有虞氏이다."라고 한 것이 이것이다. 실제로는 6명인데 '五'라고 칭한 것은 이들의 덕이 모두 오제좌성에 부합하기 때문이다. 오제를 '帝'라 칭한 것은, ≪易緯≫ 〈坤靈圖〉에 이르기를 "덕이 천지에 짝하여 올바름에 있고 사사로움에 있지 않으므로 '帝'라 칭한 것이다."라고 하였다. 정현 주의 '三王'에서 '王'이라 칭한 것은, ≪春秋穀梁傳≫ 莊公 3년 조에 이르기를 "'王'이라 한 것은 사람들이 귀의하여 가는〔往〕 사람이기 때문이다."라고 하였다. 단독으로 말할 때는 삼황도 '帝'라고 칭하니 ≪예기≫ 〈月令〉에 이르기를 "그 帝는 太昊이다."라고 한 것이 이것이며, 오제도 '皇'이라 칭하니 ≪서경≫ 〈周書 呂刑〉에 이르기를 "皇帝께서 下民에게 겸허히 물으셨다."라고 한 것이 이것이다. 삼왕에 이르러 덕이 적어서 위로 하늘과 똑같이 될 수 없게 되자 오직 '王'이라고만 칭하게 되었다. 여기 경문에서 '太上貴德'이라고 한 것에 대해 정현이 '帝皇之世'라고 하였으니, 삼황오제 이상은 모두 德을 행한 것이다. 이 때문에 정현의 ≪상서중후≫ 〈握河紀〉에서 "皇道와 帝德은 짐이 일삼는 바가 아니다."라고 한 것이다. 이것은 삼황은 道를 행하고 오제는 德을 행했다는 것이다. 다른 것은 단지 德이 道에서 생겨나 道는 德의 근본이 되므로 道가 德보다 낫다는 것이다. 그러나 단독으로 말하면 德 또한 道이므로 경문에서는 道와 德을 통틀어 '貴德'이라고 한 것이다.

이미 삼황이 道를 행하고 오제가 德을 행하였으니, 차례로 이를 미루어나가면 三王은 仁을 행하고 五霸는 義를 행한 것이다. 오제는 비록 德을 행하였으나 또한 능히 仁을 두었다. 그러므로 ≪禮記≫ 〈大學〉에 이르기를 "堯와 舜이 천하를 仁으로 이끌었다."라고 한 것이 이것이다. 살펴보면 ≪老子≫ 제32장에 이르기를 "道는 언제나 이름이 없다."라고 하였는데, 河上公이 말하기를 "능히 하늘과 땅과 사람을 낼 수 있으니, ≪周

易≫의 기운에 해당한다."라고 하였다. ≪노자≫ 제38장에 이르기를 "上德은 자기의 덕을 덕으로 여기지 않는다."라고 하였는데, 그 德은 常道보다는 조금 못하니 삼황의 시대에는 ≪주역≫의 道를 본받아 행하였다. 그렇다면 행할 만한 道는 복희가 그린 八卦 등속이 이것이니, 삼황이 행한 것이다. 〈또 ≪노자≫ 제38장에 이르기를,〉 "下德은 덕을 잃지 않으려고 한다."라고 하였는데, 하상공이 이르기를 "하덕은 諡號가 있는 군주를 이른다."라고 하였으니, 오제가 행한 것이다. 다만 삼황은 道가 많고 德이 적으며 오제는 道가 적고 德이 많다고 하니, 이것은 모두 웅안생의 설이다.

지금 道라고 말한 것은 만물을 열어주고 이루어주는 것을 이름한 것이니, 만물이 이로 말미암아 있게 되었다. 만물을 낳고서도 공으로 여기지 않고, 있게 하고서도 스스로 자랑하지 않아서 텅 비고 고요하여 물건을 따라 옮겨가니, 천지가 낳은 것이 정미하고 심오하여 측량할 수 없다. 聖人이 능히 이 천지의 본성과 똑같아서 사랑하고 길러주기를 이처럼 하니, 이를 일러 道를 행한다고 한다. 이것은 常道이니, 사람은 大道를 행한다. 이처럼 善行을 마음으로 삼아 자기에게 얻음이 된다고 여겨서, 비록 자랑하지는 않으나 뜻은 항상 善을 행하는 것을 일러 德을 행한다고 하니, 이것은 道보다 못한 것이다. 이미 능히 은혜를 미루어 넓혀서 이루어주고 길러주고서도 만물을 측은히 여기고 긍휼히 여기는 것을 仁을 행한다고 이르니, 仁은 또 덕보다 못한 것이다. 만약 그 仁으로 사람들을 불렀는데 사람들이 자기를 따르지 않으면 정벌하고 주벌하여 사람들로 하여금 따르게 하는 것을 義를 행한다고 이르니, 義는 또 仁보다 못한 것이다. 義로 따르게 하면 배반하고 흩어질까 두려워서 禮로 제재하여 구차하게 서로 매어놓는데 이것을 일러 禮라고 하니, 禮는 또 義보다 못한 것이다. 이것은 人情의 작은 禮이니, 큰 禮가 아니다.

聖人의 몸은 道·德·仁·義·禮 이 다섯 가지를 모두 포함하고 있어서, 道를 행할 만한 상황을 만나면 道를 행하고, 德을 행할 만하면 德을 행하고, 仁을 행할 만하면 仁을 행하고, 義를 행할 만하면 義를 행하여서 모두 때에 따라 사물에 응하니, 사실은 여러 일을 모두 가진 것이며, 道와 德이 있을 때는 仁과 義가 없고 仁과 義가 있을 때는 道와 德이 없는 것이 아니다. 이 道와 德은 크게 말하면 天地와 聖人의 功이고, 작게 말하면 평범한 사람들의 행동이다. 그러므로 ≪주례≫ 〈春官 大司樂〉 정현의 주에 이르기를 "道는 재예가 많은 것이고, 德은 능히 몸소 실천하는 것이다."라고 한 것이니, 한 사람에게 또한 능히 열어줄 수 있다면 이것이 또한 자기에게 덕이 됨을 이른다. 이것으로 말하면 ≪주례≫ 〈地官〉의 三德과 六德, ≪서경≫ 〈皐陶謨〉의 九德과

〈洪範〉의 三德, 여러 經과 傳에 보이는 道와 德이 모두 구분되는 영역이 있어서 크고 작게 이름을 달리하는 것이 이상할 것이 없다.

【疏】 ○ 注"其民施而不惟報". ○ 正義曰 : 惟, 思也. 世既貴德, 但有施惠而不思求報也.

○ 注의 〔其民施而不惟報〕

○ 正義曰 : '惟'는 '생각하다'의 뜻이니, 세상이 이미 덕을 귀하게 여겼지만 단지 은혜를 베풀 뿐 보답을 구할 것을 생각하지 않았다는 것이다.

【疏】 ○ '其次務施報'. ○ 正義曰 : "其次"謂三王之世也. "務"猶事也. 三王之世, 獨親其親, 獨子其子, 貨力爲己, 施則望報, 以爲恒事, 故云"務施報". ○ "禮尙往來"者, 言三王之世, 其禮主尙往來. ○ "貧賤而知好禮, 則志不懾"者, 懾, 怯也, 惑也. 貧者之容, 好怯惑畏人, 使心志不遂, 若知禮者, 則持禮而行之, 故志不懾怯, 是以於負販之中, 必有所尊也.

○ 經의 〔其次務施報〕

○ 正義曰 : '其次'는 三王의 시대를 이른다. '務'는 '일삼다'의 뜻인 '事'와 같다. 삼왕의 시대에는 자기 친척만을 친척으로 여기고 자기 자식만을 자식으로 여겨서 재화와 힘은 자기를 위한 것이었고 베풀면 보답을 바라서 이것을 변치 않는 일로 여겼으므로 '務施報'라고 한 것이다.

○〔禮尙往來〕 三王의 시대에는 그 禮가 주로 오가는 것을 숭상했다는 말이다.

○〔貧賤而知好禮 則志不懾〕 '懾'은 '겁내다', '의혹하다'의 뜻이다. 가난한 자의 모습은 쉽게 겁내고 의혹하여 사람을 두려워해서 자기가 마음먹은 뜻이 이루어지지 않게 하지만, 만약 禮를 아는 사람이라면 예를 주장하여 행하므로 마음속으로 겁내지 않는다. 이 때문에 등짐 지는 노동자나 물건 파는 상인 중에도 반드시 높이는 바가 있는 것이다.

【疏】 ○ 注'懾猶怯惑'. ○ 正義曰 : 何(胤)〔胤〕[1]云"憚所行爲怯, 迷於事爲惑." 義或當然.

1) (胤)〔胤〕 : 저본에는 '胤'으로 되어 있으나, 淸 世宗의 성명 愛新覺羅胤禛의 '胤'을 避諱한 것이므로, 원글자인 '胤'으로 돌려놓았다.

○ 注의 〔懾猶怯惑〕

○ 正義曰 : 何胤은 "행하기를 꺼리는 것이 '怯'이고, 일에 미혹되는 것이 '惑'이다."라고 하였는데, 뜻이 혹 그렇게 되어야 할 듯하다.

01-08-01 人生十年曰幼니 學이니라

사람이 태어나 10세가 된 것을 '幼'라 하니, 학업을 익힌다.

【注】 名曰幼는 時始可學也라 內則(칙)曰 十年에 出就外傅하여 居宿於外하며 學書計라하니라

'幼'라고 이름한 것은 이때 비로소 배울 수 있기 때문이다. ≪예기≫ 〈內則〉에 이르기를 "10세가 되면 집을 벗어나 바깥 스승에게 나아가서 밖에서 거처하고 잠자며 六書와 九數를 배운다."라고 하였다.

二十[1)]曰弱이니 冠이니라 三十[2)]曰壯이니 有室이니라

1) 二十 : 石經에는 '廿(입)'으로 되어 있다. ≪說文解字≫에 "'二十'을 합친 것이다.〔二十竝也〕"라고 하였으니, '廿'은 古文을 생략한 것이다.(阮元의 校勘記 참조)

2) 三十 : 石經에는 '卅(삽)'으로 되어 있다. ≪說文解字≫에 "'三十'을 합친 것이다.〔三十竝也〕"라고 하였으니, '卅'은 古文을 생략한 것이다.(阮元의 校勘記 참조)

〈庶人과 士의 자식으로〉 20세가 된 것을 '弱'이라 하니, 冠禮를 행한다. 30세가 된 것을 '壯'이라 하니, 妻를 둔다.

【注】 有室은 有妻也니 妻稱室이라

'有室'은 처를 두는 것이니, 처를 '室'이라 칭한다.

四十曰强이니 而仕니라 五十曰艾[1)]니 服官政이니라

1) 艾 : 陸德明의 音義에 "회백색을 이른다. 다른 음은 '예'이니, '다스리다'의 뜻이다.〔謂蒼艾色也 一音刈 治也〕"라고 하였다.

40세가 된 것을 '强'이라 하니, 벼슬을 한다. 50세가 된 것을 '艾'라 하니, 국가의 정무에 종사한다.

【注】 艾는 老也라

'艾'는 늙었다는 뜻이다.

六十曰耆(기)[1]니 指使하나니라

1) 耆(기) : 陸德明의 音義에 賀瑒의 설을 인용하여 "'이르다'의 뜻이니, 늙은 지경에 이르렀다는 것이다.〔至也 至老境也〕"라고 하였다. 閩本에는 '耆'로 되어 있는데, 阮元은 ≪五經文字≫에서 "'耆'는 '老'의 생략된 글자 '耂(로)'와 '旨'에서 의미를 취한 會意字이니, 지금 혹 '老' 아래에 '目'을 쓴 글자는 틀린 것이다.〔耆從老省從旨 今或作老下目 非〕"라고 한 것을 근거로, '耆'의 속자가 쓰인 지 오래되었음을 알 수 있다고 하였다.(阮元의 校勘記 참조)

60세가 된 것을 '耆'라 하니, 다른 사람을 지시하여 부린다.

【注】 指事使人也라 六十엔 不與(예)服戎하고 不親學이라

〈'指使'는〉 일을 지시하여 다른 사람을 부리는 것이다. 60세에는 군대 일에 미치지 않고 직접 배우지 않는다.

七十曰老니 而傳[1]이니라

1) 傳 : 陸德明의 音義에서는 음을 直戀反으로 본 沈重의 설을 일설로 소개하였는데, 이 음을 따르면 '傳'은 '저술하다' 또는 '기록하다'의 뜻이 된다.

70세가 된 것을 '老'라 하니, 〈자손에게 집안일을〉 전해준다.

【注】 傳家事하여 任子孫이니 是謂宗子之父라

집안일을 전하여 자손에게 맡기는 것이니, 이는 宗子의 아버지를 이른다.

八十[1]九十曰耄(모)[2]요

1) 十 : 陸德明의 音義에서는 이 뒤에 '曰耋(질)'이 있는 판본이 있다고 하였는데, 錢大昕은 古本일 것이라 하였다.(阮元의 校勘記 참조)

2) 耄(모) : 石經·衛氏集說·宋監本에는 '耄', ≪經典釋文≫에는 '旄(모)'로 되어 있다. 완원은, '耄'는 正字, '耄'는 俗字, '旄'는 假借字라 하고, ≪說文解字≫에 "나이 90을 '薹(모)'라 하니, '老'에서 의미를 취하고 '蒿(호)'를 줄인 글자에서 의미를 취한 會意字이다.〔年九十曰薹 從老從蒿省〕"라고 한 것에 근거하여 '薹'가 되어야 한다고 하였다.(阮元의 校勘記 참조)

80세나 90세가 된 것을 '耄'라 하고

【注】耄는 惛[1])忘也라 春秋傳曰 謂老將知어니와 耄又及之라하니라

1) 惛 : 閩本에는 '昏', 嘉靖本에는 '惽'으로 되어 있다. ≪說文解字≫에는 '怋'(민)으로 되어 있으며 '어수선하다〔怓〕'의 뜻이라 하였다.(阮元의 校勘記 참조)

'耄'는 정신이 흐릿하여 망령이 나는 것이다. ≪春秋左氏傳≫ 昭公 원년 조에 이르기를 "늙으면 지혜로워지나 정신이 흐릿해지는 것이 또 뒤따른다."라고 하였다.

七年曰悼니

7세인 어린아이를 '悼'라 하니,

【注】悼는 憐愛也라

'悼'는 '사랑스럽다'의 뜻이다.

悼與耄는 雖有罪라도 不加刑焉하나니라

〈7세인〉 悼와 〈80・90세인〉 耄는 비록 죄를 짓더라도 형벌을 가하지 않는다.

【注】愛幼而尊老라

어린이를 사랑하고 노인을 존경하는 것이다.

百年曰期니 頤(이)니라

100세가 된 것을 '期'라 하니, 봉양을 받는다.

【注】期는 猶要也요 頤는 養也라 不知衣服食味하니 孝子要盡養道而已라

'期'는 〈'맞이하다' 또는 '구하다'의 뜻인〉 '要'와 같고, '頤'는 '봉양하다'의 뜻이다. 〈100세에는〉 의복의 따뜻함과 음식의 맛을 알지 못하니 효자는 봉양하는 도리를 다할 것을 구할 뿐이다.

大夫는 七十而致事니

大夫는 70세가 되면 벼슬을 내놓고 물러나니,

【注】致其所掌之事於君而告老라

맡은 일을 군주에게 바치면서 연로함을 고한다.

若不得謝어든

군주가 만약 물러감을 허락할 수 없으면

【注】謝는 猶聽也라 君必有命하여 勞[1]苦辭謝之하나니 其有德尙壯이면 則不聽耳라

1) 勞 : 陸德明의 音義에서는 또 음을 力報反으로도 볼 수 있다고 하였는데, 이 음을 따르면 '위로하다'의 뜻이 된다.

'謝'는 〈'들어주다'의 뜻인〉 '聽'과 같다. 군주는 반드시 명하여 수고했다는 말로 사례하니, 그 신하가 덕이 있고 여전히 정정하면 들어주지 않을 뿐이다.

則必賜之几杖하며 行役에 以婦人하며 適四方에 乘安車하며 自稱曰老夫라하고

반드시 그에게 几와 지팡이를 하사하며, 본국에서 순행하며 일을 하게 할 때는 봉양해줄 부인과 함께 가게 하며, 〈본국에서 순행하며 일을 하게 할 때나〉 사방의 다른 나라에 보낼 때는 安車를 타게 한다. 〈본국에서 순행하며 일을 할 때나 다른 나라에 갔을 경우〉 자신을 '老夫'라 칭하고,

安車

【注】几杖婦人安車는 所以養其身體也라 安車는 坐乘이니 若今小車也라 老夫는 老人稱也니 亦明君(貪)〔尊〕[1]賢이라 春秋傳曰 老夫耄矣라하니라

1) (貪)〔尊〕: 저본에는 '貪'으로 되어 있으나, 惠棟校宋本·嘉靖本·考文引古本·足利本·≪儀禮經傳通解≫에 의거하여 '尊'으로 바로잡았다.(阮元의 校勘記 참조)

几와 지팡이와 婦人과 安車는 그 몸을 봉양하는 것이다. '安車'는 앉아서 타는 수레이니, 지금(後漢)의 小車와 같다. '老夫'는 노인의 호칭이니, 또한 〈자신이 늙도록 조정에 아직 있다는 의미에서〉 밝은 임금이 현자를 존중한다는 뜻이다. ≪春秋左氏傳≫ 隱公 4년 조에 이르기를 "老夫가 늙었다."라고 하였다.

於其國엔 則稱名하며

자기 나라에 있을 때는 〈벼슬이 높은 사람으로 자처하지 않고〉 자신의 이름을 칭한다.

【注】君雖尊異之나 自稱猶若臣이라

군주가 비록 존중하고 남다르게 대우하더라도 스스로 〈上大夫인〉 자신을 칭하는 것은 여전히 〈下大夫인〉 신하처럼 한다.

越國而問焉이어든 必告之以其制[1]하나니라

1) 制 : 정현의 주에서는 '法度'로 보았고, 공영달의 소에서는 '舊制'로 보았다.

다른 나라에서 국경을 넘어와 정사를 물으면 반드시 자기 나라의 법도로 일러준다.

【注】隣國來問이면 必問於老者以答之라 制는 法度라

이웃 나라에서 물어보러 오면 반드시 노인에게 문의하여 답한다. '制'는 법도이다.

【疏】'人生'至'其制'[1]. ○ 正義曰：此一節明人幼而從學, 至於成德, 終始之行, 皆遵禮制, 各隨文解之. ○ "人生十年曰幼, 學"者, 謂初生之時至十歲. 依內則, 子生八年"始教之讓, 九年教之數(目)〔日〕[2], 十年出就外傅, 居宿於外, 學書計", 故以十年爲節也. 幼

者, 自始生至十九時, 故檀弓云"幼名[3]"者, 三月爲名[4]稱幼. 冠禮云"棄爾幼志", 是十九以前爲幼. 喪服傳云"子幼", 鄭康成云"十五已[5]下", 皆別有義. 今云"十年曰幼, 學", 是十歲而就業也. ○"二十曰弱, 冠"者, 二十成人, 初加冠, 體猶未壯, 故曰弱也. 至二十九, 通得名弱冠, 以其血氣未定故也. 不曰"人生", 竝承上可知也. 今謂庶人及士之子, 若卿大夫, 十五以上則冠, 故喪服云"大夫爲昆弟之長殤"[6]是也. 其冠儀與士同, 故郊特牲云"無大夫冠禮[7]"是也. 其大夫之子亦二十而冠, 其諸侯之子亦二十而冠, 天子之子則十二而冠. 若天子諸侯之身, 則皆十二而冠. 其釋在冠義. ○"三十曰壯, 有室"者, 三十而立[8], 血氣已定, 故曰壯也. 壯有妻, 妻居室中, 故呼妻爲室. 若通而言之, 則宮室通名, 故爾雅云 "宮謂之室, 室謂之宮." 別而言之, 論其四面穹隆則〔曰〕[9]宮, 因其貯物充實則曰室, 室之言實也. 今不云"有妻"而云"有室"者, 妻者, 齊也, 齊爲狹局, 云"室"者, 含妾媵[10], 事類爲廣. 案媒氏云 "男三十, 女二十."[11] 鄭康成云 "二三者, 天地相承覆之數也." 易曰 "參天兩地(而地)而(奇)〔倚〕數焉[12]." 白虎通云 "男三十筋骨堅强, 任爲人父. 女二十肌膚充盛, 任爲人母. 合爲五十, 應大衍之數, 生萬物也." ○"四十曰强, 而仕"者, 三十九以前, 通曰壯, 壯久則强, 故"四十曰强". 强有二義, 一則四十不惑[13], 是智慮强, 二則氣力强也. ○"五十曰艾, 服官政"者, 四十九以前, 通曰强, 年至五十, 氣力已衰, 髮蒼白, 色如艾也. 五十是知天命之年[14], 堪爲大夫服事也. 大夫得專事其官政, 故曰"服官政"也. 鄭康成注孝經云 "張官設府謂之卿大夫." 卽此之謂也. 熊氏云 "案中候運衡云'年耆旣艾', 注云 '七十曰艾.' 言七十者, 以時堯年七十, 故以七十言之. 又中侯準纖哲云 '仲父年艾, 誰將逮政.' 注云'七十曰艾'者, 云誰將逮政, 是告老致政, 致政當七十之時, 故以七十曰艾." ○"六十曰耆, 指使"者, 賀瑒(창)云 "耆, 至也, 至老之境也. 六十耳順[15], 不得執事, 但指事使人也," 鄭注射義云 "耆・耋(질)皆老也."

1) 人生至其制 : 惠棟校宋本에는 이 5자가 없다.(阮元의 校勘記 참조)

2) (目)〔日〕: 저본에는 '目'으로 되어 있으나, 惠棟校宋本에 의거하여 '日'로 바로잡았다.(阮元의 校勘記 참조)

3) 幼名 : ≪禮記≫ 〈檀弓 上〉에 "어릴 때는 이름을 부르고, 관례를 하면 字를 부른다.〔幼名 冠字〕"라는 내용이 보인다.

4) 三月爲名 : ≪예기≫ 〈內則〉에 "〈자식이 태어나〉 3개월 말이 되었을 때……아버지가 한 손으로는 자식의 오른손을 잡고 다른 한 손으로는 웃는 아이를 받쳐 들고서 이름을 지어준다.〔三月之末……父執子之右手 咳而名之〕"라는 내용이 보인다.

5) 已 : 惠棟校宋本에는 '以'로 되어 있다. 완원은 '已'와 '以'는 본래 동일한 글자라고 하였고, 王力은 '已上'이나 '已下' 등의 어휘에서는 통용한다고 하였다.(阮元의 校勘記, 王力의 ≪王力古漢語字典≫ 참조)

6) 若卿大夫……大夫爲昆弟之長殤 : ≪儀禮≫ 〈喪服〉 '小功殤' 조에 "대부의 형제와 제후의 형제와 대부의 아들이 〈19세에서 16세 사이에 죽은〉 長殤한 형제·서자·고모·누나·여동생·딸을 위하여 〈5개월의 小功殤服을 입는다.〉〔大夫公之昆弟大夫之子 爲其昆弟庶子姑姊妹女子子之長殤〕"라는 내용이 보인다. 賈公彦의 소에 따르면 일반적으로 성인인 昆弟를 위해서는 朞年服을 입고 長殤인 곤제를 위해서는 대공복을 입는데, 여기에서 곤제의 장상을 위하여 소공복을 입는다고 한 것은, 장상한 곤제가 士이거나 벼슬하지 않은 사람이라는 말이다. 즉 이미 대부라면 이미 관례를 했다는 말이므로 대부에게는 殤이 없다는 것이다.

7) 無大夫冠禮 : ≪예기≫ 〈郊特牲〉에 "대부의 관례는 없고 대부의 혼례는 있다. 옛날에는 50세가 된 뒤에 작위를 받았으니 어찌 대부의 관례가 있겠는가.〔無大夫冠禮而有其昏禮 古者五十而後爵 何大夫冠禮之有〕"라는 내용이 보인다.

8) 三十而立 : ≪論語≫ 〈爲政〉에 보인다.

9) 〔曰〕 : 저본에는 '曰'이 없으나, 완원의 교감기에서 '曰'이 脫漏되었다고 한 것에 의거하여 보충하였다.

10) 妾媵 : '媵'은 제후가 딸을 시집보낼 때 딸에게 딸려서 함께 시집보내는 同姓의 조카와 여동생을 이른다. '妾媵'은 여기에서 유래하여 첩을 가리키게 되었다.

11) 男三十 女二十 : ≪周禮≫ 〈地官 媒氏〉에 "남자는 30세가 되면 장가들게 하고 여자는 20세가 되면 시집가게 한다.〔令男三十而娶 女二十而嫁〕"라는 내용이 보인다.

12) 參天兩地(而地)而(奇)〔倚〕數焉 : 저본에는 '而地'가 있으나, 완원의 교감기에 의거하여 衍文으로 처리하였다. '奇'는 완원의 교감기에 의거하여 '倚'로 바로잡았다.

13) 四十不惑 : ≪논어≫ 〈위정〉에 "40세가 되면 의혹하지 않는다.〔四十而不惑〕"라는 내용이 보인다.

14) 五十是知天命之年 : ≪논어≫ 〈위정〉에 "50세가 되면 天命을 안다.〔五十而知天命〕"라는 내용이 보인다.

15) 六十耳順 : ≪논어≫ 〈위정〉에 "60세가 되면 어떤 말을 들었을 때 그 은미한 뜻을 안다.〔六十而耳順〕"라는 내용이 보인다.

經의 〔人生〕에서 〔其制〕까지

○ **正義曰** : 이 절은 사람이 어려서 배움에 나아가 덕을 이룸에 이르기까지 처음부터 끝까지 행실을 모두 禮制를 따라야 함을 밝힌 것이니, 각각 글에 따라 풀이하겠다.

○ 〔人生十年曰幼 學〕 처음 태어났을 때부터 10세까지를 이른다. ≪禮記≫ 〈內則〉에

따르면 자식이 태어나 8세가 되면 "비로소 사양하는 것을 가르치며, 9세가 되면 날짜 세는 것을 가르치며, 10세가 되면 집을 벗어나 바깥 스승에게 나아가서 밖에서 거처하고 잠자며 六書와 九數를 배운다."라고 하였으니, 그러므로 10세를 마디로 삼은 것이다. '幼'는 처음 태어났을 때부터 19세 때까지이다. 그러므로 ≪예기≫ 〈檀弓 上〉에서 "어릴 때는 이름을 부른다.〔幼名〕"라고 한 것은 태어나 3개월이 되었을 때 이름을 지어주고서 '幼'라 하였기 때문이다. ≪儀禮≫ 〈士冠禮〉에서는 "너의 어린 마음을 버리라.〔棄爾幼志〕"라고 하였으니 이것은 19세 이전을 幼로 본 것이며, ≪의례≫ 〈喪服 傳〉에서는 "자식이 어리다.〔子幼〕"라고 하였는데 정현이 "15세 이하이다."라고 하였으니, 모두 별도로 뜻이 있다. 지금 '十年曰幼 學'은 10세가 되면 학업에 나아가는 것이다.

○〔二十曰弱 冠〕 20세에 成人이 되는데, 처음으로 冠을 쓸 때 몸은 아직 强壯하지 않으므로 '弱'이라 한 것이다. 29세가 될 때까지 통틀어서 '弱冠'이라 이름하니, 혈기가 아직 정해지지 않았기 때문이다. '사람이 태어나서〔人生〕'라고 하지 않은 것은 모두 앞의 문장을 이어받은 것임을 알 수 있기 때문이다. 지금은 庶人과 士의 아들을 이르니, 卿大夫라면 15세 이상이면 관례를 행한다. 그러므로 ≪의례≫ 〈喪服〉 小功殤 조에 이르기를 "대부가 19세에서 16세 사이에 죽은 〈士이거나 벼슬하지 않은〉 昆弟를 위하여 〈5개월의 소공복을〉 입는다."라고 한 것이 이것이다. 대부의 관례 의식은 士와 동일하다. 그러므로 ≪예기≫ 〈郊特牲〉에서 "대부의 관례는 없다."라고 한 것이 이것이다. 그 대부의 아들 역시 20세가 되면 관례를 하고 제후의 아들 역시 20세가 되면 관례를 하지만, 천자의 아들은 12세가 되면 관례를 한다. 만약 천자나 제후 자신이라면 모두 12세에 관례를 한다. 이에 대한 해석이 ≪예기≫ 〈冠義〉에 있다.

○〔三十曰壯 有室〕 30세가 되면 이루어 확립한 바가 있어서 혈기가 이미 정해졌으므로 '壯'이라고 한 것이다. 30세인 壯에는 妻를 두어 처가 室 안에 거처하므로 처를 室이라고 부른 것이다. 통틀어서 말하면 宮과 室은 통하는 명칭이다. 그러므로 ≪爾雅≫ 〈釋宮〉에 이르기를 "宮은 室이라 이르고, 室은 宮이라 이른다."라고 하였다. 구분하여 말하면, 사면에 벽이 있고 지붕이 가운데가 높고 둥근 것을 논하면 '宮'이라 하며, 물건을 저장하여 가득 채우는 것에 의거하면 '室'이라 하니 '室'은 '채우다〔實〕'의 뜻이다. 지금 '有妻'라 하지 않고 '有室'이라 한 것은, '妻'는 '가지런하다〔齊〕'의 뜻이니 '齊'는 의미가 좁지만 '室'이라 하면 妾을 포함하게 되어 유사한 일까지 넓어지기 때문이다. 살펴보면 ≪주례≫ 〈地官 媒氏〉에 이르기를 "남자는 30세에 〈장가가게 하고〉 여자는 20세

에 〈시집가게 한다.〉"라고 하였는데, 정현이 말하기를 "二와 三은 하늘과 땅이 서로 덮어주고 받드는 숫자이다."라고 하였다. ≪周易≫ 〈說卦傳〉에 이르기를 "하늘에서 셋을 취하고 땅에서 둘을 취하여 여기에 숫자를 의지한다."라고 하였고, ≪白虎通義≫ 〈德論下 嫁娶〉에 이르기를 "남자는 30세가 되면 근골이 단단하고 강해져서 능히 아버지가 될 수 있으며, 여자는 20세가 되면 살과 피부가 풍만하고 매끄러워져서 능히 어머니가 될 수 있다. 합쳐서 50이니, 이는 ≪주역≫의 大衍의 數에 응하는 것이어서 만물을 낳는다."라고 하였다.

○〔四十曰强 而仕〕 39세 이전을 통틀어서 '壯'이라 하고, 壯이 오래되면 强해진다. 그러므로 '四十曰强'이라 한 것이다. 强에는 두 가지 뜻이 있다. 하나는 40세가 되면 의혹하지 않는다는 것이니 이는 智慮가 강해진다는 것이며, 다른 하나는 氣力이 강해진다는 것이다.

○〔五十曰艾 服官政〕 49세 이전을 통틀어서 '强'이라 하고, 나이가 50세에 이르면 기력이 이미 쇠하여 머리가 희끗희끗해져서 색이 뜸쑥〔艾〕처럼 된다. 50세는 知天命의 나이이니 능히 대부가 되어 국사에 종사할 수 있다. 대부가 나라의 정사에 전념할 수 있으므로 '服官政'이라 한 것이다. 정현의 ≪孝經≫ 〈卿大夫章〉 주에 이르기를 "관부를 설치하는 사람을 일러 경대부라고 한다."라고 하니 즉 이것을 이른다. 熊安生은 "살펴보면 정현의 ≪尙書中候≫ 〈運衡〉에 이르기를 '연로하여 이미 艾가 되었다.'라고 하였는데, 주에 '70세를 艾라 한다.'라고 하였다. 70세라고 말한 것은 당시 堯임금의 나이가 70세였기 때문에 70세로 말한 것이다. 또 ≪상서중후≫ 〈準纖哲〉에 이르기를 '仲父의 나이가 艾가 되었으니 누가 장차 정사를 담당할 수 있겠는가.'라고 하였는데, 주에 '70세를 艾라 한다.'라고 하였다. '누가 장차 정사를 담당할 수 있겠는가.'라고 한 것은 연로하여 정사를 내놓고 물러간다는 것이니, 정사를 내놓고 물러가는 것은 70세 때에 해당하므로 70세를 艾라 한 것이다."라고 하였다.

○〔六十曰耆 指使〕 賀瑒이 말하기를 "耆는 '이르다'의 뜻이니, 연로한 지경에 이르렀다는 것이다. 60세는 耳順이니, 일을 주관하지 못하고 단지 일을 지시하여 다른 사람을 부릴 뿐이다."라고 하였다. 정현의 ≪예기≫ 〈射義〉 주에 이르기를 "耆와 耋은 모두 늙었다는 뜻이다."라고 하였다.

【疏】 ○注'六十'至'不親學'. ○正義曰：此王制文, 引之者, 證不自使也.

○注의 〔六十〕에서 〔不親學〕까지

○ 正義曰 : 이것은 ≪예기≫ 〈王制〉의 글이니, 이를 인용한 것은 직접 使役하지 않음을 증명한 것이다.

【疏】 ○"七十曰老, 而傳"者, 六十至老境而未全老, 七十其老已至, 故言老也. 既年已老, 則傳徙家事, 付委子孫, 不復(부)指使也.

○〔七十曰老 而傳〕 60세는 늙은 지경에 이르렀으나 아직 완전히 늙은 것은 아니며, 70세는 그 늙음이 이미 지극하므로 '老'라고 한 것이다. 이미 늙은 나이가 되었으면 집안일을 전해주어서 자손에게 맡기고 더는 지시하여 부리지 않는다.

【疏】 ○ 注'傳家'至'之父'. ○ 正義曰 : 然庶子年老, 亦得傳付子孫, 而鄭唯云"謂宗子"者, 爲喪服有"宗子孤爲殤", 鄭云 "言孤, 有不孤者, 謂父有廢疾, 若七十而老, 子代主宗事者也." 鄭今欲會成喪服義, 故(引)〔云〕[1]"宗子之父"也. 又一云 "宗子, 竝謂五宗也." 五宗之子竝是傳祭之身, 故指之也. 庶子乃授家事於子, 非相傳之事, 此既云"傳", 故鄭知非庶子也. 必爲宗子父者, 以經言"傳", 傳者, 上受父祖之事, 下傳子孫, 子孫之所傳家事, 祭事爲重, 若非宗子, 無由傳之. 但七十之時, 祭祀之事猶親爲之, 其視濯漑則子孫, 故序卦注云"謂父退居田里, 不能備祭宗廟, 長子當親視滌濯鼎俎"是也. 若至八十, 祭亦不爲, 故王制云 "八十齊(재)喪之事不及也", 注云 "不齊, 則不祭也."

1) (引)〔云〕 : 저본에는 '引'으로 되어 있으나, 浦鏜의 교감기에서 '云'의 誤字라고 한 것에 의거하여 '云'으로 바로잡았다.(阮元의 校勘記 참조)

○ 注의 〔傳家〕에서 〔之父〕까지

○ 正義曰 : 그러나 庶子도 나이가 老에 이르면 〈宗子의 아버지와〉 마찬가지로 자손에게 집안일을 전하여 맡길 수 있는데도 정현이 오직 '謂宗子'라고만 한 것은, ≪의례≫ 〈喪服〉에 "아버지가 돌아가신 종자가 관례하기 전에 죽었을 경우〔宗子孤爲殤〕"라고 하였기 때문이다. 정현은 말하기를 "'孤'라고 한 것은 孤가 아닌 경우가 있다는 것이니, 아버지에게 廢疾이 있거나 아버지가 70세로 老가 되어서 자식이 宗廟의 일을 대신 주관하는 경우를 이른다."라고 하였다. 정현은 지금 〈상복〉의 뜻을 모아서 이루고자 하였으므로 '宗子之父'라고 말한 것이다. 또 일설에 "宗子는 모두 五宗을 이른다. 오종의 자식은 모두 제사를 전하는 몸이므로 이를 가리킨 것이다."라고 하였다.

庶子는 집안일을 자식에게 주지만 전해 받은 것을 전하는 일은 아니니, 여기에서 이미 '傳'이라고 하였으므로 서자가 아님을 정현이 안 것이다. 반드시 '종자의 아버지'가 되어야 하는 것은 경문에서 '傳'이라고 말했기 때문이다. '傳'이라는 것은 위로 父祖의 일을 받아서 아래로 子孫에게 전하는 것이니, 자손이 전하는 집안일에 제사가 중한데 만약 종자가 아니라면 이를 전할 길이 없기 때문이다. 다만 70세인 때는 종자가 제사의 일을 여전히 직접 하지만, 祭器가 정결하게 준비되었는지 보는 것은 자손이 한다. 그러므로 ≪주역≫ 〈序卦傳〉 정현의 주에 이르기를 "아버지가 물러나 田里에 살며 종묘에서 제사를 갖추어 지낼 수 없으면 長子가 마땅히 鼎俎가 정결하게 준비되었는지 직접 살펴야 함을 이른다."라고 한 것이 이것이다. 만약 80세에 이르면 제사를 지내는 것도 하지 않는다. 그러므로 ≪예기≫ 〈王制〉에 이르기를 "80세에는 齋戒하거나 喪服 입는 일이 미치지 않는다."라고 하였는데, 정현의 주에 "재계하지 않는다면 제사를 지내지 않는 것이다."라고 하였다.

【疏】 ○"八十九十曰耄", 耄者, 僻謬也. 人或八十而耄, 或九十而耄, 故竝言二時也.

○〔八十九十曰耄〕 '耄'는 정신이 흐릿한 것이다. 사람이 80세가 되어 정신이 흐릿해지기도 하고 90세가 되어 정신이 흐릿해지기도 하므로 두 시기를 한꺼번에 말한 것이다.

【疏】 ○ 注'耄惛'至'及之'. ○ 正義曰："耄, 惛忘也"者, "惛忘"卽"僻謬"也.(○)[1]所引春秋, 案左傳昭元年, 周景王使劉定公勞晉趙孟, 定公勸趙孟纂禹之績, 廣(○)[2]樹之功. 趙孟對云"老夫罪戾, 朝不謀夕." 劉子歸語王曰"諺所謂老將知而耄及之者, 其趙孟之謂乎." 引之者, 證老爲耄.

1) (○) : 저본에는 부호 '○'가 있으나, 앞뒤 문맥에 의거하여 衍文으로 처리하였다.
2) (○) : 저본에는 부호 '○'가 있으나, 閩本·監本·毛本에 의거하여 衍文으로 처리하였다. 考文引宋板에는 '○'가 '遠'으로 되어 있다.(阮元의 校勘記 참조)

○ 注의 〔耄惛〕에서 〔及之〕까지

○ 正義曰 : 〔耄 惛忘也〕 '惛忘'은 즉 '정신이 흐릿한 것'이다. 인용한 ≪春秋左氏傳≫은, 살펴보면 ≪춘추좌씨전≫ 昭公 원년에 周 景王이 劉定公을 보내 晉나라 趙孟을 위로하게 하였다. 유정공이 조맹에게 夏나라 禹王의 공을 계승하여 공을 널리 수립할 것을 권하자, 조맹이 "老夫는 죄를 범할까 두려우니, 아침에 저녁의 일도 생각할 수 없습니다."라고 대답하였다. 유정공이 돌아가 주 경왕에게 보고하기를 "속담에 이른바 '늙으면 지혜로워지나 정신이 흐릿해지는 것〔耄〕이 뒤따른다.'라는 것은 아마도 조맹

을 두고 한 말인 듯합니다."라고 하였다. 정현의 주에서 이를 인용한 것은 '老'가 '耄'가 됨을 증명하기 위해서이다.

【疏】 ○"七年曰悼"者, 悼, 憐愛也. 未有識慮, 甚可憐愛也. 年七歲而在九十後者, 以其同不加刑, 故退而次之也. ○"悼與耄, 雖有罪, 不加刑焉"者, 幼無識慮, 則可憐愛, 老已耄而[1]可尊敬, 雖有罪, 而同不加其刑辟也. 周禮司刺有三赦, 一曰幼弱, 二曰老耄, 三曰惷(준)愚[2]. 鄭注云"若今時律令, 未滿八歲, 八十以上, 非手殺人, 他皆不坐." 故司刺有三赦, 皆放免不坐也. ○"百年曰期, 頤"者, 期, 要也, 頤, 養也. 人年[3]百歲, 不復知衣服飲食寒煖氣味, 故人子用心, 要求親之意而盡養道也. "頤, 養也", 易序卦文. 〔○〕[4]"大夫七十而致事"者, 七十曰老, 在家則傳家事於子孫, 在官致所掌職事還君, 退還田里也. 不云"置"而云"致"者, 置是廢絶, 致是與人, 明朝廷必有賢代已也. 白虎通云"臣年七十懸車致仕者, 臣以執事趨走爲職, 七十耳目不聰明. 是以退老去, 避賢也, 所以長廉遠恥. 懸車, 示不用也. 致事, 致職於君, 君不使退而自去者, 尊賢也." ○"若不得謝"者, 謝猶聽許也. 君若許其罷職, 必辭謝云"在朝日久, 劬勞歲積." 是許其致事也. 今不得聽, 是其有德尙壯, 猶堪掌事, 不聽去也. 〔○〕"則必賜之几杖"者, 熊氏云"旣不聽致事, 則祭義云'七十杖於朝'是也. 聽致事, 則王制云'七十杖於國, 八十杖於朝'是也." 案書傳云"七十杖於朝." 鄭注云"朝當爲國者, 以其下有'八十杖於朝', 故以朝當爲國也. 與王制同, 竝爲聽致事也." ○"行役以婦人"者, 行役, 謂本國巡行役事. 婦人能養人, 故許自隨也. ○"適四方, 乘安車"者, "適四方", 謂遠聘異國時. 乘安車, 安車, 小車也, 亦老人所宜. 然此養老之具, 在國及出, 皆得用之. 今言行役婦人, 四方安車, 則相互也, 從語便, 故離言之耳. ○"自稱曰老夫"者, 若此老臣行役及適四方, 應與人語, 其自稱爲老夫, 言已是老大夫也. 必稱老者, 明君貪[5]賢之故, 而臣老猶在其朝也.

1) 而 : 衛氏集說에는 '則'으로 되어 있다.(阮元의 校勘記 참조)
2) 惷(준)愚 : 정현의 주에 따르면 '태어나면서부터 어리석고 어두운 자〔生而痴騃童昏者〕'를 이른다.
3) 年 : 考文引宋板에는 '生'으로 되어 있다.(阮元의 校勘記 참조)
4) 〔○〕: 저본에는 부호 '○'가 없으나, 본서의 체제에 의거하여 보충하였다. 아래도 같다.
5) 貪 : 孫志祖의 교감기에서는 '尊'이 되어야 한다고 하였다.(北京大本 校勘記 참조)

○〔七年曰悼〕'悼'는 '사랑스럽다'의 뜻이다. 아직 식견과 사려가 없어 매우 사랑스

럽다는 말이다. 나이가 7세인데도 90세보다 뒤에 있는 것은 똑같이 형벌을 가하지 않기 때문에 물려서 90세 뒤에 둔 것이다.

○〔悼與耄 雖有罪 不加刑焉〕 어려서 식견과 사려가 없으면 사랑스럽고, 늙어서 이미 정신이 흐릿해도 존경스럽기 때문에 비록 죄를 짓더라도 똑같이 刑律을 가하지 않는 것이다. ≪周禮≫ 〈秋官 司刺〉에 세 가지 사면하는 경우가 있는데, 첫째는 幼弱이고, 둘째는 老耄이고, 셋째는 惷愚이다. 정현의 주에 이르기를 "지금(後漢)의 律令처럼 만 8세가 되지 않았거나 80세 이상일 경우 직접 사람을 죽인 것이 아니면 다른 죄는 모두 처벌하지 않는 것이다."라고 하였다. 그러므로 〈추관 사자〉에 세 가지 사면하는 경우를 두어서 모두 방면하고 처벌하지 않은 것이다.

○〔百年曰期 頤〕 '期'는 '구하다〔要〕'의 뜻이며, '頤'는 '봉양하다〔養〕'의 뜻이다. 사람이 100세가 되면 더는 의복의 따뜻함과 음식의 맛을 알지 못하므로 자식이 마음을 써서 부모의 뜻을 구하여 봉양하는 도리를 다하는 것이다. 정현 주의 '頤 養也'는 ≪주역≫ 〈序卦傳〉의 글이다.

○〔大夫七十而致事〕 70세를 '老'라고 하니, 집에서는 집안일을 자손에게 전하고 관직에서는 담당하고 있는 직무를 내놓아 군주에게 돌려주고서 물러나 田里로 돌아간다. '置'라 하지 않고 '致'라 한 것은, '置'는 폐하고 끊는다는 뜻이고 '致'는 다른 사람에게 준다는 뜻이니, 조정에 반드시 자기를 대신할 현명한 자가 있음을 밝힌 것이다. ≪白虎通義≫ 〈德論上 致仕〉에 이르기를 "신하가 나이 70에 수레를 매달아두고 벼슬을 내놓는 것은, 신하는 일에 달려가는 것을 직분으로 삼는데 나이 70이 되면 귀와 눈이 들리지 않고 밝지 못하다. 이 때문에 연로함을 이유로 물러나 현자를 피하는 것이니, 염치를 기르고 부끄러움을 멀리하기 위해서이다. 수레를 매달아두는 것은 사용하지 않음을 보여주는 것이다. '致事'는 군주에게 관직을 내놓는 것이니, 군주가 신하를 물러가게 하지 않고 신하 스스로 떠나가게 하는 것은 현자를 존중하는 것이다."라고 하였다.

○〔若不得謝〕 '謝'는 '들어주다〔聽許〕'와 같은 뜻이다. 군주는 만약 신하가 관직을 그만두는 것을 윤허한다면 반드시 사례하는 말을 하여 "조정에 있는 오랜 세월 동안 수고한 세월이 많이 되었습니다."라고 한다. 이것은 일을 내놓고 물러가는 것을 윤허하는 것이다. 이제 그 청을 들어줄 수 없다면, 이것은 그 신하가 덕이 있고 여전히 건장하여 아직 일을 담당할 수 있으므로 떠나는 것을 들어주지 않는 것이다.

○〔則必賜之几杖〕 熊安生이 말하기를 "신하가 담당했던 일을 내놓고 물러가는 것을

군주가 이미 윤허하지 않았다면, ≪禮記≫ 〈祭義〉에 이르기를 '70세에는 조정에서 지팡이를 짚는다.'라고 한 것이 이것이다. 신하가 담당했던 일을 내놓고 물러가는 것을 군주가 윤허한다면, ≪예기≫ 〈王制〉에 이르기를 '70세에는 도성에서 지팡이를 짚고, 80세에는 조정에서 지팡이를 짚는다.'라고 한 것이 이것이다."라고 하였다. 살펴보면 ≪尙書大傳≫ 〈微子傳〉에 이르기를 "70세에는 조정〔朝〕에서 지팡이를 짚는다."라고 하였는데, 정현의 주에 이르기를 "'朝'가 '國'이 되어야 하는 것은, 바로 다음에 '80세에는 조정에서 지팡이를 짚는다.'라고 하였으므로 '朝'는 '國'이 되어야 한다. ≪예기≫ 〈왕제〉와 똑같으니, 모두 담당했던 일을 내놓고 물러가는 것을 윤허하는 것이다."라고 하였다.

○〔行役以婦人〕'行役'은 본국에서 순행하면서 일하는 것을 이른다. 부인은 능히 다른 사람을 봉양할 수 있으므로 스스로 따라가는 것을 허락한다.

○〔適四方 乘安車〕'適四方'은 멀리 다른 나라에 聘問 갈 때를 이른다. '乘安車'의 '安車'는 小車이니 또한 노인에게 어울리는 수레이다. 그러나 노인을 봉양하는 이 도구는 본국에 있을 때와 다른 나라로 나갈 때 모두 사용할 수 있다. 그런데 지금 국내의 '行役'에는 '婦人'을 말하고 국외의 '四方'에는 '安車'를 말한 것은 互文이니, 말의 편의를 따랐기 때문에 분리하여 말한 것뿐이다.

○〔自稱曰老夫〕 만약 이 老臣이 본국을 순행하며 일을 하거나 사방의 다른 나라에 가서 사람들과 이야기를 나누게 되면 스스로 칭하기를 '老夫'라고 해야 하니, 자기가 늙은 대부라는 말이다. 반드시 '老'를 칭하는 것은, 밝은 임금이 현자를 탐내므로 신하가 늙어서도 아직 그 조정에 있다는 것이다.

【疏】 ○ 注'几杖'至'耄矣'. ○ 正義曰 : "安車, 坐乘, 若今小車"者, 古者乘四馬之車, 立乘. 此臣旣老, 故乘一馬小車, 坐乘也. 庾蔚〔之〕[1]云 "漢世駕一馬而坐乘也." 熊氏云 "案書傳略說云 '致仕者以朝, 乘車輲(천)輪.' 鄭云 '乘車, 安車. 言輲輪, 明其小也.'" 〔○〕[2] "春秋傳曰 老夫耄矣"者, 引左傳, 證老臣對他國人自稱老夫也. 此是春秋隱四年衛石碏(작)辭也. 石碏子厚與衛州吁遊, 吁弑其異母兄完而自立, 未能和民, 欲結强援. 時陳侯有寵於周桓王, 州吁與石厚往陳, 欲因陳自達於周, 而石碏遣人告陳曰 "衛國褊小, 老夫耄矣, 無能爲也, 此二人者, 實弑寡君, 敢卽圖之."

1) 庾蔚〔之〕 : 저본에는 '之'가 없으나, ≪經典釋文≫ 〈序錄 注解傳述人〉에 의거하여 보충하였다. 庾蔚之는 남조 宋나라의 禮學者이다.

2) 〔○〕 : 저본에는 부호 '○'가 없으나, 본서의 체제에 의거하여 보충하였다.

○ 注의 〔几杖〕에서 〔耄矣〕까지

○ 正義曰 : 〔安車 坐乘 若今小車〕 옛날에 네 필 말이 끄는 수레를 탈 때는 서서 탔다. 여기의 신하는 이미 늙었으므로 한 필 말이 끄는 小車를 타는데 이것은 앉아서 탄다. 庾蔚之는 "漢나라 시대에는 한 필 말이 끄는 수레를 탔는데 앉아서 탔다."라고 하였고, 熊安生은 "살펴보면 ≪書傳略說≫에 이르기를 '벼슬을 내놓은 자가 조회 갈 때는 뒷바퀴가 작은 수레를 탄다.' 하였는데, 정현이 말하기를 '수레를 탄다는 것은 安車를 탄다는 것이며, 뒷바퀴가 작은 수레라고 말한 것은 수레가 작음을 밝힌 것이다.' 하였다."라고 하였다.

○ 〔春秋傳曰 老夫耄矣〕 ≪春秋左氏傳≫을 인용하여 老臣이 다른 나라 사람들에게 자신을 '老夫'로 칭한다는 것을 증명한 것이니, 이것은 ≪춘추좌씨전≫ 隱公 4년 조에 보이는 衛나라 대부 石碏의 말이다. 석작의 아들 石厚는 위나라 공자 州吁와 교유하였는데, 주우는 異母兄인 위나라 군주 完을 시해하고 스스로 군주가 되어 백성들을 화합시키지 못하고 강한 나라와 결탁하여 자신을 응원하게 하고자 하였다. 당시 陳나라 군주가 周 桓王에게 총애를 받자, 주우는 석후와 함께 진나라에 가서 진나라를 통해 주 환왕에게 스스로 통하고자 하였다. 석작이 진나라에 사람을 보내 고하기를 "우리 위나라는 작고 老夫는 늙어서〔耄〕 아무 일도 할 수 없습니다. 이 두 사람은 실로 우리 임금님을 시해한 자들이니, 곧바로 이들을 처치하소서."라고 하였다.

【疏】 ○"於其國則稱名"者, "於其國", 謂自與其君言也, 雖老, 猶自稱名也.

○ 〔於其國則稱名〕 '於其國'은 자신이 본국의 군주와 말할 때를 이르니, 이때에는 비록 늙었더라도 스스로 이름을 칭한다는 것이다.

【疏】 ○ 注'君雖尊異之 自稱猶若臣'者, 案玉藻云"上大夫曰下臣", 士相見禮云[1)]士大夫於他邦之君, "曰外臣", 是上大夫於己君, 自稱爲下臣, 於他國君, 自稱爲外臣. 又玉藻云"下大夫自名", 又鄭注玉藻云"下大夫自名於他國[2)]則曰外臣某", 是下大夫於己君稱名, 於他國曰外臣某. 此旣自稱老夫, 宜是上大夫, 而稱名從下大夫者, 旣被君尊異, 故臣亦謙退, 從下大夫之例而稱名也. 且玉藻所云, 是其從下大夫例, 然臣於君, 單稱名無嫌也.

1) 士相見禮云 : ≪儀禮≫ 〈士相見禮〉에 "무릇 군주에게 자신을 칭할 때 士와 大夫는 '下臣'이라 칭하고……다른 나라 사람이라면 '外臣'이라 칭한다.〔凡自稱於君 士大夫則曰下臣……他國之則曰外臣〕"라는 내용이 보인다.

2) 國 : ≪禮記≫ 〈玉藻〉 정현의 주에는 이 뒤에 '君'이 있다.

○ 注의 〔君雖尊異之 自稱猶若臣〕

살펴보면 ≪예기≫ 〈玉藻〉에 이르기를 "上大夫는 자신을 칭할 때 '下臣'이라 한다." 하였고, ≪의례≫ 〈士相見禮〉에 이르기를, 士와 大夫는 다른 나라 군주에게 자신을 칭할 때 "'外臣'이라 한다." 하였으니, 이것은 상대부가 자기 나라 군주에게는 자칭하여 '하신'이라 하고 다른 나라 군주에게는 자칭하여 '외신'이라 한다는 것이다. 또 〈옥조〉에 이르기를 "下大夫는 스스로 이름을 말한다." 하였는데, 또 정현의 〈옥조〉 주에 이르기를 "하대부는 다른 나라에서는 스스로 이름을 말하여 '外臣某'라 한다." 하였으니, 이것은 하대부가 자기 나라 군주에게는 이름을 칭하고 다른 나라에서는 '外臣某'라 한다는 것이다.

여기 경문에서 이미 '老夫'라 자칭하였으니 당연히 상대부이다. 그런데도 〈자기 나라 군주에게〉 이름을 칭하여 하대부의 규례를 따른 것은, 이미 군주에게서 자신을 존중하고 남다르게 대우해주는 은혜를 입었으므로 신하 역시 겸허하게 하대부의 규례를 따라 자기 이름을 칭한 것이다. 그리고 〈옥조〉에서 말한 것에 의하면 하대부의 규례를 따른 것이지만, 신하가 군주 앞에서 이름만 칭하는 것은 혐의가 없는 것이다.

【疏】 ○"越國而問焉, 必告之以其制"者, 越國猶他國也, 若他國來問己國君之政, 君雖已達其事, 猶宜問於老賢, 老賢則稱國之舊制, 以對他國之問也.

○〔越國而問焉 必告之以其制〕 '越國'은 '他國'과 같은 뜻이다. 만약 다른 나라에서 와서 자기 나라 군주의 정사를 물으면 군주는 비록 이미 그 일을 잘 안다 하더라도 老成한 현자에게 물어야 하니, 노성한 현자는 본국의 옛 제도를 칭하여 다른 나라의 물음에 대답한다.

01-09-01 謀於長者호되 必操几杖以從之니

연로한 長者에게 여쭐 것이 있을 때는 〈제자의 직분으로〉 반드시 几와 지팡이를 들고 장자에게 나아가야 하니,

【注】 從은 猶就也라

'從'은 〈'나아가다'의 뜻인〉 '就'와 같다.

長者 問커시든 不辭讓而對홈이 非禮也니라

장자가 나에게 질문하실 경우 사양하지 않고 대답하는 것은 예가 아니다.

【注】 當謝不敏하여 若曾子之爲[1)]라

1) 曾子之爲 : '曾子'는 曾點을 이른다. 字는 晳이며 魯나라 사람으로, 아들 曾參과 함께 孔子의 제자이다. ≪論語≫ 〈先進〉에 子路·冉有·曾點·公西華가 공자를 모시고 앉았을 때의 일화가 보인다. 공자가 이들에게 "누군가 너희들을 알아준다면 어찌하겠느냐?"라고 질문하자, 자로가 성급하게 먼저 포부를 밝히고, 염유와 공서화가 차례로 포부를 밝혔다. 마지막으로 네 명의 제자 중 두 번째로 나이가 많은 증점이 瑟을 타고 있다가 공자의 질문을 받고, 沂水에서 목욕하고 舞雩에서 바람 쐬고 노래하면서 돌아오겠다고 대답하여 공자에게 허여받았다.

마땅히 사양하고 민첩하게 하지 말아서 曾子가 했던 것처럼 해야 한다.

【疏】 '謀於'至'從之'. ○ 正義曰 : 此一節明有事取謀議於長者, 各依文解之. ○ "操几杖以從之"者, 操, 執持也. 杖可以策身, 几可以(杖)〔扶〕[1)]己, 俱是養尊者之物, 故於謀議之時將[2)]就也.

1) (杖)〔扶〕 : 저본에는 '杖'으로 되어 있으나, 監本·毛本·衛氏集說에 의거하여 '扶'로 바로잡았다.(阮元의 校勘記 참조)
2) 將 : 閩本·監本·毛本에는 '持'로 되어 있다.(阮元의 校勘記 참조)

經의 〔謀於〕에서 〔從之〕까지

○ 正義曰 : 이 절은 일이 있어 長者에게 계책을 상의하는 일을 밝힌 것이니, 각각 글을 따라 풀이하겠다.

○ 〔操几杖以從之〕 '操'는 잡아 드는 것이다. 지팡이는 몸을 기댈 수 있고 几는 몸을 부지할 수 있으니, 모두 尊者를 봉양하는 물건이다. 그러므로 계책을 상의할 때 이것을 들고 나아가는 것이다.

01-10-01 凡爲人子之禮는 冬溫而夏凊[1)]하며 昏定而晨省하며

1) 凊 : 陸德明의 音義에 "글자가 '冫(빙)'에서 의미를 취하였으니, '차갑다'의 뜻이다. 혹 편방이 '水(氵)'로 되어 있는 판본도 있는데, 틀린 것이다.〔字從冫 冰冷也 本或作水旁 非

也]"라고 하였다.

무릇 자식이 된 자의 禮는, 겨울에는 따뜻하게 해드리고 여름에는 시원하게 해드리며, 저녁에는 이부자리를 정돈하여 편안하게 해드리고 아침에는 안부를 살피며,

【注】(安定)〔定安〕[1]其牀衽也요 省은 問其安否何如라

1) (安定)〔定安〕: 저본에는 '安定'으로 되어 있으나, 岳本·嘉靖本·考文引宋板에 의거하여 '定安'으로 바로잡았다. 완원은 '問其安否何如'가 '省'을 풀이한 것처럼 '安其牀衽也'는 '定'을 풀이한 것이며, 공영달의 소에서도 '定安也'로 되어 있는 것을 보면 岳本이 옳다고 하였다.(阮元의 校勘記 참조)

'定'은 이부자리를 편안하게 해드리는 것이며, '省'은 안부가 어떠한지를 여쭙는 것이다.

在醜夷不爭이니라

동년배와 교유할 때 다투지 말아야 한다.

【注】醜는 衆也라 夷는 猶儕也니 四皓曰 陛下之等夷라하니라

'醜'는 '무리'의 뜻이다. '夷'는 〈'동년배'의 뜻을 가진〉 '儕'와 같으니, 〈漢나라 때의 隱士인〉 四皓가 말하기를 "폐하의 동년배입니다."라고 하였다.

【疏】'凡爲'至'不爭'. ○正義曰：此一節明人子事親奉養之禮, 又去爭訟, 今各隨文解之. ○"昏定而晨省"者, 上云冬溫夏凊, 是四時之法, 今說一日之法. 定, 安也. 晨, 旦也. 應臥, 當齊整牀衽, 使親體安定之後, 退. 至明旦, 旣隔夜, 早來視親之安否何如. 先昏後晨, 兼示經宿之禮. 熊氏云"晨省者, 案內則云, 同宮則雞初鳴, 異宮則昧爽而朝[1]." ○"在醜夷不爭"者, 此一句明朋儕禮也. 醜, 衆也, 夷, 猶儕也, 皆等類之名. 風俗語不同, 故兼言之. 夫貴賤相臨, 則有畏憚, 朋儕等輩, 喜爭勝負, 忘身及親, 故宜誡之以不爭.

1) 同宮則雞初鳴 異宮則昧爽而朝：≪예기≫〈內則〉에 "자식이 부모를 섬기되 닭이 처음 울거든……며느리가 시부모를 모시되 부모를 섬기듯이 하여 닭이 처음 울거든……부모와 시부모가 계신 곳에 간다.……命士 이상은 父子가 모두 집을 달리하니, 먼동이 틀 무렵에 가서 뵙는다.〔子事父母 鷄初鳴……婦事舅姑 如事父母 鷄初鳴……適父母舅姑之所……由命士以上 父子皆異宮 昧爽而朝〕"라는 내용이 보인다.

經의 〔凡爲〕에서 〔不爭〕까지

○ 正義曰 : 이 절은 자식이 부모를 섬길 때 봉양하는 예를 밝히고, 또 다툼을 떠나야 함을 밝힌 것이니, 이제 각각 글을 따라 풀이하겠다.

○〔昏定而晨省〕 앞에서 '冬溫夏凊'이라 한 것은 四時의 법이고, 지금은 1일의 법을 말한 것이다. '定'은 편안하다는 뜻이다. '晨'은 아침이다. 자리에 누워야 할 때는 이부자리를 가지런히 정돈하여 부모님의 몸이 편안히 되도록 한 뒤에 물러나야 하고, 이튿날 아침이 되면 이미 밤이 지났으므로 일찌감치 와서 부모님의 안부가 어떠한지를 살피는 것이다. '昏'을 먼저 말하고 '晨'을 뒤에 말한 것은, 하룻밤을 지내는 예를 겸하여 보여준 것이다. 熊安生은 말하기를 "晨省은, 살펴보면 ≪예기≫ 〈內則〉에 이르기를 같은 집에 살면 닭이 처음 울거든 가서 뵙고, 집을 달리하면 먼동이 틀 무렵에 가서 뵙는다."라고 하였다.

○〔在醜夷不爭〕 이 구절은 朋友들과의 예를 밝힌 것이다. '醜'는 '무리'라는 뜻이고, '夷'는 〈동년배의 뜻인〉 '儕'와 같으니, 모두 동등한 무리를 이름한 것이다. 풍속에 따라 말이 같지 않으므로 겸하여 말한 것이다. 무릇 신분이 높은 사람과 낮은 사람이 만나면 두려움과 꺼림이 있지만, 동년배의 붕우들은 승부를 다투는 것을 좋아하여 생사를 잊어서 그 영향이 부모에게까지 미치므로 다투지 말라는 것으로 경계해야 한다.

【疏】 ○ 注'醜衆'至'等夷'. ○ 正義曰 : "醜, 衆也", 釋(語)〔詁〕文[1], 謂在衆不忿爭也. 云"四皓曰 陛下之等夷"者, 證夷是等類也. 四皓[2], 漢時隱人高士也. 其四人, 一東園公, 二綺里季, 三夏黃公, 四角(록)[3]里先生, 皆老, 髮白皓素, 因呼爲四皓. 隱商山不仕, 高祖數(삭)召不出. 後爲高祖欲廢呂后之子盈, 而立戚夫人之子趙王如意爲太子, 張良使太子卑辭安車遣辨士以請四皓, 四皓果來, 舍建(城)〔成〕[4]侯所. 至漢十一年, 黥布反, 高祖令太子將兵擊之. 四皓自相謂曰 "凡來, 欲以安太子, 太子將兵, 事危矣." 乃說建(城)〔成〕侯曰 "太子將兵有功, 則位不益, 無功則從此受禍. 且太子所與諸將, 皆嘗與上定天下驍將也. 今使太子將之, 此無異使羊將狼, 皆不肯爲用, 其無功必矣. 臣聞母愛者子抱之[5], 今戚夫人日夜侍御, 趙王常居前, 上終不使不肖子居愛子之上, 明乎其代太子之位必矣. 君何不急請呂后承間爲上泣言 '黥布天下猛將, 善用兵, 諸將皆陛下之等夷, 今令太子將此屬, 莫肯爲用.'" 於是呂后如四皓言以請高祖, 高祖時疾, 自行. 十二年, 破黥布還而疾益甚, 愈欲易太子. 及燕置酒, 太子侍, 四皓從太子, 高祖驚曰 "吾召公數歲, 公逃我, 今反從我兒乎." 四皓曰 "陛下輕士善罵, 臣等義不受辱, 故恐而亡匿."

1) 醜衆也 釋(語)〔詁〕文 : 저본에는 '語'로 되어 있으나, ≪爾雅≫의 편명과 北京大本에 의거하여 '詁'로 바로잡았다. ≪爾雅≫ 〈釋詁〉에 "黎·庶·烝·多·醜·師·旅는 '衆'

의 뜻이다.〔黎庶烝多醜師旅 衆也〕"라는 내용이 보인다.

2) 四皓 : 공영달의 소에서 인용한 四皓 관련 이하의 내용이 ≪史記≫ 권55 〈留侯世家〉에 보인다.

3) 角(록) : 監本・毛本에는 '甪(록)'으로 되어 있다. 盧文弨는 ≪禮記音義考證≫에서 '甪'은 俗字이며 宋本에는 '角'으로 되어 있다고 하였으며, 李匡乂는 '角'의 음은 '祿'이라 하였다. 阮元은 이상의 기록을 근거로 오늘날 '甪'으로 고쳐 쓰는 것은 오류를 답습한 것이라고 하였다.(阮元의 校勘記 참조)

4) (城)〔成〕: 저본에는 '城'으로 되어 있으나, 監本・毛本에 의거하여 '成'으로 바로잡았다. 이하 '說建城侯'의 '城'도 동일하다. 완원은 교감기에서 建成侯는 漢나라의 개국공신 呂澤으로, ≪史記≫・≪漢書≫에도 '成'으로 되어 있어 모두 편방에 '土'가 없다고 하였다. 다만 완원의 교감기에서 建成侯를 呂澤으로 본 것은 오류이다. 여택은 呂后의 큰오빠로 周呂侯에 봉해졌고, 건성후에 봉해진 사람은 여후의 둘째 오빠인 呂釋之이다.(阮元의 校勘記 참조)

5) 母愛者子抱之 : ≪韓非子≫ 〈備內〉에 "어미가 아름다우면 그 자식을 총애한다.〔其母好者 其子抱〕"라는 내용이 보인다.

○ 注의 〔醜衆〕에서 〔等夷〕까지

○ 正義曰 : '醜 衆也'는 ≪爾雅≫ 〈釋詁〉의 글이니, 사람들과 있을 때 성을 내어 다투지 말라는 말이다. '四皓曰 陛下之等夷'라고 한 것은 '夷'가 等類의 뜻임을 증명한 것이다. '四皓'는 漢나라 때의 隱人高士이다. 그 네 명은, 첫째 東園公, 둘째 綺里季, 셋째 夏黃公, 넷째 角里先生이니, 모두 연로하여 머리카락이 새하얗기 때문에 이로 인해 四皓라 부르게 되었다. 商山에 숨어 벼슬하지 않고서 漢 高祖가 수차례 불러도 나가지 않았다. 후에 고조가 呂后의 아들인 태자 盈을 폐위하고 戚夫人의 아들인 趙王 如意를 태자로 삼으려고 하자, 張良이 태자로 하여금 辨士를 보내 겸허한 말과 安車로 사호

商山四皓

를 청하게 하였는데, 사호가 과연 와서 建成侯의 처소에 머물렀다.

漢 11년(B.C. 196)에 黥布가 모반을 일으키자 고조가 태자로 하여금 군사를 거느리고 가서 치게 하였다. 사호가 서로 말하기를 "우리가 온 것은 태자를 안정시키고자 해서였는데, 태자가 군사를 거느리게 되었으니 일이 위태롭게 되었다."라고 하고서, 마침내 건성후를 설득하여 말하였다.

"태자가 군사를 거느리고 출정하여 공을 세우면 지위가 더해지는 것이 없지만 공을 세우지 못하면 이로 인해 화를 입을 것입니다. 그리고 태자가 함께할 장수들은 모두 일찍이 황상과 함께 천하를 평정했던 날랜 장수들입니다. 지금 태자로 하여금 이들을 거느리게 한다면 이것은 양에게 이리를 거느리게 하는 것과 다를 것이 없습니다. 모두 태자를 위해 기꺼이 쓰임이 되려고 하지 않을 것이니, 공을 세우지 못할 것이 틀림없습니다. 신은 들으니 어미가 사랑스러우면 그 자식을 총애한다고 하였습니다. 지금 척부인이 황상을 밤낮으로 옆에서 모시니 조왕이 늘 앞에 있습니다. 황상께서는 끝내 불초한 자식을 사랑하는 아들 위에 있게 하지 않을 것이니, 분명코 조왕이 태자의 자리를 대신할 것이 틀림없습니다. 그대는 어찌하여 여후에게 급히 청하여 여후로 하여금 틈을 타서 황상에게 눈물을 흘리며 '경포는 천하의 맹장이고 군사를 쓰는 데 뛰어난데, 장수들은 모두 폐하의 동년배들[等夷]이니 지금 태자로 하여금 이 무리를 거느리게 하신다면 장수들은 태자를 위해 기꺼이 쓰임이 되려고 하지 않을 것입니다.'라고 말씀드리게 하지 않습니까."

이에 여후가 사호의 말대로 고조에게 청하자, 고조는 당시 병이 들었으나 직접 출정하였다.

12년에 경포를 격파하고 돌아와서 병이 더욱 심해지자 고조는 더더욱 태자를 바꾸려고 하였다. 연회를 베풀어 술자리를 마련했을 때 태자가 황제를 모시게 되었는데, 사호가 태자를 따르자 고조가 깜짝 놀라 "내가 공들을 수년 동안 불렀어도 공들은 나에게서 달아나더니 지금은 도리어 내 아이를 따르는구려!"라고 하자, 사호가 대답하기를 "폐하께서는 선비를 업신여기고 잘 꾸짖으시는데 신들은 의리상 모욕을 받아들일 수 없었습니다. 그러므로 두려워서 도망하여 숨었던 것입니다."라고 하였다.

01-11-01 夫爲人子者는 三賜에 不及車馬하나니

〈아버지가 생존해 계실 경우〉 무릇 자식 된 자는 三命의 벼슬을 받을 때 〈작위만 받고 삼명에 하사되는〉 수레와 말은 받지 않는다.

【注】 三賜는 三命也라 凡仕者는 一命而受爵하고 再命而受衣服하고 三命而受車馬하니 車[1] 馬而身所以尊者備矣라 卿大夫士之子不受는 不敢以成尊比踰於父요 天子諸侯之子不受는 自卑遠於君이라

1) 車 : 考文引古本・足利本・衛氏集說에는 이 앞에 '受'가 있다.(阮元의 校勘記 참조)

'三賜'는 三命이다. 무릇 벼슬하는 자는 一命에 爵位를 받고, 再命에 의복을 받고, 三命에 수레와 말을 받으니, 수레와 말을 받으면 몸에 존귀한 것이 갖추어지게 된다. 卿과 大夫와 士의 자식이 〈수레와 말을〉 받지 않는 것은, 감히 존귀함이 이루어진 것으로 아버지와 동등하거나 아버지를 넘어서지 못해서이며, 천자와 제후의 자식이 〈수레와 말을〉 받지 않는 것은 스스로 군주에게서 멀리 낮추기 위해서이다.

故로 州閭鄕黨이 稱其孝也하며 兄弟親戚이 稱其慈也하며 僚友 稱其弟也하며 執友 稱其仁也하며 交遊 稱其信也니라

그러므로 州・閭・鄕・黨이 그 효성스러움을 칭찬하고, 형제와 친척이 그 자애로움을 칭찬하고, 같이 벼슬하는 자들이 그 공손함을 칭찬하고, 뜻을 같이하는 벗이 그 어짊을 칭찬하고, 교유하는 사람들이 그 신의를 칭찬하는 것이다.

【注】 不敢(重受)〔受重〕[1]賜者는 心也니 如此而五者備有焉이라 周禮에 二十五家爲閭요 四閭爲族이요 五族爲黨이요 五黨爲州요 五州爲鄕이라 僚[2]友는 官同者요 執友는 〔執〕[3]志同者라

1) (重受)〔受重〕 : 저본에는 '重受'로 되어 있으나, 考文引宋板・古本・足利本・岳本・嘉靖本에 의거하여 '受重'으로 바로잡았다. 완원은 '受重'이 공영달의 소와도 부합한다고 하였다.(阮元의 校勘記 참조)

2) 僚 : 陸德明의 音義에 '寮'로 되어 있는 판본도 있다고 하였는데, ≪春秋左氏傳≫ 文公 7년 조에 "함께 벼슬하는 사람이 寮이다.〔同官爲寮〕"라는 구절이 보인다. '僚'와 '寮'는 통용자이다.

3) 〔執〕 : 저본에는 '執'이 없으나, 考文引古本・足利本에 의거하여 보충하였다. 완원은 '執志同者'가 공영달의 소와 부합한다고 하였다.(阮元의 校勘記 참조)

〈벼슬하는 자는 하사해주는 수레와 말을 끝내는 받아야 하므로〉 감히 중한 하사를 받

지 못하는 것은 마음이니, 이와 같이 했을 때 孝·慈·弟·仁·信 다섯 가지가 모두 갖추어진다. ≪周禮≫ 〈地官 大司徒〉에 따르면 25家가 1閭가 되고, 4閭(100家)가 1族이 되고, 5族(500家)이 1黨이 되고, 5黨(2,500家)이 1州가 되고, 5州(12,500家)가 1鄕이 된다. '僚友'는 함께 벼슬하는 사람이고, '執友'는 뜻이 같은 사람이다.

見(현)父之執[1]하고 不謂之進이어시든 不敢進하며 不謂之退어시든 不敢退하며 不問이어시든 不敢對니

1) 執 : 考文引古本·足利本에는 이 뒤에 '友'가 있다. 완원은 공영달의 소에 '父之執謂執友'로 되어 있는 것은 正義本에도 '友'가 없었기 때문이라고 하였다.(阮元의 校勘記 참조)

〈자식 된 자는〉 아버지의 執友를 뵐 경우 〈아버지처럼 섬겨서〉 앞으로 나오라고 하지 않으면 감히 나아가지 않으며, 물러가라고 하지 않으면 감히 물러가지 않으며, 묻지 않으면 감히 대답하지 않으니,

【注】 敬父同志하여 如事父라

아버지와 뜻이 같은 분을 공경하여 아버지를 섬기는 것처럼 하는 것이다.

此 孝子之行也니라

이것이 효자의 행실이다.

【疏】 '夫爲'至'行也'[1]. ○ 正義曰 : 此一節明人子謙卑, 行著於外, 所敬又廣, 今各隨文解之. 言"夫"者, 貴賤悉然也. "三賜", 三命也. 言爲人子, 雖受三命之尊, 終不敢受車馬, 車馬則身有成尊, 便比踰於父, 故不受. 所以許受三命, 而不許受車馬者, 命是榮美, 光顯祖父, 故受也. 車馬是安身, 身安不關先祖, 故不受也. 不云"不受", 而云"不及"者, 受是已到之日[2], 明人子非唯外迹不受, 抑亦心所不及於此賜也.

1) 夫爲至行也 : 惠棟校宋本에는 이 5자가 없다.(阮元의 校勘記 참조)
2) 日 : 考文引宋板에는 '目'으로 되어 있다.(阮元의 校勘記 참조)

經의 〔夫爲〕에서 〔行也〕까지

○ 正義曰 : 이 절은 자식 된 자가 겸손하여 행실이 밖으로 드러나고 공경하는 대상

이 또 폭넓음을 밝힌 것이니, 이제 각각 글을 따라 풀이하겠다.

'夫'라고 한 것은, 신분이 높은 사람이나 낮은 사람이나 모두 그러하다는 것이다. '三賜'는 三命이다. 자식 된 몸으로 비록 삼명의 높은 벼슬을 받더라도 끝내 감히 수레와 말을 받지 않음을 말한 것이니, 수레와 말은 몸에 존귀함이 이루어진 것이어서 곧 아버지와 동등하거나 아버지를 넘어서는 것이므로 받지 않는다. 삼명의 작위를 받는 것은 허용하나 〈삼명에 함께 내려오는〉 수레와 말을 받는 것은 허용하지 않는 이유는, 命은 영광스러운 것이니 할아버지와 아버지를 빛나게 드러내는 것이므로 받는 것이고, 수레와 말은 몸을 편하게 하는 것이니 몸이 편한 것은 先祖와 관계가 없으므로 받지 않는다. '不受'라 하지 않고 '不及'이라 한 것은, '受'는 수레와 말이 이미 도착한 날이니, 자식 된 자가 단지 겉의 행실로만 받지 않는 것이 아니라 마음으로도 이 하사를 생각하지 않았음을 밝힌 것이다.

【疏】 ○ 注'三賜'至'於君'. ○ 正義曰：云"三賜(不及)〔三命〕[1]"者, 受命卽受賜, 故三賜三命, 故公羊云 "命者何, 加我服. 錫者何, 賜也[2]." 是其命賜將相[3]也. 云"凡仕者, 一命受爵, 再命受衣服, 三命受車馬"者, 皆約周禮大(태)[4]宗伯之文. 案大宗伯"一命受職", 職則爵也. 又宗伯"三命受位", 鄭康成云 "始有列位於王朝[5]." 今言"受車馬"者, 但三命受位, 卽受車馬. 以經云"車馬", 故以"車馬"言之. 云"卿大夫士之子不受, 不敢以成尊比踰於父"者, 以公侯伯卿三命, 其子不受, 不敢比於父. 公侯伯大夫・子男卿再命, 公侯伯士一命, 子男之士不命, 其子三命不受車馬者, 皆是不敢踰於父. 不言天子諸侯之子不敢受者, 以其父位旣尊, 不得言不敢比踰, 故云"自卑遠於君". 案周禮九儀, "一命受職, 再命受服, 三命受位, 四命受器, 五命賜則, 六命賜官, 七命賜國, 八命作牧, 九命作伯". 案含文嘉[6] "九賜, 一曰車馬, 二曰衣服, 三曰樂則, 四曰朱戶, 五曰納陛, 六曰虎賁, 七曰斧鉞, 八曰弓矢, 九曰秬鬯." 宋均注云 "進退有節, 行步有度, 賜以車馬, 以代其(勞)〔步〕[7]. 言成文章, 行成法則, 賜以衣服, 以表其德. 動作有禮, 賜以納陛, 以安其體. 長於教誨, 內懷至仁, 賜以樂則, 以化其民. 居處修理, 房內不泄[8], 賜以朱戶, 以明其別. 勇猛勁疾, 執義堅强, 賜之虎賁, 以備非常. 抗揚威武, 志在宿衛, 賜以斧鉞, 使得專殺. 內懷仁德[9], 執義不傾, 賜以弓矢, 使其專(行)〔征〕[10]. 慈孝父母, 賜以秬鬯, 以歸[11]祭祀." 鄭司農以周禮九命與九賜是一也. 然則此"三賜", 鄭康成知非"九賜"之第三, 而云"三命之賜"者, 康成以九命與九賜不同, 九賜謂"八命作牧, 九

命作伯"之後, 始加九賜. 知者, 王制云"三公一命卷, 若有加, 則賜", "二曰衣服"之屬是也. 又宗伯"八命作牧"注云 "侯伯有功德, 加命得專征伐." 王制云 "賜弓矢, 然後征." 詩云 "瑟彼玉瓚, 黃流在中." 傳曰 "九命然後賜以圭瓚[12]." 又尙書文侯, 仇受弓矢秬鬯. 左傳, 晉文公受大路・戎路・弓矢・秬鬯・虎賁. 此皆九命之外, 始有衣服・弓矢・秬鬯等之賜, 故知九賜不與九命同也. 且此云"三賜不及車馬", 其九賜"一曰車馬", 何由三賜不及車馬乎. 故知此三賜非九賜之三賜也. 若是九賜之三賜, 卽是身八命九命之尊, 禮絶凡庶, 何得下文云州閭・鄕黨・僚友・交遊也. 故康成以爲諸侯及卿大夫之子三命者. 其公羊說九賜之次, 與含文嘉不同, 一曰加服, 二曰朱戶, 三曰納陛, 四曰輿馬, 五曰樂則, 六曰虎賁, 七曰斧鉞, 八曰弓矢, 九曰秬鬯[13]. 異人之說, 故文有參差, 大略同也. 異義許愼說九賜九命, 鄭康成以爲不同[14], 具如前說. 其大夫賜樂, 鄕飮酒注云"大夫若君賜樂", 及左傳"魏絳有金石之樂", 非九賜之正法也. 車馬之賜, 進退由於君命, 今言不受者, 君子仕, 辭位不辭祿, 其物[15]終必受之, 故鄭注下文"不敢受重賜者, 心也".

1) (不及)〔三命〕: 저본에는 '不及'으로 되어 있으나, 考文引宋板과 정현의 주에 의거하여 '三命'으로 바로잡았다.(阮元의 校勘記 참조)
2) 命者何……賜也 : 北京大本 ≪春秋公羊傳≫ 莊公 원년 조 公羊壽의 傳에는 '命者何 加我服'과 '錫者何 賜也'의 순서가 뒤바뀌어 있다.
3) 將相 : 監本・毛本에는 '相將'으로 되어 있다.(阮元의 校勘記 참조)
4) 大(태) : 음은 '태(泰)'이다. ≪經典釋文≫ 〈禮記音義 曾子問〉 '大祝' 조에 "음은 '泰'이다. 다음에 나오는 정현 주의 大祝・大宰・大宗・大廟・大史도 모두 동일하다.〔音泰下文注大祝大宰大宗大廟大史皆同〕"라는 내용이 보인다.
5) 朝 : 北京大本 ≪周禮≫ 〈春官 大宗伯〉 정현의 주에는 없다.
6) 含文嘉 : '含文嘉'에서 '以歸祭祀'까지의 내용이 ≪춘추공양전≫ 莊公 원년 조 徐彦의 소에 보인다. 다만 일곱째 斧鉞과 여덟째 弓矢가 서언의 소에는 각각 여덟째와 일곱째로 뒤바뀌어 있다.
7) (勞)〔步〕: 저본에는 '勞'로 되어 있으나, ≪춘추공양전≫ 莊公 원년 조 徐彦의 소에서 인용한 구절에 '以代其步'로 되어 있는 것에 의거하여 '步'로 바로잡았다. ≪詩經≫ 〈大雅 旱麓〉 孔穎達의 소에도 '步'로 되어 있다.(阮元의 校勘記, 北京大本 校勘記 참조)
8) 泄 : 孫志祖의 校勘記에 따르면 ≪시경≫ 공영달의 소에는 '渫'로 되어 있는데, '褻'과 통용한다.(北京大本 校勘記 참조)
9) 仁德 : ≪춘추공양전≫ 莊公 원년 조 徐彦의 소에 인용된 구절에는 '至仁'으로 되어 있다.

10) (行)〔征〕: 저본에는 '行'으로 되어 있으나, 閩本・監本・毛本에 의거하여 '征'으로 바로잡았다. ≪춘추공양전≫ 莊公 원년 조 徐彦의 소에서 인용한 구절에도 '征'으로 되어 있다.(阮元의 校勘記 참조)
11) 以歸 : ≪춘추공양전≫ 魯 莊公 원년 조 徐彦의 소에서 인용한 구절에는 '使之'로 되어 있다.
12) 九命然後賜以圭瓚 : ≪시경≫ 〈大雅 旱麓〉 毛亨의 傳에 "玉瓚은 圭瓚이다.……九命연후에 秬鬯과 圭瓚을 하사받는다.〔玉瓚 圭瓚也……九命然後錫以秬鬯圭瓚〕"라는 내용이 보인다.
13) 其公羊說九賜之次……九曰秬鬯 : ≪춘추공양전≫ 莊公 원년 조 何休의 解詁에는 "一曰車馬 二曰衣服 三曰樂則 四曰朱戶 五曰納陛 六曰虎賁 七曰弓矢 八曰鈇鉞 九曰秬鬯"으로 되어 있어 九錫의 순서가 다르다.
14) 鄭康成以爲不同 : 정현이 許愼의 설을 반박한 대략의 내용이 ≪시경≫ 〈大雅 旱麓〉 공영달의 소에 보인다.
15) 物 : 惠棟校宋本에는 '賜'로 되어 있다.(阮元의 校勘記 참조)

○ 注의 〔三賜〕에서 〔於君〕까지

○ **正義曰** : 〔三賜 三命〕 命을 받는 것은 바로 하사를 받는 것이므로 '三賜'가 三命인 것이다. 그러므로 ≪春秋公羊傳≫ 莊公 원년 조에 이르기를 "命이란 무엇인가? 나에게 〈玄冕의〉 의복을 더해주는 것이다. 錫이란 무엇인가? 하사하는 것이다."라고 하였으니, 이것은 명을 내려 將相을 하사하는 것이다.

〔凡仕者 一命受爵 再命受衣服 三命受車馬〕 모두 ≪주례≫ 〈春官 大宗伯〉의 글을 요약한 것이다. 살펴보면 〈춘관 태종백〉에 "一命은 職을 받는다."라고 하였으니, 職은 작위이다. 또 〈춘관 태종백〉에 "三命은 位를 받는다."라고 하였는데, 정현은 말하기를 "처음으로 왕의 조정에 位가 나열되는 것이다."라고 하였다. 지금 '受車馬'라고 한 것은 단지 三命에 位를 받기만 하면 곧바로 수레와 말을 받는다는 것이니, 경문에 '車馬'라고 하였기 때문에 정현의 주에서 '車馬'로 말한 것이다.

〔卿大夫士之子不受 不敢以成尊比踰於父〕 公・侯・伯의 卿이 三命이니 그 자식이 〈수레와 말을〉 받지 않는 것은 감히 아버지와 동등할 수 없어서이며, 공・후・백의 대부와 子・男의 경이 再命이고, 공・후・백의 士가 一命이고, 자・남의 士가 不命이니, 그 자식이 三命에 수레와 말을 받지 않는 것은 모두 감히 아버지를 넘어서지 못하기 때문이다. 천자・제후의 자식이 감히 수레와 말을 받지 않는다고 말하지 않은 것은, 아버지의 지위가 이미 높아 감히 자식이 아버지와 동등하거나 넘어서지 못한다고 말

할 수 없기 때문에 '自卑遠於君'이라 한 것이다.

살펴보면 ≪주례≫ 〈春官 大宗伯〉 '九儀' 조에 "一命은 〈官長이 임명하는 府·史·胥·徒가 아닌 왕이 임명하는 正吏의〉 職을 받고, 再命은 〈玄冕의〉 服을 받고, 三命은 〈왕의 신하로서〉 位를 받고, 四命은 〈제사에 사용하는〉 器를 받고, 五命은 〈사방 3백 리가 못되어 아직 나라를 이루지 못한 采地인〉 則을 하사받고, 六命은 〈家邑을 다스려 스스로 신하를 둘 수 있는〉 官을 하사받고, 七命은 〈侯·伯의〉 國을 하사받고, 八命은 〈侯·伯 중에 공과 덕이 있는 자로 제후들을 마음대로 정벌할 수 있는〉 牧이 되고, 九命은 〈上公 중에 공과 덕이 있는 자로 5侯 9伯을 정벌할 수 있는〉 伯이 된다."라고 하였다.

살펴보면 ≪禮緯≫ 〈含文嘉〉에 "九賜는, 첫째는 車馬, 둘째는 衣服, 셋째는 樂則, 넷째는 〈붉은색 대문인〉 朱戶, 다섯째는 〈집의 터를 파서 계단을 만들어 堂에 오를 때 노출되지 않도록 처마 아래로 들이는〉 納陛, 여섯째는 〈용사인〉 虎賁, 일곱째는 〈형벌과 주륙을 행할 수 있는〉 斧鉞, 여덟째는 〈정벌을 마음대로 할 수 있는〉 弓矢, 아홉째는 〈제사에 쓰는 울창주〉 秬鬯이다."라고 하였는데, 宋均의 주에 이르기를 "進退에 절도가 있고 行步에 법도가 있으면 수레와 말을 하사하여 그 걸음을 대신하게 하며, 말이 문장을 이루고 행동이 법칙을 이루면 衣服을 하사하여 그 덕을 표창하며, 동작에 禮가 있으면 納陛를 하사하여 그 몸을 편안하게 하며, 가르침에 뛰어나고 안에 지극한 사랑이 있으면 樂則을 하사하여 그 백성들을 교화하게 하며, 거처에서 잘 다스려 집안에서 설만하지 않으면 朱戶를 하사하여 그 분별이 있음을 밝히며, 용맹하고 날래어서 의리를 굳게 지키면 虎賁을 하사하여 비상의 사태에 대비하게 하며, 무용을 드날려서 뜻이 宿衛에 있으면 斧鉞을 하사하여 주살을 마음대로 할 수 있도록 하며, 안으로 어진 덕이 있어서 의리를 지켜 경도되지 않으면 弓矢를 하사하여 정벌을 마음대로 하게 하며, 부모를 사랑하고 효성스러우면 秬鬯을 하사하여 제사에 사용하게 한다."라고 하였다.

鄭衆은 ≪주례≫ 〈春官 大宗伯〉의 九命과 ≪예위≫ 〈함문가〉의 九賜를 똑같은 것으로 여겼다. 그렇다면 여기 경문의 '三賜'에 대해 정현이 '九賜'의 세 번째 하사가 아님을 알고 '三命에게 하사하는 것'이라고 한 것은, 정현은 九命과 九賜가 같지 않아서 九賜는 '八命은 牧이 되고 九命은 伯이 된' 뒤에 비로소 九賜를 더하는 것을 말한다고 여겼기 때문이다. 이를 안 것은, ≪예기≫ 〈王制〉에 이르기를 "〈命服의 제도에 8命인 천자의〉 三公은 〈鷩冕을 입는데〉 다시 1命을 더하면 〈9命의 上公이 되어 이전 왕조의 후손 나라 제후와 동일하게〉 袞冕을 입으니, 만일 1命을 더해준다면 이것은 은혜로 하사해준 것이다."라고 하였으니, ≪예위함문가≫에서 말한 '둘째는 의복이다'와 같은 등속이 이것이다. 또 ≪주례≫ 〈춘관 태종백〉에 "八命은 牧이 된다."라고 하였는데, 정현의 주에 "侯와 伯에게 공과 덕이 있으면 命을 더하여 마음대로 정벌할 수 있게 한다."라고 하였고, ≪예기≫ 〈왕제〉에 이르기를 "〈8命의 牧인 제후는〉 弓矢를 하사받은 뒤에 정벌한다."라고 하였고, ≪시경≫ 〈大雅 旱麓〉에 이르기를 "치밀한 저 玉瓚에 누런 울창주가 안에 들어 있도다."라고 하였는데, 毛亨의 傳에 "九命 연후에 圭瓚을 하사받는다."라고 하였다. 또 ≪서경≫ 〈周書 文侯之命〉에서는 晉 文侯 仇가 周 平王에게서 弓矢와 秬鬯을 받았다고 하였고, ≪춘추좌씨전≫ 昭公 15년 조에서는 晉 文公이 〈周 襄王에게서〉 大路·戎路·弓矢·秬鬯·虎賁을 받았다고 하였다.

이 기록들은 모두 九命을 받은 외에 비로소 衣服·弓矢·秬鬯 등의 하사가 있다는 것이므로 九賜가 九命과 같지 않음을 알 수 있다. 그리고 여기 경문에서는 "三賜不及車馬"라고 하였는데 그 九賜 조에서는 "一曰車馬"라고 하였으니, 무엇 때문에 三賜에 수레와 말은 받지 않는단 말인가? 그러므로 여기의 三賜는 九賜의 세 번째 하사가 아님을 알 수 있다. 만약 九賜의 세 번째 하사라면 이것은 바로 八命·九命의 존귀한 몸이어서 禮가 평범한 서인들과는 현격하니 어떻게 다음 경문에서 州閭·鄕黨·僚友·交遊를 말할 수 있겠는가. 그러므로 정현은 제후와 경대부의 자식 중 三命인 자라고 생각한 것이다.

≪춘추공양전≫에서 九賜를 말한 차례는 ≪예위≫ 〈함문가〉에서 말한 차례와 같지 않아서, 첫째는 加服, 둘째는 朱戶, 셋째는 納陛, 넷째는 輿馬, 다섯째는 樂則, 여섯째는 虎賁, 일곱째는 斧鉞, 여덟째는 弓矢, 아홉째는 秬鬯이다. 다른 사람의 설이므로 글에 차이가 나지만 대체로 동일하다. ≪五經異義≫에서 許愼은 九賜가 九命이라 하였는데, 정현은 같지 않다고 여겼으니 모두 앞에서 말한 것과 같다.

대부가 음악을 하사받는 것은, ≪의례≫ 〈鄕飮酒禮〉 정현의 주에 "대부는 만약 군주가 음악을 하사해주면"이라 하였고, ≪춘추좌씨전≫ 襄公 11년 조에 "〈晉나라 대부〉 魏絳이 鐘磬의 음악을 소유하게 되었다."라고 하였으니, 九賜의 正法은 아니다. 수레와 말의 하사는, 나아가고 물러나는 것이 군주의 명에서 나오는데 지금 〈수레와 말을〉 받지 않는다고 말한 것은, 군자는 벼슬할 때 지위를 사양하고 녹봉을 사양하지 않아서 그 물건을 끝내는 반드시 받아야 하므로, 정현의 다음 경문에 대한 주에 '不敢受重賜者 心也'라고 한 것이다.

【疏】○'故州閭'至'稱其信也'[1]. 周禮司徒去王城百〔里〕[2]置[3]遠郊, 遠郊之內爲六鄕, 六鄕之民, "五家爲比, 使之相保. 五比爲閭, 使之相受. 四閭爲族, 使之相葬. 五族爲黨, 使之相救. 五黨爲州, 使之相賙. 五州爲鄕, 使之相賓". 又遂人職主六遂, 六遂之民在遠郊之外, "五家爲隣, 五隣爲里, 四里爲酇, 五酇爲鄙, 五鄙爲縣, 五縣爲遂". 今不言六遂者, 擧近耳. 若六遂之中有此孝者, 則亦稱之也. ○"兄弟親戚稱其慈也", 親指族內, 戚言族外. 慈者, 篤愛之名. 兄弟, 外內通稱. 親疏交接, 竝見其慈而稱之. ○"僚友稱其弟也", 僚友, 同官者也. 弟者, 事長次弟[4]之名. 孝子能接同官, 有所次序, 不敢踰越等級, 故同官之友稱之. ○"執友稱其仁也", 執友, 執志同者也. 同師之友, 意趣相得, 綢繆(주무)切瑳[5], 故其見仁恩之心而稱之. ○"交遊稱其信也", 交遊, 汎交也. 結交遊往, 本資信合, 故稱信也. 熊氏云 "然此五句, 上始州閭, 下及交遊, 亦其次也. 前孝後信, 又爲差序, 略擧五者, 餘行可知. 不敢受賜者, 心也. 不受由心, 故有五稱也." ○"見父之執"者, 此亦承爲人子之事也. 明非惟見交遊爲善, 乃徧至父友也. 自上詣下曰見, 自下朝上曰見(현). 父之執謂執友, 與父同志者也. 或故往見, 或路中相見也.

1) 稱其信也 : 다음에 나오는 疏의 내용에 근거할 때 '此孝子之行也'가 되어야 할 듯하다.
2) 〔里〕: 저본에는 '里'가 없으나, 惠棟校宋本에 의거하여 보충하였다. 완원의 교감기 표제어에도 '里'가 들어가 있으며, '里'를 脫文으로 보았다.(阮元의 校勘記 참조)
3) 置 : 閩本·監本·毛本에는 없다.(阮元의 校勘記 참조)
4) 弟 : 閩本·監本·毛本에는 '第'로 되어 있다. ≪說文解字≫에서는 '次弟'라 하여 '차례'의 뜻으로 '弟'를 쓰고 있다.(阮元의 校勘記 참조)
5) 瑳 : 閩本·監本·毛本에는 '磋'로 되어 있다. '瑳'와 '磋'는 통용자로, ≪說文解字≫에는 '磋'가 없다.(阮元의 校勘記 참조)

○〔故州閭〕에서 〔稱其信也〕까지

〔州閭鄕黨 稱其孝也〕 ≪周禮≫ 〈地官 大司徒〉에 따르면 王城에서 100리 떨어진 곳에 遠郊를 두고, 遠郊 안에 6鄕을 만든다. 6鄕의 백성은 "5家를 1比로 조직하여 서로 보호하게 하고, 5比(25家)를 1閭로 조직하여 〈일이 있을 때〉 서로 의탁을 받게 하고, 4閭(100家)를 1族으로 조직하여 서로 장례하게 하고, 5族(500家)을 1黨으로 조직하여 災荒에 서로 구휼하게 하고, 5黨(2,500家)을 1州로 조직하여 서로 진휼하게 하고, 5州(12,500家)를 1鄕으로 조직하여 〈鄕의 賢者를〉 賓客의 禮로 대하게 한다." 또 ≪주

례≫ 〈지관 遂人〉에 따르면 遂人은 6遂를 관장하는데, 6遂의 백성은 遠郊 밖에 거주하며 "5家가 1隣이 되고, 5隣(25家)이 1里, 4里(100家)가 1酇, 5酇(500家)이 1鄙, 5鄙(2,500家)가 1縣, 5縣(12,500家)이 1遂가 된다." 지금 6遂를 말하지 않은 것은 〈왕성에서〉 가까운 곳을 거론한 것뿐이니, 만약 6遂 안에 이러한 효자가 있다면 마찬가지로 칭찬한다.

○〔兄弟親戚稱其慈也〕 '親'은 〈혈연으로 맺어진 同姓의 친족으로〉 족친 안을 가리키고, '戚'은 〈혼인으로 맺어진 異姓의 친족으로〉 족친 밖을 말한다. '慈'는 매우 사랑하는 것을 이름한 것이다. '兄弟'는 족친 밖과 족친 안을 통틀어 칭한 것이다. 〈大功 이상의〉 近親이나 〈小功 이하의〉 遠親과 왕래할 때 모두 그 자애로움을 보고 칭찬하는 것이다.

○〔僚友稱其弟也〕 '僚友'는 함께 벼슬하는 사람이다. '弟'는 윗사람을 섬기는 차례를 이름한 것이다. 효자가 함께 벼슬하는 사람을 만날 때 능히 차서를 두어 감히 등급을 넘지 않으므로 함께 벼슬하는 벗이 칭찬하는 것이다.

○〔執友稱其仁也〕 '執友'는 뜻을 똑같이 지닌 사람이다. 같은 스승을 모시는 벗이 뜻이 서로 맞아 친하게 지내며 서로 면려하므로, 그 어질고 은혜로운 마음을 보고 칭찬하는 것이다.

○〔交遊稱其信也〕 '交遊'는 범범하게 사귀는 사람이다. 교분을 맺고 왕래하는 것은 본래 신의를 바탕으로 만나는 것이므로 신의를 칭찬하는 것이다. 熊安生은 말하기를 "그러나 이 5구는 위로 州閭에서 시작하여 아래로 交遊에까지 미쳤는데 또한 그 차서가 있는 것이며, 앞에서 孝를 말하고 뒤에서 信을 말한 것은 또 차서가 되니, 대략 다섯 가지를 든 것에서 나머지 행실을 알 수 있다. 감히 〈말과 수레를〉 하사하는 것을 받지 못하는 것은 마음이니, 마음속에서 받지 않으므로 다섯 가지 칭찬이 있는 것이다."라고 하였다.

○〔見父之執〕 이것 또한 자식 된 자의 일을 이어서 말한 것이다. 단지 교유하는 사람에게만 잘하는 것을 볼 수 있을 뿐 아니라 마침내 아버지의 벗에게까지도 두루 잘함을 밝힌 것이다. 윗사람이 아랫사람에게 나아가는 것을 '見'이라 하고, 아랫사람이 윗사람을 뵙는 것을 '見(현)'이라 한다. 아버지의 벗을 '執友'라 이르니, 아버지와 뜻이 같은 사람이다. 혹은 일부러 찾아뵙기도 하고 혹은 길에서 만나기도 하는 것이다.

01-12-01 夫爲人子者는 **出必告**(곡)하고 **反必面**하며

자식 된 자는 외출할 때에는 반드시 부모님께 외출한다고 아뢰고 돌아와서는 반드시 부모님의 안색을 살피며,

【注】 告面은 同耳로되 反言面者는 從外來하니 宜知親之顔色安否라

'告'과 '面'은 같은 뜻이지만 돌아왔을 때 '面'이라 말한 것은, 밖에서 왔으니 부모님의 안색이 편안한지 여부를 알아야 하기 때문이다.

所遊를 **必有常**하며 **所習**을 **必有業**하며

노니는 곳을 반드시 일정한 장소가 있게 하여 다른 곳에 가지 않으며, 익히는 것을 반드시 일정한 과업이 있게 하여 마음을 다른 곳에 쓰지 않으며,

【注】 緣親之意하여 欲知之라

부모님의 뜻을 따라서 이를 알리고자 하는 것이다.

恒[1]**言**에 **不稱老**니라

1) 恒 : 閩本에는 '恒', 監本에는 '恆', 毛本에는 '恆'으로 되어 있는데, 이는 唐 穆宗의 성명 李恒의 '恒'을 避諱하기 위해 闕筆한 것이다.(阮元의 校勘記 참조)

평소 말할 때 스스로 〈존칭인〉 '老'를 칭하지 않는다.

【注】 廣敬이라

공경을 넓힌 것이다.

年長以倍어든 **則父事之**하고

나이가 자기보다 두 배 많으면 아버지처럼 섬기고,

【注】 謂年二十於四十者라 人年二十이면 弱冠成人하여 有爲人父之端하니 今四十於二十者는 有子道라 內則曰 年二十에 惇行孝弟라하니라

나이 20세인 자가 40세인 자에 대한 경우를 이른다. 사람이 나이 20세면 弱冠의 成人이어서 아버지가 될 단서가 있으니, 지금 40세인 자는 20세인 자에게 자식으로 여길 만한 도가 있는 것이다. ≪禮記≫ 〈內則〉에 이르기를 "나이 20세에 효도와 공경을 돈독히 행한다."라고 하였다.

十年以長이어든 則兄事之하고 五年以長이어든 則肩隨之니라

열 살이 많으면 형처럼 섬기고, 다섯 살이 많으면 어깨를 나란히 하여 걷되 엇비슷하게 물러나 걷는다.

【注】 肩隨者는 與之竝行差[1]退라

1) 差 : 陸德明의 音義에서는 음을 初佳反이라 하고, 初宜反을 일설로 소개하였다. 음이 初佳反일 때는 '어긋나다' 또는 '차이 나다'의 뜻이며, 음이 初宜反일 때는 '들쑥날쑥하다' 또는 '조금'의 뜻이 된다.

'肩隨'는 함께 나란히 걷되 엇비슷하게 물러나 걷는 것이다.

群居五人이어든 則長者 必異席이니라

벗들이 거처할 때 다섯 사람이면 연장자 한 사람이 반드시 돗자리를 달리하여 앉도록 한다.

【注】 席은 以四人爲節하니 因宜有所尊이라

'席'은 네 사람을 기준으로 삼으니, 이로 인해 높이는 사람이 있는 것이 당연하다.

【疏】 '夫爲'至'異席'. ○ 正義曰 : 此一節亦明人子事親之法, 遊方習業及汎交之禮, 亦各隨文解之. ○ "恒言不稱老"者, 老是尊稱, 若其稱老, 乃是己自尊大, 非是孝子卑退之情, 故注云"廣敬". 言廣者, 非但敬親, 因敬親廣敬他人. 或云子若自稱老, 父母則甚老, 則感動其親, 故舜年五十而慕[1]是也. ○ "年長以倍, 則父事之"者, 此謂鄕里之中, 非親非友, 但二十以後, 年長倍己, 則以父道事之, 卽父黨隨行也.

1) 舜年五十而慕 : ≪孟子≫ 〈萬章 上〉에 "大孝는 종신토록 부모를 사모하니, 나이 50이 되어서도 부모를 사모하는 것을 나는 大舜에게서 보았다.〔大孝終身慕父母 五十而慕者 予於大舜見之矣〕"라는 내용이 보인다.

經의 〔夫爲〕에서 〔異席〕까지

○ 正義曰 : 이 절 또한 자식 된 자가 부모를 섬기는 법과 일정한 장소를 두어 노닐고 일정한 과업을 익히며 범범하게 교유하는 예를 밝힌 것이니, 또한 각각 글을 따라 풀이하겠다.

○ 〔恒言不稱老〕 '老'는 존칭이니 만약 〈자식 된 자가〉 '老'를 칭한다면 바로 자기 스스로 존대하는 것이지 孝子의 낮추고 겸퇴하는 마음이 아니다. 그러므로 정현의 주에 '廣敬'이라 한 것이다. '廣'이라 한 것은 단지 부모만 공경하는 것이 아니라 부모를 공경함으로 인해 범위를 넓혀서 다른 사람도 공경하는 것이다. 혹자는 말하기를, 자식이 만약 스스로 '老'를 칭한다면 부모는 매우 늙었다는 것이니, 그 부모의 마음을 감촉하여 슬프게 할 수 있기 때문이다. 그러므로 舜임금이 나이 50에도 사모했다는 것이 이런 경우라고 한다.

大孝克諧圖

○ 〔年長以倍 則父事之〕 이것은 향리 안에서 부모도 아니고 벗도 아니지만 단지 20세 이후에 나이가 자기보다 두 배만 되면 아버지를 섬기는 도리로 섬김을 말한 것이니, 즉 아버지의 친족에게 하듯 뒤따라가는 것이다.

【疏】 ○ 注'謂年'至'孝弟'. ○ 正義曰 : 人年三十而娶, 於後乃有子, 則三十於六十, 乃是倍年. 今鄭言"二十於四十者", 但二十加冠成人, 責以爲人父爲人子之禮, 雖未有妻子, 有爲人父之端, 又內則云"二十乃能敦行孝弟, 可責以孝子之行", 故"二十於四十", 約之爲倍年也. 以二十未合有子, 故鄭云"爲人父之端"·"有子道"也.

○ 注의 〔謂年〕에서 〔孝弟〕까지

○ 正義曰 : 사람이 나이 30세가 되면 장가들고 그 뒤에 비로소 자식이 생기니, 그렇다면 30세는 60세에 대해 바로 두 배의 나이가 된다. 그런데 지금 정현이 '二十於四十'이라고 말한 것은, 단지 20세에는 冠禮를 하고 成人이 되어 아버지가 되고 자식이 되는 예를 요구하니 비록 아직 처자식이 없어도 아버지가 될 수 있는 단서가 있다는 것이다. 또 ≪예기≫ 〈內則〉에 이르기를 "20세가 되면 능히 효도와 공경을 돈독히 행할 수 있어 효자의 행실을 가지고 요구할 수 있다."라고 하였다. 그러므로 '二十於四十'은 이를 요약하여 두 배의 나이로 삼은 것이다. 20세는 당연히 아직 자식이 있지 않을 것이므로 정현이 '爲人父之端'·'有子道'라고 말한 것이다.

【疏】 ○"十年以長, 則兄事之"者, 謂年二十於三十者, 全倍者, 父事之, 半倍, 故兄事之也. 凡事之, 則正差退而(鴈)〔雁〕[1)]行也. ○"五年以長, 則肩隨之"者, 謂竝行而差退. 若未二十童子則無此禮, 以其不能惇行孝弟. 論語云"與先生竝行[2)]", 王制云"父之齒隨行, 兄之齒(鴈)〔雁〕行"者, 擧成人有此禮也, 童子禮則無也. 此謂二十於二十五者肩隨, 則齊於(鴈)〔雁〕行也. 然則以此"肩隨"而推之, 上云父·兄事之, 豈是溫凊如親. 正言其或行來坐席, 推前相類耳. ○"群居五人, 則長者必異席"者, 謂朋友居處法也. 群, 朋友也. 子夏曰"吾離群[3)]"是也. 古者地敷橫席而容四人, 四人則推長者居席端. 若有五人會, 應一人別席, 因推長者一人於異席也.

1) (鴈)〔雁〕: 저본에는 '鴈'으로 되어 있으나, 段玉裁의 설에 의거하여 '雁'으로 바로잡았다. 단옥재는, '雁'은 기러기〔鴻雁〕이고 '鴈'은 거위〔鵝〕이니 ≪說文解字≫를 따라 '雁'으로 써야 한다고 하였다. 다음에 나오는 2개의 '鴈'도 동일하다.(阮元의 校勘記 참조)

2) 論語云與先生竝行 : ≪論語≫ 〈憲問〉에 孔子가 闕黨의 동자에 대해 "그 아이가 선생과 나란히 가는 것을 보았으니, 학문에 진전을 구하는 자가 아니라 빨리 이루고자 하는 자이다.〔見其與先生竝行也 非求益者也 欲速成者也〕"라고 평한 내용이 보인다.

3) 子夏曰吾離群 : ≪예기≫ 〈檀弓 上〉에 "子夏가 喪杖을 던지고 절하며 말하기를 '내가 잘못하였다. 내가 잘못하였다. 내가 벗들을 떠나 홀로 거처한 지가 또한 이미 오래되었기 때문이다.' 하였다.〔子夏投其杖而拜曰 吾過矣吾過矣 吾離群而索居 亦已久矣〕"라는 내용이 보인다.

○〔十年以長 則兄事之〕 나이 20세인 자가 30세인 자에 대한 것을 이르니, 완전히 두 배가 되면 아버지처럼 섬기지만 1.5배이므로 형처럼 섬기는 것이다. 무릇 섬기는

것은 바로 엇비슷하게 물러나 기러기 행렬처럼 가는 것이다.

○〔五年以長 則肩隨之〕 나란히 가되 엇비슷하게 물러나 가는 것을 이른다. 만약 아직 20세가 되지 않은 童子라면 이러한 禮가 없는데, 효도와 공경을 돈독하게 행할 수 없기 때문이다. ≪논어≫ 〈憲問〉에서 "선생과 나란히 간다."라고 하고, ≪예기≫ 〈王制〉에서 "아버지 연치의 어른은 뒤따라가고, 형의 연치는 기러기 떼처럼 엇비슷하게 뒤처져 간다."라고 한 것은, 成人에게는 이러한 예가 있음을 든 것이니, 동자의 예에는 없는 것이다. 이것은 20세인 자가 25세인 자에 대해 어깨를 나란히 하여 걷되 엇비슷하게 물러나 걸음을 말한 것이니 雁行과 똑같은 것이다. 그렇다면 여기의 '肩隨'를 가지고 미루어보면 앞 경문에서 '아버지처럼 섬기고', '형처럼 섬긴다'고 말한 것은 어찌 겨울에는 따뜻하게 하고 여름에는 시원하게 해드리는 것을 부모를 모실 때처럼 한다는 것이 아니겠는가. 바로 이 연장자가 혹 와서 돗자리에 앉게 되면 앞의 예를 미루어서 비슷하게 할 뿐임을 말한 것이다.

○〔群居五人 則長者必異席〕 朋友가 거처하는 법을 말한 것이다. '群'은 붕우이다. 子夏가 "내가 벗들〔群〕을 떠나 있었다."라고 한 것이 이것이다. 옛날에 바닥에 돗자리를 가로로 펴면 네 사람이 앉을 수 있었으니, 네 사람이면 연장자를 추대하여 돗자리 끝에 앉게 한다. 만약 다섯 사람이 모였으면 한 사람은 돗자리를 달리해야 하므로 이로 인해 연장자 한 사람을 추대하여 다른 돗자리에 앉게 한다.

【疏】 ○ 注'席以'至'所尊'. ○ 正義曰：熊氏云 "知四人爲節者, 以此云'群居五人, 則長者必異席'. 旣長者一人異席, 餘則四人矣." 案公食大夫禮云 "蒲筵常, 加萑席尋." 此以蒲席者, 故得容四人, 此群居之法. 若賓主禮席, 皆無同坐之法, 故鄕飮酒賓介異席[1], 又云 "衆賓之席, 皆不屬焉." 不相連屬也. 鄕射 "衆賓之席繼而西", 謂相連屬也. 燕禮及大射, 公三重, 大夫再重[2], 是皆異席也.

1) 鄕飮酒賓介異席：≪儀禮≫ 〈鄕飮酒禮〉에 "마침내 賓과 主人과 介를 위해 돗자리를 편다.〔乃席賓主人介〕"라는 내용이 보인다. '介'는 빈의 말을 주인에게 전달하는 사람으로, 주인의 말을 빈에게 전달하는 사람은 '儐'(빈)이라 한다.

2) 燕禮及大射……大夫再重：≪의례≫ 〈燕禮〉와 〈大射〉에는 이와 관련하여 '加席'이 보이며 자세한 내용이 주소에 보인다. ≪의례≫ 〈향음주례〉에 "돗자리를 賓의 동쪽에 펴는데, 公은 3重으로 하고 大夫는 2중으로 한다.〔席于賓東 公三重 大夫再重〕", ≪예기≫ 〈禮器〉에 "諸侯의 돗자리는 3중이고 大夫의 돗자리는 2중이다.〔諸侯之席三重 大夫再重〕"라는 내용이 보인다.

○ 注의 〔席以〕에서 〔所尊〕까지

○ 正義曰 : 熊安生이 말하기를 "〈정현이〉 돗자리는 네 사람을 기준으로 한다는 것을 안 것은, 여기 경문에서 '群居五人 則長者必異席'이라고 했으니 이미 연장자 한 사람이 돗자리를 달리하였다면 남은 사람은 네 사람이 되기 때문이다."라고 하였다. 살펴보면 ≪의례≫ 〈公食大夫禮 記〉에 이르기를 "〈司宮이〉 1길 6자 길이의 부들 돗자리를 준비하고 加席으로 8자 길이의 갈대 돗자리를 준비한다."라고 하였다. 여기 경문의 돗자리는 부들 돗자리이므로 네 사람을 수용할 수 있는 것이니, 이것은 벗들이 거처하는 법이다. 만약 賓과 주인이 禮를 행할 때 쓰는 돗자리라면 모두 함께 앉는 법이 없으므로 ≪의례≫ 〈鄕飮酒禮〉에서 賓과 介가 돗자리를 달리한 것이며, 또 〈향음주례〉에 이르기를 "衆賓의 돗자리는 모두 서로 연속되지 않게 한다."라고 하였으니 돗자리를 서로 연달아 펴지 않는다. ≪의례≫ 〈鄕射禮〉에서 "중빈의 돗자리는 賓의 돗자리에 이어서 서향하여 편다."라고 한 것은 돗자리를 서로 연달아 편 것을 이른다. ≪의례≫ 〈燕禮〉와 〈大射〉에 따르면 제후는 돗자리를 3重으로 하고 대부는 2중으로 하니, 이것은 모두 돗자리를 달리하는 것이다.

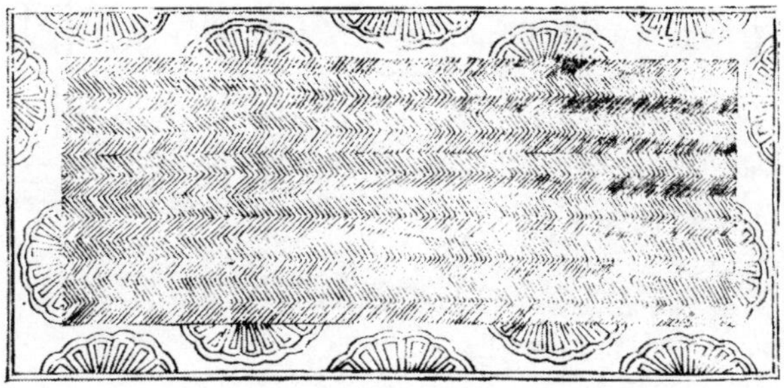

席

01-13-01 爲人子者는 **居不主奧**(오)하며 **坐不中席**하며 **行不中道**하며 **立不中門**하며

〈아버지와 같은 집에서 살 경우〉 자식 된 자는 거처할 때 〈방에서 가장 존귀한 자리인〉 서남쪽 모퉁이에 앉지 않으며, 앉을 때 돗자리 한가운데에 앉지 않으며, 길을 갈 때 길 가운데로 가지 않으며, 서 있을 때 문 한가운데 서지 않으며,

【注】 謂與父同宮者也니 **不敢當其尊處**라 **室中西南隅**를 **謂之奧**[1]라 **道有左右**라 **中門**은 **謂棖闑**(정얼)[2]**之中央**이라 **內則曰 由命士以上**은 **父子皆異宮**이라하니라

1) 奧 : 室의 서남쪽 모퉁이로, 尊者가 거처하고 제사 때 신주나 시동을 모시는 곳이다. 室의 동남쪽 모퉁이는 窔(요), 서북쪽 모퉁이는 屋漏, 동북쪽 모퉁이는 宧(이)라고 한다. 정현에 따르면 천자와 제후는 중앙에 室이 있고 室 좌우에 東房과 西房이 있으며,

大夫와 士는 서방이 없고 동방과 西室만 있다. 房은 북쪽이 터져 있는 구조로, 남쪽에 출입문인 戶만 있고 창문인 牖가 없으며, 室은 사방에 벽이 있는 구조로, 남쪽 벽의 서쪽에 牖, 동쪽에 戶가 있다.

2) 棖闑(정얼) : '棖'은 문짝을 끼워 달기 위해 문 양쪽에 세운 나무 기둥이며, '闑'은 문 중앙에 세운 짧은 나무토막으로, 양쪽 문이 만나는 곳이다.

아버지와 같은 집에서 사는 자를 이르니, 감히 그 높은 곳에 처하지 못한다는 것이다. 室 안의 서남쪽 모퉁이를 '奧'라 한다. 길에는 좌우가 있다. '中門'은 棖과 闑의 중앙을 이른다. ≪예기≫ 〈內則〉에 이르기를 "命士 이상은 아버지와 자식이 모두 집을 달리한다."라고 하였다.

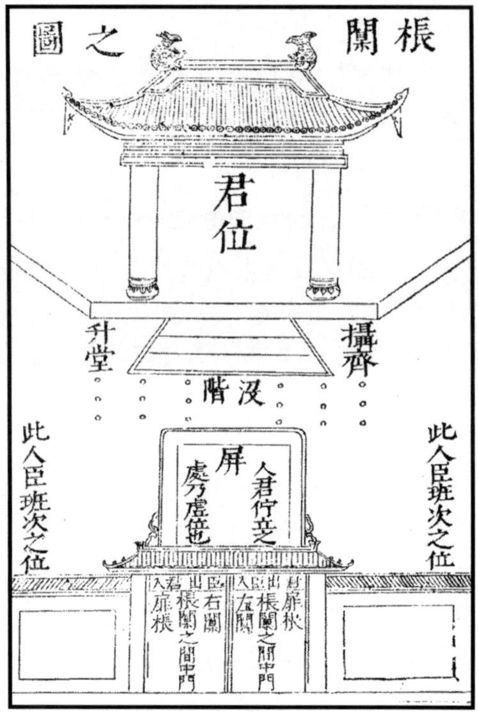

棖闑之圖

食(사)饗[1]에 不爲概하며

1) 饗 : '享'으로 되어 있는 판본도 있다.(陸德明의 音義 참조)

〈집안일을 아버지에게서 물려받았을 때도〉 食禮와 饗禮 때 음식의 양을 미리 재단하여 한정하지 못하며,

【注】 概는 量也니 不制待賓客饌具之所有라

'概'는 '가늠하다'의 뜻이니, 〈'不爲概'는〉 빈객을 대접할 음식의 양을 재단하지 못한다는 것이다.

祭祀에 不爲尸하며

〈자식 된 자는〉 제사에 尸童이 되지 않으며,

【注】 尊者之處니 爲其失子之[1]道라 然則尸卜筮에 無父者니라

1) 之 : 衛氏集說・嘉靖本・宋監本에는 없다.(阮元의 校勘記 참조)

〈시동은〉 尊者가 담당하는 것이니 자식의 도를 잃기 때문이다. 그렇다면 시동을 점칠 때 아버지가 없는 자로 점친다.

聽於無聲하며 **視於無形**하며

〈부모님의 음성을〉 음성이 없는 데에서 들으며, 〈부모님의 모습을〉 모습이 없는 데에서 보며,

【注】 恒若親之將有教使然이라

항상 부모님이 장차 자기에게 가르쳐서 그렇게 하도록 할 것처럼 한다는 것이다.

不登高하며 **不臨深**[1)]하며 **不苟呰**하며 **不苟笑**[2)]니

1) 深 : 毛本에는 '湥(심)'으로 되어 있다. 완원은 ≪說文解字≫를 따라 '突'으로 써야 하며, '突'과 '湥'은 古今字라고 하였다. 王力은, '湥'은 '深'의 本字라고 하였다.(阮元의 校勘記, 王力의 ≪王力古漢語字典≫ 참조)

2) 笑 : ≪說文解字≫에는 풀이가 빠져 있으며, ≪五經文字≫와 漢墓 ≪老子帛書≫에는 '笑'로 되어 있다. ≪九經字樣≫에서는 '笑'가 本字이며 '笑'는 경전에서 답습한 글자라고 하였다. 徐鉉은 李陽氷의 설을 인용하여 '笑'의 뜻을 풀이하기를 "대나무가 바람을 맞으면 그 몸이 휘는 것이 마치 사람이 웃는 것과 같다.〔竹得風 其體夭屈如人之笑〕"라고 하였다.(阮元의 校勘記, 王力의 ≪王力古漢語字典≫ 참조)

높은 곳에 오르지 않으며, 깊은 곳에 임하지 않으며, 남을 구차하게 헐뜯지 않으며, 구차하게 비웃지 않는다.

【注】 爲其近危辱也라 人之性은 不欲見毁呰(훼자)하고 不欲見笑하나니 君子 樂(락)然後笑라

위험하고 욕된 것에 가깝기 때문이다. 사람의 본성은 비방당하는 것을 원치 않고 비웃음당하는 것을 원치 않으니, 군자는 즐거운 뒤에야 웃는다.

【疏】 '爲人'至'苟笑'[1)]. ○ 正義曰 : 此一節明孝子居處及行立待賓祭祀敬愼之事, 各隨文解之. ○ 此明孝子居處閨門之內, 不言凡者, 或異居禮則不然. ○ "居不主奧"者, 主猶坐也. 奧者, 室內西南隅也. 室嚮南戶, 近東南角, 則西南隅隱奧無事, 故呼其名爲

奧. 常推尊者于閑[2]樂無事之處, 故尊者居必主奧也. 旣是尊者所居, 則人子不宜處之也. ○"坐不中席"者, 一席四人, 則席端爲上. 今不云上席而言中者, 舊通有二, 一云敬無餘席[3], 非唯不可上, 亦不可中也, 一云共坐則席端爲上, 獨坐則席中爲尊, 尊者宜獨, 不與人共, 則坐常居中, 故卑者坐不得居中也. ○"行不中道"者, 尊者常正路而行, 卑者故不得也. 男女各路, 路各有中也. ○"立不中門"者, 中央有闑(얼), 闑傍有棖(정), 棖謂之門梐(폐)[4]. 今云"不中門"者, 謂棖闑之中, 是尊者所行, 故人子不得當之而行也.

1) 爲人至苟笑 : 惠棟校宋本에는 이 5자가 없다.(阮元의 校勘記 참조)

2) 閑 : 毛本에는 '間'으로 되어 있는데, '閑'과 '間'은 옛날에 통용하였다. ≪說文解字≫에는 '間'이 없으며, '間'은 '閒'의 俗字이다.(阮元의 校勘記, 王力의 ≪王力古漢語字典≫ 참조)

3) 敬無餘席 : ≪禮記≫ 〈曲禮 上〉에 "공경하는 분을 모시고 앉았을 때 〈곡진히 응대할 수 있도록 그분과의 사이에〉 남은 자리가 없게 해야 한다.〔侍坐於所尊敬 無餘席〕"라는 구절이 있는데, 주소에 따르면 선생이 돗자리 하나에 앉고 자기가 다른 돗자리 하나에 앉지만 반드시 존자의 끝에 빈 공간이 없도록 가까이 앉는 것을 말한다. 이것은 한편으로는 선생과 가까이 앉아 선생의 하문에 대비하기 위한 것이고, 다른 한편으로는 나중에 올 사람을 위해 빈 공간을 남겨두는 것이다.

4) 梐(폐) : 孫志祖는 古書에서 '棖'을 門梐라고 한 것을 본 적이 없을 뿐 아니라 ≪爾雅≫ 〈釋宮〉에 "棖은 楔(설)이라 한다.〔棖謂之楔〕"라고 한 것에 근거하여 '楔'이 되어야 한다고 하였다.(北京大本 校勘記 참조)

經의 〔爲人〕에서 〔苟笑〕까지

○ 正義曰 : 이 절은 효자가 거처할 때, 길을 갈 때, 서 있을 때, 손님을 대접할 때, 제사 지낼 때에 공경하고 삼가는 일을 밝힌 것이니, 각각 글을 따라 풀이하겠다.

○ 이것은 효자가 閨門 안에 거처하는 것을 밝힌 것이니, '凡'이라 하지 않은 것은 혹 거처를 달리할 때의 예는 그렇지 않기 때문이다.

○〔居不主奧〕'主'는 〈'앉다'의 뜻인〉 '坐'와 같다. '奧'는 室 안의 서남쪽 모퉁이이다. 室은 남향을 하고 戶가 室의 동남쪽 모퉁이와 가까우니, 서남쪽 모퉁이는 깊이 감추어져 있어서 일이 없으므로 그 이름을 '奧'라 부른 것이다. 항상 尊者를 한가하게 즐기며 일이 없는 곳으로 모시므로 존자가 거처할 때는 반드시 奧에 앉는다. 이미 존자가 거처하는 곳이라면 자식 된 자가 처해서는 안 된다.

○〔坐不中席〕하나의 돗자리에 4명이 앉게 되면 돗자리 끝이 上位가 된다. 그런데 지금 '上席'이라 하지 않고 '中席'이라 말한 것은, 옛 통설에 따르면 두 가지 이유가 있

다. 하나는 공경하는 분을 모시고 앉았을 때 〈곡진히 응대할 수 있도록 그분과의 사이에〉 남은 자리가 없게 해야 하니 단지 '上'이라 할 수 없을 뿐 아니라 또한 '中'이라 말할 수도 없다는 것이며, 다른 하나는 함께 앉으면 돗자리 끝이 상위이고 홀로 앉으면 돗자리 한가운데가 존귀한 자리가 되는데, 尊者는 의당 홀로 앉고 다른 사람과 함께 앉지 말아야 하니, 그렇다면 존자는 앉을 때 항상 가운데에 있으므로 卑者가 한가운데 있어서는 안 된다는 것이다.

○〔行不中道〕 尊者는 항상 바른길로 가므로 卑者가 가운데로 갈 수 없는 것이다. 남녀가 각각 자기 길이 있고 그 길마다 각각 가운데가 있다.

○〔立不中門〕 문 중앙에는 闑이 있고 闑 옆에는 棖이 있으니, 棖을 門楔라고 한다. 지금 '不中門'이라 한 것은 棖과 闑의 한가운데를 이르니, 이곳은 존자가 다니는 곳이므로 자식 된 자가 이곳으로 다니지 못하는 것이다.

【疏】 ○ 注'謂與'至'異宮'. ○ 正義曰：凡上四事, 皆謂與父同宮者爾. 若命士以上, 父子異宮則不禁. 所以爾者, 有命旣尊, 各有臣僕, 子孫應敬己故也. 云"不敢當其尊處"者, 四事皆尊者之處. "室中西南隅謂之奧"者, 爾雅釋宮文. 郭璞注云 "隱奧之處." "西北隅謂之屋漏", 孫氏云 "日光所漏入." "東北隅謂之宧(이)", 孫氏云 "日側之明是宧, 明也." "東〔南〕[1]隅謂之窔(요)", 郭氏云 "隱闇也." 云"內則曰 由命士以上, 父子皆異宮"者, 證有異居之道也.

1)〔南〕: 저본에는 없으나, 惠棟校宋本에 의거하여 보충하였다.(阮元의 校勘記 참조)

○ 注의 〔謂與〕에서 〔異宮〕까지

○ 正義曰：무릇 〈居不主奧·坐不中席·行不中道·立不中門〉 이상의 네 가지 일은 모두 아버지와 같은 집에서 사는 자를 이른 것뿐이다. 만약 命士 이상이라면 父子가 집을 달리하니 이럴 때는 〈이 네 가지를〉 금하지 않는다. 그렇게 하는 이유는, 命을 받았으면 몸은 이미 존귀하여 각각 臣僕이 있으니 자손이 자기를 공경해야 하기 때문이다.

〔不敢當其尊處〕 네 가지 일을 할 때 모두 尊者가 처하는 곳이기 때문이다.

〔室中西南隅謂之奧〕 ≪爾雅≫ 〈釋宮〉의 글이니, 郭璞의 주에 이르기를 "깊이 숨겨진 곳이다."라고 하였다. 〈석궁〉에 "서북쪽 모퉁이를 屋漏라 한다."라고 하였는데 孫炎이 말하기를 "햇빛이 새어 들어오는 곳이다."라고 하였고, 〈석궁〉에 "동북쪽 모퉁이를 '宧'라 한다."라고 하였는데 손염이 말하기를 "해가 기울 때의 밝음이 바로 宧이니, 밝다는

뜻이다."라고 하였다. 〈석궁〉에 "동남쪽 모퉁이를 '窔'라 한다."라고 하였는데, 곽박의 주에 이르기를 "窔는 어둡게 숨겨졌다는 뜻이다."라고 하였다.

〔內則曰 由命士以上 父子皆異宮〕 집을 달리하여 사는 道가 있음을 증명한 것이다.

【疏】 ○"食饗不爲槪"者, 熊氏云 "謂傳家事任子孫, 若不傳家事, 則子孫無待賓之事. 大夫士或相往來[1], 設於饗食. 槪, 量也. 不制設待賓饌, 其事由尊者所裁, 而子不得輒豫限量多少也." ○"祭祀不爲尸"者, 尸代尊者之處, 故人子不爲也. ○"聽於無聲"者, 謂聽而不聞父母之聲, 此明人子常禮也. ○"視於無形"者, 謂視而不見父母之形. 雖無聲無形, 恒常於心想像, 似見形聞聲, 謂父母將有敎使已然也. ○"不苟訾, 不苟笑"者, 苟, 且也. 相毁曰訾. 不樂而笑爲苟笑. 彼雖有是非, 而己苟譏毁訾笑之, 皆非彼所欲, 必反見毁辱, 故孝子不爲也.

1) 來 : 考文引宋本에는 '者'로 되어 있다.(阮元의 校勘記 참조)

○〔食饗不爲槪〕 熊安生이 말하기를 "집안일을 전하여 자손에게 맡긴 것을 이르니, 만약 집안일을 전하지 않았다면 자손은 손님을 대접할 일이 없다. 大夫와 士는 혹 서로 왕래할 때 饗禮와 食禮를 설행한다. '槪'는 '가늠하다'의 뜻이다. 손님을 대접할 음식을 재단하지 않는 것은 그 일을 尊者가 재단하기 때문이니, 자식은 미리 양을 얼마나 준비할지 한정하지 못한다."라고 하였다.

○〔祭祀不爲尸〕 시동은 尊者가 앉는 자리에 대신 앉으므로 자식 된 자가 하지 않는 것이다.

○〔聽於無聲〕 들어도 부모님의 음성이 들리지 않음을 이르니, 이것은 자식 된 자의 평상시의 예를 밝힌 것이다.

○〔視於無形〕 보아도 부모님의 모습이 보이지 않음을 이른다. 비록 그 음성이 들리지 않고 그 모습이 보이지 않을지라도 항상 마음에 상상하여 마치 그 모습을 보고 그 음성을 듣는 것처럼 하는 것이니, 부모님이 장차 가르쳐서 자기에게 그렇게 하도록 할 것이라는 말이다.

○〔不苟訾 不苟笑〕 '苟'는 '구차하다'의 뜻이다. 헐뜯는 것을 '訾'라 한다. 즐겁지 않은데도 웃는 것이 '苟笑'이다. 저 사람에게 비록 옳고 그름이 있다 해도 자기가 구차하게 비방하고 헐뜯으며 비웃는다면, 이것은 모두 저 사람이 원하는 것이 아니어서 반드시 도리어 비방과 욕을 당하게 되므로 효자가 하지 않는다.

【疏】 ○ 注'爲其'至'後笑'. ○ 正義曰："危", 解"不登高, 不臨深", "辱", 釋不呰不笑也. 云"君子樂然後笑"者, 引論語[1]證"不苟笑"之事也. 此是公明賈答孔子云 "夫子樂然後笑, 人不厭其笑也."

1) 論語 : ≪論語≫ 〈憲問〉의 구절로, 공자가 衛나라 사람인 公明賈에게, 위나라 대부 公孫枝는 정말 웃지 않느냐고 묻자, 공명가가 대답한 내용이다.

○ 注의 〔爲其〕에서 〔後笑〕까지

○ 正義曰 : '危'는 '不登高 不臨深'을 풀이한 것이며, '辱'은 '不呰'·'不笑'를 해석한 것이다.

〔君子樂然後笑〕 ≪論語≫를 인용하여 경문의 '不苟笑'의 일을 증명한 것이다. 이것은 公明賈가 孔子에게 "夫子께서는 즐거운 뒤에 웃으시므로 사람들이 그 웃음을 싫어하지 않는 것입니다."라고 대답한 것이다.

01-13-02 孝子 不服闇(암)하며 不登危는 懼辱親也니라

효자가 어두운 데서 일하지 않으며 위태로운 곳에 오르지 않는 것은 부모님을 욕보일까 두려워해서이다.

【注】 服은 事也요 闇은 冥[1]也니 不於闇冥之中從事는 爲卒有非常이요 且嫌失禮也니 男[2]女夜行以燭이라

1) 冥 : ≪經典釋文≫에는 '瞑(명)'으로 되어 있다.
2) 男 : 考文引古本·足利本에는 이 앞에 '禮'가 있다.(阮元의 校勘記 참조)

'服'은 '일하다'는 뜻이고 '闇'은 '어둡다'는 뜻이니, 어두운 속에서 일을 하지 않는 것은 갑자기 비상한 일이 생길까 해서이다. 또 예를 잃을 혐의가 있기 때문이니, 남녀가 밤에 갈 때는 등불을 가지고 간다.

父母 存커시든 不許友以死하며

부모님이 살아 계시면 벗을 위해 〈원수를 갚아주느라〉 죽는 것을 허락하지 않으며,

【注】爲忘親也니 死爲[1]報仇讐라

1) 爲 : 考文引古本에는 '謂'로 되어 있다.(阮元의 校勘記 참조)

부모를 잊는 것이기 때문이다. '死'는 원수를 갚아주느라 〈죽는 것을〉 이른다.

不有私財니라

사사로운 재물을 소유하지 않는다.

【疏】'孝子'至'私財'[1]. ○ 正義曰 : 此一節明孝子自謹愼其身, 不許友以死及不得有私財之事, 各隨文解之. ○"不服闇"者, 服, 事也, 謂不行事於闇中也. 一則爲卒有非常, 一則闇中行事, 好生物嫌, 故孝子深戒之. ○"父母存, 不許友以死"者, 謂不許爲其友報仇讐〔也〕[2], 親(存)存[3]須供養, 則孝子不可死也. 若父母存, 許友報仇怨而死, 是忘親也. 親亡則得許友報仇, 故周禮有"主·友之讐, 視從父兄弟". 白虎通云"(親)〔朋〕[4]友之道, 〔親在〕[5]不得行者, 亦不許友以死耳." ○"不有私財"者, 家事統於尊, 財關尊者, 故無私財.

1) 孝子至私財 : 惠棟校宋本에는 이 5자가 없다.(阮元의 校勘記 참조)
2) 〔也〕: 저본에는 '也'가 없으나, 閩本·監本·毛本에 의거하여 보충하였다.(阮元의 校勘記 참조)
3) (存)存 : 저본에는 '存存'으로 되어 있으나, 閩本·監本·毛本에 의거하여 중복된 '存' 한 글자를 衍文으로 처리하였다.(阮元의 校勘記 참조)
4) (親)〔朋〕: 저본에는 '親'으로 되어 있으나, 浦鏜의 교감기에 의거하여 '朋'으로 바로잡았다.(阮元의 校勘記 참조)
5) 〔親在〕: 저본에는 '親在'가 없으나, 浦鏜의 교감기에 의거하여 보충하였다.(阮元의 校勘記 참조)

經의 〔孝子〕에서 〔私財〕까지

○ 正義曰 : 이 절은 효자가 자기 몸을 삼가고 조심하여 벗을 위해 죽는 것을 허락하지 않는 일 및 사사로운 재물을 소유해서는 안 되는 일을 밝힌 것이니, 각각 글을 따라 풀이하겠다.

○〔不服闇〕'服'은 '일하다'의 뜻이니, 어두운 속에서 일을 행하지 않는 것을 이른다. 하나는 갑자기 비상한 일이 생길까 해서이고, 다른 하나는 어두운 속에서 일을 행하면 사람들의 혐의가 생겨나기 쉽기 때문이다. 그러므로 효자가 깊이 경계하는 것이다.

○〔父母存 不許友以死〕 그 벗을 위해 원수 갚는 것을 허락하지 않는다는 말이니, 부모님이 살아계시면 봉양을 해야 하므로 효자가 죽어서는 안 되는 것이다. 만약 부모님이 살아계시는데 벗에게 원수를 갚아주겠다고 허락하였다가 죽게 되면 이는 부모님을 잊은 것이다. 부모님이 돌아가셨으면 벗에게 원수를 갚아주겠다고 허락할 수 있다. 그러므로 ≪周禮≫ 〈地官 調人〉에 "주인이나 붕우의 원수는 〈같은 나라에 살지 않아서〉 종형제를 죽인 원수에 비견한다."라는 구절이 있고, ≪白虎通義≫에 이르기를 "붕우의 도에 부모님이 살아계시면 행할 수 없는 것은 또한 벗에게 죽음으로 허락하지 않는 것뿐이다."라고 하였다.

○〔不有私財〕 집안일은 尊者에게 통섭되니, 재물은 존자와 관계되므로 사사로운 재물이 없는 것이다.

01-14-01 爲人子者는 父母 存커시든 冠衣를 不純(준)[1)]素하며

1) 純(준) : 石經에는 '紃'으로 되어 있다. 唐 憲宗의 성명 李純의 '純'을 避諱하여 缺筆한 것이다.(阮元의 校勘記 참조)

자식 된 자는 부모님이 살아계시면 冠과 深衣를 백색 生絹으로 가선 두르지 않으며,

【注】爲其有喪象也라 純은 緣也라 玉藻曰 縞(호)冠(玄)〔玄〕[1)]武는 子姓之冠也요 (高)〔縞〕[2)]冠素紕(비)는 旣祥之冠也라하고 深衣曰 具父母하면 衣純以靑이라하니라

1) (玄)〔玄〕: 저본에는 '玄'으로 되어 있으나, 淸 聖祖의 성명 愛新覺羅玄燁의 '玄'을 避諱한 것이므로, 원글자인 '玄'으로 돌려놓았다.

2) (高)〔縞〕: 저본에는 '高'로 되어 있으나, 北京大本과 문맥에 의거하여 '縞'로 바로잡았다.

喪을 당한 형상이 있기 때문이다. '純'은 '가선 두르다'의 뜻이다. ≪禮記≫ 〈玉藻〉에 이르기를 "〈백색 生絹으로 만든〉 縞冠에 武를 검은색으로 하는 것은 〈아버지가 상중일 때〉 자손들이 쓰는 冠이고, 호관에 백색 생견으로 冠의 양옆과 武 아래에 가선 두르는 것은 大祥祭를 지낸 뒤에 쓰는 冠이다."라고 하였고, ≪예기≫ 〈深衣〉에 이르기를 "부모가 모두 살아계시면 옷을 청색으로 가선 두른다."라고 하였다.

【疏】'爲人'至'純素'[1)]. ○ 正義曰 : 此一節明爲人子父母存及孤子衣冠純(준)飾不同之事,

各隨文解之. 不言凡者, 若仕者或遇凶荒, 雖親存亦須素服, 非要在親沒, 故不言凡. ○"父母存, 冠衣不純素"者, 冠純謂冠飾也, 衣純謂深衣領緣也. 禮, 具父母・太父母(存), 冠衣純以繢(회), 若有父母, 無太父母, 則純以靑, 若少而竝無, 則乃純素也[2]. 故親存者不得純素也.

1) 爲人至純素 : 惠棟校宋本에는 이 5자가 없다.(阮元의 校勘記 참조)

2) 具父母太父母(存)……則乃純素也 : ≪예기≫ 〈深衣〉에 "부모님과 조부모님이 모두 살아계시면 深衣를 오채색 비단으로 가선 두르며, 부모님이 모두 살아계시면 심의를 청색으로 가선 두른다. 만약 孤子이면 심의에 가선 두르되 백색 生絹으로 가선 두른다.〔具父母大父母 衣純以繢 具父母 衣純以靑 如孤子 衣純以素純〕"라는 내용이 보인다.

저본에는 '太父母' 뒤에 '存'이 있으나, 浦鏜의 校勘記에 의거하여 衍文으로 처리하였다. 완원은 '存'이 ≪예기≫ 〈심의〉와도 부합하지 않는다고 하였다.(阮元의 校勘記 참조)

經의 〔爲人〕에서 〔純素〕까지

○ 正義曰 : 이 절은 자식 된 자가 부모님이 살아계실 때와 〈30세 이하로 아버지가 살아계시지 않은〉 孤子일 때 衣와 冠의 가선 장식을 다르게 하는 일을 밝힌 것이니, 각각 글을 따라 풀이하겠다. '凡'을 말하지 않은 것은, 만약 벼슬하는 자가 혹 흉년을 만나면 비록 부모님이 살아계시더라도 素服을 입어야 하기 때문이니, 요점이 부모님이 돌아가신 데에 있는 것이 아니므로 '凡'을 말하지 않은 것이다.

○〔父母存 冠衣不純素〕冠의 純은 冠의 꾸밈을 이르고, 衣의 純은 深衣의 옷깃 가장자리를 이른다. 禮에 따르면 부모님과 조부모님이 모두 살아계실 때는 冠과 심의를 오채색 비단으로 가선 두르며, 부모님은 살아계시는데 조부모님이 살아계시지 않다면 청색으로 가선 두르며, 만약 어려서 모두 돌아가셨으면 마침내 백색 生絹으로 가선 두른다. 그러므로 부모님이 살아계실 경우에는 백색 생견으로 가선 두르지 못하는 것이다.

【疏】○ 注'爲其'至'以靑'. ○ 正義曰 : 引玉藻"縞(호)冠(玄)〔玄〕[1]武, 子姓之冠", 證冠純有吉凶之別也. 縞冠者, 薄絹爲之. (玄)〔玄〕武者, 以黑繒爲冠卷也. 子姓者, 姓, 生也, 孫是子所生, 故謂孫爲子姓. 父有服未畢, 子雖已除, 猶未全吉也, 故縞冠(玄)〔玄〕武. (玄)〔玄〕武是吉, 縞冠爲凶, 明吉凶兼服也. 何(胤)〔胤〕[2]云 "繒裹卷武也." 云"縞冠素紕, 旣祥之冠也", 又證有素爲凶也. 當祥之日, 朝服縞冠, 祥祭之後, 則縞冠素紕, 何(胤)〔胤〕云 "素紕謂緣冠兩邊." 云"深衣曰 具父母衣純以靑"者, 引證不純以素之事.

1) (玄)〔玄〕: 저본에는 '玄'으로 되어 있으나, 淸 聖祖의 성명 愛新覺羅玄燁의 '玄'을 避諱한 것이므로, 원글자인 '玄'으로 돌려놓았다. 아래의 '玄'도 동일하다.
2) (胤)〔胤〕: 저본에는 '胤'으로 되어 있으나, 淸 世宗의 성명 愛新覺羅胤禛의 '胤'을 避諱한 것이므로, 원글자인 '胤'으로 돌려놓았다. 아래의 '胤'도 동일하다.

○ 注의 〔爲其〕에서 〔以靑〕까지

○ 正義曰 : ≪예기≫ 〈玉藻〉의 '縞冠玄武 子姓之冠'을 인용한 것은 冠의 가선 두름에 길흉의 구분이 있음을 증명한 것이다. '縞冠'은 얇은 백색 비단으로 만들고, '玄武'는 검은색 비단으로 冠卷(武)을 만든다. '子姓'은, 姓은 '낳다〔生〕'의 뜻이니, 손자는 아들이 낳은 것이므로 자손을 子姓이라 이른다. 아버지가 상복을 아직 다 벗지 않았으면 자식은 비록 이미 상복을 벗었다 하더라도 아직 완전히 길복을 입지 못하므로 武가 검은색인 縞冠을 쓴다. 검은색 武는 길하고 백색 縞冠은 흉하니, 길흉이 겸비된 복임을 밝힌 것이다. 何胤은 "비단으로 武를 감싸는 것이다."라고 하였다. 정현의 주에서 '縞冠素紕 旣祥之冠也'라고 한 것은 또 백색 생견〔素〕이 흉이 됨을 증명한 것이다. 대상제를 지내는 날 朝服에 縞冠을 쓰고, 대상제를 지낸 뒤에는 縞冠에 백색 생견으로 가선 두르는데, 하윤은 "백색 생견으로 가선 두른다는 것은 冠 양쪽을 가선 두른다는 말이다."라고 하였다. 정현의 주에서 '深衣曰 具父母衣純以靑'이라 한 것은 ≪예기≫ 〈심의〉의 글을 인용하여 백색 생견으로 가선 두르지 않는 일을 증명한 것이다.

01-14-02 孤子當室은 冠衣를 不純采니라

〈일찌감치 아버지를 여의고 집안일을 주관하는〉 適子인 孤子는 冠과 深衣를 오채색으로 가선 두르지 않는다.

【注】 早喪親하면 雖除喪이나 不忘哀也라 謂年未三十者니 三十壯하고 有室하여 有代親之端하니 不爲孤也라 當室은 適子也라 深衣曰 孤子衣純以素라하니라

일찌감치 부모를 여의었으면 비록 상복을 벗었다 하더라도 슬픔을 잊지 않는다. 나이 30세가 되지 않은 자를 이르니, 30세에는 근골이 튼튼해지고 아내를 두게 되어 부모를 대신하는 단서가 있으므로 孤가 되지 않는다. '當室'은 適子이다. ≪예기≫ 〈深衣〉에 이르기를 "孤子는 深衣에 백색 生絹으로 가선 두른다."라고 하였다.

【疏】'孤子'至'純采'[1]. ○ 正義曰：上言有親而不素, 此言無親而素者也. 孤子謂二十九以下而無父者, 當室謂適子也. 旣少孤, 故雖除服, 猶自素也. 然深衣云"孤子衣純以素", 則嫡庶悉然. 今云"當室", 則似庶子不同, 所以爾者, 通者有二. 云凡子皆然, 豈唯當室, 但嫡子內理蒸嘗, 外交宗族, 代親旣備, 嫌或不同, 故特明之, 所以鄭引深衣爲注, 會證凡孤子悉同也. 崔靈恩云 "指謂當室[2], 不當室則純采, 所以然者, 當室之孤, 內理蒸嘗, 外交宗族, 所履之事, 莫不傷心, 故特純素示哀也. 深衣不云當室者, 文略耳."

1) 孤子至純采：惠棟校宋本에는 이 5자가 없다.(阮元의 校勘記 참조)

2) 室：考文引宋板에는 이 뒤에 '者'가 있다.(阮元의 校勘記 참조)

經의 〔孤子〕에서 〔純采〕까지

○ 正義曰：앞에서는 부모가 있어서 백색 生絹으로 〈冠과 深衣에〉 가선 두르지 않음을 말하였고, 여기에서는 부모가 없어서 백색 생견으로 가선 두름을 말한 것이다. '孤子'는 29세 이하로 아버지가 없는 사람을 이르고, '當室'은 適子를 이른다. 이미 어려서 孤子가 되었으므로 비록 상복을 벗었다 하더라도 여전히 자신은 백색 생견으로 가선을 두르는 것이다. 그러나 ≪禮記≫ 〈深衣〉에 이르기를 "孤子는 심의에 백색 생견으로 가선 두른다."라고 하였으니, 적자와 서자가 모두 그렇게 한다는 것이다.

지금 '當室'이라고 하였다면 서자는 다를 듯한데, 이렇게 주를 낸 이유는 통설에 두 가지 설이 있다. 하나는, 모든 자식이 다 그렇게 하니 어찌 當室하게 되어서만 그러하겠느냐고 말한 것이다. 다만 적자는 안으로 蒸嘗의 四時祭를 지내고 밖으로 종족과 교제하여 부모를 대신함이 이미 갖추어져 있으니 혹여 서자와 같지 않다고 혐의할까 하여 특별히 밝힌 것으로, 정현이 〈심의〉를 인용하여 주를 낸 것은 모든 孤子가 다 똑같음을 증명하기 위해서라는 것이다.

다른 하나는 崔靈恩이 말하기를 "當室을 가리켜 말한 것이니, 當室을 하지 않았다면 채색으로 가선을 두른다. 그렇게 하는 이유는, 當室의 孤子는 안으로 蒸嘗의 사시제를 지내고 밖으로 종족과 교제하여 행하는 일들이 마음을 슬프게 하지 않는 일이 없으므로 특별히 백색 생견으로 가선을 둘러 슬픔을 표시하는 것이다. 〈심의〉에서 '當室'을 말하지 않은 것은 글을 생략한 것뿐이다."라고 하였다.

【疏】○ 注'早喪'至'以素'. ○ 正義曰：三十以外遭喪者, 除服後卽得純采. 今所言雖是除喪, 未三十不得純采. 若至三十, 則亦采也, 故云"當室, 適子也. 深衣曰 '孤子衣純以素'"也. 然注前解適子, 後引深衣, 似崔解也. 深衣不言冠者, 從可知也.

○ 注의 〔早喪〕에서 〔以素〕까지

○ 正義曰 : 30세 이상으로 상을 당한 자는 상복을 벗은 뒤에 곧바로 〈冠과 深衣에〉 채색으로 가선을 두를 수 있다. 그런데 지금 말하는 것은 비록 상복을 벗었다 하더라도 30세가 아직 되지 않았으면 채색으로 가선을 두르지 못한다는 것이다. 만약 30세가 되었으면 또한 채색으로 가선을 두르므로 '當室 適子也 深衣曰 孤子衣純以素'라고 한 것이다. 그러나 정현의 주에서 앞에서는 適子라고 해석하고 뒤에서는 ≪예기≫ 〈深衣〉를 인용하였으니 崔靈恩의 해석과 비슷하다. 〈심의〉에서 冠을 언급하지 않은 것은 따라서 알 수 있기 때문이다.

01-15-01 幼子를 常視(母)〔毋〕[1)]誑[2)]이니라

1) (母)〔毋〕: 저본에는 '母'로 되어 있으나, 誤字이므로 '毋'로 바로잡았다.

2) 誑 : '迋'으로 되어 있는 판본도 있다.(陸德明의 音義 참조)

어린 자식에게 항상 속이지 않음을 보여주어야 한다.

【注】視는 今之示字라 小未有所知하니 常示以正物하여 以正教之하여 無誑欺라

'視'는 지금(後漢)의 '示'자이다. 어려서 아직 아는 것이 없으니 항상 올바른 것으로 보여주어서 올바름으로 가르쳐 속이지 말아야 한다.

童子는 不衣裘裳하며

동자는 갖옷과 치마를 입지 않으며,

【注】裘大(태)溫하여 消陰氣하여 使不堪苦라 不衣裘[1)]裳은 便易(이)라

1) 裘 : 孫志祖는 공영달의 소에 의거하여 衍文으로 보인다고 하였다.(北京大本 校勘記 참조)

갖옷은 너무 따뜻하여 陰氣를 없애서 고통을 감내하지 못하게 하기 때문이다. 갖옷과 치마를 입지 않는 것은 간편하기 때문이다.

立必正方하며 **不傾聽**하며

서 있을 때는 반드시 똑바로 한 방향을 향하며, 머리를 기울여 듣지 않으며,

【注】習其自端正이라

스스로 단정함을 익히는 것이다.

長者 與之提攜(휴)어시든 **則兩手**로 **奉長者之手**하며

어른이 동자와 더불어 손을 잡고 끌면 동자는 두 손으로 장자의 손을 받들 듯이 잡으며,

【注】習其扶持尊者라 提攜는 謂牽將行이라

尊者를 모시는 것을 익히는 것이다. '提攜'는 이끌고서 장차 가려는 것을 이른다.

負劍하여 **辟咡**(벽이)**詔之**어시든

어른이 등에 업거나 옆구리에 끼고서 머리를 기울이고 말씀하시면

【注】負는 謂置之於背요 劍은 謂挾之於旁이라 辟咡詔之는 謂傾頭與語하니 口旁曰咡[1]라

1) 咡 : 何休는 "입과 귀 사이를 '咡'라 한다.〔口耳之間曰咡〕"라고 하였다.(陸德明의 音義 참조)

'負'는 등에 두는 것을 이르고, '劍'은 옆에 끼는 것을 이른다. '辟咡詔之'는 머리를 기울이고 함께 말을 나누는 것이니, 입가를 '咡'라 한다.

則掩口而對니라

동자는 〈입 냄새가 어른에게 닿지 않도록〉 입을 가리고 대답한다.

【注】習其鄕尊者屛氣也라

尊者를 향하여 자기의 입 냄새를 가리는 것을 익히는 것이다.

【疏】'幼子'至'裘裳'[1]. ○正義曰：此一節明父母教子及衣裘裳之法也, 各隨文解之. ○小兒恒習效長者, 長者常示以正事, 不宜示以欺誑, 恐卽學之, 故曾子兒啼, 妻云"兒莫啼, 吾當與汝殺豕." 兒聞輒止, 妻後向曾子說之, 曾子曰"勿教兒欺." 卽殺豕食兒. 是不誑也.

1) 幼子至裘裳：惠棟校宋本에는 이 5자가 없다.(阮元의 校勘記 참조)

經의 〔幼子〕에서 〔裘裳〕까지

○ 正義曰：이 절은 부모가 자식을 가르치는 것 및 동자의 갖옷과 치마 입는 법을 밝힌 것이니, 각각 글을 따라 풀이하겠다.

○ 어린아이는 늘 어른을 따라 익히고 본받으니, 어른이 항상 올바른 일로 보여주고 속이는 것으로 보여주어서는 안 된다. 곧바로 이를 배울까 염려되기 때문이다. 그러므로 曾子는 아이가 울었을 때, 증자의 아내가 "애야 울지 마라. 내가 네게 돼지를 잡아주겠다."라고 하자 아이가 이 말을 듣고 바로 울음을 그쳤는데, 아내가 후에 증자에게 이 일을 말하자, 증자가 "아이에게 속이는 것을 가르쳐서는 안 된다."라고 하고서 즉시 돼지를 잡아 아이에게 먹였다. 이는 속이지 않는 것이다.

【疏】○注'視, 今之示字'. ○正義曰：古者觀視於物, 及以物視人, 則皆作示傍著(착)見, 後世已來, 觀視於物, 作示傍著見, 以物示人, 單作示字, 故鄭注經中視字者, 是今之以物示人之示也. 是擧今以辨古. 昏禮"視諸衿鞶", 注云"視乃正字, 今文視作示, 俗誤行之." 言視正字也, 言古之以物示人, 作視字爲正, 故云"視乃正字". 今文儀禮應爲古視字, 乃作今示字, 故言俗誤也.

○ 注의 〔視 今之示字〕

○ 正義曰：옛날에 물건을 볼 때와 물건을 다른 사람에게 보여줄 때 모두 '示' 옆에 '見'을 붙였는데, 후세 이래로는 물건을 보는 것은 '示' 옆에 '見'을 붙이고, 물건을 다른 사람에게 보여줄 때는 '示'자만 쓰게 되었다. 그러므로 정현의 주에서 경문의 '視'자는 바로 지금(후한)의 '물건을 다른 사람에게 보여준다.〔以物示人〕'라고 할 때의 '示'라고 한 것이다. 이것은 당시의 어휘를 들어 옛 어휘를 변별한 것이다. ≪儀禮≫ 〈士昏禮〉의 "衿과 鞶으로 그 경계하는 뜻을 보여주신 것이다.〔視諸衿鞶〕"라는 구절에 대해, 정현의 주에 이르기를 "視가 바로 올바른 글자이니, 오늘날 경문에 '視'가 '示'로 되어 있는 것은 세속에서 잘못 쓰고 있는 것이다."라고 하였다. '視'가 올바른 글자라고 말한 것이니, 옛날에 물건을 다른 사람에게 보여주는 것을 말할 때 '視'자를 올바름으로 삼

았으므로 〈사혼례〉 주에서 "視가 바로 올바른 글자이다."라고 말한 것이다. 당시 ≪의례≫의 글자는 옛 '視'자가 되어야 하는데 마침내 당시의 '示'자를 썼으므로 세속에서 잘못 쓰는 것이라고 말한 것이다.

【疏】 ○"童子不衣裘裳"者, 童子, 未成人之名也, 衣猶著(착)也. 童子體熱, 不宜著裘, 裘大(태)溫, 傷陰氣也. 又應給役, 若著裳則不便, 故竝不著也. 故童子竝緇布襦袴也.

○〔童子不衣裘裳〕'童子'는 미성년자를 이름한 것이고, '衣'는 〈'입다'의 뜻인〉 '著'과 같다. 동자는 몸에 열이 있어서 갖옷을 입는 것이 마땅하지 않으니, 갖옷은 너무 따뜻하여 陰氣를 손상시키기 때문이다. 또 심부름해야 할 때 만약 치마를 입었으면 불편하므로 갖옷과 함께 모두 입지 않는 것이다. 그러므로 동자는 모두 검은 베로 만든 저고리와 바지를 입는다.

【疏】 ○ 注'裘大'至'便易'. ○ 正義曰："使不堪苦"者, 熱消陰氣, 則不堪苦使也. 此"童子不衣裘裳", 二十則可, 故內則云, 二十"可以衣裘帛". 國君十二冠[1), 則裘裳早矣. 女子十五許嫁[2)者則亦衣帛. 詩云"乃生男子, 載衣之裳[3)." 是初生暫行此禮.

1) 國君十二冠：01-08-01의 '二十曰弱 冠'에 대한 공영달의 疏 참조. ≪儀禮≫ 〈士冠禮〉 賈公彦의 疏에도 "제후는 12세에 관례를 행한다.〔諸侯則十二而冠〕"라는 내용이 보인다.
2) 女子十五許嫁：≪의례≫ 〈사혼례〉 정현의 주에 "부인은 15세에 許嫁하니, 笄禮를 행하고 醴禮를 베풀어준다.〔婦人十五許嫁 笄而禮之〕"라는 내용이 보인다.
3) 乃生男子 載衣之裳：≪詩經≫ 〈小雅 斯干〉에 "이에 남자아이를 낳아서, 곧 침상에 눕히며, 곧 치마를 입히며, 곧 璋을 갖고 놀게 한다.〔乃生男子 載寢之牀 載衣之裳 載弄之璋〕"라는 내용이 보인다. '璋'은 珪의 반쪽 형태로, 치마에 패용하는 玉이다.

○ 注의 〔裘大〕에서 〔便易〕까지

○ 正義曰：'使不堪苦'는 열이 陰氣를 없애면 힘든 일을 감내하지 못하게 된다는 것이다. 여기 경문의 '童子不衣裘裳'은 20세가 되면 갖옷과 치마를 입을 수 있으므로 ≪禮記≫ 〈內則〉에서 20세가 되면 "갖옷과 비단을 입을 수 있다."라고 한 것이다. 國君은 12세에 冠禮를 행하니 갖옷과 치마를 빨리 입게 되며, 여자는 15세에 許嫁한 경우 마찬가지로 비단옷을 입는다. ≪詩經≫ 〈小雅 斯干〉에 이르기를 "이에 남자아이를 낳아서 곧 치마를 입힌다."라고 하였는데, 이는 처음 태어났을 때 잠시 이 禮를 행하는 것이다.

【疏】○'立必'至'而對'. ○"立必正方", 立宜正嚮一方, 不得傾頭屬聽左右也. 張逸云"此說其威儀常然." ○"長者與之提攜, 則兩手奉長者之手"者, 非唯教之聽立, 至於行步, 亦宜教之. 提攜謂牽將行時, 因牽行之, 又教之爲節也. "奉長者之手", 爲兒長大, 方當供養扶持長者, 故先使學之, 令習便也. 張逸云"說其見與行之法也." ○"負劍辟咡詔之"者, 豈但在行須教, 正在抱時亦令習也. 負謂致兒背上也, 劍謂挾於脇下, 如帶劍也. 辟, 傾也. 咡, 口旁也. 詔, 告也. 長者或若負兒之時, 而與之語, 當傾頭以告之也. 不正嚮之, 令氣不觸兒也, 亦令見長者所爲而復習之也. 張逸云"辟咡詔之, 傾頭以告教之也." 此長者之爲也. 此負謂兒在人背上曰負, 兒在懷中亦稱負, 謂兒負之, 故內則云"三日始負子." 注云"負之謂抱之."

○ 經의 〔立必〕에서 〔而對〕까지

○〔立必正方〕 서 있을 때는 의당 똑바로 한 방향을 향해야 하고 머리를 기울여서 좌우의 말을 귀를 붙이고 들어서는 안 된다는 것이다. 張逸이 말하기를 "이것은 동자의 威儀가 항상 그렇다는 것을 말한 것이다."라고 하였다.

○〔長者與之提攜 則兩手奉長者之手〕 서 있을 때 듣는 것만 가르치는 것이 아니라 걸음을 걸을 때 듣는 것도 가르쳐야 한다. '提攜'는 이끌고서 장차 가려 할 때를 이르니, 이끌고 가는 기회를 통해 또 凡節을 가르치는 것이다. '奉長者之手'는 아이가 자라면 어른을 모시고 부축해야 하므로 먼저 이를 배우게 함으로써 익숙히 하여 편하게 하는 것이다. 장일이 말하기를 "동자의 보는 법과 가는 법을 말한 것이다."라고 하였다.

○〔負劍辟咡詔之〕 어찌 다닐 때만 가르침이 필요하겠는가. 바로 품에 안고 있을 때도 익히게 하는 것이다. '負'는 아이를 등 위에 둔다는 말이고, '劍'은 옆구리에 끼어서 마치 검을 차는 것처럼 한다는 말이다. '辟'은 '기울이다', '咡'는 '입가', '詔'는 '고하다'의 뜻이다. 어른이 혹 아이를 업었을 때 아이와 이야기를 나누게 되면 머리를 기울이고서 말해야 한다. 이때 아이에게 똑바로 향하지 않아서 입 냄새가 아이에게 닿지 않도록 하니, 또한 어른이 하는 것을 보고 반복하여 익히도록 하는 것이다. 장일이 말하기를 "경문의 '辟咡詔之'는 머리를 기울이고 말함으로써 가르치는 것이다."라고 하였으니, 이것은 어른이 하는 것이다. 여기 경문의 '負'는 아이가 사람의 등 위에 있는 것을 '負'라 한다고 말한 것이다. 아이가 품 안에 있는 것 역시 '負'라 칭하니 아이가 안겼다는 말이다. 그러므로 ≪예기≫ 〈內則〉에 이르기를 "자식이 태어난 지 3일이 되어서야

비로소 자식을 負한다."라고 하였는데, 정현의 주에 "'負한다'는 것은 안는다〔抱〕는 말이다."라고 하였다.

【疏】 ○ 注'口旁曰咡'. ○ 正義曰 : 案管子書弟子職云 "食已, 循咡覆手." 謂弟子食訖, 以手循覆於咡, 故知是口旁也. ○"則掩口而對"者, 嚮長者告語之, 此是童子答長者. 童子雖未能掩口而對, 長者亦教其爲之其禮, 以爲後法. 掩口, 恐氣觸人. 張逸云 "謂令小者如是, 所習嚮尊者屛氣也."

○ 注의 〔口旁曰咡〕

○ 正義曰 : 살펴보면 ≪管子≫ 〈弟子職〉에 이르기를 "식사가 끝나면 입가를 따라 손을 덮고서 〈깨끗하지 못한 입가를〉 닦는다."라고 하였다. 제자가 식사가 끝나면 손으로 입가를 따라 덮고서 닦는다는 말이니, '咡'가 '입가'의 뜻임을 알 수 있다.

○〔則掩口而對〕 어른을 향하여 고하여 말하는 것이니, 이것은 동자가 어른에게 대답하는 것이다. 동자가 비록 아직 입을 가리고 대답하지 못하더라도 어른이 또한 가르쳐서 그 禮를 행하여 후일의 법으로 삼는 것이다. '掩口'는 입 냄새가 다른 사람에게 닿을까 염려하는 것이다. 張逸은 말하기를 "어린아이에게 이렇게 하도록 하는 것은, 익히는 것이 尊者를 향하여 입 냄새를 가리는 것임을 이른다."라고 하였다.

제1편 曲禮 上

禮記 鄭氏 注 孔穎達 疏

01-16-01 從於先生호되 不越路而與人言하며

선생을 수행할 때 길을 벗어나 다른 사람과 말하지 않으며,

【注】 尊不二也라 先生은 老人教學者라

높이는 사람은 둘이 될 수 없기 때문이다. '先生'은 노인으로 教學하는 사람이다.

遭先生於道하면 趨而進하여 正立拱手니

선생을 길에서 만나면 빠른 걸음으로 나아가 바르게 서서 손을 모으고 禮를 올려야 하니,

【注】 爲有教使라

시키실 일이 있을 수 있기 때문이다.

先生이 與之言이어시든 則對하고 不與之言이어시든 則趨而退니라

선생이 〈時事에 대해〉 말씀을 건네시면 대답을 하고 말씀을 건네지 않으시면 빠른 걸음으로 물러간다.

【注】 爲其不欲與己竝行이라

자기와 함께 가는 것을 원하지 않을 수 있기 때문이다.

從長者하여 **而上(丘)〔丘〕**[1)]**陵**하얀 **則必鄕**[2)]**長者所視**하며

1) (丘)〔丘〕: 저본에는 '丘'로 되어 있으나, 孔子의 성명 孔丘의 '丘'를 避諱한 것이므로, 원글자인 '丘'로 돌려놓았다.

2) 鄕 : 考文宋板에는 '嚮'으로 되어 있고 ≪通典≫에는 '向'으로 되어 있는데, '鄕'과 '向'은 古今字이며, '嚮'은 '鄕'의 俗字이다.(阮元의 校勘記 참조)

長者를 따라 구릉에 올라가서는 〈하문하시는 것이 있을까 하여〉 반드시 장자가 보는 곳을 향하며,

【注】 爲遠視라가 不察有所問이라

멀리 보았다가 물어보시는 바를 살피지 못할까 해서이다.

【疏】 '從於'至'所視'. ○ 正義曰 : 此一節明事師長之禮, 竝自恭謹之法, 今各隨文解之. ○"從於先生"者, 謂從行時. 先生, 師也. 謂師爲先生者, 言彼先己而生, 其德多厚也. 自稱爲弟子者, 言己自處如弟子, 則尊師如父兄也. 故公西華・子夏之徒答孔子, 皆自稱弟子也[1)]. 雷次宗以爲師如父兄, 故自稱弟子也. 今明若從師行, 不得輒往路傍與他人言也. 而論語云"有酒食, 先生饌." 則先生之號亦通父兄. 崔靈恩云"凡言先生, 謂年德俱高, 又敎道於物[2)]者. 凡云長者, 直以年爲稱也. 凡言君子者, 皆爲有德尊之, 不據年之長幼. 故所稱不同也." ○'遭先生'至'拱手'者[3)], 此明道路與師長相逢之法. 遭, 逢也. 趨, 疾也. 拱手, 見師而起敬, 故疾趨而進就之也. 又不敢斥問先生所爲, 故正立拱手而聽先生之敎.

1) 公西華子夏之徒答孔子 皆自稱弟子也 : ≪論語≫ 〈述而〉에 "公西華가 말하였다. '바로 이것이 弟子가 오직 배울 수 없는 점입니다.'〔公西華曰 正唯弟子不能學也〕"라는 내용이 보이며, ≪禮記≫ 〈孔子閑居〉에 "子夏가 〈질의가 끝나자 기쁜 마음으로〉 벌떡 일어나서 〈뒤에 질의하러 들어오는 사람을 피해〉 벽을 등지고 서서 말하였다. '제자가 감히 선생님의 가르침을 받들지 않겠습니까.'〔子夏蹶然而起 負牆而立曰 弟子敢不承乎〕"라는 내용이 보인다.

2) 物 : 衛氏集說에는 '幼'로 되어 있다.(阮元의 校勘記 참조)

3) 者 : 惠棟校宋本에는 '者'가 없다.(阮元의 校勘記 참조)

經의 〔從於〕에서 〔所視〕까지

○ 正義曰 : 이 절은 師長을 섬기는 禮와 스스로 공손히 하고 삼가는 법을 밝힌 것이

니, 이제 각각 글을 따라 풀이하겠다.

○〔從於先生〕 수행할 때를 이른다. '先生'은 스승이다. 스승을 일러 '선생'이라 한 것은, 그가 자기보다 먼저 태어나 그 덕이 많고 두터움을 말한 것이다. 스스로를 칭하여 '弟子'라 한 것은, 자기가 제자와 같다고 자처함을 말한 것이니, 스승을 父兄처럼 높인 것이다. 그러므로 公西華와 子夏의 무리가 孔子에게 대답할 때 모두 '제자'라 자칭한 것이다. 雷次宗은, 스승은 부형과 같으므로 '제자'라 자칭한 것이라고 하였다. 지금 만약 스승을 수행하여 간다면 길옆으로 가서 다른 사람과 말을 해서는 안 됨을 밝힌 것이다. ≪論語≫ 〈爲政〉에 이르기를 "술과 밥이 있으면 선생을 드시게 한다."라고 하였으니, '선생'이란 호칭은 또한 '부형'과 통용하는 것이다. 崔靈恩은 "무릇 '선생'이라 말한 것은 연치와 덕이 모두 높고, 또 다른 사람에게 도를 가르쳐주는 사람을 이른다. 일반적으로 '長者'라 말한 것은 단지 연치만 가지고 호칭을 삼은 것이고, 일반적으로 '君子'라 말한 것은 모두 덕이 있어 높이기 위한 것으로 연치의 많고 적음에 근거하지 않는다. 그러므로 칭하는 것이 같지 않은 것이다."라고 하였다.

○〔遭先生於道 趨而進 正立拱手〕 이것은 도로에서 師長과 우연히 마주쳤을 때의 법을 밝힌 것이다. '遭'는 '마주치다'의 뜻이다. '趨'는 '빠르다'의 뜻이다. '拱手'는 스승을 보고서 공경하는 마음이 일어나므로 빠른 걸음으로 나아가는 것이다. 그러나 또 감히 선생께 하시는 바를 직접 물어보지 못하므로 바르게 서서 손을 모으고 선생의 가르침을 듣는 것이다.

【疏】 ○ 注'先生, 老人教學者'. ○ 正義曰：案書傳略說云 "大夫士七十而致仕, 大夫爲父師, 士爲少師, (教於周禮鄉射注)〔教於州里." 儀禮鄉射注〕[1]云 "先生, 鄉大夫致仕者." 此云"老人教學者", 則通凡老而教學者, 是未必皆致仕者.

1) (教於周禮鄉射注)〔教於州里 儀禮鄉射注〕：저본에는 '教於周禮鄉射注'로 되어 있고, 완원의 교감기 표제어에는 '教於州里儀禮鄉射注'로 되어 있는데, 완원은 교감기에서 이 구절에는 탈문과 오자가 있다고 하였다. ≪의례≫ 〈鄉射禮〉에는 이 注가 없고 오직 ≪의례≫ 〈鄉飮酒禮〉 정현의 주에 '先生鄉中致仕者'라는 구절이 있다. 또 북경대본 교감기에서는 '州里'를 옳다고 보았다. 이에 의거하여 보충하고 수정하였다.

○ 注의〔先生 老人教學者〕

○ 正義曰：살펴보면 ≪書傳略說≫에 이르기를 "大夫와 士가 70세가 되어 벼슬에서 물러나면 대부는 父師가 되고 士는 少師가 되어 州里에서 가르친다."라고 하였다.

≪의례≫〈鄕飮酒禮〉 정현의 주에 이르기를 "'先生'은 벼슬에서 물러난 鄕大夫이다." 라고 하였는데, 여기에서 "老人으로 敎學하는 사람이다."라고 하였으니, 일반적으로 노인으로 교학하는 자를 통칭한 것이고 이들이 반드시 모두 다 벼슬에서 물러난 자인 것은 아니다.

○"與之言則對"者, 此謂問時事之言則對. 若問己大事, 則辭讓然後對, 故前文[1)]云"長者問, 不辭讓而對, 非禮也". ○"則必鄕長者所視"者, 長者東視則東視, 長者西視則西視, 從先生君子亦然.

1) 前文 : 01-09-01〈曲禮 上〉 제9절에 보인다.

○〔與之言則對〕 이것은 時事를 묻는 말이면 대답한다는 말이다. 만약 자기에게 大事를 물으면 사양한 연후에 대답하므로, 앞의 경문에서 "장자가 나에게 질문하실 경우 사양하지 않고 대답하는 것은 예가 아니다."라고 한 것이다.

○〔則必鄕長者所視〕 장자가 동쪽을 보면 동쪽을 보고 장자가 서쪽을 보면 서쪽을 보아야 하니, 선생과 군자를 수행할 때도 또한 그렇게 한다.

01-16-02 登城不指하며 城上不呼니라

성에 올라갈 때는〈다른 사람을 의혹시키지 않도록〉 손가락질하지 않으며 성 위에서는〈다른 사람을 놀라게 하지 않도록〉 고함치지 않는다.

【注】 爲惑人이라

다른 사람을 의혹시키기 때문이다.

將適舍호되 求毋固하며

장차 남의 집에 가서 머물게 될 경우 주인에게 자신이 평소 쓰던 물건을 요구하지 말며,

【注】 謂行而就人館이라 固는 猶常也라 求主人物에 不可以舊常이니 致[1)]時乏無라 周禮土訓의 辨地物하고 原其生하여 以詔地求 其類라

1) 致 : 毛本・岳本・嘉靖本에는 '或'으로 되어 있다.(阮元의 校勘記 참조)

길을 떠나 남의 집에 나아가는 것을 이른다. '固'는 〈'평소'의 뜻인〉 '常'과 같다. 주인에게 물건을 요구할 때 예전에 평소 쓰던 것을 요구해서는 안 되니, 때로 없을 수도 있기 때문이다. ≪周禮≫ 〈地官 土訓〉의 "〈사람들에게 유익한〉 각지의 물건을 변별하고 그 물건이 생산되는 시기를 살펴서 왕에게 그 땅의 산물을 요구할 수 있는 시기를 알려준다."라고 한 것이 이런 유이다.

將上堂호되 **聲必揚**하며

장차 주인집의 堂에 오르려 할 때는 〈안에 있는 사람이 알도록〉 인기척을 반드시 크게 내며,

【注】 警內人也라

안에 있는 사람에게 알리는 것이다.

【疏】 '將適舍, 求毋固'. ○ 正義曰 : 自此以下, 雖從師長, 兼明爲賓客禮也. 適, 猶往也. 舍, 主人家也. 固, 猶常也. 凡往人家, 不可責求於主人, 覓常舊有之物, 故曰"求毋固"也.

經의 〔將適舍 求毋固〕

○ 正義曰 : 여기서부터 이하는 비록 師長을 수행할 때의 禮이기는 하나 빈객을 위한 예를 겸하여 밝힌 것이다. '適'은 〈'가다'의 뜻인〉 '往'과 같다. '舍'는 주인의 집이다. '固'는 〈'평소'의 뜻인〉 '常'과 같다. 무릇 남의 집에 갔을 때 주인에게 요구하여 평소 쓰던 물건을 찾아서는 안 되므로 '求毋固'라고 한 것이다.

【疏】 注'周禮'至'其類'. ○ 正義曰 : 案地官土訓職云 "辨地物." 鄭注云 "別其所有所無, 原其生者, 生有時, 以告王之求也. 若地所無及物未生, 則不求." 與此相類也. 故引之證"求毋固"也.

注의 〔周禮〕에서 〔其類〕까지

○ 正義曰 : 살펴보면 ≪周禮≫ 〈地官 土訓〉에 이르기를 "〈사람들에게 유익한〉 각지의 물건을 변별한다."라고 하였는데, 정현의 주에 이르기를 "〈'각지의 물건을 변별한

다.〔辨其物〕'라는 것은〉 그곳에서 나오는 것과 나오지 않는 것을 변별하는 것이며, '그 물건이 생산되는 시기를 살핀다.〔原其生〕'라는 것은 물건이 나오는 시기가 있다는 것이니, 왕에게 그곳에서 나오는 물건과 그 물건을 요구할 수 있는 시기를 알려주는 것이다. 만약 그곳에서 나오지 않는 물건이거나 아니면 그 물건이 아직 나오지 않는 시기라면 요구해서는 안 된다."라고 하였으니, 여기 경문과 유사하다. 그러므로 인용하여 '求毋固'를 증명한 것이다.

01-16-03 戶外에 有二屨(구)어든 言聞則入하고 言不聞則不入하며 將入戶호되 視必下하며 入戶호되 奉扃(경)[1]하며 視瞻을 毋回하며

1) 扃(경) : 陸德明의 音義에서는 何休의 설을 인용하여 '잠그다〔關〕'의 뜻이라 하고, '문고리〔門扇上鐶紐〕'의 뜻을 일설로 소개하였다. 이에 따르면 '奉扃'은 '받들어 잠그다' 또는 '문고리를 받들다'의 뜻이 된다. 본서에서는 '방문을 잠그는 나무〔關戶之木〕'로 본 공영달의 소를 따라 '빗장'으로 번역하였다.

방문 밖에 신발 두 켤레가 있을 경우 말소리가 들리면 들어가고 말소리가 들리지 않으면 〈필시 은밀한 계책을 논의하는 것이므로〉 들어가지 않으며, 장차 주인집의 방문으로 들어가려 할 때는 〈남의 사생활을 보려 한다는 혐의가 있으므로〉 시선을 반드시 낮추며, 방문으로 들어갈 때는 빗장을 받들 듯 〈두 손으로 방문을〉 공손하게 대하며 이곳저곳을 두리번거리지 말며,

【注】 不干掩人之私也라 奉扃은 敬也라

남의 사생활을 침범하여 들이닥치지 않는 것이다. '奉扃'은 공경하는 것이다.

戶開어든 亦開하고 戶闔이어든 亦闔하며

〈주인의 뜻을 어기지 않기 위해〉 방문이 열려 있었으면 들어간 뒤에도 열어두고 방문이 닫혀 있었으면 들어간 뒤에도 닫아두며,

【注】 不以後來變先이라

뒤에 들어온 사람으로 먼저 들어온 사람이 유지했던 상태를 바꾸지 않는 것이다.

有後入者어든 **闔而勿遂**니라

뒤에 들어오는 사람이 있으면 〈뒤따라 들어오는 사람을 막는다는 혐의가 있으므로〉 닫더라도 완전히 닫지 않는다.

【注】 示不拒人이라

다른 사람을 막지 않음을 보이는 것이다.

毋踐屨하며 **毋踖**(적)[1]**席**하며 **摳衣趨隅**하여 **必愼唯諾**이니라

1) 踖(적) : 陸德明의 音義에서는 음을 '적〔在亦反〕'이라 하여 '밟다'의 뜻으로 보고, 일설로 음이 '석(席)'일 때는 '뛰어넘다〔躐〕'의 뜻이라고 하였다.

〈뒤에 들어가는 사람은 먼저 들어간 사람이 벗어놓은〉 신발을 밟지 말며, 돗자리의 위쪽을 통해 올라가지 말며, 치마의 앞자락을 추어올리고 돗자리의 아래쪽 모퉁이 쪽으로 나아가 〈돗자리에 올라가서 좌정한 뒤〉 반드시 응대하는 것을 신중히 해야 한다.

【注】 趨隅는 升席必由下也라 愼唯諾者는 不先擧하고 見問乃應이라

'趨隅'는 돗자리에 오를 때 반드시 돗자리의 아래쪽을 통해 오른다는 것이다. '愼唯諾'은 먼저 말을 꺼내지 않고 물음을 받은 뒤에 비로소 대답하는 것이다.

【疏】 '戶外'至'唯諾'. ○正義曰 : 此一節明謂室有兩人, 故戶外有二屨, 此謂兩人體敵, 故二屨在外. 知者, 以鄕飮酒無筭爵[1], 賓主皆降, 脫屨於堂下, 以體敵故也. 若尊卑不同, 則長者一人脫屨於戶內. 故少儀云"排闔脫屨於戶內者, 一人而已矣"是也. 案屨人注云 "複下曰舃(석), 禪(단)[2]下曰屨. 古人言屨以通於複, 今世言屨以通於禪." 如鄭此言, 古人之言無問禪之與複, 皆名爲屨. 今人言屨, 正謂禪者也. ○"言聞則入, 言不聞則不入"者, 若一屨有一人, 一人無非法之私事, 則外人可卽入. 若有二屨, 二屨是有二人, 或(淸閑)〔請問〕[3]密事, 若內人語聞於戶外, 則[4]外人乃可入也. 熊氏以爲一人之屨在戶內, 其戶外有二屨, 則三人也. 下文[5]云 "離坐離立, 無往參焉." 則知戶內二人, 不得參

之, 故知戶外有二屨者, 當有三人, 義亦通也. ○"將入戶, 視必下"者, 雖聞言而入, 亦不得擧目而視, 恐覩人私, 故必下. ○"入戶奉扃"者, 奉扃之說, 事有多家, 今謂禮有鼎扃, 所以關鼎. 今關戶之木, 與關鼎相似, 亦得稱扃. 凡常奉扃之時, 必兩手向心而奉之. 今入戶, 雖不奉扃木, 其手若奉扃然, 以其手對戶若奉扃, 言恭敬, 故言奉扃也. 是以注云 "奉扃, 敬也." ○"視瞻毋回"者, 初將入時視必下, 而竟不得迴轉, 廣有瞻視也. ○"戶開亦開"者, 旣入戶, 不以後來變先, 若戶本開, 則今入者不須闔也. ○"戶闔亦闔"者, 戶若本闔, 則今入者不須開也. ○"有後入者, 闔而勿遂"者, 有後入者, 謂已於先入, 後猶有人又應入者也. 雖已應還闔, 當徐徐欲作闔勢, 以待後入, 不得遂闔以成拒後人, 故注云 "示不拒人." ○"毋踐屨"者, 踐, 蹋也. 旣竝脫屨戶外, 其人或多, 若後進者, 不得蹋先入者屨. ○"毋踖席"者, 踖, 猶躐也. 席旣地鋪, 當有上下, 將就坐, 當從下而升, 當已位上, 不發初從上. 從上爲(躐)〔躐〕[6]席也. 玉藻云升席, "升席不由前爲(躐)〔躐〕席"也. 熊氏以爲踖席猶逆席. 逆席謂從上升, 故鄭云 "必由下." 玉藻所云者, 自是不由席前升, 與此別. ○"摳衣趨隅"者, 摳, 提也. 衣, 裳也. 趨, 猶向也. 隅, 猶角也. 旣不踖席, 當兩手提裳之前, 徐徐向席之下角, 從下而升, 當已位而就坐也. ○"必愼唯諾"者, 唯, 吩(야)[7]也, 吩諾, 應對也. 旣坐定, 又愼於應對.

1) 無筭爵 : ≪儀禮≫〈特牲饋食禮〉鄭玄의 注에 "빈과 주인이 燕飮할 때 주고받는 술잔에 일정한 수를 제한하지 않고 취할 때까지 마시는 것이다.〔賓主燕飮 爵行無數 醉而止也〕"라고 하였는데, 南宋 李如圭의 ≪儀禮集釋≫에 "앞에서 두 사람이 들었던 觶는 이때 와서 두 개의 치가 동시에 돌아 서로 교차하여 酬酒하는 데 사용된다. 아랫사람에게까지 두루 旅酬를 행하여 주인의 贊者도 이 예에 참여한다.〈모두 한 차례 술을 마신 뒤에〉 다시 두 개의 치에 술을 채워 장빈과 장형제 앞에 되돌려두는데, 이렇게 되돌려두는 술잔의 수를 세지 않는다.〔曏二人所擧觶者 至此二觶竝行 交錯以酬 辯旅在下者 主人之贊者亦與焉 復實二觶反奠之 其爵無筭〕"라고 하였다. '筭'은 監本·毛本에는 '算'으로 되어 있으나, 완원은 이 글자가 틀린 것은 아니라고 하였다. ≪說文解字≫에 따르면 '算'은 '셈하다〔數〕'의 뜻이고, '筭'은 '셈하는 기물〔爲算之器〕'이기 때문이다.(阮元의 校勘記 참조)

2) 襌(단) : 閩本·監本·毛本에는 '單'으로 되어 있다. 다음에 나오는 '襌'도 동일하다.(阮元의 校勘記 참조)

3) (淸開)〔請問〕: 저본에는 '淸開'로 되어 있다. '淸'은 毛本에는 '請'으로 되어 있고, '開'는 惠棟校宋本에는 '閑', 閩本·監本·毛本에는 '問'으로 되어 있으나, 文意에 의거하여 '請問'으로 바로잡았다. 北京大本 역시 '請問'으로 바로잡았다.(阮元의 校勘記 참조)

4) 則 : 衛氏集說에는 이 뒤에 '非私事' 3자가 있으나, 완원은 이를 衍文으로 보았다.(阮

元의 校勘記 참조)

5) 下文 : 01-22-01에 보인다.

6) (躧)〔躧〕: 저본에는 '躧'으로 되어 있으나, 이는 '躧'의 或體字로, 惠棟校宋本에는 '躧'으로 되어 있다. '躧'을 옳다고 본 완원의 설에 의거하여 '躧'으로 바로잡았다. 다음에 나오는 '躧'도 동일하다.(阮元의 校勘記 참조)

7) 唹(야) : '喏(야)'와 같은 자이다.

經의 〔戶外〕에서 〔唯諾〕까지

○ 正義曰 : 〔戶外有二屨〕 이 절은 방 안에 두 사람이 있으므로 방문 밖에 신발 두 켤레가 있음을 밝힌 것이니, 이것은 두 사람의 尊卑가 대등하므로 신발 두 켤레가 밖에 있는 것을 말한 것이다. 이를 아는 이유는, ≪禮記≫ 〈鄕飮酒義〉 無算爵 때 賓과 주인이 모두 堂에서 내려가 당 아래에서 신발을 벗는 것은 존비가 대등하기 때문이다. 만약 존비가 다르다면 長者 한 사람은 방 안에서 신발을 벗는다. 그러므로 ≪예기≫ 〈少儀〉에 이르기를 "방문을 밀치고 들어가 방 안에서 신발을 벗는 사람은 〈가장 높은 사람〉 한 사람뿐이다."라고 한 것이 이것이다. 살펴보면 ≪周禮≫ 〈天官 屨人〉 정현의 주에 이르기를 "밑창이 겹으로 된 신발을 '舃'이라 하고, 밑창이 홑으로 된 신발을 '屨'라 한다. 옛사람들은 屨를 말하여 밑창이 겹으로 된 신발에 통용하였는데, 지금 세상에서는 屨를 말하여 홑으로 된 신발에도 통용한다."라고 하였다. 정현의 이 말대로라면 옛사람의 말에서는 홑과 겹을 따지지 않고 모두 '屨'라는 이름을 붙였다는 것이다. 지금 사람들이 屨를 말하면 바로 밑창이 홑인 신발을 이른다.

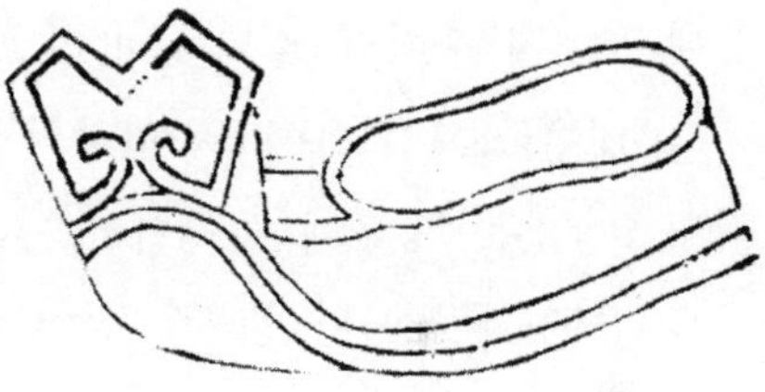

舃

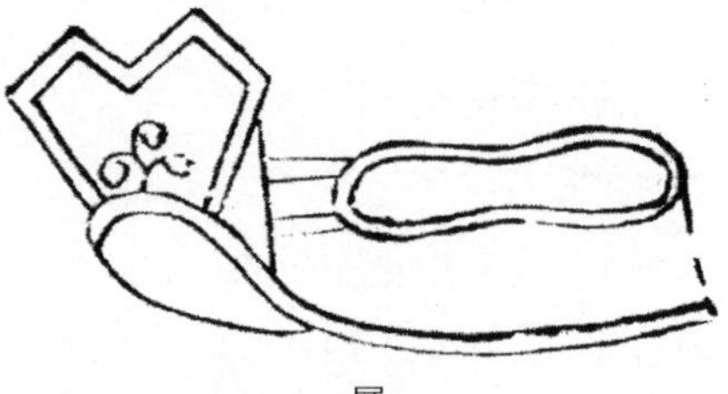

屨

○ 〔言聞則入 言不聞則不入〕 만약 신발이 한 켤레라면 한 사람이 있는 것이다. 한 사람은 법에 어긋난 사사로운 일이 없을 것이니 외부 사람이 곧바로 들어갈 수 있다. 만약 신발이 두 켤레라면 신발 두 켤레는 두 사람이 있는 것이다. 혹 비밀스러운 일을 묻는 것일 수도 있으니, 만약 실내에 있는 사람의 말이 방문 밖에까지 들린다면 외부 사람이 비로소 들어갈 수 있다. 熊安生은, '한 사람의 신발은 방 안에 있으니 방문 밖에 두 켤레의 신발이 있다면 세 사람이 있는 것이다. 다음 경문에 「두 사람이 나란히

앉아 있거나 나란히 붙어 서 있으면 가서 그들 사이에 끼지 말아야 한다.」라고 하였으니, 방 안에 두 사람이 있으면 중간에 끼어들어서는 안 됨을 알 수 있다. 그러므로 방문 밖에 두 켤레의 신발이 있을 경우 당연히 세 사람이 있음을 알 수 있다.'라고 하였으니, 뜻이 또한 통한다.

○〔將入戶 視必下〕 비록 방문 밖으로 말소리가 들려서 방 안으로 들어갔다 하더라도 또한 눈을 들어 보아서는 안 되니, 남의 사생활을 본다는 혐의가 있으므로 반드시 시선을 낮추어야 한다.

○〔入戶奉扃〕 '奉扃'에 대한 설은 사람마다 다른 의견이 있다. 지금 말하기를 禮에 鼎扃이 있는데 鼎을 잠그는 것이라고 한다. 지금 방문을 잠그는 나무가 鼎을 잠그는 나무와 비슷하니 또한 '扃'이라 칭할 수 있다. 무릇 평소 빗장〔扃〕을 받들 때 반드시 두 손을 가슴 쪽으로 향하게 하여 받드니, 지금 방문을 들어갈 때 비록 빗장〔扃木〕을 받들지는 않더라도 그 손은 마치 빗장을 받드는 듯이 하니, 손으로 방문을 대하기를 빗장을 받들 듯이 하는 것은 공경함을 말한 것이므로 '奉扃'이라고 말한 것이다. 이 때문에 정현의 주에서 '奉扃 敬也'라고 한 것이다.

○〔視瞻毋回〕 처음에 〈주인집의 방문을〉 들어가려 할 때는 시선을 반드시 아래로 하고, 마침내 〈방문에 들어서서는〉 시선을 이리저리 돌려서 두루 보아서는 안 된다.

○〔戶開亦開〕 이미 방문을 들어온 뒤에는 뒤에 들어온 것으로 먼저 들어온 사람이 유지했던 상태를 바꾸지 말아야 하니, 만약 방문이 본래 열려 있었으면 지금 들어온 사람은 닫아서는 안 된다.

○〔戶闔亦闔〕 방문이 만약 본래 닫혀 있었으면 지금 들어온 사람은 열어두어서는 안 된다.

○〔有後入者 闔而勿遂〕 '有後入者'는 자기가 먼저 들어온 사람이고 뒤에 오히려 또 들어와야 할 사람이 있을 경우를 이른 것이다. 비록 자기가 방문을 도로 닫아야 하더라도 천천히 닫는 형세를 취하여 뒤에 들어오는 사람을 기다려야 하고, 완전히 다 닫아서 뒤에 들어오는 사람을 막으면 안 되기 때문에 정현의 주에 이르기를 '示不拒人'이라 한 것이다.

○〔毋踐屨〕 '踐'은 '밟다〔蹋〕'의 뜻이다. 이미 방문 밖에 신발을 모두 벗었는데 그 사람들이 혹 많을 경우 만약 뒤에 나아간다면 먼저 들어간 사람의 신발을 밟아서는 안 된다.

○〔毋踖席〕 '踖'은 〈'뛰어넘다'의 뜻인〉 '躐'과 같다. 돗자리가 이미 바닥에 펴 있다면 위아래가 있기 마련이니, 장차 나아가 앉고자 할 때 마땅히 돗자리의 아래쪽을 통해 올라가야지, 자기 자리가 위쪽(또는 윗자리)에 해당한다 하여 돗자리의 위쪽을 통해

올라가서는 안 된다. 돗자리의 위쪽을 통해 올라가는 것은 '躐席'이다. ≪예기≫ 〈玉藻〉에서는 돗자리에 올라가는 것에 대해 "돗자리에 올라갈 때 앞쪽을 통해 올라가지 않는 것은 〈앞쪽을 통해 올라가면〉 躐席이 되기 때문이다."라고 하였다. 熊安生은 말하기를, '踖席'은 '逆席'과 같으니, '逆席'은 위쪽을 통해 올라가는 것을 이르므로 정현이 '必由下'라고 한 것이며, 〈옥조〉에서 말한 것은 본래 돗자리의 앞쪽을 통해 올라가서는 안 된다는 것이니 여기 경문과는 다르다고 하였다.

○〔摳衣趨隅〕'摳'는 '들어올리다〔提〕'의 뜻이다. '衣'는 치마〔裳〕이다. '趨'는 〈'향하다'의 뜻인〉 '向'과 같다. '隅'는 〈'모퉁이'의 뜻인〉 '角'과 같다. 이미 돗자리의 위쪽을 통해 올라가지 않는다면 마땅히 두 손으로 치마의 앞자락을 추어올리고 천천히 돗자리의 아래쪽 모퉁이를 향하여서 돗자리의 아래쪽을 통해 올라가 자기 자리에 나아가 앉아야 한다.

○〔必愼唯諾〕'唯'는 '예〔唯〕'라는 뜻이니, '唯'와 '諾'은 대답하는 것이다. 이미 좌정하였으면 또 응대하는 것을 신중히 해야 한다.

【疏】 ○ 注'趨隅'至'乃應'. ○ 正義曰：案鄕飮酒云 "賓升席自西方." 注云 "升由下也. 升必中席." 彼謂近主人爲上, 故以主西爲之下. 凡席皆升由下, 降由前. 云"愼唯諾者, 不先擧, 見問乃應"者, 擧猶問也, 謂不先問也.

○ 注의〔趨隅〕에서〔乃應〕까지

○ 正義曰：살펴보면 ≪儀禮≫ 〈鄕飮酒禮〉에 이르기를 "賓이 돗자리의 서쪽을 통해 올라간다."라고 하였는데, 정현의 주에 이르기를 "돗자리의 아래쪽을 통해 올라가는 것이다. 돗자리에 올라가서 반드시 돗자리의 한가운데 앉는다."라고 하였다. 〈향음주례〉에서는 〈동쪽의〉 주인과 가까운 쪽이 윗자리가 되므로 서쪽을 주장하여 돗자리의 아래쪽으로 삼은 것이다. 일반적으로 돗자리는 모두 아래쪽을 통해 올라가고 앞쪽을 통해 내려온다.

〔愼唯諾者 不先擧 見問乃應〕'擧'는 〈'묻다'의 뜻인〉 '問'과 같으니, 먼저 묻지 않는다는 말이다.

01-16-04 大夫士 出入君門호되 由闑(얼)右하고

大夫와 士가 군주의 문을 출입할 때에는 闑의 오른쪽을 통해 출입하고

【注】 臣統於君이라 闑은 門橛(궐)이라

신하는 군주에 통섭되기 때문이다. '闑'은 문의 말뚝이다.

不踐閾(역)이니라

문지방을 밟지 않는다.

【注】 閾은 門限也라

'閾'은 문지방이다.

【疏】 '大夫'至'踐閾'. ○ 正義曰 : 此一節明大夫士出入君門之法. 門以向堂爲正, 右在東, 故盧注檀弓下云 "門以向堂爲正, 主人位在門東, 客位在門西. 今此大夫士是臣, 臣皆統於君, 不敢自由賓, 故出入君門, 恒從闑東也. 其士之朝位, 雖在西方東面, 入時仍依闑東." 其大射注云 "左則由闑西者, 汎解賓客入門之法也." ○ "不踐閾"者, 踐, 履也. 閾, 門限也. 出入不得踐履門限, 所以爾者, 一則自高, 二則不淨, 竝爲不敬.

經의 〔大夫〕에서 〔踐閾〕까지

○ 正義曰 : 이 절은 大夫와 士가 군주의 문에 출입하는 법을 밝힌 것이다. 문은 堂을 향한 것을 올바름으로 삼으니, 오른쪽이 동쪽에 있다. 그러므로 ≪禮記≫ 〈檀弓 下〉 盧植의 주에 이르기를 "문은 당을 향한 것을 올바름으로 삼는다. 주인의 자리는 문의 동쪽에 있고, 손님의 자리는 문의 서쪽에 있는데, 지금 이 대부와 士는 신하이니, 신하들은 모두 군주에 통섭되어 감히 스스로 賓이 되지 못한다. 그러므로 군주의 문에 출입할 때 항상 闑의 동쪽으로 출입한다. 士의 조정에서의 자리는 비록 서쪽에서 동향하는 자리이나 문으로 들어갈 때는 여전히 闑의 동쪽을 따른다."라고 하였고, ≪儀禮≫ 〈大射〉의 주에 이르기를 "왼쪽에 있는 사람이 闑의 서쪽으로 가는 것은 빈객이 문에 들어갈 때의 법을 두루 풀이한 것이다."라고 하였다.

○ 〔不踐閾〕 '踐'은 '밟다'의 뜻이다. '閾'은 문지방이다. 출입할 때 문지방을 밟아서는 안 되는데, 이렇게 하는 이유는, 첫째는 거만하기 때문이고, 둘째는 정결하지 못하기 때문이니, 모두 공경하지 못한 것이다.

01-17-01 凡與客入者 每門에 讓於客이니

무릇 손님과 함께 들어갈 경우 매번 문을 지날 때마다 손님에게 먼저 들어가도록 양보하니,

【注】下[1] 賓也라 敵者는 迎於大門外라 聘禮曰 君迎賓於大門內라하니라

1) 下 : 陸德明의 音義에서는 음을 '遐嫁反'이라고 하였는데, 이때는 ≪周易≫ 〈屯卦 初九象〉의 "귀한 신분으로 천한 사람에게 낮춘다.〔以貴下賤〕"라고 할 때처럼 '낮추다'의 뜻이 된다.

賓에게 자신을 낮추는 것이다. 신분이 대등할 경우에는 대문 밖에서 맞이한다. ≪의례≫ 〈聘禮〉에 이르기를 "군주는 賓을 대문 안에서 맞이한다."라고 하였다.

客이 至於寢門이어든 則主人이 請入爲席이라

손님이 寢門에 이르면 주인이 자기가 먼저 들어가 돗자리를 펴겠다고 청한다.

【注】爲는 猶敷也니 雖君亦然이라

'爲'는 〈'펴다'의 뜻인〉 '敷'와 같으니, 비록 군주라 하더라도 그렇게 한다.

然後에 出迎客이니 客이 固辭어든

그런 뒤에 나와서 손님을 맞이하니, 손님이 〈먼저 들어가는 것을〉 재차 사양하면

【注】又讓先入이라

또 먼저 들어가는 것을 사양하는 것이다.

主人이 肅客而入이니라

주인이 앞으로 나아가 손님을 인도하여 먼저 들어간다.

【注】肅은 進也니 進客은 謂道之라

'肅'은 '나아가다'의 뜻이니, '進客'은 인도한다는 말이다.

主人은 **入門而右**하고 **客**은 **入門而左**하며

주인은 문에 들어갈 때 오른쪽(동쪽)으로 들어가고, 손님은 문에 들어갈 때 왼쪽(서쪽)으로 들어가며,

【注】 右就其右하고 左就其左라

오른쪽에 있는 사람은 오른쪽으로 나아가고, 왼쪽에 있는 사람은 왼쪽으로 나아간다.

主人은 **就東階**하고 **客**은 **就西階**니라 **客**이 **若降等**이어든 **則就主人之階**니

〈문 안에 들어간 뒤에〉 주인은 동쪽 계단으로 나아가고 손님은 서쪽 계단으로 나아간다. 손님이 만약 등급을 낮춘다면 주인의 계단인 동쪽 계단으로 나아가니,

【注】 降은 下也니 謂大夫於君과 士於大夫也에 不敢輒由其階하니 卑統於尊하여 不敢自專이라

'降'은 '낮추다'의 뜻이다. 대부는 군주에 대해, 士는 대부에 대해 감히 자기 계단으로 오르내리지 못한다는 말이니, 신분이 낮은 사람은 신분이 높은 사람에게 통섭되어 감히 계단을 독차지하지 못한다.

主人이 **固辭然後**에야 **客**이 **復**(복)**就西階**니라

주인이 재차 사양한 뒤에야 손님이 올바른 자리를 회복하여 서쪽 계단으로 나아간다.

【注】 復其正이라

그 올바른 자리를 회복하는 것이다.

主人이 **與客讓登**호되 **主人**이 **先登**이어든 **客**이 **從之**니 **拾**(섭)**級聚足**하여

〈계단 앞에 이르면〉 주인이 손님과 서로 계단 오르는 순서를 〈세 번씩〉 양보하되, 주인이 〈동쪽 계단으로〉 먼저 오르면 손님이 〈서쪽 계단으로 한 계단 차이를 두고〉 뒤따라 올라가니, 계단을 하나씩 오를 때마다 두 발을 모아서

【注】 拾은 當爲涉이니 聲之誤也라 級은 等也라 涉等聚足은 謂前足躡(섭)[1]一等하고 後足從之併이라

1) 躡(섭) : 岳本에는 '躡'으로 되어 있다.(阮元의 校勘記 참조)

'拾'은 '涉'이 되어야 하니, 음이 비슷하여 생긴 오류이다. '級'은 계단〔等〕이다. 涉等聚足은 앞발로 한 계단 오르고 뒷발로 따라서 올라 두 발을 나란히 두는 것이다.

連步[1]以上호되

1) 連步 : 한 발을 들어 한 계단을 오른 뒤 다른 발을 들어 나란히 모았다가 다시 올라가는 것으로, 계단을 오르는 방법 중 가장 느린 步法이다. 계단을 올라가는 법에는 모두 4가지가 있다. 첫째는 連步이고, 두 번째는 栗階, 세 번째는 歷階, 네 번째는 越階이다. '栗階'는 散等이라고도 한다. 처음에는 연보로 올라갔다가 두 번째 계단부터는 좌우 발을 각각 한 계단씩 올라가는 보법으로, 급히 가는 것을 표시한다. 일반적으로 신하가 계단 아래에서 절하는 것을 군주가 사양할 경우에만 이 방법으로 계단을 올라가지만, 또 두 계단을 한꺼번에 올라가지는 못한다. '歷階'는 처음부터 끝까지 연보 없이 한 계단에 한 발씩만 딛고 올라가는 것이고, '越階'는 세 계단을 뛰어넘어 가는 것이다. 다만 월계에 대해서는 설이 분분한데, 淸나라의 淩廷堪은 월계를 역계와 같은 것으로 보았다.(淩廷堪의 ≪禮經釋例≫ 참조)

連步로 〈堂에〉 올라가되

【注】 重蹉跌也라 連步는 謂足相隨하여 不相過也라

넘어질 것을 중하게 여긴 것이다. '連步'는 두 발이 서로 뒤따르게 하여 서로 넘어가지 않게 하는 것이다.

上於東階則先右足하고 上於西階則先左足이니라

동쪽 계단을 오르는 사람은 오른발을 계단에 먼저 올리고 서쪽 계단을 오르는 사람은 왼발을 계단에 먼저 올린다.

【注】 近於相鄕敬이라

서로 향하여 공경하는 것에 가깝기 때문이다.

【疏】'凡與'至'左足'. ○ 正義曰：此一節明賓與主人送迎相讓, 及升堂行步之法, 各隨文解之. ○ 言"凡"者, 通貴賤也. "每門"者, 天子五門, 諸侯三門, 大夫二門. 客敵者, 主人出門外迎客, 主人輒先讓, 不先入, 故曰"每門讓於客"也. 貴賤禮不竝存, 且諸侯自相爲賓之禮. 凡賓主各有副, 賓副曰介, 主副曰擯及行人. 若諸侯自行, 則介各從其命數, 至主國大門外, 主人及擯出門相接. 若主君是公, 則擯者五人, 侯伯則擯者四人, 子男則擯者三人. 所以不隨命[1)]者, 謙也, 故竝用强半之數也[2)]. 賓若是公, 來至門外, 直當闑西, 去門九十步而下車, 當軹(지)北嚮而立[3)]. 鄭注考工記云 "軹, 轂末也." 其侯伯立當前疾[4)], 胡[5)]下此. 子男立當衡[6)]. 注 "衡謂車軛." 其君當軫, 而九介立在公之北, 邐迤(리이)西北, 竝東嚮而列. 主公出, 直闑東南西嚮立, 擯在主人之南, 邐迤東南立, 竝西嚮也. 使末擯與末介相對, 中間傍相去三丈六尺[7)]. 列擯介旣竟, 則主君就賓求辭. 所以須求辭者, 不敢自許人來詣己, 恐爲他事而至, 故就求辭, 自謙之道也. 求辭之法, 主人先傳求辭之言與上擯, 上擯傳以至次擯, 次擯繼傳以至末擯, 末擯傳與賓末介, 末介以次繼傳, 上至於賓. 賓答辭隨其來意, 又從上介而傳, 下至末介, 末介又傳與末擯, 末擯傳相次而上至於主人. 傳辭旣竟, 而後進迎賓至門. 知擯介朝位[8)]如此者, 大行人職文. 又知傳辭拜迎賓前至門者, 司儀職文. 其傳辭, 司儀之交擯也, 其列擯介傳辭委曲, 約聘禮文. 若諸侯使卿大夫相聘, 其介與主位, 則大行人云 "卿大夫之禮, 各下其君二等[9)]." 鄭注云"介與朝位[10)]"是也. 主君待之擯數, 如待其君. 其有異者, 主君至大門而不出限, 南面而立也. 若公之使, 亦直闑西北嚮, 七介, 而去門七十步. 侯伯使, 列五介, 而去門五十步. 子男使, 三介, 而去門三十步. 上擯出閾外, 闑東南西嚮, 陳介西北, 東面邐迤, 如君自相見也, 而末介末擯相對, 亦相去三丈六尺. 陳擯介竟, 則不傳命, 而上擯進至末擯間, 南揖賓, 賓亦進至末介間, 上擯與賓相去亦三丈六尺. 而上擯揖而請事, 入告君, 君在限內, 後乃相與入也. 知者, 約聘禮文, 不傳辭, 司儀及聘禮謂之旅擯[11)]. 君自來所以必傳命者, 聘義云 "君子於其所尊, 弗敢質, 敬之至也." 又若天子春夏受朝宗[12)]則無迎法, 受享[13)]則有之, 故大行人云 "廟中將幣, 三享[14)]." 鄭云 "朝先享, 不言朝者, 朝正禮, 不嫌有等也." 若秋冬覲遇, 一受之於廟, 則亦無迎法, 故郊特牲云"覲禮, 天子不下堂而見諸侯", 明冬遇依秋也. 此云"凡與客入者", 謂燕[15)]也. 故下文云"至寢門", 謂燕在寢也. 若相朝, 饗食(사)[16)]皆在廟. ○ "每門讓於客"者, 每門讓於客, 自謙下, 敬於賓也.

1) 命 : 浦鏜校本에는 이 뒤에 '數'가 있다.(阮元의 校勘記 참조)

2) 竝用强半之數也 : ≪周禮≫ 〈春官 典命〉과 ≪禮記≫ 〈王制〉에 따르면 公은 8命, 侯와 伯은 7命, 子와 男은 5命이다. 이들의 介가 각각 5命·4命·3命인 것은 모두 과반의 수를 쓴 것이다.

3) 賓若是公……當軹(지)北嚮而立 : ≪주례≫ 〈秋官 大行人〉에 "上公의 예는……〈賓일 경우〉 介가 9명이다.……그 朝位는 賓과 주인의 사이가 90步이며, 賓은 수레의 軹에 당하여 선다. 〈주인일 경우〉 擯이 5명이다.〔上公之禮……介九人……其朝位賓主之間九十步立當車軹, 擯者五人〕"라는 내용이 보인다.

4) 前疾 : ≪詩經≫ 孔穎達의 疏와 ≪論語≫ 邢昺의 소에는 모두 '前侯'로 되어 있고 여기에만 '前疾'로 되어 있는데, 惠棟은 '前疾'을 오류라고 하였다.(阮元의 校勘記 참조) 그러나 '前疾'은 지금도 통용하는 어휘이므로 바로잡지 않았다. 前疾은 수레 끌채〔車轅〕의 頸部로, 아래로 늘어져 있는 부분을 이른다.

5) 胡 : '前疾'과 같은 뜻으로, ≪주례≫ 〈추관 대행인〉 '立當前疾'에 대한 정현의 주에 따르면 '前疾'은 '前胡'이다. '胡'와 '侯'는 옛날에 통용하였다.

6) 衡 : 수레의 軛 위에 가로 댄 나무로, 周代의 車衡은 길이가 긴 것은 2.5미터에 달한다. 軛은 말에 멍에하는 '人'자 형의 두 갈래로 갈라진 나무이다.(陰法魯·許樹安의 ≪中國文化史≫ 참조)

7) 其君當軫……中間傍相去三丈六尺 : '軫'은 ≪주례≫ 〈考工記 序〉 정현의 주에 따르면 수레의 몸체인 輿의 뒤쪽 橫木이다.

8) 朝位 : 주인이 賓을 맞이할 때 賓이 서 있는 위치로, 여기에서는 제후의 大門 밖으로, 外朝에서의 자리를 이른다.

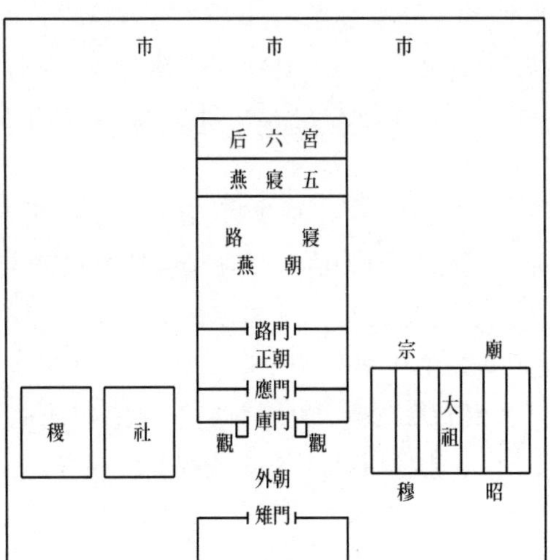

周城

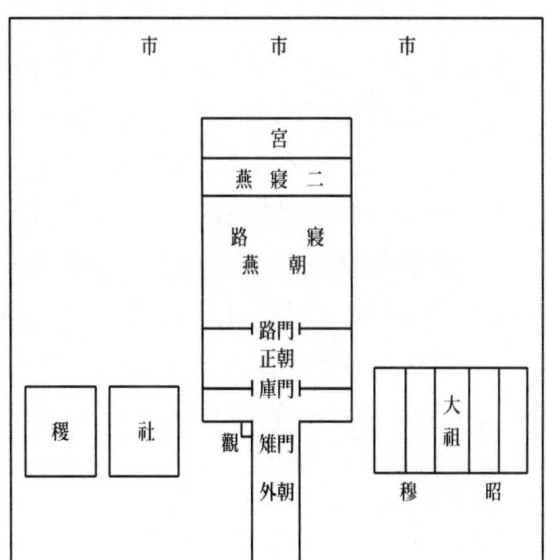

軒城

9) 卿大夫之禮 各下其君二等 : ≪주례≫ 〈추관 대행인〉에 "무릇 제후의 卿은 그 禮數를 각각 본국의 군주보다 2등 낮추고, 卿 이하 대부와 士에 이르러서도 모두 이와 같다.〔凡諸侯之卿 其禮各下其君二等 以下及其大夫士皆如之〕"라는 내용이 보인다. 즉 卿은 禮數를 본국의 군주보다 2등 낮추고, 대부는 卿보다 2등 낮추며, 士는 경보다 2등 낮춘다는 말이다. 예컨대 본국의 군주가 公일 경우 介의 수는 9명이니, 卿이 빙문 갈 경우에는 介의 수는 7명이다.

10) 介與朝位 : ≪주례≫ 〈추관 대행인〉 정현의 주에 따르면 '介'는 介의 숫자를 말한 것으로 上公은 7명, 侯와 伯은 5명, 子와 男은 3명이며, '朝位'는 賓과 주인 사이의 거리로 上公은 70步, 侯와 伯은 50步, 子와 男은 30步이다.

11) 旅擯 : ≪주례≫ 〈秋官 司儀〉 정현의 주에 따르면 '旅'는 '鴻臚'의 '臚'와 같이 읽어야 하며, 이때 '臚'는 '늘어세우다〔陳之〕'의 뜻이 된다.

12) 朝宗 : ≪주례≫ 〈春官 大宗伯〉에 따르면 제후가 천자에게 봄에 조회 가는 것을 '朝', 여름에 조회 가는 것을 '宗', 가을에 조회 가는 것을 '覲', 겨울에 조회 가는 것을 '遇'라고 한다.

13) 享 : 제후가 천자에게 朝覲禮를 행할 때 예물을 드리는 의식을 이른다. ≪儀禮≫ 〈覲禮〉에 따르면 제후는 '三享'이라 하여 본국에서 생산되는 귀중한 물건을 세 차례에 나누어 바쳐서 신하의 직분을 밝히는데, 모두 束帛, 즉 다섯 필의 비단을 사용하여 바친다.

14) 廟中將幣 三享 : '廟'는 정현의 주에 따르면 周 文王의 廟이다. '將幣'는 姜兆錫·孫詒讓 등에 따르면 玉을 바치는 것을 이른다. 즉 公은 천자에게 桓圭를 바치고, 侯는 信圭, 伯은 躬圭, 子는 穀璧, 男은 蒲璧을 바치며, 제후가 본국으로 돌아갈 때 禮를 중히 여기고 재물을 가볍게 여긴다는 의미에서 천자는 이 옥을 다시 제후에게 돌려준다.(楊天宇의 ≪周禮譯注≫ 참조)

15) 燕 : 燕禮를 이른다. 군주가 한가하고 일이 없을 때 군신 간의 우호를 맺기 위해, 또는 경대부가 공을 세웠거나 다른 나라에 사신으로 갔다가 돌아왔을 때 등의 상황에 거행하는 일종의 飮酒禮이다.

16) 饗食(사) : 饗禮와 食禮를 이른다. '饗禮'는 ≪주례≫ 〈추관 대행인〉 정현의 주에 따르면 성대한 禮를 베풀어 賓에게 술을 대접하는 것으로, 大宗伯이 왕과 왕후를 대신하여 제후에게 술을 올린다. '食禮'는 ≪예기≫ 〈王制〉 공영달의 소에 따르면 밥이 있고 안주가 있으며 술은 진설은 하지만 마시지 않는다. 그 禮가 밥을 위주로 하므로 '食'라고 한 것이다. 食禮는 두 가지 종류가 있다. 하나는 禮食로 公食大夫禮와 같은 예를 이르고, 다른 하나는 燕食로 신하들이 빈객과 더불어 아침과 저녁 식사를 함께하는 것이다.

經의 〔凡與〕에서 〔左足〕까지

○ 正義曰 : 이 절은 賓과 주인이 전송하고 맞이할 때 서로 양보하는 것과 堂에 올라

갈 때 걷는 법을 밝힌 것이니, 각각 글을 따라 풀이하겠다.

○ '凡'이라 한 것은 貴賤을 통틀어 말한 것이다. '每門'은, 천자는 문이 5개이고, 제후는 문이 3개, 대부는 문이 2개이다. 손님이 대등한 신분일 경우에는 주인이 문밖에 나가 손님을 맞이하는데, 주인이 번번이 먼저 양보하여 먼저 들어가지 않는다. 그러므로 '每門讓於客'이라 한 것이다. 귀천은 禮에 따르면 동시에 존재하지 않으며, 또 제후는 본래 서로 賓의 禮를 행하기 때문이다.

무릇 賓과 주인은 각각 보좌하는 사람이 있으니, 賓을 보좌하는 사람을 '介'라 하고, 주인을 보좌하는 사람을 '擯'과 '行人'이라 한다. 만약 제후가 직접 가면 介의 수는 각각 제후의 命數를 따르니, 주인 나라의 대문 밖에 이르면 주인과 擯이 문을 나와 맞는다. 만약 主君이 公이면 擯은 5명이고, 侯나 伯이면 擯은 4명이고, 子나 男이면 擯은 3명이다. 명수를 따르지 않는 이유는 겸양한 것이니, 그러므로 모두 과반의 수를 사용한 것이다.

賓이 만약 公이면 문밖에 이르러 와서는 곧장 闑의 서쪽을 당하여 문에서 90보 떨어진 곳에서 수레에서 내려 수레의 軹에 당하여 북향하고 선다. ≪周禮≫ 〈冬官 考工記〉 정현의 주에 이르기를 "軹는 바퀴통의 끝이다."라고 하였다. 〈賓으로 온〉 侯나 伯은 수레의 前疾에 당하여 서니 胡의 아래가 이곳이고, 子나 男은 수레의 衡에 당하여 선다. 정현의 주에 "衡은 車軛을 이른다."라고 하였다.

〈賓으로 온〉 군주가 수레의 軫에 당하여 서면, 9명의 介가 〈賓으로 온〉 公의 북쪽에 서는데 길게 연달아 公의 서북쪽에 모두 동향하여 늘어선다. 주인 나라의 군주가 나와서 곧바로 闑의 동남쪽에서 서향하여 서면, 擯이 주인의 남쪽에 서는데 길게 연달아 주인의 동남쪽

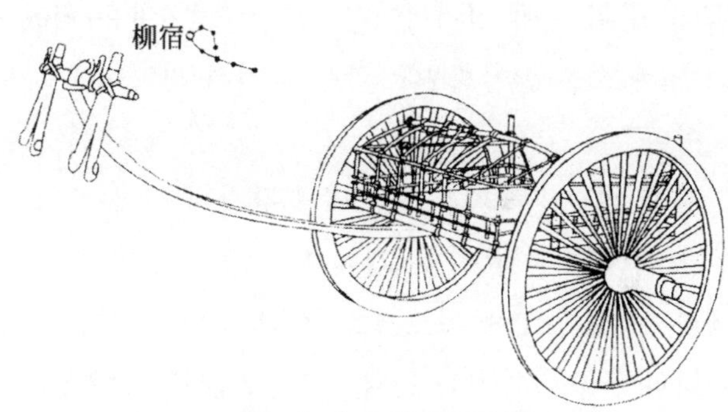

전국 초기 수레의 示意圖

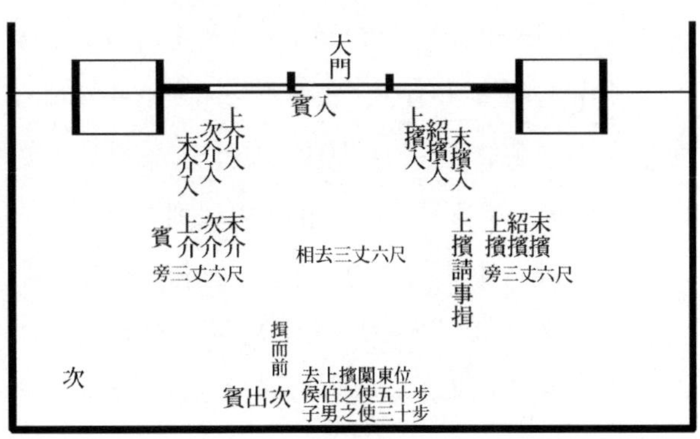

迎賓

에 서서 모두 서향한다. 주인의 末擯과 賓의 末介가 서로 마주하도록 하는데, 〈末擯과 末介〉 사이의 거리와 옆으로 떨어진 거리가 3丈 6尺이 되도록 한다.

擯과 介가 늘어서는 것이 끝나면 주인 나라의 군주가 賓에게 나아가 찾아온 용건을 묻는다. 반드시 용건을 묻는 이유는, 남이 자신을 찾아왔다고 감히 과시하지 못해서이고 혹여 다른 일로 이르렀을 수도 있으므로 賓에게 나아가 용건을 묻는 것이니, 스스로 겸양하는 도이다. 용건을 묻는 법은, 주인이 먼저 용건을 묻는 말을 上擯에게 전해주면 상빈이 次擯에게 전해주고, 차빈이 이어서 전하여 末擯에 이르면 말빈이 賓의 末介에게 전해주고, 말개가 차례로 이어서 전하여 위로 賓에게까지 이른다. 賓이 답하는 말은 그 찾아온 뜻을 따라서 하니, 또 上介에서부터 전하여 아래로 말개에까지 이르고, 말개가 또 말빈에게 전해주면 말빈이 차례로 전하여 위로 主人에게까지 이른다.

전하는 말이 끝나면 이후 주인이 나아가 賓을 맞이하여 문에 이른다. 擯과 介의 朝位가 이와 같음을 아는 것은 ≪주례≫ 〈秋官 大行人〉의 글이 있어서이다. 또 말을 전한 뒤에 절하여 賓을 맞이해서 앞으로 나아가 문에 다다름을 아는 것은 ≪주례≫ 〈秋官 司儀〉의 글이 있어서이다. 그 전하는 말은 司儀가 擯과 介를 통해 전하도록 하니, 그 擯과 介를 늘어세우고 말을 곡진히 전하도록 하는 것은 대체로 ≪의례≫ 〈聘禮〉의 글이다.

만약 제후가 경대부를 보내 聘問하게 한다면, 그 介와 주인의 자리는 ≪주례≫ 〈秋官 大行人〉에 이르기를 "경대부의 禮는 각각 본국의 군주보다 2등을 낮춘다."라고 하였다. 정현의 주에 이르기를 "介의 수와 朝位를 이른다."라고 한 것이 이것이다. 주인 나라의 군주가 대하는 擯의 수는 그 군주를 대하는 것과 같다. 다른 점이 있다면 주인 나라의 군주가 대문에 이르면 문지방을 나가지 않고 남향하여 선다는 것이다. 만약 公의 사신이라면 〈본국의 군주와〉 마찬가지로 곧바로 闑의 서쪽에서 북향하지만, 介가 7명이며 문에서 70보 떨어진 곳에서 〈수레에서 내린다.〉 侯나 伯의 사신은 5명의 介를 늘어세우고 문에서 50보 떨어진 곳에서 〈수레에서 내리며,〉 子나 男의 사신은 介가 3명이며 문에서 30보 떨어진 곳에서 〈수레에서 내린다.〉 上擯이 闑 밖으로 나와 闑의 동남쪽에서 서향하면, 介를 사신의 서북쪽에 늘어세우되 동향하도록 하여 연달아 세우기를 마치 군주가 직접 만나는 것처럼 한다. 末介와 末擯이 서로 마주하도록 하는데 〈군주가 직접 왔을 때처럼〉 또한 말개와 말빈 사이의 거리가 3丈 6尺이 되도록 한다. 擯과 介를 다 늘어세웠으면 命을 전하지 않고 上擯이 앞으로 나아가 말빈 사이에 이르러 남향하여 賓에게 揖을 하면 賓 또한 앞으로 나아가 말개 사이에 이르니, 상빈과 賓의 거리 또한 3丈 6尺이다. 상빈이 揖을 하고 찾아온 용건을 물은 뒤에 들어가 군주에게 고하면, 군주는 문지방 안에 있다가 뒤에 비로소 賓과 함께 들어간다. 이를 아는 것은 대체로 ≪의례≫ 〈빙례〉의 글이 있어서이니, 찾아온 용건을 전하지 않는 것을 ≪주례≫ 〈추관 사의〉와 ≪의례≫ 〈빙례〉에서는 '旅擯'이라 하였다.

군주가 스스로 찾아왔을 때 반드시 命을 전하는 이유는, ≪禮記≫ 〈聘義〉에 이르기를 "군자가 높이는 분에게 감히 똑바로 마주하지 못함은 공경함이 지극한 것이다."라고 하였다. 또 만약 천자가 봄에 제후의 朝를 받고 여름에 宗을 받는다면 제후를 맞이하는 법이 없으나 제후의 享을 받을 때는 맞이하는 법이 있으므로 ≪주례≫ 〈추관 대행인〉에 이르기를 "廟 안에서 천자에게 예물을 바치고, 세 차례에 걸쳐 토산물을 바친다."라고 한 것이다. 정현은 말하기를 "朝見하는 예가 享禮보다 먼저인데도 조현하는 예를 언급하지 않은 것은, 조현하는 예는 正禮이므로 제후의 등급에 따른 차이가 있다고 혐의하지 않기 때문이다."라고 하였다. 만약 가을에 조현하는 覲과 겨울에 조현하는 遇라면 천자는 한결같이 廟에서 조현을 받으나 마찬가지로 제후를 맞이하는 법이 없다. 그러므로 ≪예기≫ 〈郊特牲〉에 이르기를 "覲禮에 천자는 堂을 내려가 제후를 만나보지 않는다."라고 한 것이니, 겨울의 遇는 가을의 覲을 따름을 밝힌 것이다. 여기 경문에서 '凡與客入者'라고 한 것은 燕禮를 이른다. 그러므로 다음 경문에 '至寢門'이라 한 것이니, 연례는 寢에서 거행함을 이른다. 만약 조현하는 예라면 饗禮와 食禮를 모두 廟에서 거행한다.

○ 〔每門讓於客〕 매번 문에 들어설 때마다 손님에게 양보하는 것은 스스로 겸손하게 낮추어서 賓에게 공경을 표하는 것이다.

【疏】 ○ 注'迎於'至'門內'. ○ 正義曰 : "迎於大門外", 證敵者則主人自出. "聘禮云 君迎賓於大門內"者, 證不敵者主人不出門也. 使者是彼臣, 故主君迎至門內而不出也.

○ 注의 〔迎於〕에서 〔門內〕까지

○ 正義曰 : '迎於大門外'는 신분이 대등한 경우라면 주인이 스스로 나옴을 증명한 것이다. '聘禮云 君迎賓於大門內'는 신분이 대등하지 않은 경우 주인이 문을 나가지 않음을 증명한 것이다. 사신은 다른 나라의 신하이므로 주인 나라의 군주가 맞이하여 문 안에까지는 가지만 나가지 않는다.

【疏】〔○〕[1]"客至於寢門, 則主人請入爲席", 寢門, 最內門也, 謂客與主人入至主人內門也. "主人請入爲席"者, 爲猶敷也. 客至於內門, 而主人請先獨入敷席也. 然主人嚮已應正席, 今客至門, 方請先入敷席者, 其意有二, 一則自謙, 示不敢逆設席以招賢也, 二則重愼, 更宜視之.

1)〔○〕: 저본에는 부호 '○'가 없으나, 본서의 체제에 의거하여 보충하였다.

○〔客至於寢門 則主人請入爲席〕'寢門'은 가장 안쪽에 있는 문이니, 손님과 주인이 들어가 주인의 안쪽 문에 다다른 것을 이른다. '主人請入爲席'은, '爲'는 〈'펴다'의 뜻인〉 '敷'와 같다. 손님이 안쪽 문에 이르면 주인이 자기가 홀로 먼저 들어가 돗자리를 펴겠다고 청한다. 그러나 주인은 이미 응당 돗자리를 바르게 펴놓았을 것인데 지금 손님이 문에 이르렀을 때야 비로소 먼저 들어가 돗자리를 펴겠다고 청한 것은, 두 가지 뜻이 있다. 하나는 스스로 겸양한 것이니, 감히 미리 돗자리를 진설하여 賢者를 초빙하지 못함을 보여주는 것이다. 다른 하나는 신중함을 중히 여긴 것이니, 다시 살펴보아야 하는 것이다.

【疏】○ 注'雖君亦然'. ○ 正義曰 : 知君迎臣, 君亦先入者, 案聘禮云"及廟門[1], 公揖入, 〔立〕[2]于中庭[3]"是也. 若敵者則更出迎, 其不敵則不出迎, 故聘禮云"立於中庭", 注"不復(부)出, 如此得君行一, 臣行二"是也. 聘禮君使卿歸饔餼(옹희)[4]於賓, 賓迎於門外, 及廟門, 賓揖俱入. 是敵禮不重出迎者, 尊主君之命, 不敢當也. 聘禮賓見主國大夫, 及廟門, 大夫揖入, 不出迎者, 尊聘君之命, 不敢當也.

1) 廟門 : '廟'는 祧廟, 즉 始祖廟를 이른다. 張惠言의 ≪儀禮圖≫ 권4 〈聘禮〉의 〈迎賓〉圖 自注에 따르면 廟는 路寢 동쪽에 있으니, 이미 雉門을 통과한 뒤 동쪽으로 가서 廟門 앞에 이른 것이다. 또 江永의 ≪鄕黨圖考≫ 권1 〈諸侯五廟圖〉에 따르면 정중앙에 시조묘가 있고 좌우에 각각 高祖廟·祖父廟의 昭廟와 曾祖廟·禰廟의 穆廟가 있다.
2)〔立〕: 저본에는 '立'이 없으나, ≪儀禮≫ 〈聘禮〉에 의거하여 보충하였다.
3) 中庭 : 廟堂 앞의 계단 아래 정중앙 부분을 이른다.
4) 饔餼(옹희) : 정현의 주에 따르면 '饔'은 죽인 희생을, '餼'는 살아 있는 희생을 이른다. 饔은 죽인 뒤에 삶아 익힌 희생인 '飪'과 아직 삶지 않은 생고기인 '腥'을 포괄한다.

○ 注의〔雖君亦然〕

○ 正義曰 : 군주가 신하를 맞이할 때도 군주가 먼저 들어감을 아는 것은, 살펴보면

≪儀禮≫ 〈聘禮〉에 이르기를 “廟門에 이르면 公이 揖을 하고 〈먼저〉 들어가 中庭에서 〈남향하여〉 선다.”라는 것이 이것이다. 만약 신분이 대등하다면 다시 나와서 맞이하며, 대등하지 않다면 나와서 맞이하지 않는다. 그러므로 〈빙례〉에 이르기를 “중정에서 선다.”라고 하였는데, 정현의 주에 “군주는 다시 나오지 않으니, 이렇게 하면 〈尊者는 편안하고 卑者는 수고로워야 하므로〉 군주가 하나 갈 때 신하는 둘을 갈 수 있게 된다.”라고 한 것이 이것이다. 〈빙례〉에서 군주가 卿을 시켜 賓에게 饔餼를 보내주면 賓이 문밖에서 맞이하니, 묘문에 이르면 賓이 揖을 하고 함께 들어간다. 이렇게 신분이 대등한 禮에 다시 나와 맞이하지 않는 것은, 主君의 命을 존중하여 감히 대등하게 행할 수 없어서이다. 〈빙례〉에서 賓이 주인 나라의 大夫를 만나러 갔을 때 묘문에 이르면 대부가 揖을 하고 〈먼저〉 들어가고 다시 나와서 賓을 맞이하지 않는 것은, 聘問을 보낸 다른 나라 군주의 命을 존중하여 감히 대등하게 행할 수 없어서이다.

【疏】 ○“然後出迎客”者, 入鋪席竟, 後更出迎客也. ○“客固辭”者, 固, 如故也. 禮有(二)〔三〕[1)]辭, 初曰禮辭, 再曰固辭, 三曰終辭. 主人入鋪席竟, 出而迎客, 再辭, 不先入也. ○“主人肅客而入”者, 肅, 進也, 謂先導之也. 客以再辭, 故主人進導客也, 故公食大夫禮云“公揖入, 賓從”是也. ○“客若降等, 則就主人之階”者, 降等, 卑下之客也. 不敢亢禮, 故就主人階, 是繼屬於主人.

1) (二)〔三〕: 저본에는 ‘二’로 되어 있으나, 阮元의 교감기에서 監本・毛本에 ‘三’으로 되어 있는 것을 근거로 ‘三’이 되어야 한다고 한 것에 의거하여 ‘三’으로 바로잡았다.(阮元의 校勘記 참조)

○〔然後出迎客〕 〈주인은 먼저〉 들어가 돗자리를 펴는 일이 끝나면 이후에 다시 나와서 손님을 맞이한다.

○〔客固辭〕 ‘固’는 ‘예전대로’의 뜻이다. 禮에는 三辭가 있다. 처음 사양하는 것을 ‘禮辭’, 두 번째 사양하는 것을 ‘固辭’, 세 번째 사양하는 것을 ‘終辭’라고 한다. 주인이 들어가 돗자리를 펴는 일이 끝나면 나와서 손님을 맞이하는데, 손님은 재차 사양하여 먼저 들어가지 않는다.

○〔主人肅客而入〕 ‘肅’은 ‘나아가다’의 뜻이니, 먼저 인도한다는 말이다. 손님이 재차 사양하므로 주인이 앞으로 나아가 손님을 인도하는 것이다. 그러므로 ≪의례≫ 〈公食大夫禮〉에 이르기를 “公이 揖을 하고 먼저 들어가면 賓이 뒤따라 들어간다.”라고 한 것이 이것이다.

○〔客若降等 則就主人之階〕'降等'은 신분이 낮은 손님이다. 감히 대등한 禮를 행할 수 없으므로 주인의 계단에 나아가는 것이니, 이는 주인의 뒤를 이어서 가는 것이다.

【疏】 ○ 注'降下'至'自專'. ○ 正義曰：“謂大夫於君，士於大夫”者，此“大夫於君”，大夫謂他國大夫也. 案聘禮云“公迎賓，賓不就主人階.” 公食大夫禮“公迎賓，賓入門左.” 注云“左，西方.” 此皆是降等，不就主人階者，以聘禮及公食大夫禮竝奉己君之命，不可苟下主人，故從客禮也. 若君燕於臣，命宰夫爲主人，則主人與賓皆從西階升[1]，與此異也. 案聘禮賓面[2]主國大夫，他國大夫是敵禮，賓亦入門右. 鄭注“見私事，雖敵賓，猶謙，入門右，爲若降等然.”

1) 主人與賓皆從西階升：≪儀禮≫〈燕禮〉에 “賓이 서쪽 계단으로 堂에 오르면 주인 또한 서쪽 계단으로 당에 오른다.〔賓升自西階 主人亦升自西階〕”라는 내용이 보인다. 정현의 주에 따르면 '主人'은 大宰의 屬官인 宰夫로 원래의 직임은 빈객을 위하여 음식을 올리는 일을 관장하는데, 군주가 직접 賓인 大夫에게 獻奏하면 대부가 대등한 예를 행할 수 없을까 하여 宰夫에게 주인의 일을 대신 행하게 하는 것이다. '賓'은 ≪의례≫〈연례〉에 “某를 명하여 賓으로 삼는다.〔命某爲賓〕”라고 하여 군주의 지명을 받는데, 정현의 주에 따르면 '某'는 大夫이다.

2) 面：聘問 간 사신이 사적으로 주인 나라의 대부를 만나는 것을 이른다. 공적으로 주인 나라의 군주를 만나는 것을 '聘', 공적으로 주인 나라의 卿을 만나는 것을 '問'이라 하며, 사적으로 주인 나라의 군주를 만나는 것을 '覿(적)'이라 한다.(敖繼公의 ≪儀禮集說≫ 참조)

○ 注의 〔降下〕에서 〔自專〕까지

○ 正義曰：'謂大夫於君 士於大夫'는, 여기의 '大夫於君'의 '大夫'는 다른 나라의 대부를 이른다. 살펴보면 ≪의례≫〈聘禮〉에 이르기를 “公이 賓을 맞이하면 賓은 주인의 계단으로 나아가지 않는다.”라고 하였고, ≪의례≫〈公食大夫禮〉에서는 “公이 賓을 맞이하면 賓은 문의 왼쪽으로 들어간다.”라고 하였는데, 정현의 주에 이르기를 “왼쪽은 서쪽이다.”라고 하였다. 여기의 賓들이 모두 신분이 낮은데도 주인의 계단으로 나아가지 않는 것은, 〈빙례〉와 〈공사대부례〉는 모두 자기 나라 군주의 命을 받들고 간 것이어서 주인에게 구차히 낮추어서는 안 되기 때문에 손님의 禮를 따른 것이다. 만약 군주가 신하에게 燕禮를 베풀어 宰夫에게 명하여 주인이 되게 하였다면 주인과 賓은 모두 서쪽 계단으로 당에 올라가니, 여기와 다르다. 살펴보면 〈빙례〉에서 賓이 주인 나라의 대부를 사적으로 만날 경우 다른 나라의 대부는 대등한 禮를 행하니 賓 또한 문

오른쪽으로 들어간다. 정현의 주에 이르기를 "사적인 일로 만날 경우는 비록 신분이 대등한 賓이라 할지라도 주인은 겸양하여 문 오른쪽으로 들어가서 마치 신분이 낮은 것처럼 한다."라고 하였다.

【疏】 ○"主人與客讓登"者, 客主至其階, 又各讓, 不先升也. ○"主人先登"者, 讓必以三, 三竟而客不從, 故主人先登, 亦肅客之義. 不言三者, 略可知也. ○"客從之"者, 言主人前, 升至第二級, 客乃升, 中較一級, 故云"從之"也. 公食禮云"公升二等, 賓升"是也. 案燕禮大射賓先升者, 公以宰夫爲主人, 賓尊也, 故下注云 "賓每先升, 尊也[1]." 案聘禮君使卿歸饔餼(옹희)於賓館, 卿升一等, 賓從. 於時賓爲主人不先升者, 卿銜主君之命, 尊, 故先升也. 至於賓設禮擯卿, 賓升一等, 大夫從升者, 以賓作主人故也. 〔○〕[2] "拾級聚足"者, 此上階法也. 拾, 涉也. 級, 等也. 聚足, 謂每階先擧一足, 而後足倂之, 不得後過前也. 涉等聚足, 謂前足躡一等, 後足從而倂之也. ○"連步以上"者, 上, 上堂也. 在級未在堂, 後足不相過, 故云"連步"也. 涉而升堂, 故云"以(也)〔上〕[3]".

1) 賓每先升 尊也 : ≪儀禮≫ 〈燕禮〉와 〈大射〉의 "賓揖乃升"에 대한 정현의 주에 보인다.
2) 〔○〕 : 저본에는 부호 '○'가 없으나, 본서의 체제에 의거하여 보충하였다.
3) (也)〔上〕 : 저본에는 '也'로 되어 있으나, 經文에 의거하여 '上'으로 바로잡았다.

○〔主人與客讓登〕 손님과 주인이 자기 계단 앞에 이르면 또 각각 사양하여 먼저 계단을 올라가지 않는다.

○〔主人先登〕 사양은 반드시 세 차례 하는데, 세 번의 사양이 끝나도 손님이 따르지 않으므로 주인이 먼저 올라가는 것이니, 또한 앞으로 나아가서 손님을 인도하는 뜻이다. '三'을 언급하지 않은 것은 생략해도 알 수 있기 때문이다.

○〔客從之〕 주인이 앞으로 나아가 계단을 오르는데 두 번째 계단에 이르면 손님이 비로소 계단을 올라가 그 간격이 한 계단 차이가 나므로 '從之'라고 한 것이다. ≪의례≫ 〈公食大夫禮〉에 이르기를 "公이 두 계단을 오르면 賓이 오른다."라고 한 것이 이것이다. 살펴보면 ≪의례≫ 〈燕禮〉와 〈大射〉에서 賓이 먼저 오르는 것은 公이 宰夫를 주인으로 삼아서 賓이 높기 때문이다. 그러므로 그다음에 나오는 정현의 주에 이르기를 "賓이 매번 먼저 오르는 것은 높기 때문이다."라고 한 것이다. 살펴보면 ≪의례≫ 〈聘禮〉에서 군주가 卿을 시켜 賓의 관사에 饔餼를 보냈을 때 卿이 한 계단을 오르면 賓이 뒤따라 오른다. 이때 賓이 주인으로서 먼저 계단을 올라가지 않은 것은, 卿이 주

인 나라 군주의 命을 받고 와서 높으므로 자기가 먼저 오르는 것이다. 그러나 賓이 禮를 베풀어 卿을 擯으로 삼았을 경우 賓이 한 계단을 오르면 대부가 뒤따라 오르는 것은 賓이 주인이 되었기 때문이다.

○〔拾級聚足〕이것은 계단을 올라가는 법이다. '拾'은 涉(건너다, 가다)이다. '級'은 等(계단)이다. '聚足'은 매 계단에 한 발을 먼저 들고 뒤의 발을 나란히 두어서 뒤의 발이 앞의 발을 넘지 못하게 하는 것을 이른다. '涉等聚足'은 앞의 발이 한 계단을 오르면 뒤의 발이 따라서 올라 두 발을 나란히 하는 것을 이른다.

○〔連步以上〕'上'은 堂에 오르는 것이다. 발이 계단에 있고 아직 당에 있지 않은데 뒤의 발이 앞의 발을 넘지 않으므로 '連步'라 한 것이다. 발을 모아가며 당에 오르므로 '以上'이라 한 것이다.

01-18-01 帷薄之外에 不趨하며

〈평상시 士의〉 휘장과 〈大夫의〉 발 밖에서는 〈공경을 표할 필요가 없으니〉 종종걸음으로 걷지 않으며,

【注】 不見尊者하니 行自由하여 不爲容也라 入則容하여 行而張足曰趨라

尊者를 뵙지 않으니 자유롭게 다녀서 용모를 꾸미지 않는 것이다. 들어가서는 용모를 꾸미고 다녀서 발을 벌리는 것을 '趨'라 한다.

堂上에 不趨하며

〈협소한〉 堂 위에서는 종종걸음으로 걷지 않으며,

【注】 爲其迫也니 堂下則趨라

협소하기 때문이니, 당 아래에서는 종종걸음으로 걷는다.

執玉不趨하며

옥을 잡고 있을 때는 〈옥이 깨질까 염려스러우니 딩 위에서나 당 아래에서나〉 종종걸음으로 걷지 않으며,

【注】志重玉也라 聘禮曰 上介授賓玉於廟門外[1)]라하니라

1) 上介授賓玉於廟門外 : ≪儀禮≫ 〈聘禮 記〉에 "上介가 圭를 매우 귀중한 물건처럼 잡고서 賓에게 건네준다.〔上介執圭如重 授賓〕"라고 하였는데, 賈公彦의 소에 이르기를 "이것은 당시 廟門 밖에서 주인 나라의 군주에게 장차 聘禮를 행하려 할 때 상개가 아래로 늘어진 繅(조)를 손에 잡고서 賓에게 주면 賓이 왼쪽 겉옷 소매를 다시 입고 이를 받는 의절을 이른다.〔此謂當時將聘於主君廟門外 上介屈繅以授賓 賓襲受之節〕"라고 하였다. '繅'는 圭를 받치는 사각형 받침대 끝에 단 오색 끈이다.

옥을 소중히 하는 데 뜻을 둔 것이다. ≪의례≫ 〈聘禮〉에, 上介가 廟門 밖에서 賓에게 옥을 준다고 하였다.

堂上에 接武하고

당 위에서는 반 발자국씩 겹쳐서 걷고

【注】武는 迹也니 迹相接은 謂每移足에 半躡之라 中人之迹은 尺二寸이라

'武'는 '발자국'의 뜻이니, 발자국이 서로 이어진다는 것은 매번 발을 옮길 때마다 반 발자국을 밟는 것을 이른다. 보통 사람의 발자국은 1척 2촌이다.

堂下에 布武하며

당 아래에서는 한 발자국씩 걸으며,

【注】〔布〕[1)]武는 謂每移足에 各自成迹하여 不[2)]相躡이라

1) 〔布〕: 저본에는 '布'가 없으나, 岳本과 衛氏集說을 근거로 '布'를 脫文으로 본 완원의 설에 의거하여 보충하였다.(阮元의 校勘記 참조)
2) 不 : 공영달의 소에는 이 뒤에 '半'이 있다.

'布武'는 매번 발을 옮길 때마다 각각 스스로 발자국을 이루어서 서로 밟지 않는 것을 이른다.

室中에 不翔하며

〈협소한〉 방안에서는 두 팔을 벌리고 다니지 않으며,

【注】又爲其迫也니 行而張拱曰翔이라

또 협소하기 때문이니, 다니면서 두 팔을 벌리는 것을 '翔'이라 한다.

竝坐不橫肱하며

다른 사람과 나란히 앉아 있을 때는 〈옆에 있는 사람에게 피해를 주기 때문에〉 팔을 가로로 뻗지 않으며,

【注】爲害旁人이라

옆 사람에게 피해를 주기 때문이다.

授立不跪하며 授坐不立이니라

〈尊者에게〉 물건을 줄 때 존자가 서 있을 경우에는 무릎을 꿇고 드리지 않으며, 존자가 앉아 있을 경우에는 서서 드리지 않는다.

【注】爲煩尊者俛仰受之라

尊者가 번거롭게 굽히거나 올려보고 받게 되기 때문이다.

【疏】'帷薄'至'不立'. ○ 正義曰：此一節言趨步授受之儀. 帷, 幔也. 薄, 簾也. 趨謂行而張足, 疾趨而行, 敬也. 貴賤各有臣吏, 故其敬處亦各有遠近也. 禮, 天子外屛, 諸侯內屛, 卿大夫以簾, 士以帷. 外屛, 門外爲之. 內屛, 門內爲之. "邦君樹塞門"是也. 臣來朝君, 至屛而加肅敬, 屛外不敬, 故不趨也. 今言"帷薄", 謂大夫士也. 其外不趨, 則內可趨, 爲敬也. 此帷薄外不趨, 謂平常法也. 若祭祀之禮, 爾雅云 "室中謂之時, 堂上謂之行, 堂下謂之步[1], 門外謂之趨, 中庭謂之走, 大路謂之奔." 知爾雅是祭祀者, 以召誥云 "王朝步自周, 則至於豐." 注[2]云"告文王廟. 告文王則告武王可知. 出廟入廟, 不以遠爲文"是也. 若迎賓, 則樂師云 "行以肆夏, 趨以采(齊)〔薺〕[3]." 行謂大寢[4]之庭至路門[5], 趨謂路門至應門. ○"堂上不趨"者, 亦謂不疾趨, 堂上迫狹故也. 下階則趨, 故論語云 "沒階, 趨進, 翼如也." 然論語云是孔子見於君也. 〔○〕[6]"執玉不趨"者, 執玉須愼, 不論

堂之上下, 皆不疾趨也. 若張足疾趨, 則或蹉跌失玉, 故不趨. 注云"聘禮曰'上介授賓玉於廟門外'"者, 引證賓有執玉於堂下時也. 賓當進聘, 故上介授賓玉於主人廟門外, 賓執玉進入門內, 不疾趨而爲徐趨. 徐趨者, 則玉藻云 "圈豚行, 不擧足, 齊(자)如流." 注云 "孔子執圭則然也." 又云 "執龜玉, 擧前曳踵, 蹜蹜如也." 注云 "著徐趨之事." 疾趨者, 則玉藻云 "疾趨則欲(授)〔發〕[7], 而手足毋移." 注云 "疾趨謂直行也. 疏數自若, 毋移, 欲其直且正也."〔○〕"堂上接武"者, 武, 跡也. 旣不欲疾趨, 故跡相接也. 鄭云 "每移足, 半躡之." 王云 "足相接也." 庾云 "謂接則足連, 非半也." 武跡相接, 謂每移足半躡之也. 中人跡一尺二寸, 半躡之, 是每進六寸也. ○"堂下布武"者, 鄭謂每移足, 各自成跡, 不半相躡, 王云 "謂迹間容足." 若間容足, 則中武, 王說非也. ○"授立不跪"者, 謂尊者立之時, 卑者以物授尊者, 不得跪, 煩尊者俯俛. 若尊者形短, 雖卑者得跪以授之, 故少儀云 "受立授立, 不坐, 性之直者則有之也." 注云"尊者短則跪, 不敢以長臨之"是也.

1) 步 : ≪爾雅≫ 〈釋宮〉 邢昺의 疏에 ≪白虎通義≫를 인용하여 "사람은 3척을 밟으니 천지를 본받은 것이다. 사람이 재차 발을 드는 것을 '步'라 하니, 음양을 갖춘 것이다. 〔人踐三尺 法天地 人再擧足曰步 備陰陽也〕"라고 하였다. ≪禮記≫ 〈祭義〉 정현의 주에 따르면 발을 한 번 드는 것을 '跬(규)', 두 번 발을 드는 것을 '步'라 한다.

2) 注 : ≪書經≫에 대한 정현의 주석서로 ≪尙書注≫와 ≪尙書大傳注≫가 있다는 기록이 ≪後漢書≫ 권65 〈鄭玄列傳〉에 보이나 일실되어 후인이 채집한 서적만 전한다. 이하 인용된 注의 내용 중 '告文王廟 告文王則告武王可知'는 孔安國의 傳과 동일하며, '以召誥云……不以遠爲文'은 ≪爾雅≫ 〈釋宮〉 邢昺의 소에 보인다.

3) (齊)〔薺〕 : 저본에는 '齊'로 되어 있으나, '惠棟校宋本에 '薺'로 되어 있고 ≪周禮≫ 〈春官 樂師〉에 '薺'로 되어 있다는 것에 근거하여 '薺'가 되어야 한다고 한 완원의 설에 의거하여 '薺'로 바로잡았다.(阮元의 校勘記 참조)

4) 大寢 : 路寢으로, 천자와 제후가 정무를 처리하는 곳이다.

5) 路門 : 왕궁의 가장 안쪽에 있는 문이다. 본서 01-17-01의 도판 〈周城〉, 〈軒城〉 참조.

6) 〔○〕 : 저본에는 부호 '○'가 없으나, 본서의 체제에 의거하여 보충하였다. 아래도 같다.

7) (授)〔發〕 : 저본에는 '授'로 되어 있으나, 閩本·監本·考文宋板에 '發'로 되어 있고, ≪예기≫ 〈玉藻〉 정현의 주에 "'發'은 신발이 일어나는 것을 이른다.〔發謂起屨也〕"라고 한 것에 의거하여 '發'로 바로잡았다.(阮元의 校勘記 참조)

經의 〔帷薄〕에서 〔不立〕까지

○ 正義曰 : 이 절은 종종걸음으로 가는 儀節과 주고받는 의절을 말한 것이다.

〔帷薄之外 不趨〕 '帷'는 휘장〔幔〕이다. '薄'은 발〔簾〕이다. '趨'는 다닐 때 발을 벌려

종종걸음으로 빨리 가는 것이니, 공경하는 것이다. 신분이 높은 사람이든 낮은 사람이든 각각 부리는 신하가 있으므로 그 공경하는 곳에 또한 각각 멀고 가까움이 있는 것이다. 禮에 따르면 천자는 外屛이고, 제후는 內屛이고, 卿과 大夫는 발을 드리우고, 士는 휘장을 드리운다. '外屛'은 문밖에 가림벽을 세우는 것이고, '內屛'은 문안에 가림벽을 세우는 것이니, ≪論語≫ 〈八佾〉에서 "제후는 가림벽으로 문을 가릴 수 있다."라고 한 것이 이것이다. 신하가 군주에게 조회 왔을 때 가림벽에 이르면 더욱 공경하니, 가림벽 밖에서는 공경하지 않으므로 종종걸음으로 가지 않는다. 지금 '帷薄'이라고 한 것은 大夫와 士를 이른다. 휘장과 발 밖에서는 종종걸음으로 가지 않는다면 휘장과 발 안에서는 종종걸음으로 간다는 것이니, 공경하기 때문이다. 이 휘장과 발 밖에서는 종종걸음으로 가지 않는다는 것은 평상시의 법을 이른다. 만약 제사 지내는 禮라면 ≪爾雅≫ 〈釋宮〉에 이르기를 "室 안에서 걷는 것을 〈때가 되어야 움직이므로〉 '時'라 이르고, 당 위에서 걷는 것을 '行'이라 이르고, 당 아래에서 걷는 것을 '步'라 이르고, 문밖에서 가는 것을 '趨'라 이르고, 中庭에서 걷는 것을 〈종종걸음으로 빨리 걸으므로〉 '走'라 이르고, 大路에서 걷는 것을 〈큰 걸음으로 빨리 걸으므로〉 '奔'이라 이른다."라고 하였다. ≪이아≫의 글이 제사 지낼 때의 상황임을 아는 것은, ≪書經≫ 〈周書 召誥〉에 이르기를 "成王이 아침에 周나라의 鎬京으로부터 步하여 가서 豐에 이르렀다."라고 하였는데, 주에 이르기를 "〈豐에 이르러 도읍을 옮기는 일로〉 文王의 廟에 고한 것이다. 문왕에게 고했다면 武王에게 고했음을 알 수 있다. 廟에서 나가거나 廟로 들어갈 때는 〈공경하는 곳에서〉 멀다는 것으로 글을 삼지 않는다."라고 한 것이 이것이다. 만약 賓을 맞이한다면 ≪주례≫ 〈春官 樂師〉에 이르기를 "行할 때는 〈肆夏〉 곡에 맞추어 걷고, 趨할 때는 〈采薺〉 곡에 맞추어 걷는다."라고 하였다. '行'은 大寢의 뜰에서부터 路門까지 가는 것을 이르며, '趨'는 路門에서부터 應門까지 가는 것을 이른다.

○〔堂上不趨〕 마찬가지로 종종걸음으로 빨리 가지 않는 것을 이르니, 당 위는 협소하기 때문이다. 계단을 내려와서는 종종걸음으로 걸으므로 ≪논어≫ 〈鄕黨〉에 이르기를 "계단을 다 내려와서는 종종걸음으로 빨리 나아가되 새가 나래를 편 듯이 하셨다."라고 하였다. 그러나 ≪논어≫에서 말한 것은 공자가 군주를 알현할 때이다.

○〔執玉不趨〕 옥을 잡았을 때는 조심해야 하니 당 위든 당 아래든 논할 것 없이 모두 종종걸음으로 빨리 가지 않는다. 만약 발을 벌려 종종걸음으로 빨리 걸으면 혹 넘어져서 옥을 잃을 수도 있으므로 종종걸음으로 가지 않는다. 정현의 주에 이르기를

“≪의례≫ 〈聘禮〉에, 上介가 廟門 밖에서 賓에게 옥을 준다고 하였다.”라고 한 것은, 이를 인용하여 賓이 당 아래에서 옥을 잡을 때가 있음을 증명한 것이다. 賓은 나아가 聘禮를 행해야 하므로 상개가 주인의 묘문 밖에서 賓에게 옥을 건네주면 賓이 옥을 잡고 나아가 문 안으로 들어가서 종종걸음으로 빨리 가지 않고 종종걸음으로 천천히 간다. 종종걸음으로 천천히 간다〔徐趨〕는 것은, ≪예기≫ 〈玉藻〉에 이르기를 “굴러가듯 발뒤꿈치를 끌며 느리게 가는 것이니, 발을 들지 않고 치마 아랫자락이 마치 물이 흘러가는 것처럼 한다.”라고 하였는데, 정현의 주에 이르기를 “공자는 圭를 잡으면 그렇게 하였다.”라고 하였다. 또 ≪예기≫ 〈옥조〉에 이르기를 “〈점을 치는〉 거북 껍질과 옥을 잡았을 때는 앞쪽 발을 들고 뒤쪽 발을 끌어서 보폭을 작게 한다.”라고 하였는데, 정현의 주에 이르기를 “종종걸음으로 천천히 가는 일을 드러낸 것이다.”라고 하였다. 종종걸음으로 빨리 간다〔疾趨〕는 것은, ≪예기≫ 〈옥조〉에 이르기를 “종종걸음으로 빨리 가게 되면 신발 앞쪽이 일어서 있는 것처럼 되지만 손과 발은 〈곧고 바르게 하여〉 구불구불 나아감이 없도록 한다.”라고 하였는데, 정현의 주에 이르기를 “‘종종걸음으로 빨리 간다〔疾趨〕’는 것은 곧게 가는 것을 이른다. 속도는 여전하나 구불구불 나아감이 없도록 하여 곧고 바르게 하려는 것이다.”라고 하였다.

○ 〔堂上接武〕 ‘武’는 발자국이다. 이미 종종걸음으로 빨리 가고자 하지 않으므로 발자국이 서로 이어지는 것이다. 정현은 말하기를 “매번 발을 옮길 때마다 반 발자국을 밟는 것이다.〔每移足 半躡之〕”라고 하였는데, 王肅은 “발이 서로 접하는 것이다.”라고 하였고, 庾蔚之는 “‘接’이라고 하였다면 발이 이어지는 것이니 반 발자국은 아니다.”라고 하였다. 발자국이 서로 접한다는 것은 매번 발을 옮길 때마다 반 발자국씩 밟는 것을 이른다. 평범한 사람은 발자국이 1尺 2寸이니, 반 발자국씩 밟는다면 이는 매번 6寸씩 나아가는 것이다.

○ 〔堂下布武〕 정현은 매번 발을 옮길 때마다 각각 스스로 발자국을 이루어서 반 발자국을 이른다고 하였는데, 王肅은 “발자국 사이에 발이 들어가는 것을 이른다.”라고 하였다. 만약 발자국 사이에 발이 들어간다면 이것은 발자국의 간격이 있는 것이니, 왕숙의 설은 틀린 것이다.

○ 〔授立不跪〕 尊者가 서 있을 때 卑者가 물건을 존자에게 주는 경우 무릎 꿇고 주어서 번거롭게 존자를 숙이게 해서는 안 된다는 말이다. 만약 존자가 키가 작다면 비록 비자라 하더라도 무릎 꿇고 주어도 된다. 그러므로 ≪예기≫ 〈少儀〉에 이르기를 “서 있는 자에게서 받거나 서 있는 자에게 줄 때는 무릎 꿇지 않으니, 〈존자가〉 타고

난 키가 작을 경우에는 〈비자가〉 무릎 꿇는 경우가 있다."라고 하였는데, 정현의 주에 이르기를 "〈존자에게서 받거나 존자에게 줄 때〉 존자가 키가 작으면 무릎 꿇으니, 감히 큰 키로 내려볼 수 없어서이다."라고 한 것이 이것이다.

01-19-01 凡爲長者하여 糞[1]之禮는 必加帚於箕上하며

1) 糞 : 陸德明의 音義와 考文宋板에는 '攘'으로 되어 있다. 육덕명의 음의에 따르면 '攘'은 '돗자리 앞을 비로 쓸다〔掃席前〕'의 뜻이다.

무릇 長者를 위하여 청소하는 예는, 〈처음 빗자루와 쓰레받기를 들고 갈 때〉 반드시 쓰레받기 위에 빗자루를 올려놓고 〈두 손으로〉 들어야 하며,

【注】 如是得兩手奉箕는 恭也니 謂初執而往時也라 弟子職曰 執箕膺擖(엽)[1]하고 厥中有帚라하니라

1) 擖(엽) : 陸德明의 音義에는 '葉'으로 되어 있고, ≪管子≫ 〈弟子職〉에는 '揲(설)'로 되어 있다. 段玉裁에 따르면 무릇 숟가락에서 물건을 담는 부분이나 쓰레받기의 넓은 바닥 부분을 모두 '葉'이라고 한다. 혹 '楪'이나 '欇(엽)'으로 쓰기도 하고, 혹 '揲'로 잘못 쓰기도 하는데, 古音에 巤과 葛은 음이 비슷하였다.(阮元의 校勘記 참조)

이처럼 두 손으로 쓰레받기를 받쳐 들어야 하는 것은 공손히 하기 위한 것이니, 처음 쓰레받기를 들고 갈 때를 이른다. ≪管子≫ 〈弟子職〉에 이르기를 "쓰레받기를 잡을 때 쓰레받기의 넓은 쪽이 자기 가슴 앞으로 오도록 잡고 쓰레받기 안에 빗자루를 둔다."라고 하였다.

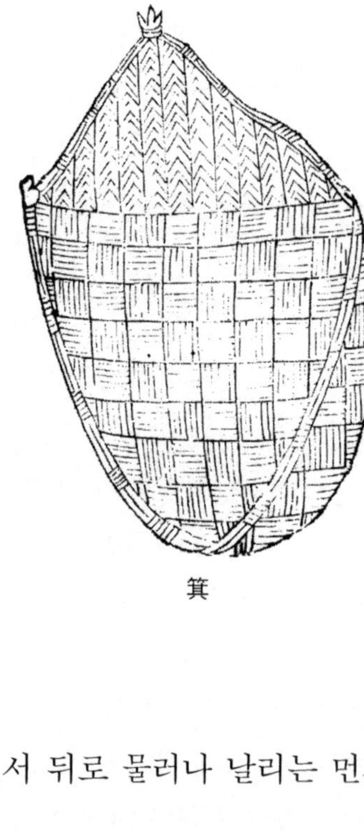
箕

以袂로 拘而退하여 其塵이 不及長者케하며

〈청소할 때는〉 소매로 빗자루의 앞을 가리고 쓸면서 뒤로 물러나 날리는 먼지가 長者에게 가지 않게 하며,

【注】 謂埽時也라 以袂擁帚之前하고 埽而却行之라

청소할 때를 이른다. 소매로 빗자루의 앞을 가리고 쓸면서 뒤로 물러나 간다.

以箕로 自鄕而扱(흡)之니라

〈오물을 담을 때는〉 쓰레받기를 자신을 향하게 하여 오물을 쓸어 담아야 한다.

【注】 扱[1]은 讀曰吸이니 謂收糞時也라 箕去弃[2]物하니 以鄕尊者면 則不恭이라

1) 扱 : 惠棟校宋本에는 '끌어당기다'의 뜻인 '扳(반)'으로 되어 있다.(阮元의 校勘記 참조)

2) 弃 : 閩本·監本·毛本·嘉靖本·衛氏集說에는 '棄'로 되어 있다. 완원은, 공영달의 정의에 '棄'로 되어 있음으로 인해 정현 주의 '弃'를 '棄'로 바꾼 것이라고 하였다.(阮元의 校勘記 참조) '弃'는 '棄'의 重文이다.(王力의 ≪王力古漢語字典≫ 참조)

'扱'은 '吸(흡)'으로 읽어야 하니, 오물을 담을 때를 이른다. 쓰레받기는 버리는 물건을 제거하는 것이니, 尊者에게 향하게 하면 공손하지 못한 것이다.

奉席如橋衡하며

〈尊者를 위해〉 돗자리를 받들어 올릴 때는 두레박의 횡목처럼 〈왼쪽은 높고 오른쪽은 낮게〉 들며,

【注】 橫奉之로되 令左昂(앙)[1]右低하여 如有首尾然이라 橋는 井上㮨槔(결고)[2]니 衡上低昂이라

1) 昂(앙) : 陸德明의 音義에는 '卬'으로 되었다. 육덕명의 음의에 따르면 '仰'으로 되어 있는 판본도 있으며, 昂·卬·仰은 음과 뜻이 동일하다.

2) 㮨槔(결고) : '㮨'은 陸德明의 音義에 따르면 '契' 또는 '絜'로도 쓰며, 음은 모두 '결'이다. '㮨槔'는 '두레박' 또는 '두레박 위의 橫木'으로, '絜皐' 또는 '桔槹'로도 쓴다. ≪莊子≫ 〈天運〉에 "또 그대는 홀로 저 두레박을 보지 않았는가. 두레박은 당기면 엎어지고 놓으면 위를 본다네.〔且子獨不見夫桔槹者乎 引之則俯 舍之則仰〕"라는 구절이 보인다.

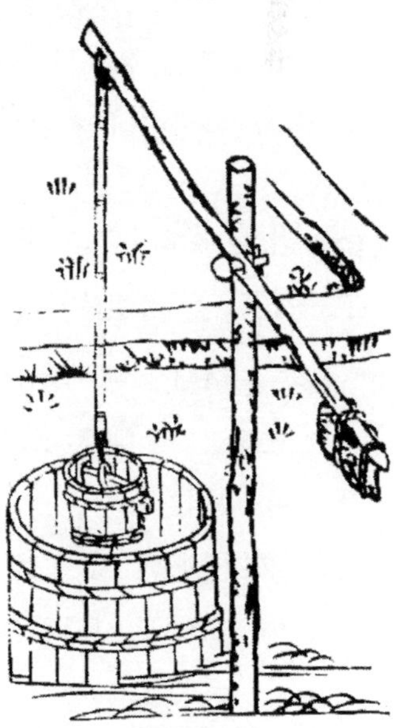

桔槹

가로로 받쳐 들되 왼쪽은 높고 오른쪽은 낮게 하여 마치 머리와 꼬리가 있는 것처럼 한다. '橋'는 우물 위의 두레박이니, 횡목 위에서 낮아졌다 높아졌다 한다.

請席何鄉하며 **請衽何趾**니라

앉을 돗자리를 펼 때는 어느 쪽으로 얼굴을 향하고 앉을 것인지를 여쭈며, 누울 돗자리를 펼 때는 어느 쪽으로 발을 뻗고 누울 것인지를 여쭙는다.

【注】 順尊者所安也라 衽은 臥席也라 坐問鄉하고 臥問趾는 因於陰陽이라

尊者가 편안히 여기는 바를 따르는 것이다. '衽'은 누울 돗자리이다. 앉을 때 얼굴이 향할 바를 묻고 누울 때 발을 둘 곳을 묻는 것은 陰陽을 따른 것이다.

席이 **南鄉北鄉**엔 **以西方爲上**하고 **東鄉西鄉**엔 **以南方爲上**이니라

돗자리가 남향이나 북향일 때는 서방을 윗자리로 삼고, 동향이나 서향일 때는 남방을 윗자리로 삼는다.

【注】 布席無常하니 此其順之也라 上은 謂席端也라 坐在陽則上左하고 坐在陰則上右라

돗자리를 펴는 것은 일정함이 없으니, 이것은 〈尊者의 뜻을〉 따르기 때문이다. '上'은 돗자리 끝을 이른다. 〈남방이나 동방처럼〉 陽方의 돗자리에 앉으면 왼쪽을 윗자리로 삼고 〈북방이나 서방처럼〉 陰方의 돗자리에 앉으면 오른쪽을 윗자리로 삼는다.

【疏】 '凡爲'至'爲上'. ○ 正義曰：此一節明爲尊者埽除布席之儀, 各隨文解之. ○"必加帚於箕上"者, 謂初持箕往時也, 以帚加置箕上, 兩手擧箕也.

經의 〔凡爲〕에서 〔爲上〕까지

○ 正義曰 : 이 절은 尊者를 위하여 청소하고 돗자리를 펴는 의절을 밝힌 것이니, 각각 글을 따라 풀이하겠다.

○〔必加帚於箕上〕 처음 쓰레받기를 잡고 갈 때를 이르니, 빗자루를 쓰레받기 위에 두고 두 손으로 쓰레받기를 든다.

【疏】 ○ 注'弟子職曰 執箕膺擖(엽), 厥中有帚.' ○ 正義曰：證加帚箕上. 弟子職者, 管

子之書篇名也, 其書述爲弟子職也. 膺, 胸前也. 揭, 箕舌也. 厥, 其也. 言執箕之禮, 以箕舌嚮胸而帚置於箕中, 箕是棄物之器, 故不持嚮尊也.

○ 注의〔弟子職曰 執箕膺揭 厥中有帚〕

○ 正義曰 : 쓰레받기 위에 빗자루를 올리는 것을 증명한 것이다. '弟子職'은 ≪管子≫의 편명이니, 이 책은 弟子의 직분을 기술하였다. '膺'은 가슴 앞이다. '揭'은 쓰레받기의 넓은 바닥 부분이다. '厥'은 '其'이다. 쓰레받기를 잡는 禮는 쓰레받기의 넓은 바닥 부분을 자기 가슴으로 향하게 하고 빗자루를 쓰레받기 안에 둠을 말한 것이니, 쓰레받기는 물건을 버리는 기물이므로 이를 잡고 尊者에게 향하지 않는다.

【疏】 ○ "以袂拘而退"者, 謂埽時也. 袂, 衣袂也. 退, 遷也. 當埽時, 却遷, 以一手捉帚, 又擧一手, 衣袂以拘障於帚前, 且埽且遷, 故云"拘而退". ○ "以箕自鄕而扱之"者, 扱, 斂取也. 謂以箕自鄕, 斂取糞穢, 亦不以箕鄕尊也.

○〔以袂拘而退〕 청소할 때를 이른다. '袂'는 옷소매이다. '退'는 옮겨가는 것이다. 청소할 때 물러나며 옮겨가는데, 한 손으로는 빗자루를 잡고 또 다른 한 손은 들어서 옷소매로 빗자루 앞을 가리고 쓸면서 옮겨가므로 '拘而退'라고 한 것이다.

○〔以箕自鄕而扱之〕 '扱'은 거두어 취하는 것이다. 쓰레받기를 자기 쪽으로 향하게 하여 오물을 거두어 취함을 이르니, 또한 쓰레받기가 尊者에게 향하지 않게 하는 것이다.

【疏】 ○ 注'扱讀曰吸'. ○ 正義曰 : 必讀扱爲吸者, 以其穢物少, 吸然則盡, 不得爲一扱再扱, 故讀從吸也.

○ 注의〔扱讀曰吸〕

○ 正義曰 : 반드시 '扱'을 '吸'으로 읽어야 하는 것은, 그 오물이 적어 순식간에 다 없어져서 한 번 두 번 계속 거두어 취하지 못하므로 음을 '吸'의 뜻을 따른 것이다.

【疏】 ○ "奉席如橋衡"者, 所奉席席頭令左昻右低, 如橋之衡. 衡, 横也. 左尊故昻, 右卑故垂也. 但席舒則有首尾, 卷則無首尾, 此謂卷席奉之法, 故注云"如有首尾然". 言如有, 則實無首尾. 至於舒席之時, 則有首尾, 故公食禮云 "莞(완)[1]席尋, 卷自末." 注云 "末, 終也." 終則尾也. ○ "請席何鄕, 請衽何趾"者, 旣奉席來, 當隨尊者所欲眠坐也. 席, 坐席也. 鄕, 面也. 衽, 臥席也. 趾, 足也. 坐爲陽, 面亦陽也. 坐, 故問面欲何

所鄕也. 臥是陰, 足亦陰也. 臥, 故問足欲何所趾也. 皆從尊者所安也.

1) 莞(완) : ≪儀禮≫ 〈公食大夫禮 記〉에는 '萑(환)'으로 되어 있다. '莞'은 왕골이며, '萑'은 가는 갈대이다.

○ 〔奉席如橋衡〕 받든 돗자리의 돗자리 끝이 왼쪽은 높고 오른쪽은 낮게 하여 마치 두레박 위의 횡목처럼 되게 하는 것이다. '衡'은 '橫'이다. 왼쪽은 높으므로 돗자리를 높게 들고, 오른쪽은 낮으므로 돗자리를 아래로 드리우는 것이다. 다만 돗자리는 폈을 때는 머리와 꼬리가 있고 둘둘 말려 있을 때는 머리와 꼬리가 없는데, 여기에서는 돗자리를 말아서 받드는 법을 말한 것이므로 정현의 주에서 '如有首尾然'이라고 한 것이다. '如有'라고 말하였다면 실은 머리와 꼬리가 없는 것이다. 돗자리를 폈을 때는 머리와 꼬리가 있으므로 ≪儀禮≫ 〈公食大夫禮 記〉에 이르기를 "길이 8尺인 왕골 돗자리를 준비하는데 末에서부터 말아둔다."라고 하였는데, 정현의 주에 이르기를 "末은 終이다."라고 하였다. '終'은 바로 꼬리이다.

○ 〔請席何鄕 請衽何趾〕 이미 돗자리를 받들고 왔으면 마땅히 尊者가 자고 싶거나 앉고 싶은 곳을 따라야 한다. '席'은 앉을 돗자리〔坐席〕이다. '鄕'은 얼굴이다. '衽'은 누울 돗자리〔臥席〕이다. '趾'는 발이다. 앉는 것은 陽이고 얼굴 역시 陽이니, 앉는 것이므로 얼굴을 어디로 향하고자 하는지 묻는 것이다. 눕는 것은 陰이고 발 역시 陰이니, 눕는 것이므로 발을 어디에 두고자 하는지 묻는 것이다. 이는 모두 尊者가 편안해하는 바를 따른 것이다.

【疏】 ○ 注'衽, 臥席也'. ○ 正義曰 : 案昏禮同牢禮[1)]畢, 將臥, 云"御衽於奧(오), 媵(잉)衽良席, 有枕, 北趾[2)]", 此是衽爲臥席也.

1) 同牢禮 : 혼례 때 신랑과 신부가 동일한 犧牲을 먹는 의식으로, 후에는 혼례를 지칭하게 되었다. 정현의 주에 따르면 '동일한 희생을 먹는 것은 친애함을 보이기 위한 것〔同牢示親〕'이다.

2) 御衽於奧(오)……北趾 : ≪儀禮≫ 〈士昏禮〉에는 "御衽于奧 媵衽良席在東 皆有枕 北止"로 되어 있어 다소 문자의 출입이 있다. '御'는 신랑의 시종이다. '奧'는 室 안의 서남쪽 모퉁이이다. '媵'은 신부를 따라 시집가는 사람으로, 신부의 조카딸이나 여동생을 이른다.

○ 注의 〔衽 臥席也〕

○ 正義曰 : 살펴보면 ≪儀禮≫ 〈士昏禮〉에서 同牢禮가 끝나고 장차 잠자리에 들려고 할 때, 이르기를 "御가 室의 서남쪽 모퉁이에 〈신부의〉 요를 펴고 媵이 〈신부의 요 동

쪽에〉 신랑의 돗자리를 펴는데, 〈모두〉 베개를 〈남쪽에〉 두고 발이 북쪽으로 가게 한다."라고 하였는데, 이것이 바로 衽이 요〔臥席〕인 것이다.

【疏】○"席南鄕北鄕, 以西方爲上"者, 謂東西設席, 南鄕北鄕, 則以西方爲上頭也. 所以然者, 凡坐隨於陰陽, 若坐在陽則貴左, 坐在陰則貴右, 南坐是陽, 其左在西, 北坐是陰, 其右亦在西也, 俱以西方爲上. ○"東鄕西鄕, 以南方爲上"者, 謂南北設席, 皆以南方爲上者[1]. 坐在東方西鄕, 是在陽, 以南方爲上. 坐若在西方東鄕, 是在陰, 亦以南方爲上. 亦是坐在陽則上左, 坐在陰則上右. 此據平常布席如此, 若禮席則不然. 案鄕飮酒禮注云"賓席牖前南面, 主人席阼階上西面, 介席西階上東面." 與此不同是也.

1) 者 : 浦鏜의 교감기에서는 '若'의 誤字로 추정하였다.(阮元의 校勘記 참조)

○〔席南鄕北鄕 以西方爲上〕 동서로 돗자리를 펴서 남향이나 북향이 되게 할 때는 서방을 윗자리로 삼는다는 말이다. 그 이유는, 일반적으로 앉을 때 陰陽을 따라서 앉아야 하기 때문이다. 만약 陽의 위치에 앉으면 왼쪽을 귀하게 여기고, 陰의 위치에 앉으면 오른쪽을 귀하게 여기니, 남방에 앉는 것은 陽의 위치이니 왼쪽이 서쪽에 있게 되고 북방에 앉는 것은 陰의 위치이니 오른쪽이 또한 서쪽에 있게 되어 모두 서방을 윗자리로 삼게 된다.

○〔東鄕西鄕 以南方爲上〕 남북으로 돗자리를 펼 때는 모두 남방을 윗자리로 삼는다는 말이다. 동방에서 서향으로 앉는다면 이는 陽의 위치에 앉는 것이니 남방을 윗자리로 삼고, 서방에서 동향하여 앉는다면 이는 陰의 위치에 앉는 것이니 또한 남방을 윗자리로 삼는다. 마찬가지로 陽의 위치에 앉는다면 왼쪽이 윗자리가 되고, 陰의 위치에 앉게 되면 오른쪽이 윗자리가 된다. 이것은 평소 돗자리 펴는 것이 이렇다는 것에 근거한 것이니, 만약 禮席이라면 이렇지 않다. 살펴보면 ≪의례≫ 〈鄕飮酒禮〉 정현의 주에 이르기를 "賓의 돗자리는 堂 위 창문 앞에 남향으로 펴고, 주인의 돗자리는 당 위 동쪽 계단 위쪽에 서향으로 펴며, 介의 돗자리는 당 위 서쪽 계단 위쪽에 동향으로 편다."라고 하여 여기 경문과 다른 것이 이것이다.

01-19-02 若非飮食之客이어든 則布席호되 席間이 函丈이니라

만약 음식을 함께할 손님이 아니면 〈講說을 나눌 손님이므로〉 돗자리를 펴되

〈서로 마주 보도록 펴는데,〉 돗자리 사이에 〈손가락으로 그려 보일 수 있기에 충분하도록〉 1丈의 간격을 띄운다.

【注】 謂講問之客也라 函은 猶容也라 講問에 宜相對니 容丈이면 足以指畫(획)也라 飮食之客은 布席於牖前이라 丈은 或爲杖이라

강설을 나눌 손님을 이른다. '函'은 〈'용납하다'의 뜻인〉 '容'과 같다. 강설을 나눌 때 서로 마주해야 하니, 1丈이 용납되면 손가락으로 그려 보일 수 있다. 음식을 함께할 손님은 돗자리를 당 위 창문 앞에 편다. '丈'은 혹 '杖'으로 된 판본도 있다.

主人이 跪하여 正席이어든

주인이 무릎 꿇고 앉아 〈손님을 공경하는 의미에서〉 돗자리를 정돈하면

【注】 雖來講問이나 猶以客禮待之하여 異於弟子라

비록 강설을 나누러 왔으나 그래도 손님의 禮로 대접하여 弟子와 달리 대한다.

客이 跪하여 撫席而辭하며

손님이 무릎 꿇고 앉아 돗자리를 손으로 눌러 사양하며,

【注】 撫之者는 答主人之親正이라

돗자리를 누르는 것은 주인이 직접 정돈하는 것에 대해 답하는 것이다.

客이 徹重席호되 主人이 固辭니

손님이 포갠 돗자리를 거두려고 해도 주인이 재차 사양해야 하니,

【注】 徹은 去也니 去重席은 謙也라 再辭曰固[1]라

1) 固 : 陸德明의 音義에 따르면 이 뒤에 '辭'가 있는 판본도 있다. 考文宋板에서는 古本을 인용하여 이 뒤에 '辭也' 2자가 있다고 하였다.(阮元의 校勘記 참조)

'徹'은 '제거하다'의 뜻이니, 포갠 돗자리를 제거하는 것은 겸손한 것이다. 재차 사양하는 것을 '固'라 한다.

客이 **踐席**이어야 **乃坐**니라

손님이 〈앉으려고 도로〉 돗자리를 밟아야 주인이 비로소 앉는다.

【注】 客安이라야 主人이 乃敢安也니 講問宜坐라

손님이 안정되어야 주인이 비로소 감히 안정할 수 있으니, 강설을 나눌 때는 앉아야 한다.

主人이 **不問**이어든 **客**이 **不先擧**니라

주인이 〈손님에게 오는 동안의 안부와 찾아온 연유를〉 묻지 않으면 손님이 먼저 말을 꺼내지 않아야 한다.

【注】 客自外來하니 宜問其安否無恙(양)과 及所爲來故라

손님은 밖에서 온 것이니 의당 그 안부와 근심 여부 및 찾아온 이유를 물어야 한다.

將卽席호되 **容毋怍**(작)하며

〈제자가 처음 물어보러 와서〉 돗자리에 나아가려 할 때 〈낯빛을 엄숙하게 하고〉 낯빛이 변해서는 안 되며,

【注】 怍은 顔色變也라

'怍'은 낯빛이 변하는 것이다.

兩手로 **摳衣**하여 **去齊**(자)**尺**하며

〈치맛자락을 밟고 넘어지지 않도록〉 두 손으로 치마의 앞자락을 걷어 올려 치마의 아랫자락이 땅에서 1尺이 떨어지게 하며,

【注】 齊는 謂裳下緝也라

'齊'는 치마의 아랫자락을 이른다.

衣毋撥하며

〈자리에 앉은 뒤에는 옷깃을 포개어서〉 옷은 펄럭이지 않게 하며,

【注】 撥은 發揚貌라

'撥'은 펄럭이는 모습이다.

足毋蹶(궐)이니라

걷는 것은 급하게 하지 말아야 한다.

【注】 蹶은 行遽貌라

'蹶'은 걷는 것이 급한 모습이다.

【疏】 '若非'至'毋蹶'. ○ 正義曰：此一節明客主之禮儀. 云"若非飮食之客"者, 飮食之客, 謂來共飮食者. 非飮食客, 謂來講問者. 布席, 謂舒之令相對. 若飮食之客, 不須相對, 若講問之客, 布席相對, 須講說指畫, 使相見也. ○"席間函丈"者, 函, 容也. 旣來講說, 則所布兩席, 中間相去使容一丈之地, 足以指畫也. 文王世子云 "侍坐於大司成, 遠近間三席." 席之制, 三[1]尺三寸三分寸之一, 則三席是一丈, 故鄭云"容丈"也.

1) 三：浦鏜校本에는 이 앞에 '廣'을 보충하였는데, 이는 今本 ≪禮記≫ 〈文王世子〉 정현의 주와 동일하다.(阮元의 校勘記 참조)

經의 〔若非〕에서 〔毋蹶〕까지

○ 正義曰：이 절은 손님과 주인의 예의를 밝힌 것이다. '若非飮食之客'이라 한 것은, '飮食之客'은 함께 먹고 마시기 위해 온 사람을 이르니, '非飮食之客'은 강설을 나누러 온 사람을 이른다. '布席'은 펴서 서로 마주하도록 한 것을 이른다. 만약 음식을 함께할 손님이라면 서로 마주할 필요가 없지만, 만약 강설을 나눌 손님이라면 돗자리를 서로 마주하도록 펴서 강설할 때 손으로 그리면 서로 볼 수 있도록 해야 한다.

○〔席間函丈〕'函'은 용납하다는 뜻이다. 이미 강설을 나누러 왔다면 펴는 두 개의 돗자리는 그 사이의 거리가 1丈의 공간이 용납되도록 하여 손으로 그릴 수 있게 한다. ≪예기≫ 〈文王世子〉에 이르기를 "大司成을 모시고 앉은 자는 두 사람의 거리가 돗자

리 세 개를 용납할 수 있도록 띄운다."라고 하였다. 돗자리의 제도는 〈너비가〉 3尺 3과 3분의 1寸이니, 돗자리 3개는 1丈이 된다. 그러므로 정현이 '容丈'이라 한 것이다.

【疏】 注'講問'至'爲杖'. ○ 正義曰：凡飮食燕饗, 則賓位在室外牖前, 列筵南嚮, 不得布席相對. 相對者, 唯講說之客耳. 不在牖前, 或在於室. 云"丈或爲杖"者, 王肅以爲杖, 言古人講說, 用杖指畫, 故使[1]容杖也. 然二家可會.

1) 使 : 監本·毛本·衛氏集說에는 '或'으로 되어 있다.(阮元의 校勘記 참조)

注의 〔講問〕에서 〔爲杖〕까지

○ 正義曰 : 무릇 음식을 함께하는 燕禮나 饗禮에는 賓의 자리가 〈堂 위의〉 室의 밖 창문 앞에 있어서 돗자리를 남향으로 펴니, 돗자리가 서로 마주하도록 펴서는 안 된다. 돗자리를 서로 마주하도록 펴는 것은 오직 강설을 나눌 손님일 때만 이렇게 한다. 〈강설을 나눌 손님일 경우〉 창문 앞에 펴지 않으니, 혹 室 안에 펴기도 한다. '丈或爲杖'이라 한 것은, 王肅은 〈경문의 '丈'을〉 '杖'으로 여겼으니, 옛사람은 강설할 때 지팡이로 가리켜 그렸으므로 지팡이를 용납할 수 있도록 한 것이라고 하였다. 그러나 정현과 왕숙 두 사람의 설이 모두 이치에 맞는다.

【疏】 ○"主人跪正席"者, 客雖來講問, 而主人宜敬, 故跪而正席, 示親客之來也. 雖來講問, 猶以客禮待之, 異於弟子也. ○"客跪撫席而辭"者, 撫謂以手按止之也. 客跪以手按止於席而辭, 不聽主人之正席也. 撫之者, 答主人之親正席也. ○"客徹重席"者, 禮器云"諸侯三重[1], 大夫再重." 又鄕飮酒之禮"公三重, 大夫再重." 是尊者多, 卑者少, 故主人爲客設多重席, 客謙而自徹也. ○"主人固辭"者, 固辭, 再辭, 止客之徹也. 然尊卑有數, 而客必徹之者, 旣言講說, 本以德義相接, 不以尊卑爲用, 故雖尊猶自徹也. 〔○〕[2] "客踐席"者, 〔踐〕[3]猶履也. 客起徹重席, 主人止之, 故客還履席將坐. ○"乃坐"者, 主人待客坐乃坐也. ○"主人不問, 客不先擧"者, 擧亦問也. 客從外來, 宜問路中寒熱無恙. 若主人未問, 則客不可先問也. 爾雅釋詁云"恙, 憂也." ○"將卽席, 容無[4]怍"者, 此明弟子講問初來之法. 卽, 就也. 怍, 顔色變也. 初將來就席, 顔色宜莊, 不得變動顔色. ○"兩手摳衣, 去齊尺"者, 摳, 提挈也. 衣謂裳也. 齊是裳下緝也. 亦謂將就席之時, 以兩手當裳前提挈裳使起, 令裳下緝去地一尺, 恐衣長轉足躡(섭)履之也. 〔○〕"足毋蹶"者, 蹶, 行急遽貌也. 亦謂客初至之時, 勿得以爲行遽, 恐有蹶蹪(궐질)之貌也.

1) 諸侯三重 : ≪禮記≫ 〈禮器〉에는 '諸侯' 뒤에 '之席' 2자가 더 있다. 제후의 돗자리가 3중이라는 것은, 공영달의 소에 따르면 돗자리를 4개 겹친다는 말이다.
2) 〔○〕 : 저본에는 부호 '○'가 없으나, 본서의 체제에 의거하여 보충하였다. 아래도 같다.
3) 〔踐〕 : 저본에는 '踐'이 없으나, 경문에 의거하여 보충하였다.
4) 無 : 경문에는 '毋'로 되어 있다.

○〔主人跪正席〕 손님이 비록 강설을 나누러 왔더라도 주인은 공경해야 하므로 무릎 꿇고 돗자리를 정돈하여 손님이 찾아온 것에 대해 친근히 하는 뜻을 보이는 것이다. 비록 강설을 나누러 왔더라도 여전히 손님의 禮로 대하여 제자와 다르게 한다.

○〔客跪撫席而辭〕 '撫'는 손으로 눌러 만류하는 것을 이른다. 손님이 무릎 꿇고 돗자리를 손으로 눌러 만류하여 사양해서 주인이 돗자리를 정돈하지 못하도록 하는 것이다. 손으로 눌러 만류하는 것은 주인이 직접 돗자리를 정돈하는 것에 대해 답한 것이다.

○〔客徹重席〕 ≪禮記≫ 〈禮器〉에 이르기를 "제후의 돗자리는 3중으로 하고, 대부는 2중이다."라고 하였고, 또 ≪儀禮≫ 〈鄕飮酒禮〉에 "公은 돗자리를 3중으로 하고, 대부는 2중이다."라고 하였으니, 이는 尊者는 많고 卑者는 적은 것이다. 그러므로 주인이 손님을 위하여 여러 겹의 돗자리를 설치하는 것이니, 손님은 겸손하게 스스로 이를 거둔다.

○〔主人固辭〕 '固辭'는 재차 사양하는 것이니, 손님이 돗자리 거두는 것을 만류하는 것이다. 그러나 尊卑에 禮數가 있는데도 손님이 반드시 돗자리를 거두려고 하는 것은, 이미 강설이라 말했다면 본래 德義로 만나는 것이고 尊卑로 用을 삼은 것이 아니므로 비록 신분이 높더라도 오히려 스스로 돗자리를 거두는 것이다.

○〔客踐席〕 '踐'은 〈'밟다'의 뜻인〉 '履'와 같다. 손님이 일어나 겹친 돗자리를 거두면 주인이 만류한다. 그러므로 손님이 도로 돗자리를 밟아 장차 앉으려고 하는 것이다.

○〔乃坐〕 주인은 손님이 앉기를 기다려 비로소 앉는다.

○〔主人不問 客不先擧〕 '擧' 또한 묻는 것이다. 손님이 밖에서 왔으니 주인은 오는 도중 추웠는지 더웠는지, 無恙한지 물어야 한다. 만약 주인이 묻지 않으면 손님은 먼저 물을 수 없다. ≪爾雅≫ 〈釋詁〉에 이르기를 "恙은 근심하는 것이다."라고 하였다.

○〔將卽席 容無怍〕 이것은 제자가 강설에 처음 왔을 때의 법을 밝힌 것이다. '卽'은 '나아가다'의 뜻이다. '怍'은 낯빛이 변하는 것이다. 처음 와서 돗자리에 나아가려고 할 때 낯빛을 엄숙하게 해야 하며, 낯빛을 변해서는 안 된다.

○〔兩手摳衣 去齊尺〕'摳'는 손으로 잡아 올리는 것이다. '衣'는 치마를 이른다. '齊'는 치마 아랫자락이다. 이 구절 역시 장차 돗자리에 나아가려고 할 때를 이르니, 치마가 올라가도록 두 손으로 치마 앞을 잡아 올려 치마 아랫자락이 바닥에서 1尺 떨어지게 하는 것은 치마가 길어 발을 휘감아서 치마를 밟을까 염려되기 때문이다.

○〔足毋蹶〕'蹶'은 걸을 때 급하게 하는 모습이다. 이 구절 또한 손님이 처음 이르렀을 때를 이르니, 걸을 때 급하게 해서는 안 되는 것은 넘어지는 모습이 있을까 염려되기 때문이다.

01-19-03 先生書策[1)]琴瑟이 在前이어든 坐而遷之하여 戒勿越이니라

1) 策 : 陸德明의 音義와 考文宋板에서 인용한 古文에는 '筴(책)'으로 되어 있다. 완원은 이에 대해 ≪說文解字≫에 따르면 '冊'이 되어야 하는데, '策'은 '冊'의 가차자이며, '筴'은 '策'의 속자라고 하였다.(阮元의 校勘記 참조)

선생의 서책과 琴瑟이 〈지나가려는 곳의〉 앞에 있으면 무릎 꿇고 앉아 옮겨놓고 타넘지 않도록 조심해야 한다.

【注】廣敬也라 在前은 謂當行之前이라

공경을 넓힌 것이다. '在前'은 가야 할 길의 앞을 이른다.

虛坐란 盡後하고

음식을 먹고 마시기 위해 앉는 자리가 아닐 때는 〈겸손하게〉 최대한 돗자리 뒤쪽에 앉고,

【注】謙也라

겸손한 것이다.

食坐란 盡前하며

음식을 먹고 마시기 위해 앉는 자리일 때는 〈돗자리를 더럽힐까 염려되므로〉 최대한 돗자리 앞쪽으로 다가가 앉으며,

【注】爲汙席이라

돗자리를 더럽히기 때문이다.

坐必安하여 **執爾顔**하며

앉을 때는 반드시 안정되게 앉아서 자신의 얼굴빛을 바르게 지키며,

【注】執은 猶守也라

'執'은 〈'지키다'의 뜻인〉 '守'와 같다.

長者不及이어든 **毋儳**(참)**言**하며

長者가 〈하던 말을 끝맺지 않은 상태에서〉 다른 일을 언급하지 않았으면 〈다른 일을 들어〉 장자의 말에 갑작스레 뒤섞지 말아야 하며,

【注】儳은 猶暫也니 非類를 雜이라

'儳'은 〈'갑자기'의 뜻인〉 '暫'과 같으니, 비슷하지 않은 것을 뒤섞는 것이다.

正爾容하며 **聽必恭**하며

자신의 모습을 바르게 하며, 長者의 말을 들을 때는 반드시 공경해야 하며,

【注】聽先生之言에 旣說(열)又敬이라

선생의 말을 들을 때 기뻐하고 또 공경하는 것이다.

毋勦(초)[1]**說**하며

1) 勦(초) : 岳本에는 '剿'로 되어 있는데, ≪說文解字≫에는 '剿'가 없다. '勦'는 ≪설문해자≫에서 '勞'의 뜻으로 보았고, 정현은 '擥'으로 해석하였는데, 錢大昕은 이에 대해 정현의 해석은 '勞'의 음을 바꾸어 그 뜻을 빌린 것뿐이며 異文이 아니라고 하였다. 이에 근거하면 '剿'는 誤字이다. 또한 '勦'는 '剿'의 이체자이다.(阮元의 校勘記 참조)

남의 說을 취하여 자기의 설로 삼지 말며,

【注】 剿는 猶擥(람)也니 謂取人之說하여 以爲己說이라

'剿'는 〈'채취하다'의 뜻인〉 '擥'과 같으니, 다른 사람의 설을 취하여 자기의 설로 삼는 것을 이른다.

毋雷同하고

〈남의 설을 듣고〉 附和雷同하지 말아야 하고

【注】 雷之發聲에 物無不同時應者하니 人之言은 當各由己요 不當然也라 孟子曰 人[1]無是非之心이면 非人也라하니라

1) 人 : 北京大本 ≪孟子注疏≫에는 이 글자가 없다.

우레가 소리를 낼 때 동시에 응하지 않는 물건이 없으니, 사람의 말은 각각 자기에게서 나와야 하고 우레가 소리를 낼 때처럼 무조건 응해서는 안 된다. ≪孟子≫ 〈公孫丑 上〉에 이르기를 "사람이 〈善을 옳게 여기고 惡을 그르게 여기는〉 是非之心이 없으면 사람이 아니다."라고 하였다.

必則(칙)古昔하고 稱先王이니라

반드시 옛날을 본받고 〈하는 말에 반드시 근거를 두어 聖人으로서 천자가 된〉 先王의 도를 칭해야 한다.

【注】 言必有依據라

반드시 근거가 있어야 한다는 말이다.

侍坐於先生하여 先生이 問焉이어시든 終則對하며

선생을 모시고 앉았을 때 선생이 물으시거든 〈공경함의 표시로〉 묻는 말이 끝나면 대답하며,

【注】 不敢錯亂尊者之言이라

감히 尊者의 말에 뒤섞지 않는 것이다.

請業則起하며 **請益則起**니라

학업을 청할 때는 일어나 앞으로 나아가 청하며, 설명을 더 청할 때도 일어나 앞으로 나아가 청한다.

【注】 尊師重道也라 起는 若今摳衣前請也라 業은 謂篇卷也라 益은 謂受說不了에 欲師更(갱)明說之라 子路問政한대 子曰 先之勞之니라 請益한대 曰 無倦[1]이라하니라

1) 子路問政……無倦 : ≪論語≫ 〈子路〉에 보인다. 何晏의 주와 邢昺의 소에서는 '先之勞之'에 대해 "먼저 덕으로 인도하여 백성들에게 신뢰를 얻은 뒤에 일을 시켜야 한다.〔先導之以德 使民信之 然後勞之〕"라고 풀이하였으나, 본서에서는 공영달의 소를 따라 번역하였다.

스승을 존중하고 道를 중히 여기는 것이다. '起'는 지금(後漢) 옷자락을 추어올리고 앞으로 나아가 청하는 것과 같다. '業'은 서책을 이른다. '益'은 설명을 듣고 이해되지 않아 스승에게 다시 분명히 설명해주시기를 원하는 것을 이른다. 子路가 政事를 묻자, 孔子가 "먼저 은혜를 베푼 뒤에 일을 시켜야 한다."라고 하였다. 더 설명해주시기를 청하자, 공자가 "게을리하지 말아야 한다."라고 하였다.

父召어시든 **無諾**하며 **先生**이 **召**어시든 **無諾**하여 **唯而起**니라

아버지가 부르시면 느릿느릿 대답하지 말며, 선생이 부르시면 느릿느릿 대답하지 말고 빨리 '네'라고 대답하고 일어나야 한다.

【注】 應辭는 唯恭於諾이라

대답하는 말은 '唯'가 '諾'보다 공손하다.

侍坐於所尊敬하여 **毋餘席**이니

존경하는 분을 모시고 앉았을 때 〈그분의 돗자리와 나의 돗자리 사이에〉 비어 있는 돗자리가 없게 해야 하니,

【注】 必盡其所近尊者之端이니 爲有後來者라

반드시 최대한 尊者의 돗자리 끝과 가까운 곳에 앉아야 하니, 뒤에 오는 자가 있기 때문이다.

見同等하얀 **不起**하며

자기와 지위가 같은 사람이 나중에 온 것을 보고는 일어나지 않으며,

【注】 不爲私敬이라

사적인 공경을 표하지 않는 것이다.

燭至어든 **起**하며

횃불이 이르면 일어나며,

【注】 異晝夜라

낮과 밤을 달리하는 것이다.

食至어든 **起**하며

음식이 이르면 일어나며,

【注】 爲饌變이라

음식을 위하여 변하는 것이다.

上客이어든 **起**하며

〈尊者의〉 上客이 이르면 일어나며,

【注】 敬尊者라

尊者를 공경하는 것이다.

燭不見(현)**跋**이니라

횃불은 〈타고 남은〉 밑동이 보이지 않게 한다.

【注】 跋은 本也라 燭盡則去之니 嫌若燼多하여 有厭倦이라

'跋'은 밑동이다. 횃불이 다 타면 그 밑동을 〈손님이 보지 못하도록〉 제거해야 하니, 타고 남은 밑동이 많아서 〈손님이 오래 머무는 것을〉 싫어하는 것처럼 오해할까 해서이다.

尊客之前에 不叱(질)狗하며

존귀한 손님 앞에서 개를 꾸짖지 않으며,

【注】 主人於尊客之前에 不敢倦[1]하니 嫌若風[2]去之라

1) 倦 : 考文宋板에서는 古本에는 이 앞에 '厭'이 있다고 하였는데, 공영달의 正義에 '似厭倦其客欲去之也'로 되어 있는 것을 보면 공영달이 근거한 판본에도 이 앞에 '厭'이 있었다는 것을 알 수 있다.(阮元의 校勘記 참조)

2) 風 : 考文宋板에는 '諷'으로 되어 있는데, 옛날에 諷과 風은 통용자였다.(阮元의 校勘記 참조)

주인은 존귀한 손님 앞에서 감히 싫어하는 모습을 보이지 못하니, 은근히 가기를 바라는 것처럼 오해할까 해서이다.

讓食不唾(타)니라

음식을 사양하면서 침을 뱉지 않는다.

【注】 嫌有穢惡(오)라

더러운 것이 있다고 오해할까 해서이다.

【疏】 '先生'至'不唾'. ○ 正義曰 : 此一節明弟子事師・子事父之禮, 各隨文解之. ○ "先生書策"者, 策, 篇簡也. 坐亦跪也, 坐通名跪, 跪名不通坐也. 越, 踰也. 弟子將行, 若遇師諸物或當己前, 則跪而遷移之, 戒愼勿得踰越, 廣敬也. ○ "虛坐盡後"者, 凡坐各有其法. 虛, 空也. 空謂非飮食坐也. 盡後, 不敢近前, 以爲謙也. 玉藻云"徒坐[1]不盡席尺"是也. 〔○〕[2]"食坐盡前"者, 謂飮食坐也. 古者地鋪席, 而俎豆皆陳於席前之地, 若坐近後則濺(천)汙席, 故盡前也. 玉藻云"讀書・食, 則齊, 豆去席尺"是也. ○ "坐必安"

者, 凡坐好自搖動, 故戒之令必安坐. 〔○〕"執爾顔"者, 執, 守也. 久坐好異, 故必戒之宜如嚮者, 無作顔容也. 故注云"執猶守也". ○"長者不及, 毋儳言"者, 長者猶先生也, 互言耳. 及謂所及之事也. 儳, 暫也. 長者正論甲事, 未及乙事, 少者不得輒以乙事雜甲事, 暫然雜錯師長之說. ○"正爾容"者, 正謂矜莊也. 方受先生之道, 當正己矜莊也. 顔・容通語耳. ○"聽必恭"者, 聽師長之說, 宜恭敬也. ○"毋勦說"者, 語當稱師友而言, 無得攣(랍)取人之說以爲己語. ○"毋雷同"者, 凡爲人之法, 當自立己心, 斷其是非, 不得聞他人之語, 輒附而同之. 若聞而輒同, 則似萬物之生, 聞雷聲而應, 故云"毋雷同". 但雷之發聲, 物無不同時而應者, 人之言當各由己, 不當然也. ○"必則古昔"者, 則, 法也. 雖不雷同, 又不得專輒, 故當必法於古昔之正. ○"稱先王"者, 旣法古昔[3], 而所言之事, 必稱先王. 先王, 聖人爲天子者也. 如孔子說孝經, 稱"先王有至德[4]"也, 言必有所依據.

1) 徒坐 : 공영달의 소에 따르면 '徒'는 '空'의 뜻으로, '空坐'는 "먹고 마시거나 강설을 논하는 때가 아니다.〔非飮食及講問之時〕"라는 말이다.

2) 〔○〕: 저본에는 부호 '○'가 없으나, 본서의 체제에 의거하여 보충하였다. 아래도 같다.

3) 昔 : 惠棟校宋本에는 '者'로 되어 있다.(阮元의 校勘記 참조)

4) 先王有至德 : ≪孝經≫ 〈開宗明義章〉에 "공자가 말하기를 '선왕은 지극히 아름다운 덕과 요약하는 도가 있어서 천하 사람의 마음을 따라서 교화하니, 천하 사람들이 화목하여 상하가 서로 원망하는 사람이 없었다.'라고 하였다.〔子曰 先王有至德要道 以順天下民用和睦 上下無怨〕"라는 내용이 보이는데, 邢昺의 소에 따르면 '先王'은 '先代의 聖帝明王'이다.

經의 〔先生〕에서 〔不唾〕까지

○ 正義曰 : 이 절은 弟子가 스승을 섬기고 자식이 부모를 섬기는 예를 밝힌 것이니, 각각 글을 따라 풀이하겠다.

○〔先生書策〕'策'은 서책이다. '坐' 역시 〈'무릎 꿇다'의 뜻인〉 '跪'이다. 坐는 跪를 통용하여 쓸 수 있지만 跪는 坐를 통용하여 쓰지 못한다. '越'은 '넘다'의 뜻이다. 제자가 장차 가려고 하는데 만약 스승의 물건들이 혹 자기 앞을 가로막는 것을 만나면 무릎 꿇고 이것을 옮겨 경계하고 삼가서 넘어가서는 안 되니, 공경을 넓힌 것이다.

○〔虛坐盡後〕 무릇 앉을 때는 각각 그 법이 있다는 것이다. '虛'는 '空'의 뜻으로, '空'은 먹고 마시기 위해 앉는 것이 아니라는 말이다. '盡後'는 감히 앞으로 가까이 가지 않아서 겸손함으로 삼는 것이다. ≪禮記≫ 〈玉藻〉에 이르기를 "〈먹고 마시거나 강

설하는 자리가 아닌〉 徒坐에는 돗자리 끝까지 앞으로 가지 않고 1尺쯤 여유를 둔다." 라고 한 것이 이것이다.

○〔食坐盡前〕 먹고 마시기 위해 앉는 것을 이른다. 옛날에는 바닥에 돗자리를 펴고 俎豆를 모두 돗자리 앞 바닥에 진설하였으니, 만약 앉을 때 뒤쪽 가까이 앉으면 음식을 흘려 돗자리를 더럽히므로 최대한 앞쪽으로 앉는 것이다. ≪예기≫ 〈옥조〉에 이르기를 "글을 읽거나 먹을 때는 〈돗자리에서 떨어진 俎豆의 거리와〉 똑같이 하여 俎豆와 돗자리의 거리가 1尺쯤 떨어지게 한다."라고 한 것이 이것이다.

○〔坐必安〕 무릇 앉을 때는 스스로 몸을 흔들어 움직이기 쉬우므로, 경계하여 반드시 안정되게 앉도록 한 것이다.

○〔執爾顏〕 '執'은 '지키다'의 뜻이다. 오랫동안 앉아 있으면 호기심이 생긴다. 그러므로 반드시 경계하여 예전과 같이 해서 낯빛을 변하지 말아야 한다는 것이다. 그러므로 정현의 주에 '執猶守也'라고 한 것이다.

○〔長者不及 毋儳言〕 '長者'는 '先生'과 같으니, 互文으로 말한 것뿐이다. '及'은 언급하고 있는 일을 이른다. '儳'은 '갑자기'의 뜻이다. 長者가 마침 甲事를 논하여 아직 乙事를 언급하지 않았으면 연소자가 乙事를 甲事에 섞어서 갑자기 師長의 설에 뒤섞어서는 안 된다는 것이다.

○〔正爾容〕 '正'은 엄숙하고 장중함을 이르니, 선생의 도를 받을 때는 마땅히 자기를 바르게 하여 엄숙하고 장중하게 해야 한다. '顏'과 '容'은 통용하여 쓴 말일 뿐이다.

○〔聽必恭〕 師長의 설을 들을 때는 공경해야 한다는 것이다.

○〔毋勦說〕 말할 때는 師友를 칭하여 말해야 하며 다른 사람의 설을 취하여 자기 말로 삼아서는 안 된다는 것이다.

○〔毋雷同〕 무릇 사람 된 자의 법은, 스스로 자기 마음을 확립하여 그 옳고 그름을 판단해야 하며 다른 사람의 말을 듣고 곧 附和하여 그대로 따라가서는 안 된다는 것이다. 만약 듣자마자 그대로 따라간다면 마치 만물이 생겨나는 것이 우렛소리를 듣고 응하는 것과 같으므로 '毋雷同'이라 한 것이다. 다만 우레가 소리를 낼 때는 동시에 응하지 않는 물건이 없으니, 사람의 말은 마땅히 각각 자기에게서 나와야 하고 우레가 소리를 낼 때처럼 무조건 응해서는 안 된다.

○〔必則古昔〕 '則'은 '본받다'의 뜻이다. 비록 부화뇌동하지는 않지만 또 독단해서도 안 되므로 반드시 옛날의 올바름을 본받아야 한다.

○〔稱先王〕 이미 옛날을 본받았으면 언급하는 일은 반드시 선왕을 칭해야 한다는 것이다. '先王'은 聖人으로서 천자가 된 사람이다. 예컨대 孔子가 ≪孝經≫〈開宗明義章〉에서 말하기를 "先王은 지극히 아름다운 덕이 있었다."라고 한 것과 같으니, 반드시 근거가 있어야 한다는 말이다.

【疏】 ○ 注'人之'至'人也'. ○ 正義曰：人之言, 評議是非, 須自出己情. "不當然"者, "然"謂如此也, 謂不當如此隨附他意. 孟子云 "人無惻隱之心, 非人也. 人無是非之心, 非人也." 引之者, 明是非由己, 不可一同餘人.

○ 注의 〔人之〕에서 〔人也〕까지

○ 正義曰：사람의 말은 옳고 그름을 의론하여 모름지기 자기 뜻에서 나와야 한다는 것이다. '不當然'이라는 것은, '然'은 이와 같다는 말이니, 이와 같이 다른 사람의 뜻을 따라 附和해서는 안 된다는 말이다. ≪孟子≫〈公孫丑 上〉에 이르기를 "사람이 惻隱之心이 없으면 사람이 아니며, 사람이 是非之心이 없으면 사람이 아니다."라고 하였다. 이를 인용한 것은, 옳고 그름이 자기에게서 나와야 하며 다른 사람과 똑같이 해서는 안 됨을 밝힌 것이다.

【疏】〔○〕[1] "請益則起"者, 益謂已受說而不解了, 更(갱)諮問審之也, 尊師重道也. "起, 若今摳衣前請也", 漢時受學, 有摳衣前請之法, 故鄭引證之也.

1)〔○〕: 저본에는 부호 '○'가 없으나, 본서의 체제에 의거하여 보충하였다.

○〔請益則起〕 '益'은 자기가 스승의 말을 듣고 이해되지 않아서 다시 여쭈어 살피는 것을 이르니, 스승을 높이고 道를 중히 여기는 것이다. 정현 주의 '起 若今摳衣前請也'는, 漢나라 때는 受學할 때 옷자락을 추어올리고 앞으로 나아가 청하는 법이 있었으므로 정현이 이를 인용하여 증명한 것이다.

【疏】 ○ 注'子路'至'無倦'. ○ 正義曰：子路受師說不了, 故就孔子請益也. 案論語云, 子路問爲政之道, 孔子答云, 爲政先行恩惠, 後乃可使人爲勞役. 子路嫌少, 就孔子更請益. 孔子答云, 但勤行前恩惠之事, 無倦怠則自足爲政. 引之者, 證請益也.

○ 注의 〔子路〕에서 〔無倦〕까지

○ 正義曰：子路가 스승의 말을 듣고 이해되지 않았으므로 孔子에게 나아가 더 설명

해달라고 청한 것이다. 살펴보면 ≪論語≫ 〈子路〉에 이르기를, 자로가 정사하는 도를 여쭈자, 공자가 대답하기를 정사를 행할 때는 먼저 은혜를 베풀고 이후에 비로소 사람들에게 일을 시킬 수 있다고 하였다. 자로가 너무 적다고 여겨서 공자에게 나아가 다시 더 말씀해달라고 청하자, 공자는 대답하기를 다만 앞의 은혜 베푸는 일을 부지런히 행하여 게을리함이 없으면 저절로 정사를 행할 수 있게 된다고 하였다. 이를 인용한 것은 경문의 '請益'을 증명한 것이다.

【疏】 ○ 注'唯恭於諾'. ○ 正義曰：父與先生呼召稱唯, 唯, 哈(야)也. 不得稱諾, 其稱諾, 則似寬緩驕慢. 但今人稱諾, 猶古之稱唯, 則其意急也. 今之稱哈, 猶古之稱諾, 其意緩也, 是今古異也.

○ 注의 〔唯恭於諾〕

○ 正義曰：아버지와 선생이 부르면 '唯'라고 하니, '唯'는 '哈'이다. '諾'이라고 해서는 안 되니, '諾'이라고 하면 느릿느릿 대답하는 모습이 교만해 보이기 때문이다. 다만 지금 사람들이 '諾'이라고 하는 것은 옛날의 '唯'라고 한 것과 같으니 그 뜻은 빨리 대답하는 것이며, 지금 사람들이 '哈'라고 하는 것은 옛날의 '諾'이라고 한 것과 같으니 그 뜻은 느릿느릿 대답하는 것이다. 이것이 지금과 옛날이 달라진 것이다.

【疏】 ○"侍坐於所尊敬, 毋餘席"者, 謂先生坐一席, 己坐一席, 己必坐於近尊者之端, 勿得使近尊者之端更有空餘之席. 所以然者, 欲得親近先生, 似若扶持然, 備擬先生顧問, 不可過遠, 且擬後人之來, 故闕其在下空處以待之. ○"見同等不起"者, 雖見己之同等後來, 不爲之起, 任其坐在下空處. 所以然者, 尊敬先生, 不敢曲爲私敬也. ○"上客起"者, 上客謂尊者之上客也. 尊者見之則起, 故侍者宜從之而起. 然食與燭至起, 則尊者不起. ○"燭不見跋"者, 小爾雅云"跋, 本也." 本, 把處也. 古者未有蝎(랍)[1]燭, 唯呼火炬爲燭也. 火炬照夜易(이)盡, 盡則藏所然殘本. 所以爾者, 若積聚殘本, 客見之, 則知夜深, 慮主人厭倦, 或欲辭退也. 故不見殘本, 恒如然未盡也. ○"尊客之前不叱狗"者, 若有尊客至, 而主人叱罵於狗, 則似厭倦其客欲去之也. 卑客亦當然, 擧尊爲甚.

1) 蝎(랍)：惠棟校宋本에는 '蠟(랍)'으로 되어 있다.(阮元의 校勘記 참조)

○〔侍坐於所尊敬 毋餘席〕 선생이 하나의 돗자리에 앉고 자기가 다른 하나의 돗자리에 앉으면, 자기가 반드시 尊者의 돗자리 끝과 가까운 곳에 앉아서 존자의 돗자리 끝

과 가까운 곳에 더는 비어 있는 돗자리가 있게 해서는 안 된다는 말이다. 이렇게 하는 이유는, 선생과 가까이 앉음으로써 마치 모시는 것처럼 할 수 있고자 해서이니, 선생이 돌아보고 물어보실 것에 대비하여 너무 멀리 있어서는 안 되기 때문이며, 또 뒤에 사람이 올 수도 있으므로 자기 다음 자리에 빈 곳을 남겨서 대비하는 것이다.

○〔見同等不起〕 비록 자기와 지위가 같은 사람이 나중에 온 것을 보더라도 그를 위하여 일어나지는 않고, 그가 자기 다음 빈 곳에 앉도록 내버려둔다. 이렇게 하는 이유는, 선생을 존경하여 감히 사적인 공경을 세세하게 표하지 못하기 때문이다.

○〔上客起〕 '上客'은 尊者의 상객을 이른다. 존자가 그를 보면 일어나므로 존자를 모시는 자도 따라서 일어나야 한다. 그러나 음식과 횃불이 이르러 일어날 경우 존자는 일어나지 않는다.

○〔燭不見跋〕 ≪孔叢子≫ 〈小爾雅 廣言〉에 이르기를 "跋은 밑동〔本〕이다."라고 하였는데, '本'은 손잡이 부분이다. 옛날에는 촛불이 없었으므로 오직 횃불〔火炬〕을 '燭'이라 불렀다. 횃불은 밤을 밝히는데 쉽게 다 타니, 다 타면 타고 남은 밑동을 감춘다. 이렇게 하는 이유는, 남은 밑동을 쌓아놓았다가 손님이 이를 보면 밤이 깊은 것을 알고 주인이 싫어할까 염려하여 혹 작별을 고하고 물러가고자 할 수도 있기 때문이다. 그러므로 남은 밑동을 보이지 않게 하여 항상 횃불이 아직 다 타지 않은 것처럼 하는 것이다.

○〔尊客之前不叱狗〕 만약 존귀한 손님이 왔는데 주인이 개를 꾸짖으면 마치 그 손님을 싫어하여 가기를 바라는 것처럼 보이기 때문이다. 비천한 손님에게도 마땅히 그렇게 해야 하지만, 존귀한 손님을 거론하여 더욱 그렇게 해야 한다고 한 것이다.

01-20-01 侍坐於君子에 君子 欠(흠)伸하며 撰(선)杖屨하며 視日蚤莫(모)어시든 侍坐者 請出矣니라

군자를 모시고 앉았을 때 군자가 하품하거나 기지개 켜며, 지팡이와 신발을 잡으며, 해가 아직 이른가 저물었는가를 살펴보시면, 모시고 앉은 자가 군자에게 물러가겠다고 청한다.

【注】 以君子有倦意也라 撰은 猶持也라

군자에게 피곤해하는 뜻이 있기 때문이다. '撰'은 〈'잡다'의 뜻인〉 '持'와 같다.

侍坐於君子에 **君子 問更端**이어시든 **則起而對**니라

군자를 모시고 앉았을 때 군자가 화제를 바꾸어 물으시면 〈공경의 표시로〉 일어나서 대답한다.

【注】 **離席對**는 **敬異事也**니 **君子必令復**(부)**坐**라

돗자리를 벗어나 대답하는 것은 일이 달라진 것을 공경하는 것이니, 군자는 반드시 다시 앉도록 해야 한다.

侍坐於君子에 **若有告者 曰**하되 **少間**(한)[1]이어시든 **願有復**(복)**也**라커든 **則左右屛而待**니라

1) 間(한) : 石經·岳本·衛氏集說에는 '閒'으로 되어 있으며, 陸德明의 音義에 음을 '閑'이라 하였다. ≪五經文字≫에 "閒은 月에서 의미를 취하였으니 경전에서 한가하다는 뜻으로 사용한다.〔閒從月 經典閑暇字用之〕"라고 하였는데, 이에 근거하면 '閒'이 옳다.(阮元의 校勘記 참조)

군자를 모시고 앉았을 때 만약 고하는 자가 있어 "조금 한가한 틈이 있으시면 바라건대 아뢸 말씀이 있습니다."라고 하면, 좌우로 물러가서 그 대화가 끝나기를 기다린다.

【注】 **復**은 **白也**니 **言欲須少空間**(한)하여 **有所白也**라 **屛**은 **猶退也**니 **隱也**라

'復'은 '아뢰다'의 뜻이니, 조금 틈이 나기를 기다려 아뢰고자 한다는 말이다. '屛'은 '退'와 같으니, '숨다'의 뜻이다.

毋側聽하며

〈군자를 모시고 있을 때〉 옆에서 귀를 기울여 엿듣지 말며,

【注】 **嫌探人之私也**라 **側聽**은 **耳屬**(촉)**于垣**[1]이라

1) 耳屬(촉)于垣 : ≪詩經≫ 〈小雅 小弁〉에 "군자는 〈참소하는 사람의〉 말을 쉽게 써서는

안 되니, 담장에 귀를 붙이고 엿듣는 자가 있느니라.〔君子無易由言 耳屬於垣〕"라는 구절이 보인다.

다른 사람의 사사로운 일을 탐색한다고 오해할까 해서이다. '側聽'은 담장에 귀를 붙이고 엿듣는 것이다.

毋噭(교)**應**하며 **毋淫視**하며 **毋怠荒**하며 **遊毋倨**하며 **立毋跛**(피)[1]하며 **坐毋箕**하며 **寢毋伏**하며 **斂髮毋髢**(체)하며 **冠毋免**하며 **勞毋袒**하며 **暑毋褰**(건)[2]**裳**이니라

1) 跛(피) : 음이 '피〔彼義反〕'이다. 또 '파〔波我反〕'로 나기도 한다.(陸德明의 音義 참조) 음이 '피'일 경우 '기우듬히 서다'의 뜻이며, '파'일 경우 '절룩거리다'의 뜻이 된다.

2) 褰(건) : 毛本에는 '蹇(건)', ≪經典釋文≫에는 '騫(건)'으로 되어 있다. 완원에 따르면 '騫'이 正字이며 '褰'은 가차자이다.(阮元의 校勘記 참조)

높고 급한 소리로 고함치듯 대답하지 말며, 눈동자를 굴려 곁눈질하지 말며, 몸을 방종하게 풀어놓지 말아야 한다. 다닐 때는 거만하게 걷지 말며, 서 있을 때는 한쪽 발로 기우듬히 서지 말며, 앉아 있을 때는 두 다리를 키 모양으로 벌리고서 앉지 말며, 누워 잠잘 때는 엎드려서 자지 말아야 한다. 머리카락은 거두어 단정히 싸매고 가발처럼 늘어뜨리지 말며, 冠은 〈항상 쓰고〉 벗지 말아야 한다. 피곤한 일이 있어도 〈설만하게〉 몸을 드러내지 말며, 더워도 〈설만하게〉 치마를 걷지 말아야 한다.

【注】**皆爲其不敬**이라 噭는 **號**[1]**呼之聲也**라 **淫視**는 **睇眄**(제면)**也**라 **怠荒**은 **放散身體也**라 **跛**는 **偏任也**라 **伏**은 **覆**(복)**也**라 髢는 髲(피)**也**니 **毋垂餘如髲也**라 **免**은 **去也**라 褰은 **袪也**라 髢는 **或爲肄**(이)[2]라

1) 號 : '啼(제)'로 되어 있는 판본도 있다.(陸德明의 音義 참조)

2) 肄(이) : '남다〔餘〕'의 뜻이다.(陸德明의 音義 참조) 원래의 뜻은 ≪詩經≫ 〈周南 汝墳〉의 毛傳에 따르면 '가지를 베어낸 뒤 다시 나온 가지〔斬而復生曰肄〕'로, '남다'의 뜻은 여기에서 파생되어 나온 것이다.

모두 不敬하기 때문이다. '噭'는 부르짖는 소리이다. '淫視'는 곁눈으로 흘끗 보는 것이다. '怠荒'은 신체를 풀어놓는 것이다. '跛'는 한쪽으로 치우쳐 기대는 것이다. '伏'은

엎드리는 것이다. '髢'는 가발이니, 〈'毋髢'는〉 가발처럼 남은 머리를 늘어뜨리지 말라는 것이다. '免'은 제거하는 것이다. '褰'은 옷자락을 걷는 것이다. '髢'는 혹 '髰'로 된 판본도 있다.

【疏】'侍坐'至'褰裳'. ○正義曰：此一節明卑者事君子之禮. ○"君子欠伸"者, 君子志疲則欠, 體疲則伸. ○"撰杖屨"者, 則君子自執杖在坐, 著(착)屨升堂, 脫之在側, 若倦則自撰持之也. ○"視日蚤莫"者, 君子或瞻視其庭影, 望日蚤晚也. ○"侍坐者請出矣"者, 禮, 卑者賤者請進不請退, 退由尊者, 是以論語云"杖者出, 斯出矣." 不敢自專. 今若見尊者爲上諸事, 皆是欲起之漸, 故侍坐者得請出矣. ○"侍坐於君子"者, 此又明卑侍尊, 事異於上, 故又言"侍坐"也. ○"君子問更端"者, 更端, 別事也, 謂嚮語已畢, 更問他事. ○"則起而對"者, 事異宜新更敬, 又起對也. ○"侍坐於君子"者, 此亦卑事於尊, 所明旣異, 故更言"侍坐". ○"若有告者曰 少間, 願有復也"者, 間謂淸閑[1]也. 復, 白也. 卑者正侍坐於君子, 而忽有一人來告君子云"欲得君子少時無事淸閑, 已願有所白也." ○"則左右屛而待"者, 屛, 退也. 侍者聞告欲有所白, 則當各自屛退, 左右避之, 不得遠也. ○"毋側聽"者, 此已下亦是侍君子之法. 凡人宜當正立, 不得傾欹側聽人之語, 嫌探人之私, 故注云"側聽, 耳屬于垣." 若側聽, 則耳屬於垣壁, 聽旁人私言也. ○"毋噭應"者, 噭, 謂聲響高急, 如叫之號呼也, 應答宜徐徐而和, 不得高急也. ○"毋淫視"者, 淫謂流移也. 目當直瞻視, 不得流動邪眄(혜)[2]也. ○"毋怠荒"者, 謂身體放縱, 不自拘斂也. ○"遊毋倨"者, 遊, 行也. 倨, 慢也. 身當恭謹, 不得倨慢也. ○"立毋跛"者, 跛, 偏也, 謂挈擧一足, 一足蹋(답)地立. 宜如齊(재)[3], 雙足竝立, 不得偏也. ○"坐毋箕"者, 箕謂舒展兩足, 狀如箕舌也. ○"寢毋伏"者, 寢, 臥也. 伏, 覆也. 臥當或側或仰而不覆也. ○"斂髮毋髢"者, 髢, 髲也, 垂如髲也. 古人重髮, 以纚(사)[4]韜(도)之, 不使垂也. ○"冠毋免"者, 免, 脫也. 常著在[5]首, 不可脫也. ○"勞毋袒"者, 袒, 露也. 雖有疲勞之事, 厭患其衣, 而不得袒露身體. ○"暑毋褰裳"者, 暑雖炎熱, 而不得褰袪取涼也. 然上諸事條目, 誡侍者左右屛隱之人也. 旣屛隱, 好生上事, 或私覘淸閑, 或隔尊自恣. 故宜兼戒[6], 亦可通戒爲人之法也.

1) 閑：毛本에는 '閒'으로 되어 있다. 다음에 나오는 '無事淸閑'의 '閑'도 동일하다.(阮元의 校勘記 참조)

2) 流動邪眄(혜)：監本·毛本에는 '眄'가 '眄(면)'으로 되어 있고, 衛氏集說에는 '流動邪眄'

가 '斜眄'으로 되어 있다.(阮元의 校勘記 참조)

3) 如齊(재) : ≪禮記≫ 〈曲禮 上〉에 "앉아 있을 때는 시동처럼 하며, 尊者를 모시고 서 있을 때는 제사 지내기 전에 재계할 때처럼 몸을 굽혀야 한다.〔坐如尸 立如齊〕"라는 내용이 보인다. 01-04-01 참조.

4) 纚(사) : 상투에 묶는 비단 끈이다. ≪儀禮≫ 〈冠禮〉에 "상투에 묶는 검은색 비단 끈은, 너비가 비단의 폭과 같은 2尺 2寸이고 길이가 6尺이다.〔緇纚 廣終幅 長六尺〕"라는 내용이 보인다.

5) 在 : 監本·毛本에는 '於'로 되어 있다.(阮元의 校勘記 참조)

6) 戒 : 閩本·監本·毛本·衛氏集說에는 '誡'로 되어 있다. 다음에 나오는 '通戒'의 '戒'도 동일하다. 阮元에 따르면 '戒'는 '誡'를 생략하여 쓴 것이다.(阮元의 校勘記 참조)

經의 〔侍坐〕에서 〔褰裳〕까지

○ 正義曰 : 이 절은 卑者가 군자를 섬기는 禮를 밝힌 것이다.

○ 〔君子欠伸〕 군자는 뜻이 피로하면 하품하고, 몸이 피로하면 기지개를 켠다.

○ 〔撰杖屨〕 군자는 스스로 지팡이를 잡고 자리에 앉으며 신발을 신고 堂에 올라가 신발을 벗어 옆에 두는데, 만약 피곤하면 스스로 이것들을 잡는다.

○ 〔視日蚤莫〕 군자가 혹 그 뜰의 그림자를 보고 해가 이른가 저물었는가를 바라보는 것이다.

○ 〔侍坐者請出矣〕 禮에 따르면 卑者나 賤者는 나아가기를 청하고 물러가기를 청하지 않으며, 물러가는 것은 尊者에게서 나온다. 이 때문에 ≪論語≫ 〈鄕黨〉에 이르기를 "〈鄕人의 飮酒禮에서 禮가 끝나〉 지팡이를 짚은 노인이 나가면 공자가 따라서 그 뒤에 나갔다."라고 하였으니, 감히 자기 마음대로 하지 않은 것이다. 그런데 지금 존자가 앞의 여러 일을 하는 것을 보면 모두 존자가 일어나고자 하는 조짐이므로 존자를 모시고 앉은 자가 나가기를 청할 수 있는 것이다.

○ 〔侍坐於君子〕 이것은 또 卑者가 尊者를 모심을 밝힌 것이니, 일이 앞과 다르므로 또 '侍坐'라고 말한 것이다.

○ 〔君子問更端〕 '更端'은 다른 일이니, 조금 전의 말은 이미 끝나고 다시 다른 일을 묻는 것이다.

○ 〔則起而對〕 일이 다르면 새로 다시 공경을 표해야 하므로 또 일어나 대답하는 것이다.

○ 〔侍坐於君子〕 이것 또한 卑者가 尊者를 섬기는 것이니, 밝힌 것이 이미 다르므로

다시 '侍坐'라고 말한 것이다.

○〔若有告者曰 少間 願有復也〕 '間'은 '한가하다'의 뜻이다. '復'은 '아뢰다'의 뜻이다. 卑者가 마침 군자를 모시고 앉아 있는데 갑자기 어떤 사람이 와서 군자에게 고하기를 "군자께서 잠깐 일이 없는 한가한 틈을 얻고자 하니, 제가 바라건대 아뢸 말씀이 있다."라고 하는 것이다.

○〔則左右屏而待〕 '屏'은 '물러가다'의 뜻이다. 모시는 자들은 '바라건대 아뢸 말씀이 있다'라고 고하는 말을 들으면 각각 스스로 물러가 좌우로 피해야 하나 멀리 가서는 안 된다.

○〔毋側聽〕 이 이하 역시 군자를 모시는 법이다. 무릇 사람은 바르게 서 있어야 하며 귀를 기울여 다른 사람의 말을 엿들어서는 안 되니, 다른 사람의 사사로운 일을 탐색한다고 오해할까 해서이다. 그러므로 정현의 주에 '側聽 耳屬于垣'이라 한 것이니, 만약 엿듣는다면 담장에 귀를 붙이고 옆 사람의 사사로운 말을 듣는 것이다.

○〔毋噭應〕 '噭'는 목소리가 높고 급하여 마치 고함쳐 부르는 것과 같다는 말이니, 대답은 천천히 응답해야 하며 높고 급하게 해서는 안 된다.

○〔毋淫視〕 '淫'은 이리저리 옮겨감을 이른다. 눈은 똑바로 보아야 하며 이리저리 움직여 옆으로 흘겨보아서는 안 된다.

○〔毋怠荒〕 〈'怠荒'은〉 신체를 멋대로 풀어놓아 스스로 단속하지 않는다는 말이다.

○〔遊毋倨〕 '遊'는 '다니다'의 뜻이다. '倨'는 '거만하다'의 뜻이다. 몸은 마땅히 공손히 하고 삼가야 하며 거만하게 해서는 안 된다.

○〔立毋跛〕 '跛'는 '치우치다'의 뜻이니, 한 발을 들고 다른 한 발은 땅을 밟고 서 있는 것을 이른다. 의당 〈제사 지내기 전에〉 재계할 때처럼 두 발로 나란히 서서 치우치게 해서는 안 된다.

○〔坐毋箕〕 '箕'는 두 다리를 벌려서 그 모양이 마치 키의 넓은 부분과 같은 것을 이른다.

○〔寢毋伏〕 '寢'은 '눕다'의 뜻이다. '伏'은 '엎드리다'의 뜻이다. 누워 잠잘 때는 옆으로 눕거나 위를 쳐다보고 누워야 하며 엎드려서는 안 된다.

○〔斂髮毋髢〕 '髢'는 가발이니, 가발처럼 아래로 늘어진다는 뜻이다. 옛사람은 머리카락을 중히 하여 비단 끈으로 싸서 늘어지지 않게 하였다.

○〔冠毋免〕 '免'은 '벗다'의 뜻이다. 冠은 항상 머리에 써야 하고 벗어서는 안 된다는

것이다.

○〔勞毋袒〕'袒'은 '드러내다'의 뜻이다. 비록 피곤한 일이 있어서 그 옷이 싫더라도 신체를 드러내어서는 안 된다는 것이다.

○〔暑毋褰裳〕더위가 비록 폭염이라 하더라도 옷자락을 걷어서 시원함을 취해서는 안 된다는 것이다. 그러나 앞의 여러 일의 조목은 군자를 모시는 사람 중 좌우로 물러가 있는 사람을 경계한 것이다. 이미 물러가 있다면 앞의 일들이 생기기 쉬워서, 혹은 尊者의 한가한 틈을 사사로이 엿보고 혹은 존자와 떨어져서 제멋대로 한다. 그러므로 아울러 경계해야 하니, 또한 사람 된 자의 법도 통틀어 경계할 수 있다.

01-21-01 侍坐於長者에 屨不上於堂하며

〈堂에서〉 長者를 모시고 앉을 때 〈신발을 계단 아래 벗어두어〉 신발을 신고서 당에 올라가지 않으며,

【注】屨賤하니 空則不陳於尊者之側이라

신발은 천하므로 벗은 것은 尊者의 옆에 늘어놓지 않는다.

解屨하되 不敢當階하며

신발을 벗되 감히 계단 가운데에서 벗지 못하며,

【注】爲妨後升者라

뒤에 올라오는 사람을 방해하기 때문이다.

就屨호되 跪而擧之하여 屛於側하며

〈어른을 모시다가 홀로 잠시 물러가려고〉 신발을 신을 때는 〈신발을 벗어둔 계단 옆으로 가서〉 무릎 꿇고 신발을 들어서 〈계단 한가운데에 있지 못하고〉 옆으로 물러가며,

【注】謂獨退也라 就는 猶著(착)也니 屛亦不當階라

홀로 물러가는 것을 이른다. '就'는 〈'신다'의 뜻인〉 '著'과 같으니, 물러가서도 계단 한가운데 있지 못한다.

鄕長者而屨호되 **跪而遷屨**하여 **俯而納屨**니라

〈예를 마치고 長者의 배웅을 받으며 물러갈 때는〉 장자를 향하고서 신발을 신되 〈계단 가에서〉 무릎 꿇고 신발을 들어서 〈자기 앞쪽 조금 가까운 곳으로〉 이동하여 몸을 구부리고서 신발을 신는다.

【注】 謂長者送之也니 不得屛하여 遷之而已라 俯는 俛也라 納은 內(납)也라 遷은 或爲還[1]이라

1) 遷 或爲還 : '還屨'는 신발을 돌려놓는다는 뜻이다. ≪禮記≫ 〈少儀〉에 "군자를 모시고 앉았을 때 군자가 하품하고 기지개를 켜며, 笏을 움직이며, 칼끝을 만지작거리며, 신발을 돌려놓으며, 해의 이르고 늦음을 묻거든, 이때는 비록 물러가기를 청하더라도 괜찮다.〔侍坐於君子 君子欠伸運笏澤劍首還屨 問日之蚤莫 雖請退可也〕"라는 내용이 보이는데, 孔穎達의 疏에 따르면 군자가 스스로 자기 신발을 돌려놓는 것을 이른다. 尊者는 방안에서 신발을 벗어 자기 옆에 늘 신발이 있기 때문이다.

長者가 전송하는 것을 이르니, 물러갈 수 없어서 옮겨가는 것뿐이다. '俯'는 '구부리다'의 뜻이다. '納'은 '신다'의 뜻이다. '遷'은 혹 '還'으로 되어 있는 판본도 있다.

【疏】 '侍坐'至'納屨'. ○ 正義曰 : 此一節明解屨著(착)屨之法, 事異於上, 故別言"侍坐"也. ○"屨不上於堂"者, 長者在堂, 而侍者屨賤, 故脫於階下, 不著上堂. 若長者在室, 則侍者得著屨上堂, 而不得入室, 戶外有二屨[1]是也. 或云悉不得上也. 戶外有二屨, 是狎客, 非須擯通也. ○"解屨不敢當階"者, 解, 脫也. 屨旣不上於堂, 故解之於階下也. 謂脫爲解者, 案內則云 "屨著綦(기)." 鄭云 "綦, 屨繫也." 又冠禮云 "黑屨靑絇(구)[2]." 鄭云 "絇之言, 拘也, 以爲行戒. 狀如刀衣鼻, 在屨頭." 案內則注有屨繫之文, 冠禮有絇如刀衣鼻, 在屨頭及行戒之間, 故師說云 "用物穿屨頭爲絇, 相連爲行戒也." 今云"解屨"是解繫也. 故隱義云 "古者屨頭鼻綦繩相連結之, 將升堂解之也." "不敢當階"者, 謂人與屨竝不當階, 側就階邊而解. 若留屨置階道, 爲妨後升也. 〔○〕[3] "就屨, 跪而擧之"者, 此侍者或獨暫退時取屨法也. 就猶著也. 初升時解置階側, 今下著之, 先往階側, 跪擧取之, 故云"就屨, 跪而擧之". ○"屛於側"者, 屛, 退也. 退不當階也. ○"鄕長者而屨"者,

此明少者禮畢退去, 爲長者所送之法也. 旣爲長者所送, 則於階側跪取屨, 稍移之, 面鄕長者而著之, 故云"鄕長者而屨". ○"跪而遷屨"者, 遷, 徙也. 就階側跪取, 稍移近前. ○"俯而納屨"者, 納, 內也. 旣取, 因俯身向長者而內足著之. 不跪者, 若跪則足向後不便, 故俯也. 雖不竝跪, 亦坐左納右, 坐右納左耳.

1) 戶外有二屨 : 01-16-03 참조.
2) 黑屨靑絇(구) : ≪의례≫ 〈士冠禮〉에 "〈始加에 입는〉 현단복에는 검은 신발을 신으니, 絇·繶·純을 청색으로 한다. 純의 너비는 1寸이다.〔玄端黑屨 靑絇繶純 純博寸〕"라는 내용이 보인다. '絇(구)'는 신코 장식이며, '繶(억)'은 솔기 장식 끈, '純(준)'은 가선이다.
3) 〔○〕: 저본에는 부호 '○'가 없으나, 본서의 체제에 의거하여 보충하였다.

經의 〔侍坐〕에서 〔納屨〕까지

○ 正義曰 : 이 절은 신발을 벗는 것과 신발을 신는 법을 밝힌 것이니, 일이 앞과 다르므로 별도로 '侍坐'를 말하였다.

○〔屨不上於堂〕 長者가 당에 있으면 모시는 자는 신발이 천하므로 계단 아래에서 벗으며 신발을 신고 당에 오르지 않는다. 만약 장자가 방 안에 있으면 모시는 자는 신발을 신고 당에 오를 수 있으나 방 안에는 들어가지 못하니, "방문 밖에 신발 두 켤레가 있다."라는 것이 이것이다. 어떤 사람은 말하기를, 모두 당에 올라갈 수 없다고 한다. 방문 밖에 신발 두 켤레가 있는 것은 주인과 스스럼없이 지내는 손님이어서 〈주인의 말을 전하는〉 擯을 통할 필요가 없기 때문이라고 하였다.

○〔解屨不敢當階〕 '解'는 '벗다〔脫〕'의 뜻이니, 신발을 신고서 이미 당에 올라가지 않았으므로 계단 아래에서 벗는 것이다. '벗다〔脫〕'를 '풀다〔解〕'라고 한 것은, 살펴보면 ≪예기≫ 〈內則〉에 이르기를 "신발을 신고 綦를 맨다."라고 하였는데, 정현의 주에 "綦는 신발 끈이다."라고 하였다. 또 ≪의례≫ 〈士冠禮〉에 이르기를 "검은 신발을 신으니 絇는 청색이다."라고 하였는데, 정현의 주에 이르기를 "絇라는 말은 '구속하다〔拘〕'의 뜻이니, 이것으로 행실의 경계를 삼은 것이다. 모양이 刀衣鼻와 같으며 신발 머리에 있다."라고 하였다. 살펴

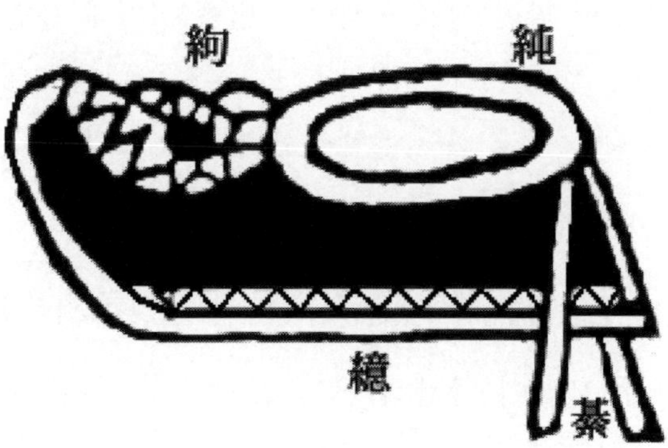

黑屨

보면 〈내칙〉 정현의 주에 '신발 끈이다'라는 글이 있고, 〈사관례〉 정현의 주에서 '絇는 刀衣鼻와 같다'는 말이 '신발 머리에 있다'와 '행실의 경계를 삼는다' 사이에 있다. 그러므로 師說에 이르기를 "물건으로 신발 머리에 꿰어 絇를 만드니, 〈綦와〉 연결하여 행실의 경계를 삼는다."라고 한 것이다. 지금 '解屨'라고 한 것은 맨 것을 푸는 것이다. 그러므로 ≪隱義≫에 이르기를 "옛날에 신발 머리의 신코와 綦의 끈을 서로 연결하였으니, 당에 오르려고 할 때 이를 풀었다."라고 하였다. '不敢當階'는 사람과 신발 모두 계단 가운데를 당하지 못하고, 옆으로 계단 가에 나아가서 푼다는 말이다. 만약 신발을 통로로 삼는 계단에 남겨두면 뒤에 올라오는 사람의 방해가 되기 때문이다.

○〔就屨 跪而擧之〕 이것은 모시는 자가 혹 홀로 잠시 물러갈 때 신발을 취하는 법이다. '就'는 〈'신다'의 뜻인〉 '著'과 같다. 처음 당에 오를 때 계단 옆에 벗어두었는데 지금 내려가 신을 때 먼저 계단 옆으로 가서 무릎 꿇고 신발을 들어 취하므로 '就屨 跪而擧之'라고 한 것이다.

○〔屛於側〕 '屛'은 '물러가다'의 뜻이니, 물러가서 계단 가운데에 있지 못하는 것이다.

○〔鄕長者而屨〕 이것은 나이 어린 사람이 禮가 끝나 물러갈 때 長者에게 배웅받는 법을 밝힌 것이다. 이미 장자에게 배웅을 받게 되면 계단 옆에서 무릎 꿇고 신발을 취한 뒤 조금 이동하여 얼굴을 장자를 향하고서 신으므로 '鄕長者而屨'라고 한 것이다.

○〔跪而遷屨〕 '遷'은 '옮기다'의 뜻이니, 계단 옆으로 나아가서 무릎 꿇고 신발을 취하여 자기 앞쪽 조금 가까운 곳으로 이동한다.

○〔俯而納屨〕 '納'은 안으로 넣는 것이다. 이미 신발을 취했으면 이어서 몸을 굽히고 長者를 향하고서 발을 신발에 넣어 신는다. 무릎을 꿇지 않는 것은, 만약 무릎을 꿇으면 발이 뒤로 향하여 신발을 신기에 불편하므로 굽히는 것이다. 비록 두 다리를 모두 무릎 꿇지는 않으나, 또한 왼쪽 다리를 꿇고 앉아서 오른쪽 신발을 신고, 오른쪽 다리를 꿇고 앉아서 왼쪽 신발을 신는다.

01-22-01 離坐離立이어든 毋往參焉하며 離立者에 不出中間이니라

두 사람이 나란히 앉아 있거나 나란히 서 있으면 가서 그들 사이에 끼지 말며, 두 사람이 나란히 서 있을 때는 그들 사이로 지나가지 않는다.

【注】 爲干人私也라 離는 兩也라

다른 사람의 사적인 공간을 침범하는 것이기 때문이다. '離'는 '둘'이라는 뜻이다.

男[1)]女不雜坐하며 不同椸(이)(枷)[2)]하며 不同巾櫛(즐)하며 不親授니라 嫂叔不通問하며 諸母로 不漱(수)裳이니라 外言을 不入於梱하며 內言을 不出於梱이니라 女子許嫁어든 纓이니 非有大故어든 不入其門이니라 姑姊妹와 女子子 已嫁而反이어든 兄弟弗與同席而坐하며 弗與同器而食하며

1) 男 : 저본에는 이 앞에 부호 '○'가 있어 본래는 별도의 章으로 보아야 하나, 疏의 '離坐至爲友'에 의거하여 하나의 章으로 보아 부호 '○'를 삭제하였다.

2) 不同椸(이)(枷) : 저본에는 '枷'가 있으나, 阮元의 校勘記에 의거하여 衍文으로 처리하였다. 陸德明의 ≪禮記音義≫에는 '同杝(이)'로 제시되어 있으며, '椸'는 '衣架'의 뜻이라고 하였다. '枷'는 육덕명의 음의에 따르면 古本에는 '枷'라는 글자가 없으며 '架'로 되어 있는 판본도 있다. 臧琳의 ≪經義雜記≫에 이르기를 "'椸 可以枷衣者'라는 鄭玄의 주에 근거하면 경문에 '枷'가 없는 것이니, ≪禮記≫ 〈內則〉에 '枷'가 있는 것은 衍文인 듯하다. ≪詩經≫ 〈召南 鵲巢〉 정현의 箋에 '까치가 둥지를 짓는데 冬至에 시작하여 봄에 이르러 마침내 완성한다.〔鵲之作巢 冬至架之 至春乃成〕'라고 하였는데, 여기의 '架'는 ≪예기≫의 '枷'와 같은 뜻으로 모두 '운용한다〔運動〕'는 말이며 기물을 가리키는 이름이 아니다. ≪爾雅≫ 〈釋器〉의 '竿謂之箷'에 대한 郭璞의 注에서도 '箷(이)'는 '衣架'라고 하였으니, '枷'는 晉나라 이래 이미 衍文이었음을 알 수 있다."라고 하였다.(阮元의 校勘記 참조)

남자와 여자는 서로 뒤섞여 앉지 않으며, 횃대를 함께 쓰지 않으며, 수건과 빗을 함께 쓰지 않으며, 물건을 직접 주고받지 않는다. 〈형수·제수인〉 형제의 아내와 〈시숙인〉 남편의 형제가 서로 안부를 묻지 않으며, 庶母에게 자기의 치마를 빨래시키지 않는다. 〈남자는〉 외간의 말을 문지방 안으로 들이지 않으며, 〈여자는〉 내간의 말을 문지방 밖으로 내지 않는다. 여자가 〈15세가 되어〉 許婚하면 纓을 매는데, 〈남자는 喪事나 질병 같은〉 큰 연고가 있지 않으면 그 여자의 집 문에 들어가지 않는다. 고모와 자매와 딸자식이 이미 시집갔다가 되돌아오면 남자 형제가 돗자리를 같이하여 앉지 않으며, 그릇을 같이하여 음식을 먹지 않으며,

【注】 皆爲重別하여 防淫亂이라 不雜坐는 謂男子在堂하고 女子在房也라 椸는 可以枷衣者라 通問은 謂相稱謝也라 諸母는 庶母也라 漱는 澣(한)也라 庶母賤하여 可使漱衣나 不可使漱裳이니 裳賤이라 尊之者는 亦所以遠別이라 外言內言은 男女之職也니 不出入者는 不以相問也라 梱은 門限也라 女子許嫁系纓은 有從人之端也라 大故는 宮中有災變이어나 若疾病이라야 乃後入也라 女子有宮者는 亦謂由命士以上也니 春秋傳曰 群公子之舍는 則已卑矣[1]라하니라 女子十年而不出[2]이요 嫁及成人이면 可以出矣로되 猶不與男子共席而坐[3]니 亦遠別也라

1) 春秋傳曰……則已卑矣 : ≪春秋公羊傳≫ 莊公 원년의 "가을에 왕희가 머무를 집을 성 밖에 지었다.〔秋 築王姬之館于外〕"라는 경문에 대한 公羊壽의 傳에 보인다. '已'는 ≪춘추공양전≫에는 '以'로 되어 있다.
2) 女子十年而不出 : ≪예기≫ 〈內則〉에 보인다.
3) 不與男子共席而坐 : ≪예기≫ 〈坊記〉에 "고모와 자매와 딸자식이 이미 시집갔다가 되돌아오면 남자 형제가 돗자리를 같이하여 앉지 않는다.〔姑姊妹女子子 已嫁而反 男子不與同席而坐〕"라는 내용이 보인다.

모두 분별을 중히 하여 음란함을 방지하기 위한 것이다. '不雜坐'는 남자는 堂에 있고 여자는 房에 있는 것을 이른다. '椸'는 옷을 걸 수 있는 것이다. '通問'은 서로 안부를 묻는 것을 이른다. '諸母'는 庶母이다. '漱'는 '빨래하다'의 뜻이다. 庶母는 賤하여 윗옷을 빨래시킬 수 있으나 치마를 빨래시킬 수는 없으니, 치마는 천하기 때문이다. 서모를 높이는 것은 또한 분별을 크게 하는 것이다. '外言'과 '內言'은 남녀의 직분이니, 안으로 들이거나 밖으로 내지 않는다는 것은 이를 서로 묻지 않는다는 것이다. '梱'은 문지방이다. 여자가 許婚하면 纓을 매는 것은 다른 사람을 따르는 단서가 있다는 것이다. '大故'는 집안에 災變이 있거나 질병이 있어야 비로소 그 뒤에 들어가는 것이다. 여자가 집이 있는 것은 또한 命士 이상을 이르니, ≪春秋公羊傳≫에 이르기를 "〈王姬가 머무르기에〉 여러 공주의 집은 너무 비천하기 때문이다."라고 하였다. 여자는 10세가 되면 외출하지 않으며, 시집가거나 成人이 되면 외출할 수 있지만 여전히 남자와 돗자리를 함께하여 앉지 않으니, 또한 분별을 크게 하는 것이다.

父子不同席이니라

부자간에 돗자리를 같이하지 않는다.

【注】 異尊卑也라

존비를 달리하는 것이다.

男女非有行媒(매)[1)]어든 不相知名[2)]하며

1) 媒(매) : 孔穎達의 疏에 의하면 媒氏를 이른다. ≪周禮≫에 의하면 '매씨'는 혼인의 일을 주관하는 관직의 이름이다.
2) 名 : 陸德明의 音義에서는 衍字로 보았으며, 臧琳의 ≪經義雜記≫에서도 '名'이 본래 있었다면 정현이 주를 낼 필요가 없었을 것이라 하였다. 완원은 이에 대해, 정현은 경문의 '名'을 '姓名'으로 풀이한 것일 뿐이라고 하여 衍字로 본 설이 틀리다고 하였다.(阮元의 校勘記 참조)

남자와 여자는 媒氏의 왕래가 있지 않으면 서로 이름을 알지 않으며,

【注】 見媒往來하여 傳昏姻之言이라야 乃相知姓名이라

媒氏가 왕래하여 혼인의 말을 전해야 비로소 서로 성명을 알 수 있음을 보인 것이다.

非受幣어든 不交不親이니

폐백을 받지 않았으면 사귀지 않고 가까이하지 않으니,

【注】 重別하니 有禮라야 乃相纏固라

분별을 중히 한 것이니, 禮가 있어야 비로소 서로 단단히 사귄다.

故로 日月로 以告君하며

그러므로 〈媒氏가〉 혼인한 날과 달을 기록하여 군주에게 고하며,

【注】 周禮에 凡取判妻入子者를 媒氏書之라하니 以告君은 謂此也라

≪주례≫ 〈地官 媒氏〉에, 무릇 재가하는 처에게 장가들고 아직 시집가지 않은 媵妾 및 조카와 여동생을 맞이할 경우 媒氏가 이를 기록한다고 하였으니, '以告君'은 이를 이른다.

齊(재)**戒**하여 **以告鬼神**하며

재계하고서 선조의 신령께 고하며,

【注】 昏禮에 凡受女之禮를 皆於廟爲神席以告鬼神이 謂此也라

≪儀禮≫ 〈士昏禮〉에서 무릇 〈신부의 집에서는〉 딸을 주는 예를 모두 禰廟에서 신을 위한 돗자리를 펴고 신령에게 고한다고 하는 것이 이를 이른다.

爲酒食(사)하여 **以召鄕黨僚友**하나니

술과 음식을 장만하여 고을 사람들과 동료 관원을 초청하니,

【注】 會賓客也라

빈객을 모으는 것이다.

以厚其別也니라

〈이것은 예를 갖추어〉 남녀의 분별을 신중히 하는 것이다.

【注】 厚는 重愼也라

'厚'는 신중히 하는 것이다.

取妻호되 **不取同姓**이니 **故**로 **買妾**호되 **不知其姓**이어든 **則卜之**니라

妻를 취하되 같은 성을 가진 사람을 취하지 않는다. 그러므로 妾을 사되 그 성을 알지 못하면 길흉을 점친다.

【注】 爲其近禽獸也라 妾賤하여 或時非媵(잉)하여 取之於賤者면 世無本繫라

禽獸에 가깝기 때문이다. 첩이 천하여 혹 媵妾이 아니고 천한 자에게서 맞이하게 되면 세상에 원래의 계보가 없기 때문이다.

寡婦之子 非有見(현)焉이어든 **弗與爲友**니라

寡婦의 자식은 〈탁월한 재능을〉 알아줄 정도가 아니면 〈호색의 혐의를 피하기 어려우므로〉 함께 벗하지 않는다.

【注】 辟(피)[1]嫌也라 **有見**은 **謂有奇才卓然**하여 **衆人所知**라

1) 辟(피) : 考文宋板에서는 古本을 인용하여 '避'로 썼으며, 陸德明의 音義에서도 '避'로 된 판본이 있다고 하였다. 완원에 따르면 '避'는 正字이고, '辟'는 가차자이다.(阮元의 校勘記 참조)

혐의를 피하는 것이다. '有見'은 비범한 재능이 탁월하여 많은 사람이 아는 것을 이른다.

【疏】 '離坐'至'爲友'. ○ 正義曰：此一節總明不干人私竝遠嫌之法, 今各隨文解之. ○"離坐離立", 離, 兩也. 若見彼或二人併坐, 或兩人併立, 既唯二人, 恐密有所論, 則已不得輒往參預也. ○"離立者不出中間"者, 又若見有二人併立當己行路, 則避之, 不得輒當其中間出也. 不云離坐者, 道路中非安坐之地, 故不云坐也. 識與不識, 通如此也.

經의 〔離坐〕에서 〔爲友〕까지

○ 正義曰 : 이 절은 다른 사람의 사적인 공간을 침범하지 않는 것과 혐의를 멀리하는 법을 통틀어 밝혔으니, 이제 각각 글을 따라 풀이하겠다.

○〔離坐離立〕 '離'는 '둘'이다. 만약 저 두 사람이 나란히 앉아 있거나 두 사람이 나란히 서 있는 것을 본다면, 이미 두 사람뿐이니 은밀히 논하는 바가 있을 수 있다. 그렇다면 자기가 곧장 가서 여기에 끼어들어서는 안 된다.

○〔離立者不出中間〕 또 만약 두 사람이 자기가 가는 길에 나란히 서 있는 것을 보면 피하여서 곧장 그 중간으로 나가서는 안 된다. '離坐'를 말하지 않은 것은, 도로 가운데는 편안히 앉아 있을 곳이 아니므로 '坐'를 말하지 않은 것이다. 아는 사람이든 알지 못하는 사람이든 모두 이와 같다.

【疏】 ○ 注'離, 兩也'. ○ 正義曰：案易象云"明兩作離." 是離爲兩也.

○ 注의 〔離 兩也〕

○ 正義曰 : 살펴보면 ≪周易≫ 離卦 〈象傳〉에 이르기를 "밝음이 둘인 것이 離가 된

다.”라고 하였으니, 이것은 ‘離’가 ‘둘’의 뜻이라는 것이다.

【疏】 ○‘男女’至‘而食’. ○“不親授”者, 男女有物, 不親相授也. 內則云 “非祭非喪, 不相授器. 其相授, 則女授[1]以篚. 無篚, 則皆坐, 奠之而后取之.” ○“諸母不漱裳”者, 諸母謂父之諸妾有子者. 漱, 浣也. 諸母賤, 乃可使漱浣盛服, 而不可使漱裳. 裳, 卑褻也, 欲尊崇於兄弟之母, 故不可使漱裳耳, 又欲遠別也. ○“外言不入於梱”者, 外言, 男職也. 梱, 門限也. 男職在於官政, 各有其限域, 不得令婦人預之, 故云“外言不入於梱”也. ○“內言不出於梱”者, 內言, 女職也. 女職謂織紝, 男子不得濫預, 故云“不出〔於〕[2]梱”也. ○“女子許嫁, 纓”者, 女子, 婦人通稱也. 不要對文, 故不重云子也. 婦人質弱, 不能自固, 必有繫屬, 故恒繫纓. 纓有二時, 一是少時常佩香纓, 二是許嫁時繫纓, 此則爲許嫁時繫纓. 何以知然者. 內則云 “男女未冠笄, 衿纓.” 鄭以爲佩香纓, 不云纓之形制, 此云許嫁有從人之端也. 又昏禮 “主人入, 親說(탈)婦纓.” 鄭注云 “婦人十五許嫁, 笄而禮之, 因著纓, 明有繫也. 蓋以五采爲之, 其制未聞.” 又內則云 “婦事舅姑, 衿纓.” 鄭云 “婦人有纓, 示繫屬也.” 以此而言, 故知有二纓也. 但婦人之衿纓, 卽是五采者, 故鄭云 “示繫屬也.” 今此“許嫁”謂十五時. ○“非有大故, 不入其門”者, 大故謂喪病之屬也. 女子已許嫁, 則有宮門, 列爲成人. 唯有喪病等, 乃可入其門, 非大故, 則不入門也. ○“女子子”者, 謂已嫁女子子, 是己之女. 不直云“女子”, 而云“女子子”者, 凡男子女子皆是父生, 同爲父之子, 男子則單稱子, 女子則重言子者, 案鄭注喪服云 重言女子子, 是別於男子, 故云女子子[3]. ○“兄弟弗與同席而坐”者, 雖已嫁及成人, 猶宜別席, 不云姪及父, 唯云兄弟者, 姪父尊卑禮殊, 不嫌也. ○“弗與同器而食”者, 熊氏以爲不得傳同器, 未嫁亦然, 今嫌嫁或有異於未出, 故明之, 皆爲重別, 防淫亂也.

1) 授 : ≪禮記≫ 〈內則〉에는 ‘受’로 되어 있으나, ‘授’는 ‘受’와 통용자이다.
2) 〔於〕 : 저본에는 ‘於’가 없으나, 經文에 의거하여 보충하였다.
3) 鄭注喪服云……故云女子子 : ≪儀禮≫ 〈喪服〉 “斬衰三年” 조에 “딸이 아직 혼인하지 않고 집에 있을 때 아버지를 위하여 입는다.〔女子子在室爲父〕”라는 구절이 보이는데, 정현의 주에 “女子子는 딸자식이라는 뜻이니 〈‘子’를 중복한 것은〉 男子와 구별한 것이다.〔女子子者 子女也 別於男子也〕”라고 하였다.

○ 經의 〔男女〕에서 〔而食〕까지

○ 〔不親授〕 남녀가 물건이 있을 때 직접 서로 주고받지 않는다. ≪예기≫ 〈內則〉에

이르기를 "제사가 아니고 초상이 아니면 서로 기물을 주고받지 않는다. 서로 주고받게 되면 여자는 광주리로 받는다. 광주리가 없으면 모두 꿇어앉아서 주는 자가 물건을 내려놓으면 뒤에 받는 자가 가져간다."라고 하였다.

○〔諸母不漱裳〕'諸母'는 아버지의 여러 첩 중에 자식이 있는 자를 이른다. '漱'는 '빨래하다'의 뜻이다. 제모는 천하여 盛服을 빨래시킬 수 있으나 치마를 빨래시킬 수는 없다. 치마는 낮고 설만하니, 형제의 어머니를 존숭하고자 하므로 치마를 빨래시킬 수 없으며, 또 분별을 크게 하고자 해서이다.

○〔外言不入於梱〕'外言'은 남자의 직분이다. '梱'은 문지방이다. 남자의 직분은 국가의 정사에 있어서 각각 그 한정된 영역이 있으니 부인으로 하여금 상관하게 해서는 안 되기 때문에 '外言不入於梱'이라 한 것이다.

○〔內言不出於梱〕'內言'은 여자의 직분이다. 여자의 직분은 베 짜는 것을 이르니, 남자가 함부로 상관해서는 안 되기 때문에 '不出於梱'이라 한 것이다.

○〔女子許嫁 纓〕'女子'는 부인의 통칭이니, 상대적인 어휘로 쓸 필요가 없으므로 중복하여 '子'를 쓰지 않았다. 부인은 바탕이 약하여 본래 단단하지 못하니 반드시 매여 있어야 하므로 늘 纓을 매는 것이다. 纓은 차는 시기가 두 번 있으니, 한 시기는 어렸을 때 늘 香纓(향주머니)을 차는 것이고, 다른 한 시기는 許婚했을 때 纓(채색 끈)을 매는 것이다. 여기에서는 허혼했을 때 纓을 매는 것이다. 어떻게 그렇다는 것을 아는가? ≪예기≫ 〈內則〉에 이르기를 "아직 冠禮나 笄禮를 하지 않은 아들딸은 纓을 찬다."라고 하였다. 〈내칙〉의 주에서 정현은 향주머니〔香纓〕를 차는 것이라 하고 纓의 形制는 말하지 않았는데, 여기 〈곡례〉에서는 허혼하여 다른 사람을 따르는 단서가 있다고 하였다. 또 ≪의례≫ 〈士昏禮〉에 "주인(신랑)이 室로 들어와 신부의 纓을 직접 풀어준다."라고 하였는데, 정현의 주에 이르기를 "부인이 15세가 되어 허혼하면 비녀를 꽂아 成人의 예를 행하며, 이어서 纓을 착용하여 매여 있음을 밝힌다. 纓은 아마도 다섯 가지 색으로 만드는 듯한데, 그 제도는 듣지 못하였다."라고 하였다. 또 〈내칙〉에 이르기를 "며느리가 시부모를 섬길 때 纓을 맨다."라고 하였는데, 정현은 말하기를 "부인에게 纓이 있는 것은 매여 있음을 보이는 것이다."라고 하였다. 이것을 가지고 말하였으므로 纓이 두 종류가 있음을 안 것이다. 다만 부인이 매는 纓은 바로 다섯 가지 색의 纓이므로 정현이 '매여 있음을 보이는 것이다.'라고 한 것이다. 지금 여기의 '許嫁'는 15세 때를 이른다.

○〔非有大故 不入其門〕'大故'는 초상이나 질병의 등속을 이른다. 여자가 이미 許婚했으면 宮門을 두어서 成人으로 나열된다. 오직 초상이나 질병 등이 있어야 비로소 그 문에 들어갈 수 있으니, 大故가 아니면 문에 들어가지 못한다.

○〔女子子〕이미 시집간 딸자식을 이르니, 이는 자기의 딸이다. 다만 '女子'라 하지 않고 '女子子'라고 한 것은, 무릇 아들과 딸은 모두 부모가 낳으니 똑같이 부모의 자식이지만 아들은 '子'만 칭하고 딸은 '子'를 중복하여 말한 것은, 살펴보면 ≪의례≫ 〈喪服〉 정현의 주에 이르기를, '子'를 중복하여 '女子子'라고 한 것은 '男子'와 구별한 것이므로 '女子子'라고 한 것이라고 하였다.

○〔兄弟弗與同席而坐〕비록 이미 시집가고 성인이 되었어도 여전히 돗자리를 달리해야 하니, 조카와 아버지를 말하지 않고 오직 '兄弟'만 말한 것은, 조카와 아버지는 尊卑의 예가 달라서 혐의가 없기 때문이다.

○〔弗與同器而食〕熊安生은, 같은 그릇에 전하지 못하는 것은 시집가기 전에도 그러하였는데 지금 시집가서 혹여 시집가기 전과 다름이 있다고 오해할까 염려하였기 때문에 밝힌 것이니, 모두 분별을 중히 하여 음란함을 방지하기 위해서라고 하였다.

【疏】○ 注'不雜'至'別也'. ○ 正義曰："謂男子在堂, 女子在房也", (○)[1] 熊氏云 "謂若大宗收族, 宗子燕食族人於堂, 宗子之婦燕食族婦於房也." ○ (注)[2]"春秋傳曰 群公子之舍, 則已卑矣", 引公羊傳證女子有別宮也. 莊元年"秋, 築王姬之館於外", 公羊傳曰 "路寢則不可, 小寢則嫌, 群公子之舍, 則以卑矣." 何休云 "路寢是君聽事之處, 不可嫁他女. 小寢是夫人所居, 天王女宜遠別, 不可住也[3]." "群公子之舍則已卑矣"者, 群公子是魯侯之諸女也, 魯侯女宮爲卑, 不可處王女也. 何休又云 "當築夫人宮下, 群公子宮上[4]." 公羊以爲築宮於外, 非禮也[5]. 左氏以爲築宮於外, 禮也[6]. 鄭康成亦以爲築宮當於宮外是也.

1) (○) : 저본에는 부호 '○'가 있으나, 앞뒤 문맥에 의거하여 衍文으로 처리하였다.
2) (注) : 저본에는 '注'가 있으나, 본서의 체제에 의거하여 衍文으로 처리하였다.
3) 路寢是君聽事之處……不可住也 : ≪春秋公羊傳≫ 莊公 원년 조 何休의 解詁에 보이지 않는다.
4) 當築夫人宮下 群公子宮上 : ≪春秋公羊傳≫ 莊公 원년 조 何休의 解詁에 "예에 따르면 同姓의 나라는 본래 공주를 시집보낼 때 혼사를 주관하는 도가 있으니, 반드시 부인의 아래, 여러 공주의 위에 땅을 비워두어야 한다.〔禮 同姓本有主嫁女之道 必闕地于夫人

之下 群公子之上也〕"라는 내용이 보인다. ≪춘추공양전≫에는 두 개의 '宮'자가 없다.

5) 公羊以爲築宮於外 非禮也 : ≪春秋公羊傳≫ 莊公 원년 조 何休의 解詁에 "집을 짓는 것은 예에 맞고, 성 밖에 짓는 것은 예에 맞지 않다.〔築之 禮也 于外 非禮也〕"라는 내용이 보인다.

6) 左氏以爲築宮於外 禮也 : ≪春秋左氏傳≫ 莊公 원년 조에 "성 밖에 지은 것은 예에 맞는 것이었다.〔爲外 禮也〕"라는 내용이 보인다.

○ 注의 〔不雜〕에서 〔別也〕까지

○ 正義曰 : 〔謂男子在堂 女子在房也〕 熊安生은 이르기를 "大宗이 종족을 거두어서 宗子는 堂에서 族人에게 식사를 대접하고 종자의 아내는 房에서 족인의 부인들에게 식사를 대접하는 것과 같은 것을 이른다."라고 하였다.

○ 〔春秋傳曰 群公子之舍 則已卑矣〕 ≪春秋公羊傳≫을 인용하여 여자가 별궁을 둠을 증명한 것이다. ≪春秋≫ 莊公 원년 조에 "가을에 王姬가 머무를 집을 성 밖에 지었다."라고 하였는데, ≪춘추공양전≫에 이르기를 "路寢은 안 되고 小寢은 설만한 혐의가 있으며, 여러 공주의 집은 너무 비천하기 때문이다."라고 하였다. 何休는 말하기를 "노침은 군주가 정사를 다스리는 곳이니 이곳에서 다른 나라의 여자를 시집보낼 수 없으며, 소침은 제후의 夫人이 거처하는 곳이니 天王의 딸은 의당 분별을 크게 해야 하므로 머물러서는 안 되는 것이다."라고 하였다. '群公子之舍則已卑矣'는, '群公子'는 魯나라 군주의 여러 딸이니, 노나라 군주의 공주의 집은 비천하여 왕의 딸을 거처하게 할 수 없다는 것이다. 하휴는 또 말하기를 "마땅히 夫人의 궁 아래, 여러 공주의 궁 위에 지어야 한다."라고 하였다. ≪춘추공양전≫에서는 집을 성 밖에 짓는 것이 禮가 아니라고 하였고, ≪춘추좌씨전≫에서는 성 밖에 집을 짓는 것이 예에 맞다고 하였다. 정현 역시 집을 짓는 것은 마땅히 궁 밖에 짓는 것이 옳다고 하였다.

【疏】 ○ "男女非有行媒, 不相知名"者, 相知男女名者, 先須媒氏行傳昏姻之意, 後乃知名, 見媒往來, 傳昏姻之言, 乃相知姓名也. 故昏禮有六禮[1], 二曰問名. ○ "非受幣, 不交不親"者, 幣謂聘之(玄)〔玄〕纁束帛[2]也. 先須禮幣, 然後可交親也. ○ "故日月以告君"者, 旣男女須辨, 故婦來, 則書取婦之年月日時, 以告國君也.

1) 六禮 : ≪儀禮≫ 〈士昏禮〉 "納采用鴈"에 대한 賈公彦의 소에 따르면 納采·問名·納吉·請期·親迎·納徵을 이른다.

2) (玄)〔玄〕纁束帛 : '玄'은 저본에는 '玄'으로 되어 있으나, 淸 聖祖의 성명 愛新覺羅玄燁

의 '玄'을 避諱한 것이므로, 원글자인 '玄'으로 돌려놓았다. '玄纁束帛'은 '세 필의 검은 비단과 두 필의 붉은 비단'이라는 뜻이다.

○〔男女非有行媒 不相知名〕 남녀의 이름을 서로 아는 것은 먼저 媒氏가 혼인의 뜻을 전해주어야 그 뒤에 비로소 이름을 알게 되니, 매씨가 왕래하여 혼인의 말을 전해야 비로소 서로 성명을 알 수 있음을 보인 것이다. 그러므로 ≪儀禮≫ 〈士昏禮〉에 六禮가 있는데, 그 두 번째 예를 '問名'이라고 한다.

○〔非受幣 不交不親〕 '幣'는 아내를 맞이할 때 예물로 사용하는 玄纁束帛을 이른다. 먼저 예물을 바친 뒤에 사귀고 가까이할 수 있다.

○〔故日月以告君〕 이미 남녀는 분별해야 하므로 신부가 오면 신부를 맞이한 연월일시를 기록하여 군주에게 고하는 것이다.

【疏】〔○〕[1] 注'周禮凡取判妻入子者, 媒氏書之以告君, 謂此也'. 引媒氏職, 證必書告君也. 妻是判合, 故云判也. "入子"者, 鄭康成注云 "入子者, 謂容媵及姪娣不聘者也." 妾旣非判合, 但廣其子(胤)〔胤〕[2]而已, 故云"入子".

1)〔○〕: 저본에는 부호 '○'가 없으나, 본서의 체제에 의거하여 보충하였다.

2) (胤)〔胤〕: 저본에는 '胤'으로 되어 있으나, 淸 世宗의 성명 愛新覺羅胤禛의 '胤'을 避諱한 것이므로, 원글자인 '胤'으로 돌려놓았다.

○ 注의 〔周禮凡取判妻入子者 媒氏書之以告君 謂此也〕 ≪周禮≫ 〈地官 媒氏〉를 인용하여 반드시 기록하여 군주에게 고해야 함을 증명하였다. 妻는 반쪽이 합한 것이므로 '判'이라 한 것이다. '入子'는, 정현의 주에 이르기를 "入子는 혹 아직 시집가지 않은 媵 및 조카와 여동생을 이르는 듯하다."라고 하였다. 妾은 이미 반쪽이 합한 것이 아니고 다만 그 자식을 넓히는 것뿐이므로 '入子'라고 한 것이다.

【疏】 ○ "齊戒以告鬼神"者, 竝厚重遠別也. 齊戒謂嫁女之家於受六禮, 竝在於廟布席告先祖也, 明女是先祖之遺體, 不可專輒許人. 而取婦之家, 父命子親迎, 乃竝自齊絜, 但在己寢, 不在廟也. 所以爾者, 白虎通云 "娶妻不告[1]廟者, 示不必人女[2]也." 然夫家若無父母, 則三月廟見, 亦是告鬼神, 故云"齊戒以告鬼神".

1) 告 : 監本·毛本 및 ≪白虎通義≫ 〈德論下 嫁娶〉에는 이 앞에 '先'이 있다.(阮元의 校勘記 참조)

2) 人女 : 監本 · 毛本 및 ≪白虎通義≫ 〈德論下 嫁娶〉에는 '安'으로 되어 있다.(阮元의 校勘記 참조)

○ 〔齊戒以告鬼神〕 모두 분별을 크게 함을 신중하게 하는 것이다. '齊戒'는 딸을 시집보내는 집에서 六禮를 받을 때 모두 廟에서 돗자리를 펴고 선조에게 고하는 것을 이르니, 딸은 선조의 遺體여서 마음대로 남에게 허락할 수 없음을 밝힌 것이다. 신부를 데려가는 집에서는 신랑의 아버지가 아들에게 명하여 신부를 직접 맞이해 오도록 하고 이에 모두 스스로 재계하는데, 다만 자기 寢에서 하고 廟에서 하지 않는다. 이렇게 하는 이유는, ≪白虎通義≫에 이르기를 "아내를 맞이하는데 廟에 고하지 않는 것은 남의 딸을 기필하지 않음을 보인 것이다."라고 하였다. 그러나 〈혼인할 때〉 신랑의 집에 만약 신랑의 부모가 계시지 않았으면 혼인한 지 3개월이 되었을 때 신랑의 집 廟에 알현하니, 이것 또한 선조의 신령에게 고하는 것이므로 '齊戒以告鬼神'이라 한 것이다.

【疏】 ○ 注'昏禮'至'此也'. ○ 正義曰 : 昏禮納采, "主人筵於戶西, 西上右几." 注 "爲神布席, 將以先祖之遺體許人, 不敢不告[1]." 昏禮又云 "受諸禮於廟而設几筵也[2]."

1) 爲神布席……不敢不告 : ≪儀禮≫ 〈士昏禮〉 정현의 주를 요약한 것으로, 정현의 주는 다음과 같다. "'筵'은 신을 위해 돗자리를 펴는 것이다.……장차 선조의 유체를 다른 사람에게 허락하는 것이므로 그 예를 禰廟(아버지 사당)에서 받는 것이다.〔筵爲神布席也……將以先祖之遺體許人 故受其禮於禰(녜)廟〕"

2) 受諸禮於廟而設几筵也 : ≪의례≫ 〈士昏禮 記〉의 "일반적으로 혼사를 진행할 때는 반드시 황혼 무렵이나 새벽 시간을 사용하고, 禰廟에서 명을 받는다.〔凡行事 必用昏昕 受諸禰廟〕"라는 내용을 요약한 것이다.

○ 注의 〔昏禮〕에서 〔此也〕까지

○ 正義曰 : ≪의례≫ 〈士昏禮〉에서 納采 때 "주인(여자의 아버지)은 〈禰廟의〉 室戶 서쪽 〈堂의 한가운데에 신을 위한〉 돗자리를 〈남향으로〉 서쪽을 上位로 하여 펴고, 〈신이 기댈〉 几를 〈돗자리의〉 오른쪽(서쪽)에 놓는다."라고 하였는데, 정현의 주에 "신을 위해 돗자리를 펴는 것이니, 장차 선조의 遺體를 다른 사람에게 허락하는 것이므로 감히 고하지 않을 수 없는 것이다."라고 하였다. 〈사혼례〉에 또 이르기를 "禰廟에서 예를 받아 궤와 돗자리를 설치한다."라고 하였다.

【疏】 ○ "故買妾, 不知其姓, 則卜之". (○)[1] 熊氏云 "卜者卜吉凶. 既不知其姓, 但卜吉, 則取之." 義或然也.

1) (○) : 저본에는 부호 '○'가 있으나, 본서의 체제에 의거하여 衍文으로 처리하였다.

○〔故買妾 不知其姓 則卜之〕 熊安生이 이르기를 "'卜'은 길흉을 점치는 것이다. 이미 그 姓을 알지 못하므로 다만 점을 쳐서 길하면 맞이하는 것이다."라고 하였는데, 뜻이 혹 옳을 듯하다.

【疏】 ○ 注'爲其'至'本繫'. ○ 正義曰 : 郊特牲云 "無別無義, 禽獸之道." 此不取同姓, 爲其近禽獸故也. 云"妾賤, 或時非媵, 取之於賤"者, 如諸侯取一國之女, 則二國同姓以姪娣媵. 媵, 送也. 妾送嫡行, 則明知姓氏, 大夫士取亦各有妾媵. 或時非此媵類, 取於賤者, 不知何姓之後, 則世無本繫, 但卜得吉者取之.

○ 注의 〔爲其〕에서 〔本繫〕까지

○ 正義曰 : ≪禮記≫ 〈郊特牲〉에 이르기를 "분별이 없고 의리가 없는 것은 禽獸의 도이다."라고 하였으니, 여기에서 同姓을 취하지 않는 것은 금수에 가깝기 때문이다. 〔妾賤 或時非媵 取之於賤〕 만약 제후가 한 나라의 딸을 맞이하면 同姓의 두 나라가 조카와 여동생을 媵하니, '媵'은 '보내다'의 뜻이다. 첩을 嫡妻가 시집갈 때 보냈으면 성씨를 분명히 알 수 있고, 大夫와 士가 아내를 맞이할 때 또한 각각 딸려서 시집보내는 妾媵이 있다. 그러나 혹 이러한 媵의 부류가 아니고 천한 자에게서 취하여 무슨 성의 후손인지 알지 못하면 세상에 원래의 계보가 없으므로 다만 점을 쳐서 길함을 얻으면 취한다.

【疏】 ○ "寡婦之子, 非有見焉, 弗與爲友"者, 明避嫌也. 見謂奇才卓異可見也. 寡婦無夫, 若其子有奇才異行者, 則已可與之爲友. 若此子凡庸, 而已與其往來, 則於寡婦有嫌也. 是以鄭注 "有見, 謂奇才卓然, 衆人所知也."

○〔寡婦之子 非有見焉 弗與爲友〕 혐의를 피함을 밝힌 것이다. '見'은 비범한 재주가 탁월하여 볼만한 것을 이른다. 과부는 남편이 없으니, 만약 그 아들이 비범한 재주와 훌륭한 행실이 있는 자라면 자기가 그와 벗이 될 수 있지만, 만약 이 아들이 평범한데 자기가 그와 왕래하면 과부에게 욕심낸다는 혐의가 있게 된다. 이 때문에 정현의 주에서 '有見 謂奇才卓然 衆人所知也'라고 한 것이다.

01-23-01 賀取妻者는 **曰**호되 **某子使某**호되 **聞子**의 **有客**하고 **使某**로 **羞**라하니라

妻를 취하는 자에게 축하하는 자는 다음과 같이 말한다. "아무개(축하하는 사람의 이름)가 아무개(사자 자신의 이름)를 보내되 그대에게 손님(신부)이 있다는 말을 듣고 아무개(사자 자신의 이름)로 하여금 〈손님에게〉 나아가게 하였습니다."

【注】 謂不在賓客之中하여 使人往者라 羞는 進也니 言進於客이라 古者謂候爲進하니 其禮蓋壺酒束脩若犬也라 不斥主人은 昏禮不賀일새라

빈객 속에 들어 있지 않아서 사람을 시켜 가게 한 자를 이른다. '羞'는 '나아가다'의 뜻이니, 손님에게 나아간다는 말이다. 옛날에는 '候(맞이하다)'를 '進'이라 하였으니, 그 예물은 병에 든 술 및 脯 10장이나 개 한 마리였다. 주인에게 〈축하한다고〉 콕 집어 말하지 않은 것은, 혼례는 축하하지 않기 때문이다.

【疏】 '賀取'至'〔某〕[1]羞'. ○ 正義曰：謂親朋友有昏, 己有事碍不得自往, 而遣人往也. 案郊特牲云 "昏禮不賀, 人之序也." 此云賀者, 聞彼昏而送筐篚, 將(奉淳)〔表厚〕[2]意, 身實不在爲賀, 故云賀, 而其辭則不稱賀. 〔○〕[3] "曰某子使某"者, 此使者辭也. "某子"者, 賀者名. "使某"者, 使自稱名也, 言彼使我來也. ○ "聞子有客"者, "聞子", 呼娶妻者爲子也. 昏禮既不稱賀, 故云"聞子有客"也. 客者, 鄕黨僚友之屬也. ○ "使某羞"者, 某是使者名也. 羞, 進也. 子既召賓客, 或須飮食, 故使我將此酒食, 以與子進賓客.

1) 〔某〕: 저본에는 '某'가 없으나, 본서의 체제에 의기하여 보충하였다.
2) (奉淳)〔表厚〕: 저본에는 '奉淳'으로 되어 있으나, 閩本·監本·毛本·衛氏集說에 의거하여 '表厚'로 바로잡았다.(阮元의 校勘記 참조)
3) 〔○〕: 저본에는 부호 '○'가 없으나, 본서의 체제에 의거하여 보충하였다.

經의 〔賀取〕에서 〔某羞〕까지

○ 正義曰 : 친척이나 벗에게 혼사가 있는데 자기가 일이 있어 직접 갈 수 없어서 다른 사람을 보낸 것을 이른다. 살펴보면 ≪예기≫ 〈郊特牲〉에 이르기를 "혼례에 축하하지 않는 것은 사람의 세대가 교체되기 때문이다."라고 하였다. 여기 경문에서 '축하한다'라고 한 것은, 저 사람의 혼사 소식을 듣고 예물을 보내 후의를 표하고자 하는 것이며 자신이 실제로는 축하하는 사람에 들어 있지 않다는 것이다. 그러므로 경문에서 '축하한다'고 말했지만 실제 하는 말은 '축하한다'고 하지 않는 것이다.

○〔曰某子使某〕 이것은 使者의 말이다. '某子'는 축하하는 사람의 이름이다. '使某'는 사자가 자신의 이름을 말한 것이니, 저 사람이 나를 오게 하였다는 말이다.

○〔聞子有客〕 '聞子'는 처를 취하는 사람을 '子'라고 부른 것이다. 혼례에서는 이미 축하한다는 말을 하지 않으므로 '聞子有客'이라 한 것이다. '客'은 鄕黨의 동료 등속이다.

○〔使某羞〕 '某'는 使者의 이름이다. '羞'는 '나아가다'의 뜻이다. 그대가 이미 손님(신부)을 불렀다면 혹 음식이 필요할 수도 있으므로, 나로 하여금 이 술과 음식을 들고 가서 그대와 함께 손님에게 나아가게 하였다는 것이다.

○ 注'謂不'至'不賀'. ○ 正義曰 : "羞, 進也, 言進於客也. 古者謂候爲進"者, 證呼送禮爲進, 候猶進也. 古時謂迎客爲進, 漢時謂迎客爲候, 此記是古法, 故飮食與彼迎接, 呼爲進也. 鄭注周禮候人云"候, 候迎賓客之來"是也. 云"其禮蓋壺酒束脩若犬也"者, 言於禮物用壺酒及束脩. 束脩, 十脡脯也. 若無脯, 則壺酒及一犬, 故云"若犬"也. 少儀云 "其以乘壺酒束脩一犬賜人. 若獻人, 則陳酒執脩以將命." 是酒脩獻人之法也. 此賀用酒, 或亦四壺也. 云"不斥主人, 昏禮不賀"者, 解所以不云賀主人昏而云有客之義, 主人有嗣代之序, 故不斥云賀也.

○ 注의〔謂不〕에서〔不賀〕까지

○ 正義曰 :〔羞 進也 言進於客也 古者謂候爲進〕 예물을 보내는 것을 '進'이라 부른다는 것을 증명한 것이니, '候'는 '進'과 같다. 옛날에는 손님을 맞이하는 것을 일러 '進'이라 하였고, 漢나라 때는 손님을 맞이하는 것을 일러 '候'라 하였으니, 여기의 기록은 옛 법이므로 음식을 가지고 저 사람과 함께 맞이하는 것을 '進'이라 부른 것이다. ≪周禮≫〈夏官 敍官〉'候人' 조 정현의 주에 이르기를 "候는 손님이 오기를 기다려〔候〕 맞이하는 것이다."라고 한 것이 이것이다.

〔其禮蓋壺酒束脩若犬也〕 예물로 壺酒와 束脩를 쓴다는 말이다. '束脩'는 脯 10장이다. 만약 포가 없으면 예물로 壺酒와 개 한 마리를 쓰므로 '若犬'이라 한 것이다. ≪禮記≫〈少儀〉에 이르기를 "그 술 네 병과 포 10장과 개 한 마리를 다른 사람에게 내려준다. 만약 다른 사람에게 바치게 되면 술을 진열하고 포를 잡고서 명을 전한다."라고 하였으니, 이것은 술과 포를 다른 사람에게 바치는 법이다. 여기 경문에서 축하하는데 쓰는 술도 혹 네 병일 듯하다.

〔不斥主人 昏禮不賀〕 주인에게 혼례를 축하한다고 말하지 않고 손님이 있다는 뜻으로 말한 이유를 해석한 것이니, 주인에게 代를 잇는 순서가 있으므로 콕 집어 축하한

다고 말하지 않는다는 것이다.

01-24-01 貧者는 不以貨財로 爲禮하며 老者는 不以筋力으로 爲禮니라

가난한 자는 재화로 예를 차리지 않으며, 늙은 자는 근력으로 예를 차리지 않는다.

【注】禮許儉하니 不은 非無也라 年五十始杖하고 八十에 拜君命호되 一坐再至[1]라

1) 年五十始杖……一坐再至 : ≪禮記≫ 〈王制〉에 "50세가 되면 〈자기〉 집에서 지팡이를 짚고, 60세가 되면 〈자기가 사는〉 고을에서 지팡이를 짚고, 70세가 되면 國都에서 지팡이를 짚고, 80세가 되면 조정에서 지팡이를 짚는다.〔五十杖於家 六十杖於鄕 七十杖於國 八十杖於朝〕"라는 내용이 보이며, 또 〈왕제〉에 "〈노인을 봉양하는 예를 행할 때 노인이〉 80세가 되면 〈연로하여 太學에 오라고 할 수 없으므로 군주가 사람을 보내 饗食의 예를 노인의 집에 보내는데〉 군주의 명을 받을 때 절을 하되 〈원래는 두 번 절을 해야 하나〉 한 번 꿇어앉아 〈머리를〉 두 번 바닥에 댄다.〔八十拜君命 一坐再至〕"라는 내용이 보인다.

禮는 검소함을 허용하니, '不'은 없는 것이 아니다. 50세에 처음 지팡이를 짚고, 80세가 되면 군주의 명을 받을 때 절을 하되 한 번 꿇어앉아 〈머리를〉 두 번 바닥에 댄다.

01-25-01 名子者는 不以國하며 不以日月하며 不以隱疾하며 不以山川이니라

자식의 이름을 지을 경우 〈나중에 피휘하기 어려우므로〉 本國의 이름으로 짓지 않으며, 干支로 짓지 않으며, 신체에 있는 보이지 않는 곳의 질병으로 짓지 않으며, 산천의 이름으로 짓지 않는다.

【注】此在常語之中하여 爲後難諱也라 春秋傳曰 名은 終將諱之[1]라하니라 隱疾은 衣中之疾也니 謂若黑臀(둔)黑肱矣라 疾在外者는 雖不得言이나 尙可指摘이어니와 此則無時可辟(피)니 俗語云 隱疾難爲醫라하니라

1) 名 終將諱之 : ≪春秋左氏傳≫ 桓公 6년 조에 보인다.

이것은 〈이름으로 지은 글자가〉 평상시 하는 말 속에 들어 있어서 뒤에 피휘하기가

어렵기 때문이다. ≪춘추좌씨전≫에 이르기를 "이름은 死後에 반드시 피휘한다."라고 하였다. '隱疾'은 옷 안의 질병이니, 黑臀이나 黑肱과 같은 것을 이른다. 질병이 밖에 있는 것은 비록 말할 수는 없어도 오히려 지적할 수 있지만 이것은 피할 수 있는 때가 없으니, 속어에 이르기를 "隱疾은 치료하기 어렵다"라고 하였다.

【疏】'名子'至'山川'. ○ 正義曰：此一節明與子造名字之法, 各依文解之. ○"名子者不以國"者, 不以本國爲名, 故杜氏注春秋桓六年傳云 "不以本國爲名." 如是他國卽得爲名, 故桓十二年"衛侯晉卒", 襄十五年"晉侯周卒"是也. ○"不以日月"者, 不以甲乙丙丁爲名. 殷家得以爲名者, 殷質, 不諱名故也. 然案春秋魯僖公名申, 蔡莊公名甲午者, 周末亂世, 不能如禮. 或以爲不以日月二字爲名也. ○"不以隱疾"者, 謂不以體上幽隱之處疾病爲名.

經의 〔名子〕에서 〔山川〕까지

○ 正義曰：이 절은 자식에게 이름과 字를 지어주는 법을 밝힌 것이니, 각각 글을 따라 풀이하겠다.

○〔名子者不以國〕 본국의 국명으로 이름을 삼지 않는다는 것이다. 그러므로 ≪春秋左氏傳≫ 桓公 6년 조 杜預의 주에 이르기를 "본국의 국명으로 이름을 삼지 않는다."라고 하였다. 이와 같다면 다른 나라의 국명은 이름을 삼을 수 있는 것이다. 그러므로 환공 12년에 "衛侯 晉이 죽었다."라고 하고, 襄公 15년에 "晉侯 周가 죽었다."라고 한 것이 이것이다.

○〔不以日月〕 干支로 이름을 삼지 않는다는 것이다. 殷나라 왕실에서 간지로 이름을 삼을 수 있었던 것은, 은나라는 질박하여 이름을 諱하지 않았기 때문이다. 그러나 ≪春秋≫를 살펴보면 僖公의 이름이 申이고 蔡 莊公의 이름이 甲午였던 것은, 周나라 말에 세상이 어지러워 禮에 맞게 하지 못했던 것이다. 어떤 사람은 '日'과 '月' 두 글자로 이름을 삼지 않는 것이라고 한다.

○〔不以隱疾〕 몸에 있는 보이지 않는 곳의 질병으로 이름을 삼지 않는다는 말이다.

【疏】○ 注'謂若黑臀黑肱矣'. ○ 正義曰：案宣二年, 晉"使趙穿迎[1]公子黑臀於周而立之". 周語單(선)子云 "吾聞晉成公之生, 夢神規其臀以黑, 使有晉國." 此天所命也, 有由而得爲名. 昭元年楚公子黑肱, 昭三十一年邾黑肱得爲名, 或亦有由, 或亂世而不能如禮. 云"名, 終將諱之"者, 案桓六年"九月丁卯, 子同生, 公問名於申繻(수), 申繻對曰 '名有五,

有信, 有義, 有象, 有假, 有類. 以名生爲信.'" 杜注云 "若唐叔虞 · 魯公子友[2)]". "以德命爲義", "若文王名昌, 武王名發[3)]". "以類命爲象", "若仲尼首象尼(丘)〔丘〕[4)]". "取於物爲假", "若伯魚生, 人有饋之魚, 因名之曰鯉". "取於父爲類", 若魯莊公與桓公同日生, 名之曰同也[5)]. 按傳文云 "不以官, 不以畜牲, 不以器幣." 此記文略耳[6)]. 傳云 "以官則廢職, 以山川則廢主, 以畜牲則廢祀, 以器幣則廢禮. 晉以僖侯廢司徒, 宋以武公廢司空, 先君獻 · 武廢二山." 杜注云, 司徒改爲中軍, 司空改爲司城. 魯獻公名具, 武公名敖, 按國語, 范獻子聘魯[7)], 問具 · 敖之山, 魯人以鄉名對[8)]. 獻子云 "何不云具 · 敖乎." 對曰 "先君獻 · 武之(所)[9)]諱也." 此等所以皆爲名者, 以其不能如禮, 故申繻言之. 周人以諱事神[10)]者, 謂周人諱神之名而事神, 其名終沒爲神之後, 將須諱之, 故不可以爲名也.

1) 迎 : 惠棟校宋本에는 '逆'으로 되어 있는데, 이는 ≪춘추좌씨전≫ 宣公 2년 조의 기록과 합치한다.(阮元의 校勘記 참조)

2) 若唐叔虞魯公子友 : '唐叔虞'는 晉나라의 始封君으로, 周 武王의 아들이자 周 成王의 아우이다. '魯公子友'는 魯 桓公의 아들이자 魯 莊公의 아우이다. 이들이 출생할 때 손바닥에 각각 '虞'와 '友' 모양의 무늬가 있었기 때문에 태어날 때의 특징을 사용해 이름을 지었다는 말이다.

3) 若文王名昌 武王名發 : 周 文王의 이름을 '昌'이라 한 것은 그가 반드시 周나라를 昌盛하게 할 것이라는 말이고, 周 武王의 이름을 '發'이라 한 것은 그가 반드시 군사를 發하여 폭군을 주벌할 것이라는 말이다.

4) (丘)〔丘〕 : 저본에는 '丘'로 되어 있으나, 孔子의 성명 孔丘의 '丘'를 避諱한 것이므로, 원글자인 '丘'로 돌려놓았다.

5) 若魯莊公與桓公同日生 名之曰同也 : '魯莊公'은 桓公의 적장자이다. ≪춘추좌씨전≫ 환공 6년 조 杜預의 주에 "아들 同의 출생일이 아버지의 생일과 同日이므로 이름을 '同'이라고 한 것과 같은 경우이다.〔若子同生 有與父同者〕"라고 하였다.

6) 按傳文云……此記文略耳 : ≪춘추좌씨전≫ 桓公 6년 조에 〈魯나라 대부〉 申繻(신수)가 魯 桓公의 물음에 "나라의 이름으로 이름을 짓지 않으며, 관직의 이름으로 이름을 짓지 않으며. 산천의 이름으로 이름을 짓지 않으며, 신체상의 보이지 않는 곳의 질병으로 이름을 짓지 않으며, 희생의 이름으로 이름을 짓지 않으며, 기물과 폐백의 이름으로 이름을 짓지 않습니다.〔不以國 不以官 不以山川 不以隱疾 不以畜牲 不以器幣〕"라고 대답한 내용이 보인다.

7) 范獻子聘魯 : '范獻子'는 晉나라 范宣子의 아들인 士鞅으로, ≪國語≫ 〈晉語〉 韋昭의 주에 따르면 여기에서 말하는 범헌자의 방문은 昭公 22년(B.C. 520)에 있었다.

8) 魯人以鄉名對 : ≪國語≫ 〈晉語〉에는 '名'이 없으며, 韋昭의 주에 "그 鄉의 산을 말한

것이다.〔言其鄕之山也〕"라고 하였다.

9) (所) : 저본에는 '所'가 있으나, ≪國語≫ 〈晉語〉에 의거하여 衍文으로 처리하였다.

10) 周人以諱事神 : 정현의 주에서 인용한 ≪춘추좌씨전≫ 桓公 6년 조의 '名 終將諱之' 바로 앞에 있는 구절이다.

○ 注의 〔謂若黑臀黑肱矣〕

○ 正義曰 : 살펴보면 魯 宣公 2년에 晉나라는 "趙穿을 周나라로 보내 公子 黑臀을 맞이해오게 하여 그를 임금으로 세웠다."라고 하였고, ≪國語≫ 〈周語〉에 單子가 말하기를 "나는 들으니 晉나라 成公이 태어날 때 〈성공의 어머니가〉 神이 그 엉덩이에 검은 점을 그리며 晉나라를 소유하게 하겠다는 꿈을 꾸었다고 한다."라고 하였으니, 이것은 하늘이 명한 것이어서 사연이 있어 이름을 삼을 수 있었던 것이다. ≪춘추좌씨전≫ 昭公 원년 조의 楚나라 公子 黑肱과 소공 31년 조의 邾나라 黑肱이 이름을 삼을 수 있었던 것도 사연이 있거나 아니면 난세여서 禮에 맞게 할 수 없었을 것이다.

'名 終將諱之'라고 한 것은, 살펴보면 ≪춘추좌씨전≫ 桓公 6년 조에 "9월 정묘일에 아들 同이 태어나자 환공이 申繻에게 이름에 대해 물었다. 신수가 대답하기를 '이름에는 다섯 종류가 있으니, 信이 있고, 義가 있고, 象이 있고, 假가 있고, 類가 있습니다. 출생할 때의 특징을 사용해 이름 짓는 것이 信입니다.'라고 하였다." 하였는데, 杜預의 주에 이르기를 "晉나라의 〈始封君인〉 唐叔虞와 魯나라의 公子 友 같은 경우이다."라고 하였다. 신수가 "덕행을 나타내는 글자를 사용해 이름 짓는 것이 義입니다."라고 한 것에 대해, 두예의 주에 "周 文王의 이름을 昌이라 하고, 周 武王의 이름을 發이라고 한 것과 같은 경우이다."라고 하였고, 신수가 "유사한 물체의 이름을 사용해 이름 짓는 것이 象입니다."라고 한 것에 대해, 두예의 주에 "仲尼(공자)의 머리가 尼丘山 모양과 유사하므로 이름을 '丘'라고 한 것과 같은 경우이다."라고 하였고, 신수가 "物名을 취해 이름 짓는 것이 假입니다."라고 한 것에 대해, 두예의 주에 "〈공자의 아들〉 伯魚가 출생했을 때 어떤 사람이 잉어를 선물하였으므로 인하여 이름을 '鯉'라 한 것과 같은 경우이다."라고 하였고, 신수가 "아버지와 관련된 글자에서 취하여 이름을 짓는 것이 類입니다."라고 한 것에 대해, 두예의 주에서는 아들 魯 莊公과 아버지 魯 桓公이 똑같은 날 출생하여 노 장공의 이름을 '同'이라 지은 것과 같은 경우라고 하였다.

살펴보면 ≪춘추좌씨전≫에 이르기를 "관직의 이름으로 이름을 짓지 않으며, 희생의 이름으로 이름을 짓지 않으며, 기물과 폐백의 이름으로 이름을 짓지 않는다."라고 하였으니, 여기의 기록은 글이 생략된 것이다. ≪춘추좌씨전≫에 이르기를 "관직의 이름으로 이름을 지으면 관직의 명칭을 폐하게 되고, 산천의 이름으로 이름을 지으면 산천의 이름을 폐하게 되고, 희생의 이름으로 이름을 지으면 제사를 폐하게 되고, 기물이나 폐백의 이름으로 이름을 지으면 禮를 폐하게 됩니다. 晉나라는 僖侯의 〈이름이 司徒이기〉 때문에 司徒를 폐하였고, 宋나라는 武公의 〈이름이 司空이기〉 때문에 司空을 폐하였고, 魯나라는 先君인 獻公과 武公 때문에 두 산의 이름을 폐하였습니다."라고 하였는데, 두예의 주에 이르기를, 司徒를 中軍으로 고치고, 司空을 司城으로 고쳤다고 하였다. 魯 獻公의 이름은 具이고, 魯 武公의 이름은 敖이다. 살펴보면 ≪國語≫ 〈晉語〉에 다음과 같은 기록이 있다. 范獻子가 노나라에 빙문 가서 具山과 敖山에 대해 묻자, 노나라 사람이 鄕의 이름으로 대답하였다. 범헌자가 "어찌하여 구산과 오산을 말하지 않습니까?"라고 하자, 대답하기를 "先君인 獻公과 武公의 諱입니다."라고 하였다.

이 사례들은 모두 이름을 삼은 이유이니, 禮에 맞게 할 수 없었기 때문에 신수가 언급한 것이다. 〈≪춘추좌씨전≫에서 신수가〉 "周나라 사람은 諱하는 것으로 神을 섬겼다."라고 한 것은, 주나라 사람은 신의 이름을 諱하여 신을 섬겼다는 말이니, 그 이름은 죽어서 신이 된 뒤에 장차 諱를 해야 하므로 이름으로 삼을 수 없는 것이다.

01-26-01 男女異長하며

남자와 여자는 형제의 차례를 달리하며,

【注】 各自爲伯季也라

〈남자 형제와 여자 형제〉 각각 스스로 伯·仲·叔·季가 된다.

男子二十[1]이어든 冠而字니

1) 二十 : 石經에는 '廿(입)'으로 되어 있다.(阮元의 校勘記 참조)

남자는 20세가 되면 관례를 하고 字를 받으니,

【注】 成人矣하여 敬其名이라

成人이 되었기에 그 이름을 공경하는 것이다.

父前에 子名하고 君前에 臣名하며

아버지 앞에서 자식은 〈어머니일지라도 어머니의〉 이름을 부르고, 군주 앞에서 신하는 〈아버지일지라도 아버지의〉 이름을 부르며,

【注】 對至尊에 無大小皆相名이라

지존을 대하여서는 대소를 막론하고 모두 이름을 살핀다.

女子許嫁하여 笄而字니라

여자는 〈15세가 되면〉 許嫁하여 笄禮를 하고 字를 받는다.

【注】 以許嫁爲成人이라

許嫁를 성인으로 보는 것이다.

【疏】 '男女'至'而字'. ○ 正義曰 : 此一節明男女冠笄名字之法, 各依文解之. ○ "男女異長"者, 按冠禮加字之時, "伯某甫, 仲叔季, 唯其所當". 又檀弓云 "幼名冠字, 五十以伯仲." 知女子亦各自爲叔季者, 春秋隱公二年"伯姬歸于紀", 隱七年"叔姬歸于紀"是也. 禮緯含文嘉云 "文家稱叔, 質家稱仲." 以此言之, 則周有管叔·蔡叔之屬是文家, 故稱叔也. 禮緯又云 "嫡長稱伯, 庶長稱孟." ○ "君前臣名"者, 成十六年鄢(언)陵之戰[1], 公陷於淖(뇨), 欒(란)書欲載晉侯, 鍼(겸)曰 "書退." 鍼是書之子, 對晉侯而稱書, 是於君前臣名其父也.

1) 鄢(언)陵之戰 : 魯 成公 16년(B.C. 575)에 晉나라가 楚나라·鄭나라의 연합군과 鄭나라의 鄢陵 땅에서 패권을 다투어 벌인 전쟁으로, 이 전쟁에서 晉나라가 대승하였다.

經의 〔男女〕에서 〔而字〕까지

○ 正義曰 : 이 절은 남녀의 冠禮·笄禮와 이름을 부르고 字를 짓는 법을 밝힌 것이니, 각각 글을 따라 풀이하겠다.

○ 〔男女異長〕 살펴보면 ≪의례≫ 〈士冠禮〉에서 字를 지어줄 때 "'너의 字는 伯某甫이다.'라고 하니, '伯'은 仲·叔·季일 경우 서열에 따라 〈仲某甫, 叔某甫, 季某甫와 같이〉 적절하게 쓴다."라고 하였다. 또 ≪예기≫ 〈檀弓 上〉에 이르기를 "어릴 때는 이름을 부르며, 관례를 하면 字를 부르며, 50세가 되면 伯氏나 仲氏로 부른다."라고 하였

다. 〈정현이〉 여자 또한 각각 스스로 叔·季가 됨을 아는 것은, ≪춘추≫ 隱公 2년 조에 "伯姬가 紀나라로 시집갔다."라고 하였고, 은공 7년 조에 "叔姬가 紀나라로 시집갔다."라고 한 것이 이것이다. ≪禮緯≫ 〈含文嘉〉에 이르기를 "文을 숭상하는 집에서는 '叔'이라 칭하고, 질박함을 숭상하는 집에서는 '仲'이라 칭한다."라고 하였다. 이것으로 말하면 周나라에 管叔·蔡叔의 등속이 있는 것은 文을 숭상하는 집이므로 '叔'이라 칭한 것이다. ≪예위≫에 또 이르기를 "맏이인 적자는 '伯'이라 칭하고, 맏이인 서자는 '孟'이라 칭한다."라고 하였다.

○〔君前臣名〕 魯 成公 16년에 있었던 鄢陵의 전쟁에서 晉 厲公의 수레가 진창에 빠지자 〈좌우에서 진 여공의 수레를 호위하던〉 欒書가 자기 수레에 진 여공을 태우려 하였다. 그러자 〈진 여공의 車右였던〉 欒鍼이 "書는 물러나시오."라고 하였다. 난겸은 난서의 아들이었지만 진 여공 앞에서 '書'라고 칭하였으니, 이는 군주 앞에서 신하가 그 아비의 이름을 부른 것이다.

01-27-01 凡進食之禮는 左殽(효)右胾(자)하며 食(사)居人之左하고 羹(갱)居人之右하며

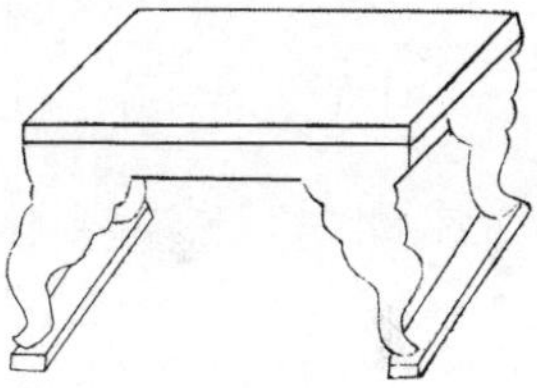

俎

豆

무릇 음식을 올리는 예는, 〈단단한 음식과 부드러운 음식을 구분하여〉 왼쪽에는 〈뼈가 붙어 있는 熟肉인〉 殽를 두고 오른쪽에는 〈살코기인〉 胾를 두며, 〈마른 음식과 젖은 음식을 구분하여〉 밥은 사람의 왼쪽에 놓고 국은 사람의 오른쪽에 놓으며,

【注】 皆便食也라 殽는 骨體也라 胾는 切肉也라 食는 飯屬也라 居人左右는 明其近也라 殽在俎하고 胾在豆라

모두 먹는 데 편의를 위한 것이다. '殽'는 뼈가 붙어 있는 熟肉이다. '胾'는 자른 고깃덩이이다. '食'는 밥의 등속이다. '居人之左'와 '居人之右'는 가까움을 밝힌 것이다. 殽는 俎에 담고, 胾는 豆에 담는다.

膾炙(회자)**處外**하고 **醯**[1]**醬**(혜장)이 **處內**하며

1) 醯 : 陸德明의 音義에 "醢(젓갈)는 醯(식초)로 된 판본도 있다."라고 하였는데, 孔穎達은 이에 대해 '醯'와 '醢'는 본래 두 개의 다른 것이지만 뜻이 통하므로 여기에서는 '醯醬' 한 가지 것으로 보는 것이 낫다고 하였다.(阮元의 校勘記 참조)

膾와 〈고기구이인〉 炙는 〈殽와 胾의〉 바깥쪽에 놓고 〈고기나 회 등을 찍어 먹는〉 초장은 〈殽와 胾의〉 안쪽에 놓으며,

【注】 殽胾之外內也라 近醯醬者는 食之主라 膾炙皆在豆라

殽와 胾의 안과 밖이다. 醯醬을 가까이 놓는 것은 膾와 炙를 먹을 때 주로 사용하기 때문이다. 膾와 炙는 모두 豆에 담는다.

葱渿(총예)[1]**處末**하고

1) 葱渿(총예) : 陸德明의 ≪經典釋文≫에는 '葱渫'로 되어 있다. 阮元에 따르면 '渫'은 本字이고, '渿'는 '渫'의 '世'를 '云'으로 바꾼 것이다. 이는 唐 太宗의 성명 李世民의 '世'를 피휘한 것이다.(阮元의 校勘記 참조)

〈찐 파인〉 葱渿는 〈醯醬의 왼쪽인〉 끝에 놓고

【注】 渿는 烝葱也니 處醯醬之左라 言末者는 殊加也라 渿在豆라

'渿'는 찐 파이니, 醯醬의 왼쪽에 놓는다. '末'이라 한 것은, 〈正饌 외에〉 별도로 더 놓는 加饌이라는 것이다. 渿는 豆에 담는다.

酒漿이 **處右**하며

술이나 음료는 〈국의〉 오른쪽에 놓으며,

【注】 處羹之右니 此言若酒若漿耳라 兩有之면 則左酒右漿이라 此는 大夫士與賓客燕[1]食之禮니 其禮食이면 則宜放公食大夫禮云이라

1) 燕 : '宴'으로 된 판본도 있는데, 통용자이다.(陸德明의 音義 참조)

국의 오른쪽에 놓으니, 이것은 술이나 음료 중 하나만 말한 것이다. 두 개가 다 있다면 왼쪽에 술을 놓고 오른쪽에 음료를 놓는다. 이것은 大夫와 士가 賓客과 평상시

식사하는 禮이니, 〈군주가 신하에게 하사하는〉 禮食이라면 ≪儀禮≫ 〈公食大夫禮〉를 따라야 한다.

以脯脩置者는 **左朐**(구)**右末**이니라

脯와 〈생강과 계피를 첨가한 포인〉 鍛脩를 놓는 경우에는 〈술 왼쪽에 놓는데〉 구부린 부분이 왼쪽으로 가고 끝부분이 오른쪽으로 가게 한다.

【注】 亦便食也라 屈中曰朐라

이 또한 먹는 데 편의를 위한 것이다. 가운데를 접은 것을 '朐'라 한다.

客若降等이어든 **執食**(사)**興辭**호되

손님이 만약 신분이 〈주인보다〉 낮으면 〈堂 아래로 내려가 먹을 것처럼〉 밥을 들고 일어나 사양하되,

【注】 辭者는 辭主人之臨己食하여 若欲食於堂下然이라

'辭'는 자기가 식사할 때 주인이 임하는 것을 사양하여 마치 당 아래에서 먹으려는 것처럼 한다는 것이다.

主人이 **興辭於客**이어든 **然後**에 **客**이 **坐**니라

주인이 일어나 손님에게 사양하면, 그런 뒤에 손님이 〈당 아래로 내려가지 않고 다시〉 앉는다.

【注】 復(부)坐라

다시 앉는 것이다.

主人이 **延客祭**호되

주인이 손님을 인도하여 〈이 음식을 최초로 만든 先人에게〉 고수레하는데,

【注】 延은 道也라 祭는 祭先也니 君子有事에 不忘本也라 客(若)〔不〕[1]降等이면 則先祭라

1) (若)〔不〕: 저본에는 '若'으로 되어 있으나, 惠棟校宋本・嘉靖本・宋監本・考文宋板에 의거하여 '不'로 바로잡았다.(阮元의 校勘記 참조)

'延'은 인도하는 것이다. '祭'는 先人에게 고수레하는 것이니, 군자는 일이 있을 때 근본을 잊지 않는다. 손님이 등급이 낮지 않다면 〈주인이〉 먼저 고수레한다.

祭食을 祭所先進하고

음식을 고수레하는 것을 주인은 먼저 올린 음식부터 〈차례로〉 고수레하고

【注】 主人所先進을 先祭之하고 所後進을 後祭之하여 如其次라

주인은 먼저 내온 음식을 먼저 고수레하고 나중에 내온 음식을 나중에 고수레하여 순서대로 한다.

殽(효)之序로 徧祭之니라

고기도 나오는 순서대로 두루 고수레한다.

【注】 謂胾炙膾(자자회)也니 以其本出於牲體也라 公食大夫禮에 魚腊湆(읍)醬不祭[1]也라하니라

1) 魚腊湆(읍)醬不祭 : ≪周禮≫ 〈天官 膳夫〉 鄭玄의 注에 "禮에 따르면 먹거나 마실 때 반드시 고수레해야 한다.〔禮 飮食必祭〕"라고 하였는데, 여기에서는 그 예외를 제시한 것이다. ≪禮記≫ 〈玉藻〉에도 "물과 장은 고수레하지 않는다.〔水醬不祭〕"라고 하였다. 다만 ≪儀禮≫ 〈公食大夫禮〉에는 '湆醬'이 '醬湆'으로 되어 있다. 浦鏜의 교감기에서는 '湆'을 '湇'의 오자로 보았으나, 완원은 다음의 근거를 들어 이 두 글자는 본래 다른 글자가 아니라고 하였다.

첫째, ≪五經文字≫에 따르면 '湇'은 '大羹'의 뜻이며 '湆'은 '幽深하다'의 뜻으로 다르나, 두 글자의 음은 모두 '邱及反'으로 동일하다. 다만 '大羹'의 '大'는 '太'가 옳으나 오랫동안 이어져 온 오류여서 감히 고치지 못한다고 하였는데, 완원은 唐나라 때도 감히 고치지 못한 것을 포당이 '湆'을 '湇'으로 고치려 한 것은 잘못이라고 하였다. 둘째, '湇'은 ≪說文解字≫에 보이지 않는다는 것이다. 셋째, ≪儀禮音義≫에서는 ≪字林≫을 인용하여 '湆'은 '羹汁'이라 하였는데, ≪玉篇≫과 ≪廣韻≫도 마찬가지라고 하였다.(阮元의 校勘記 참조) '腊'은 ≪주례≫ 〈天官 腊人〉 정현의 주에 따르면 '작은 동물을 통째로 말린 것〔小物全乾〕'을 이른다.

胾·炙·膾를 이르니, 이 음식들은 본래 희생에서 나온 것이기 때문이다. ≪의례≫ 〈公食大夫禮〉에 "魚·腊·湇·醬은 고수레하지 않는다."라고 하였다.

三飯이어든 主人이 延客食胾(자)니 然後에 辯(편)[1]殽(효)니

1) 辯(편) : 閩本·監本·毛本에는 '辨'으로 되어 있다. 다음 경문 '主人未辯'의 '辯'도 같다. ≪五經文字≫에 따르면 '辯'은 '다스리다〔理〕'의 뜻이며 '辨'은 '구분하다〔別〕'의 뜻으로 다르나, 두 글자의 음은 모두 '皮勉反'으로 동일하다. 경전에서는 혹 통용하기도 하며, 여기에서도 '辯'을 가차하여 '徧'의 뜻으로 쓴 것이다.(阮元의 校勘記 참조)

손님이 세 번 밥을 먹으면 주인이 손님을 인도하여 〈살코기인〉 胾를 먹으니, 그런 뒤에 〈뼈가 붙어 있는 고기인〉 殽를 두루 먹는다.

【注】先食胾하고 後食殽는 殽尊也일새라 凡食殽에 辨[1]於肩이니 食肩則飽也라

1) 辨 : 岳本·嘉靖本·考文宋板에는 '辯'으로 되어 있다.(阮元의 校勘記 참조)

먼저 胾를 먹고 나중에 殽를 먹는 것은 殽가 높기 때문이다. 무릇 殽를 먹을 때 肩까지 순서대로 두루 먹으니 肩을 먹으면 배부르게 된다.

主人이 未辯(편)이어든 客不虛口니라

주인이 〈殽를〉 두루 먹지 않았으면 〈주인보다 신분이 낮은〉 손님은 〈식사를 끝내고서 주인보다 먼저 술로〉 입가심하지 않는다.

【注】俟主人也라 虛口는 謂酳(윤)[1]也라 客自敵以上은 其酳不待主人飽하니 主人不先飽也라

1) 酳(윤) : 陸德明의 音義에 "'입안을 헹구다'의 뜻이니, 술로 입안을 헹구는 것을 '酳'이라 하고 물로 입안을 헹구는 것을 '漱'라 한다.〔嗽口也 以酒曰酳 以水曰漱〕"라고 하였다.

주인을 기다리는 것이다. '虛口'는 입가심하는 것을 이른다. 손님이 대등한 신분 이상일 경우에는 술로 입가심하는 것을 주인이 배불리 먹을 때까지 기다리지 않으니, 주인은 손님보다 먼저 배부르게 먹지 않는다.

【疏】'凡進'至'虛口'. ○ 正義曰 : 此一節推[1]明飮食之法也, 各隨文解之. 今此明卿大夫與客燕食之禮. ○"左殽右胾"者, 熟肉帶骨而臠(련)曰殽, 純肉切之曰胾. 骨是陽, 故在

左, 肉是陰, 故在右. ○ "食居人之左, 羹居人之右"者, 食飯燥爲陽, 故居左, 羹濕是陰, 故右設之, 竝在殽胾之內.

1) 推 : 惠棟校宋本・衛氏集說에는 '雜'으로 되어 있다.(阮元의 校勘記 참조)

經의 〔凡進〕에서 〔虛口〕까지

○ 正義曰 : 이 절은 먹고 마시는 법을 밝힌 것이니, 각각 글을 따라 풀이하겠다. 지금 이것은 卿大夫가 손님과 평상시 식사하는 예를 미루어 밝힌 것이다.

○〔左殽右胾〕 熟肉으로 뼈가 붙어 있는 고깃덩이를 '殽'라 하고, 살코기를 잘라놓은 것을 '胾'라 한다. 뼈는 陽이므로 왼쪽에 놓고, 고기는 陰이므로 오른쪽에 놓는다.

○〔食居人之左 羹居人之右〕 밥은 마른 음식이어서 陽이므로 왼쪽에 놓고, 국은 젖은 음식이어서 陰이므로 오른쪽에 진설하는데, 모두 殽와 胾의 안쪽에 놓는다.

【疏】 ○ 注'皆便'至'在豆'. ○ 正義曰 : "皆便食也"者, 此中有三便, 一則純肉在右, 先取爲便也. 二則羹飯竝近人之食, 先取羹飯亦便. 三則飯在左, 羹在右, 右手取羹, 羹(重)〔在〕[1]於右, 亦便, 故云"皆便食". 云"食, 飯屬"者, 知食是飯者, 春秋左氏傳云"粢食不鑿[2]", 論語云"一簞食", 玉藻云"子卯稷食[3]", 皆飯也. 言屬者, 諸飯悉然, 故云屬也. 云"居人左右, 明其近也"者, 以其繫人言之, 故云近也. 云"殽在俎"者, 春秋宣十六年, 王享士會殽烝[4], 下云 "宴有折俎[5]." 又昏禮及特牲・少牢皆骨體在俎, 是"殽在俎". 知"胾在豆"者, 公食大夫禮庶羞十六豆[6], 有牛胾・羊胾, 是胾在豆.

1) (重)〔在〕: 저본에는 '重'으로 되어 있으나, 문맥이 통하지 않아 淸나라 沈廷芳의 ≪十三經注疏正字≫ 〈曲禮 上〉의 "重은 '在'의 오자로 의심된다.〔重疑在字誤〕"라는 구절에 의거하여 '在'로 바로잡았다.

2) 粢食不鑿 : ≪春秋左氏傳≫ 桓公 2년 조에 보인다. '粢'는 杜預의 주에 따르면 찰기장〔黍〕과 메기장〔稷〕을 이른다.

3) 子卯稷食 : 商나라 紂王이 죽은 갑자일과 夏나라 桀王이 죽은 을묘일을 忌日로 보아 메기장밥을 먹는다는 말이다.

4) 王享士會殽烝 : '王'은 周나라 定王이다. '士會'는 晉나라에서 왕실과 여러 卿士 간의 분란을 화평시키도록 보낸 대부이다. '烝'은 '脀'(증) 또는 '升'의 뜻으로, 俎에 담는다는 뜻이다.

5) 折俎 : ≪儀禮≫ 〈特牲饋食禮〉 정현의 주에 "무릇 牲體의 뼈마디를 따라 잘라서 俎에 담은 것을 모두 折俎라고 한다.〔凡節解者皆曰折俎〕"라고 하였다. '殽烝'이라고도 한다.

6) 庶羞十六豆 : '庶羞'는 '각종 맛좋은 음식'이라는 뜻으로, ≪주례≫ 〈天官 膳夫〉 정현의 주에 "희생과 금수에서 나온 것으로 맛좋은 음식을 구비한 것을 '庶羞'라고 한다.〔出於牲及禽獸 以備滋味 謂之庶羞〕"라고 하였다. '庶羞十六豆'는 ≪의례≫ 〈公食大夫禮〉에 "상대부는 庶羞 20豆를 진설하니, 하대부보다 꿩・토끼・메추라기・세가락메추라기 고기를 더한 것이다.〔上大夫庶羞二十 加於下大夫以雉兎鶉鴽〕"라는 구절에 근거하면 下大夫의 禮이다.

○ 注의 〔皆便〕에서 〔在豆〕까지

○ 正義曰 : 〔皆便食也〕 이 속에는 세 가지 편리함이 있다. 하나는 살코기를 오른쪽에 놓았으니, 먼저 취하기에 편리하다. 둘째는 국과 밥을 모두 사람 가까이 두어 먹게 했으니, 국과 밥을 먼저 취하기에 또한 편리하다. 셋째는 밥은 왼쪽에 있고 국은 오른쪽에 있으니, 오른손으로 국을 취하는데 국이 오른쪽에 있어 또한 편리하다. 그러므로 '皆便食'이라 한 것이다.

〔食 飯屬〕 '食'가 밥임을 아는 것은, ≪春秋左氏傳≫에 이르기를 "粢食를 도정하지 않는다."라고 하였고, ≪論語≫ 〈雍也〉에 "한 그릇의 食"라 하였고, ≪禮記≫ 〈玉藻〉에 이르기를 "갑자일과 을묘일에는 稷食를 먹는다."라고 하였으니, 모두 밥이다. '屬'이라 한 것은, 여러 밥이 모두 그러하므로 '屬'이라 한 것이다.

〔居人左右 明其近也〕 사람에게 관계시켜 말하였으므로 '近'이라 한 것이다.

〔殽在俎〕 ≪춘추좌씨전≫ 宣公 16년 조에 定王이 晉나라의 士會에게 殽를 담은 俎로 연향을 베풀어주었는데, 그 아래 경문에 "宴禮에는 折俎가 있다."라고 하였다. 또 ≪儀禮≫ 〈士昏禮〉・〈特牲饋食禮〉・〈少牢饋食禮〉에서 모두 骨體를 俎에 담는데, 이것이 '殽在俎'이다.

〔胾在豆〕 정현이 이를 아는 것은 ≪의례≫ 〈公食大夫禮〉의 庶羞 16豆에 牛胾와 羊胾가 있기 때문이니, 이것이 '胾在豆'이다.

【疏】 ○ 注'殽胾'至'在豆'. ○ 正義曰 : 知在"殽胾之外內"者, 以此饌之設, 羹食最近人, 羹食之外, 乃有殽胾, 今云"膾炙處外, 醯醬處內", 明其不得在羹食之內, 故知在"殽胾之外內." 此醯醬, 徐音作海, 則醢之與醬, 兩物各別. 依昏禮及公食大夫禮醬在右, 醢在左, 此醯醬處內, 亦當醬在右, 醯在左也. 按公食大夫禮 "宰夫自東房授醯醬, 公設之." 鄭注云 "以醯和醬也." 又周禮醯人, 祭祀共齏(제)菹醯物[1], 則醯醬共爲一物也. 今此經文若作醯字, 則是一物也. 醢之與醯, 其義皆通, 未知孰是. 但鄭注"葱渫", 云"處

醢醬之左", 則醢醬一物爲勝. 云"膾炙皆在豆"者, 以公食下大夫十六豆, 有牛炙羊炙及芥醬魚膾, 故知在豆.

1) 周禮醢人 祭祀共虀(제)菹醢物 : ≪주례≫ 〈天官 醢人〉에 "다섯 가지 虀와 일곱 가지 菹 등 무릇 醢를 넣은 음식을 관장하여 제사에 필요한 虀와 菹를 공급한다.〔掌共五齊七菹 凡醢物 以共祭祀之齊菹〕"라고 하였다. 정현의 주에 따르면 '齊'는 '虀'로 써야 하며, 가늘게 채 썬 것을 이른다. '菹'는 절인 것〔淹漬〕을 이른다.

○ 注의 〔殽胾〕에서 〔在豆〕까지

○ 正義曰 : 〈정현이 膾炙와 醢醬이 각각〉 '殽와 胾'의 바깥쪽과 안쪽에 있음을 아는 것은, 여기에서 음식을 진설할 때 국과 밥이 사람과 가장 가까이 있고 국과 밥 밖에 비로소 殽와 胾가 있는데, 지금 '膾炙處外 醢醬處內'라고 하였으니 이는 〈殽와 胾가〉 국과 밥의 안쪽에 있을 수 없다는 것을 밝힌 것이기 때문이다. 그러므로 '殽胾之外內'에 있음을 안 것이다.

여기 '醢醬'의 '醢'를 徐氏는 음이 '海'라고 하였으니, 그렇다면 醢는 醬과 각각 다른 별개의 것이다. ≪의례≫ 〈士昏禮〉와 〈公食大夫禮〉에 따르면 醬은 오른쪽에 있고 醢는 왼쪽에 있으니, 여기의 醢醬은 안쪽에 있지만 또한 醬은 오른쪽에 있고 醢는 왼쪽에 있어야 한다. 살펴보면 〈공사대부례〉에 "宰夫가 東房에서 醢醬을 들고나와 군주에게 건네주면 군주가 이를 〈賓의 돗자리 앞에〉 진설한다."라고 하였는데, 정현의 주에 이르기를 "식초를 장과 섞은 것이다."라고 하였다. 또 ≪주례≫ 〈天官 醢人〉에서는 제사 때 虀와 菹에 사용할 醢物을 공급한다고 하였으니, 그렇다면 醢醬은 모두 하나의 물건이다. 지금 여기 경문에서 만약 '醢'로 쓴다면 이것은 하나의 물건이다. 醢와 醢가 그 뜻이 모두 통하니 어느 것이 옳은지 모르겠다. 다만 '葱渫'에 대한 정현의 주에 이르기를 "醢醬의 왼쪽에 둔다."라고 하였으니, 醢醬은 한 가지 물건으로 보는 것이 낫다.

〔膾炙皆在豆〕 군주가 하대부에게 대접하는 16豆에 牛炙·羊炙 및 芥醬·魚膾가 있으므로 정현이 豆에 담음을 안 것이다.

【疏】 ○ 注'處醢'至'在豆'. ○ 正義曰 : 知"處醢醬之左"者, 地道尊右, 既云"處末", 則末在左, 上繼"醢醬", 文承其下, 故云在醢醬之左. 知葱渫殊加者, 以儀禮正饌, 唯有菹醢, 無葱渫, 故知葱渫爲殊加也. 以其菹類, 故知在豆也.

○ 注의 〔處醢〕에서 〔在豆〕까지

○ 正義曰 : 정현이 '處醯醬之左'임을 안 것은, 地道는 오른쪽을 숭상하는데 이미 '處末'이라 하였다면 '末'은 왼쪽에 있는 것이니, 위로 '醯醬'을 이어 글이 그 아래를 이었으므로 醯醬의 왼쪽에 있다고 한 것이다. 정현이 葱渫가 '殊加'임을 안 것은, ≪의례≫의 正饌에는 오직 菹·醢만 있고 葱渫가 없으므로 葱渫가 殊加임을 안 것이다. 葱渫는 菹의 종류이므로 豆에 담음을 안 것이다.

【疏】 ○ 注'若酒'至'禮云'. 〔○〕[1] 正義曰 : 卑客則或酒或漿, 若尊客則有酒有漿. 案公食大夫禮云, 設酒於豆東[2], 是酒在左也. 公食大夫禮又云, 賓三飯, 設漿飮於稻西[3]. 鄭注云 "酒在東, 漿在西, 所謂左酒右漿是也." 云"此大夫與賓客燕食之禮, 其禮食, 則宜放公食大夫禮云"者, 從上進食之禮, 至此所陳饌具, 皆是卿大夫燕食也. 其禮食則似公食大夫禮所陳是也. 案公食大夫禮, 醯醬陳於席前, 豆六設於醬東, 西上. 韭菹, 以東醓醢(탐해)·昌本, 南麋臡(미니), 以西菁菹(정저)·鹿臡. 士設俎於豆南, 牛俎在西, 牛俎東羊俎, 羊俎東豕俎, 又牛俎南魚俎, 魚俎東腊俎, 腊俎東有腸胃俎, 又有膚俎在兩行俎之東, 縱設之. 黍稷六簋(궤), 設於俎西, 黍簋當牛俎西, 其西稷, 稷西黍, 黍南稷, 稷東黍, 黍東稷, 屈爲兩行[4]. 大羹在醬西. 鉶(형)四, 設於豆西[5], 牛鉶在東, 牛西羊, 羊南豕, 豕東牛. 飮酒[6]設於豆東, (梁)〔粱〕飯[7]設於湇西, 稻于粱西. 庶羞十六豆, 設於稻南, 屈折而陳, 凡爲四行. 膷(향)東臐(훈), 臐東膮(효), 膮東牛炙. 炙南醢, 醢西牛胾, 胾西醢, 醢西牛膾. 膾南羊炙, 炙東羊胾, 胾東醢, 醢東豕炙. 炙南醢, 醢西豕胾, 胾西芥醬, 醬西魚膾. 此〔皆〕[8]是公食下大夫禮云, 若上大夫, 八豆八簋六鉶九俎庶羞二十也.

1) 〔○〕: 저본에는 부호 '○'가 없으나, 본서의 체제에 의거하여 보충하였다.

2) 設酒於豆東 : ≪儀禮≫ 〈公食大夫禮〉에 "宰夫가 오른손으로 〈3되들이 술잔인〉 觶(치)를 잡고, 왼손으로 〈술잔 받침대인〉 豐을 잡고서 나아가 豆의 동쪽에 진설한다.〔宰夫右執觶 左執豐 進設于豆東〕"라고 하였다. 주소에 따르면 술을 豆의 동쪽에 진설하는 것은 술을 마시지 않는다는 뜻이다.

3) 賓三飯 設漿飮於稻西 : ≪의례≫ 〈公食大夫禮〉에 "賓이 太羹湇과 醯醬으로 밥을 세 번 먹으면 宰夫가 漿飮이 담긴 술잔과 술잔 받침대인 豐을 함께 들어 賓에게 올린다. 賓이 손을 닦고 일어나 술잔을 받으면 재부가 豐을 쌀밥의 서쪽에 진설한다.〔賓三飯以湇醬 宰夫執觶漿飮與其豐以進 賓挩手興受 宰夫設其豐于稻西〕"라고 하였다. '漿飮'은 정현의 주에 따르면 '截漿(재장)'으로, ≪周禮≫ 〈天官 酒正〉에 보이는 淸·醫·漿·酏의 四飮 중 하나이다. 獻酬가 아닌 입가심에 사용하는 술의 일종으로, 밥을 발효시켜 만든 약간 신맛이 나는 음료이다.

4) 黍稷六簋(궤)……屈爲兩行 : ≪의례≫ 〈公食大夫禮〉에 "宰夫가 黍(찰기장밥)와 稷(메기장밥)을 담은 6簋를 俎의 서쪽에 진설하는데, 둘씩 짝을 지어 나란히 진설한다. 동북쪽을 상위로 하여 먼저 黍簋를 牛俎의 줄에 놓고, 그 서쪽에 稷簋를 놓는다. 〈서궤와 직궤를〉 교차하여 끝까지 놓아 북쪽에서 남쪽으로 진설한다.〔宰夫設黍稷六簋于俎西 二以竝 東北上 黍當牛俎 其西稷 錯以終 南陳〕"라고 하였다.

공영달의 소에 따르면 동쪽에서 서쪽으로 ① 서궤 - ② 직궤 - ③ 서궤를 놓고, ③의 서궤 남쪽에 서쪽에서 동쪽으로 ④ 직궤 - ⑤ 서궤 - ⑥ 직궤를 놓아서 두 줄이 되도록 진설하는 것이다. 그러나 후대의 다수설은 경문의 '二以竝'을 근거로 동쪽에서 서쪽으로 ① 서궤 - ② 직궤를 놓고, ②의 직궤 남쪽에 서쪽에서 동쪽으로 ③ 서궤 - ④ 직궤를 놓고, ④의 직궤 남쪽에 동쪽에서 서쪽으로 ⑤ 서궤 - ⑥ 직궤를 놓아서 세 줄이 되도록 진설한다고 본다.

5) 鉶(형)四 設於豆西 : '鉶'은 ≪의례≫ 〈公食大夫禮〉 정현의 주에 "육수에 채소를 넣은 국을 담는 그릇이다.〔菜和羹之器〕"라고 하였다.

6) 飮酒 : 식사가 끝난 뒤 입가심에 사용하는 술이다. ≪주례≫ 〈天官 酒人〉 賈公彦의 소에 "이것은 獻酬에 사용하는 술이 아니라 입가심에 사용하는 술이다.〔此非獻酬酒 是酳口之酒也〕"라고 하였다.

7) (粱)〔粱〕飯 : 저본에는 '粱'으로 되어 있으나, ≪의례≫ 〈公食大夫禮〉에 의거하여 '粱'으로 바로잡았다. '粱飯'은 조밥으로 簠(보)에 담는다.

8) 〔皆〕 : 저본에는 '皆'가 없으나, 惠棟校宋本에 의거하여 보충하였다.(阮元의 校勘記 참조)

○ 注의 〔若酒〕에서 〔禮云〕까지

○ 正義曰 : 신분이 낮은 손님이면 술이나 漿을 진설하고, 높은 손님이면 술도 진설하고 漿도 진설한다. 살펴보면 ≪儀禮≫ 〈公食大夫禮〉에 이르기를, 술을 豆의 동쪽에 진설한다고 하였으니, 이는 술이 왼쪽에 있는 것이다. 〈공사대부례〉에 또 이르기를, 賓이 세 번 밥을 먹으면 〈宰夫가〉 漿飮을 쌀밥 서쪽에 진설한다고 하였는데, 정현의 주에 이르기를 "술은 동쪽에 있고 漿은 서쪽에 있으니, ≪禮記≫ 〈曲禮 上〉의 주에 이른바 '左酒右漿'이라는 것이 이것이다."라고 하였다.

〔此大夫與賓客燕食之禮 其禮食 則宜放公食大夫禮云〕 앞의 '음식을 올리는〔進食〕' 禮부터 여기의 진설한 음식까지는 모두 경대부의 〈평상시 식사인〉 燕食이다. 禮食이라면 ≪의례≫ 〈공사대부례〉에서 진설한 것처럼 하는 것이 이것이다. 살펴보면 〈공사대부례〉에서는 醯醬(초장)을 賓의 돗자리 앞에 진설하고 다음의 6豆를 醯醬의 동쪽에 서쪽을 上位로 하여 진설한다. 먼저 韭菹(부추 초절임)를 진설하고, 구저의 동쪽에 醓醢(육장)와 昌本菹(창포 뿌리 초절임)를 진설하고, 창본저의 남쪽에 麋臡醢(뼈가 붙은 큰사슴고기 젓갈)를

진설하고, 미니해의 서쪽에 菁菹(순무 초절임)와 鹿臡醢(뼈가 붙은 사슴고기 젓갈)를 진설한다.

士가 俎를 6豆의 남쪽에 진설하는데, 牛俎를 서쪽에 진설하고, 우조의 동쪽에 羊俎, 양조의 동쪽에 豕俎를 진설한다. 또 우조의 남쪽에 魚俎, 어조의 동쪽에 腊俎, 석조의 동쪽에 腸胃俎가 있다. 또 膚俎가 있어 두 줄의 俎 동쪽에 세로로 진설한다. 黍(찰기장밥)와 稷(메기장밥)을 담은 6簋를 俎의 서쪽에 진설하는데, 黍簋는 牛俎의 서쪽 같은 줄에 놓고, 서궤의 서쪽에 稷簋, 직궤의 서쪽에 黍簋, 서궤의 남쪽에 稷簋, 직궤의 동쪽에 黍簋, 서궤의 동쪽에 稷簋를 진설하여 굽혀서 두 줄이 되게 한다. 大羹湆(조미하지 않은 육수)은 醓醬의 서쪽에 놓는다.

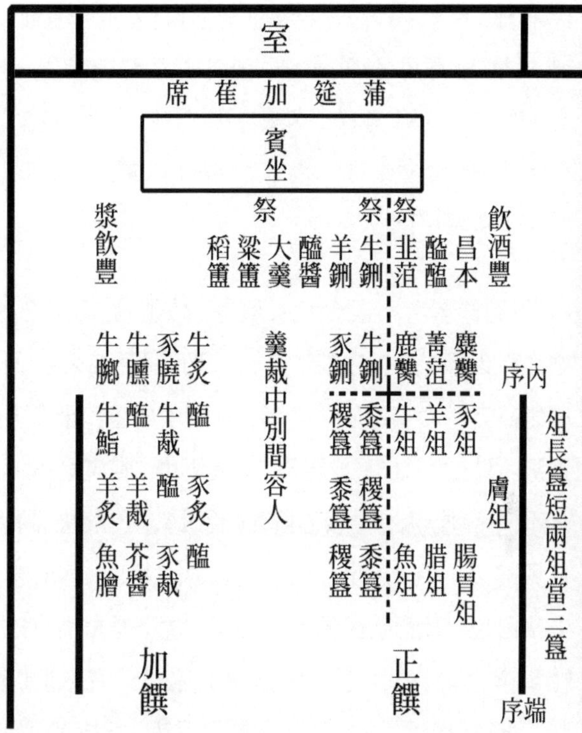

設饌式

4鉶을 豆의 서쪽에 진설하는데, 牛鉶을 동쪽에 놓고, 우형의 서쪽에 羊鉶, 양형의 남쪽에 豕鉶, 시형의 동쪽에 牛鉶을 놓는다. 飮酒를 豆의 동쪽에 진설하고, 粱飯(조밥)을 〈簠에 담아〉 大羹湆의 서쪽에 진설하고, 稻飯(쌀밥)을 粱飯의 서쪽에 진설한다. 庶羞 16豆를 稻飯의 남쪽에 진설하는데, 구부려서 진설하여 모두 네 줄로 만든다. 〈서북쪽을 상위로 하여 첫째 줄에는 먼저 膷(쇠고기국)을 진설하고〉 膷의 동쪽에 臐(양고기국), 훈의 동쪽에 膮(돼지고기국), 효의 동쪽에 牛炙를 놓는다. 〈둘째 줄에는〉 牛炙의 남쪽에 醓, 醓의 서쪽에 牛胾, 牛胾의 서

簋

鉶

쪽에 醢, 醢의 서쪽에 牛膾를 놓는다. 〈셋째 줄에는〉 牛膾의 남쪽에 羊炙, 羊炙의 동쪽에 羊胾, 羊胾의 동쪽에 醢, 醢의 동쪽에 豕炙를 놓는다. 〈넷째 줄에는〉 豕炙의 남쪽에 醢, 醢의 서쪽에 豕胾, 豕胾의 서쪽에 芥醬, 芥醬의 서쪽에 魚膾(생선회)를 놓는다. 이것은 모두 군주가 下大夫를 대접하는 禮이니, 만약 上大夫라면 8豆, 8簋, 6鉶, 9俎에 庶羞가 20가지이다.

○"以脯脩置者", 設食竟所須也. 脯訓始, 始作卽成也. 脩亦脯也, 脩訓治, 治之乃成. 鄭注腊人云 "薄析曰脯, 棰(추)[1]而施薑桂曰鍛[2]脩." 今明置設脯脩與客之法, 故云"以脯脩置者". ○"左朐右末"者, 朐謂中屈也, 屈脯朐朐然也. 左朐, 朐置左也. 右末, 末, 邊際, 置右[3], 右手取際擘(벽)之便也. 脯脩則處酒左, 以燥爲陽也, 脯脩皆左邊也. 注"亦便", 至便也. ○"客若降等"者, 降, 下等也, 謂大夫爲卿之客, 其品等卑下也. ○"執食興辭"者, 執, 捉也. 食, 飯也. 興, 起也. 客旣卑, 故未食必先捉飯而起, 以辭謝主人之臨己也. 又若欲往堂下食然也, 堂下是卑者食處. 飯爲食主, 故特執之也. 公食大夫禮云"賓北面自間坐, 左擁簠(粱)〔粱〕[4], 右執湆以降"是也. 鄭云 "自間坐, 由兩饌之間也." 辭主人臨己食, 若欲食於堂下然. 此降等謂大夫於卿, 故欲降而不降, 若臣於君, 則降也, 故公食云"賓擁簠梁以降"是也. 若敵者, 全無欲降之禮, 故公食禮云 "大夫相食, 賓執粱與湆, 之西序端." 無降法也. ○"主人興, 辭於客, 然後客坐"者, 主人見客執飯起, 故主人亦起, 辭止之, 則客從辭而止, 乃坐食, 復坐也. ○"主人延客祭"者, 延, 道也. 祭者, 君子不忘本, 有德必酬之, 故得食而種種出少許, 置在豆間之地, 以報先代造食之人也. 若敵客則得自祭, 不須主人之延道. 今此卑客聽主人先祭道之, 已乃從之, 故云"延客祭"也. ○"祭食, 祭所先進", 凡祭食之法, 隨主人所設前後次第種種而次祭之, 故主人所先進, 先祭之, 所後進, 後祭之, 所從如其次也. ○"殽之序, 徧祭之"者, 序, 次序也, 謂膾炙胾之屬也. 徧, 匝也. 炙胾之屬, 雖[5]同出於牲, 今祭之, 故種種次序, 徧匝祭之.

1) 棰(추) : 閩本・衛氏集說에는 '捶(추)', ≪周禮≫ 〈天官 腊人〉 정현의 주에는 '棰'로 되어 있다.(阮元의 校勘記 참조)
2) 鍛 : 監本・毛本・衛氏集說에는 '腶'(단), ≪周禮≫ 〈天官 腊人〉 정현의 주에는 '鍛'으로 되어 있다.(阮元의 校勘記 참조)
3) 右 : 惠棟校宋本에는 '左'로 되어 있다.(阮元의 校勘記 참조)

4) (梁)〔粱〕: 저본에는 '梁'으로 되어 있으나, ≪儀禮≫ 〈公食大夫禮〉와 閩本에 의거하여 '粱'으로 바로잡았다.(阮元의 校勘記 참조)

5) 雖 : 衛氏集說에는 '本'으로 되어 있다.(阮元의 校勘記 참조)

○〔以脯脩置者〕 음식을 진설하는 것이 끝나면 필요한 것이다. '脯'는 '시작하다〔始〕'의 뜻이니, 시작하자마자 바로 완성된다는 것이다. '脩' 또한 脯이다. 脩는 '다스리다〔治〕'의 뜻이니, 이를 다스리면 완성된다는 것이다. ≪周禮≫ 〈天官 腊人〉 정현의 주에 이르기를 "얇게 쪼갠 것을 '脯'라 하고, 두드려서 생강과 계피를 첨가한 것을 '鍛脩'라 한다."라고 하였다. 지금 脯와 鍛脩를 놓아두어 손님에게 주는 법을 밝힌 것이므로 '以脯脩置者'라고 한 것이다.

○〔左朐右末〕 '朐'는 가운데를 구부린 것을 이르니, 脯를 구부려 접는 것이다. '左朐'는 구부린 부분을 왼쪽에 두는 것이다. '右末'의 '末'은 가장자리이니, 〈포의 가장자리를〉 오른쪽에 두는 것은 오른손으로 포의 가장자리를 취해 가르기가 편하기 때문이다. 포와 鍛脩는 술의 왼쪽에 두는데, 마른 것을 陽으로 보기 때문에 포와 단수를 모두 왼쪽에 두는 것이다. 정현 주의 '亦便'은 지극히 편리하다는 것이다.

○〔客若降等〕 '降'은 신분이 낮은 것이니, 대부가 卿의 손님이 되면 그 신분이 낮은 것이다.

○〔執食興辭〕 '執'은 '잡다', '食'는 '밥', '興'은 '일어나다'의 뜻이다. 손님은 이미 신분이 낮으므로 먹기 전에 반드시 먼저 밥을 잡고 일어나 주인이 자기에게 임하는 것을 사양해야 한다. 또 마치 당 아래로 가서 먹으려는 것처럼 해야 하니, 당 아래는 신분이 낮은 자가 먹는 곳이다. 밥은 식사의 주가 되므로 특별히 밥을 잡는 것이다. ≪의례≫ 〈公食大夫禮〉에 이르기를 "賓이 正饌과 加饌 사이로 가서 북향하고 돗자리에 앉아 왼손으로는 粱飯이 들어 있는 簠를 안고 오른손으로는 太羹湆을 들고서 당을 내려간다."라고 한 것이 이것이다. 정현은 말하기를 "'自間坐'는 두 饌 사이로 간다는 것이다."라고 하였다. 주인이 자기에게 임하여 먹는 것을 사양하여 마치 당 아래에서 먹으려는 것처럼 하

簠

는 것이다. 여기 〈曲禮〉 經文에서 신분이 낮다는 것은 대부가 卿에 대해 말한 것이므로 당에서 내려가려다가 내려가지 않는다. 그러나 신하가 군주에 대해서라면 당에서 내려가므로 〈공사대부례〉에 이르기를 "賓이 粱飯이 들어 있는 簠를 안고 내려간다."라고 한 것이 이것이다. 만약 신분이 대등하다면 당에서 내려가려는 禮가 아예 없다. 그러므로 〈공사대부례〉에 이르기를 "대부가 賓이 되어 食禮를 행할 때 賓은 粱飯과 太羹湆을 들고 당 위 西序의 끝으로 간다."라고 하여 당에서 내려가는 법이 없는 것이다.

○〔主人興 辭於客 然後客坐〕 주인은 손님이 밥을 들고 일어나는 것을 보았으므로 주인이 또한 일어나 사양하며 만류하는 것이니, 손님은 주인의 사양을 따라서 그만두고 마침내 앉아서 먹기 위해 다시 앉는다.

○〔主人延客祭〕 '延'은 '인도하다'의 뜻이다. '祭'는, 군자는 근본을 잊지 않아 은혜를 입었으면 반드시 보답하므로, 음식이 생기면 종류별로 조금씩 덜어서 豆 사이의 바닥에 놓아 先代에 이 음식을 만든 사람에게 보답하는 것이다. 만약 신분이 대등한 손님이면 스스로 고수레할 수 있으며 주인의 인도가 필요하지 않지만, 지금 여기의 신분이 낮은 손님은 주인이 먼저 고수레하여 인도하는 것을 따라서 자기가 마침내 뒤따라 고수레하므로 '延客祭'라고 한 것이다.

○〔祭食 祭所先進〕 무릇 음식을 고수레하는 법은, 주인이 갖가지 음식을 차례차례 진설한 전후의 순서에 따라 차례로 고수레한다. 그러므로 주인이 먼저 내온 음식을 먼저 고수레하고 뒤에 내온 음식을 뒤에 고수레하여, 따라서 고수레하는 것을 순서대로 하는 것이다.

○〔殽之序 徧祭之〕 '序'는 '순서'의 뜻이니, 膾·炙·胾의 등속을 이른다. '徧'은 '두루'의 뜻이다. 炙·胾의 등속은 비록 똑같이 희생에서 나왔으나 지금은 고수레하는 것이므로 종류별로 차례로 두루 고수레하는 것이다.

【疏】 ○注'謂胾'至'祭也'. ○正義曰：案公食大夫禮云 "三牲之肺不離[1], 贊者辯取之, 壹以授賓, 賓興受, 坐祭, 挩手." 又云 "魚·腊·醬·湆不祭也."

1) 肺不離：먹는 데 쓰는 肺를 이른다. 폐는 자르는 방식과 용도에 따라 두 종류로 구분한다. 한 종류는 자르기는 하지만 조금 남겨놓아서 폐의 중앙과 분리되지 않도록 하는 것이다. 離肺 또는 擧肺라고도 하며, 먹는 데 쓰는 폐이다. 그러나 먹기 전에 마찬가지로 먼저 祭(고수레)를 해야 하는데, 자를 때 조금 남겨놓아 폐 몸체와 분리되지 않도록 하는 것은 바로 먹기 전에 잘라서 祭하는 데 편리하게 하기 위해서이다.

여기에서 이른바 '먹다〔食〕'라는 말은 또한 맛을 한 번 보는 것뿐으로, 이것을 '嚌肺(제폐)'라고도 부른다. 다른 종류의 폐는 폐의 몸체까지 잘라서 분리한 것이다. 祭肺 또는 刌肺, 切肺라고도 한다. 이 祭肺는 오로지 祭할 때에만 쓰는 폐이다.

○ 注의 〔謂胾〕에서 〔祭也〕까지

○ 正義曰 : 살펴보면 ≪의례≫ 〈公食大夫禮〉에 이르기를 "몸체 부분이 분리되지 않도록 자른 〈牛・羊・豕〉 세 희생의 폐를 贊者가 두루 취하여 하나씩 賓에게 건네주면, 賓이 일어나 이를 받아서 앉아 祭(고수레)하고 손을 닦는다."라고 하였고, 또 이르기를 "魚・腊・醬・湆은 祭하지 않는다."라고 하였다.

【疏】 ○"三飯, 主人延客食胾"者, 三飯謂三食也. 禮食三飧而告飽, 須勸, 乃更食. 三飯竟, 而主人乃道客食胾也. 公食大夫禮云 "賓三飯以湆醬." 鄭云 "每飯, 歠湆以殽擩醬, 食正饌也." 案彼文是三飯, 但食醬及他饌而未食胾, 故三飧竟, 而主人道客使之食胾也. 所以至三飧後乃食胾者, 公食禮亦以胾爲加, 故客三飧前未食之, 故鄭注云 "以殽擩醬, 食正饌." 正饌則非胾也. 然公食禮三飧竟, 挩手, 起, 受漿漱口, 受束帛之物[1], 升降拜, 禮畢, 方是升還坐食取飽, 飽又三漱. 不云三飯延客食胾者, 與此異也. ○"然後辯殽"者, 然後謂食胾竟後也. 辯, 匝也. 主人皆道客令食至飽, 食殽得匝也.

1) 束帛之物 : 侑食하는 예물이다. 이때 賓이 세 번 밥을 먹은 뒤 물러가고자 하므로 더 드시라고 권유하는 뜻에서 5필의 비단을 예물로 주는 것이다.

○〔三飯 主人延客食胾〕'三飯'은 세 번 먹는 것을 이른다. 禮食은 세 번 밥을 먹고 배부르다고 고한 뒤 더 드시라는 권유를 기다린 뒤에야 비로소 다시 먹으니, 밥을 세 번 다 먹으면 주인이 마침내 손님을 인도하여 胾를 먹는다. ≪의례≫ 〈公食大夫禮〉에 이르기를 "賓이 太羹湆과 醯醬으로 밥을 세 번 먹는다."라고 하였는데, 정현이 말하기를 "매번 밥을 먹을 때마다 태갱읍을 마시고 殽를 혜장에 찍어 먹는 것은 正饌을 먹는 것이다."라고 하였다. 살펴보면 〈공사대부례〉의 글은 三飯에 단지 혜장과 다른 음식을 먹는 것이며 胾를 먹지는 않았다. 그러므로 밥을 세 번 다 먹으면 주인이 손님을 인도하여 胾를 먹도록 하는 것이다.

세 번 밥을 먹고 난 뒤에야 비로소 胾를 먹는 이유는, 〈공사대부례〉에서도 胾를 加饌으로 삼았기 때문에 손님이 세 번 밥을 먹기 전에는 먹지 않은 것이다. 그러므로 정현의 주에 이르기를 "殽를 혜장에 찍어 먹는 것은 正饌을 먹는 것이다."라고 한 것이니, 정찬에 먹는 것은 胾가 아니다. 그러나 〈공사대부례〉에서는 賓은 세 번 밥을 다 먹고 나면 손을 닦고 일어나 漿飮을 받아 입안을 헹구며, 束帛의 예물을 받으면 당을 오르내리며 절한다. 예가 끝나면 비로소 당에 올라가 도로 앉아서 먹어 배부름을 취하며, 배불리 먹은 뒤 또 세 번 입가심을 한다. 〈공사대부례〉에서 '세 번 밥을 먹으면 손님을 인도하여 胾를 먹는 것'을 말하지 않은 점이 여기와 다르다.

○〔然後辯殽〕'然後'는 胾를 다 먹은 뒤를 이른다. '辯'은 '두루'의 뜻이다. 주인이 모두 손님을 인도하여 배부를 때까지 먹게 한 뒤에 殽를 두루 먹을 수 있다.

【疏】 ○ 注'先食'至'飽也'. ○ 正義曰 : 純肉爲陰, 陰, 卑也. 帶骨爲陽, 陽, 尊也. 尊故後食之也. 云"凡食殽, 辯於肩, 食肩則飽"者, 案特牲·少牢云, 初食殽, 次[1]食脊, 次食骼(격), 後食肩. 是辯於肩也, 故云"食肩則飽"也. 鄭云 "擧前正脊後肩, 自上而却下, 綒(쟁)而前, 終始之次也[2]." 案鄭云, 是先食胳脊, 次食骼, 食骼竟, 又屈食胳脊, 竟乃食肩.

1) 次 : ≪의례≫ 〈特牲饋食禮〉 9飯과 〈少牢饋食禮〉 11飯의 禮를 살펴보면 시동은 모두 처음에 離肺 1조각과 正脊 1骨을 차례로 먹은 다음, 〈특생궤사례〉에서는 正脅 - 骼 - 肩의 순서대로 먹고, 〈소뢰궤사례〉에서는 正脅 - 肩 - 骼의 순서대로 먹는다. 이에 근거하면 '次'는 '初'의 오류로 의심된다. 희생의 牲體는 모두 21節로 이루어져 있다. 앞다리는 위에서부터 肩, 臂, 臑(노) 3절로 이루어져 오른쪽과 왼쪽 다리를 합쳐서 모두 6절이다. 뒷다리는 위에서부터 髀(비), 肫(순) 또는 膞(순), 胳(격) 또는 骼(격) 3절로 이루어져 오른쪽과 왼쪽 다리를 합쳐서 모두 6절이다. 중앙에는 앞에서부터 正脊, 脡脊, 橫脊이 각 1절로 이루어져 모두 3절이다. 脊의 양쪽으로 앞에서부터 短脅, 長脅(正脅), 代脅이 각 2절로 이루어져 모두 6절이다. 이 가운데 髀는 항문과 가까우므로 正俎에는 담지 않는다.

2) 鄭云……終始之次也 : ≪의례≫ 〈特牲饋食禮〉 정현의 주에 보인다.

○ 注의 〔先食〕에서 〔飽也〕까지

○ 正義曰 : 순 살코기는 陰이니 陰은 낮으며, 뼈가 붙어 있는 것은 陽이니 陽은 높다. 높으므로 殽를 뒤에 먹는 것이다.

〔凡食殽 辯於肩 食肩則飽〕 살펴보면 ≪의례≫ 〈特牲饋食禮〉와 〈少牢饋食禮〉에 이르기를, 처음에 殽를 먹는데, 처음에 脊을 먹고, 다음에 骼을 먹고, 나중에 肩을 먹는다고 하였으니, 이것은 肩까지 두루 먹는 것이므로 '食肩則飽'라고 한 것이다. 정현은 말하기를 "먼저 牲體 앞쪽의 正脊을 먹고 나중에 肩을 먹는 것은 위에서부터 아래로 물러난 것

이며, 〈뒤쪽의 骼을 먹고〉 꺾어져 앞으로 가서 〈肩을 먹는 것은 牲體의〉 시작과 끝을 차례로 다한 것이다."라고 하였다. 살펴보면 정현이 말한 것은, 먼저 脇과 脊을 먹고, 다음에 骼을 먹는다. 骼을 다 먹으면 또 꺾어져 脇과 脊을 먹고, 〈脇과 脊을〉 다 먹으면 비로소 肩을 먹는다는 것이다.

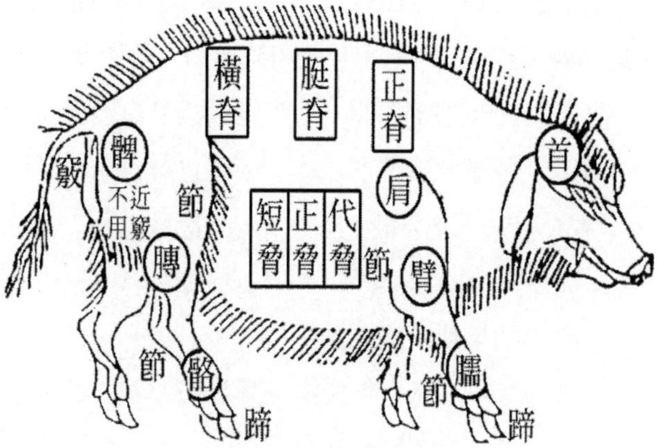

豕牲右胖圖

【疏】 ○ "主人未辯, 客不虛口"者, 虛口謂食竟飮酒蕩口, 使淸絜及安食也. 用漿曰漱, 令口以絜淸爲義. 用酒曰酳, 酳訓演, 言食畢, 以酒演養其氣. 主人若食殽未辯, 則客雖已辯, 而不得輒酳漱也. 主人恒讓客, 不自先飽, 故客待主人辯, 乃得爲酳也. 此謂卑客耳, 敵客以上則不待主人也. 音義隱[1]云 "飯畢蕩口也."

1) 音義隱 : ≪隋書≫ 권32 〈經籍志〉에 따르면 '≪禮記音義隱≫'을 가리키는 것으로 추정된다. 다만 두 종류가 저록되어 있는데, 하나는 謝氏가 지은 1권본이고, 다른 하나는 저자 미상의 7권본으로, 여기에서는 어느 것을 가리키는지 자세하지 않다.

○ 〔主人未辯 客不虛口〕 '虛口'는 식사가 끝나면 술을 마셔 입안을 헹굼으로써 청결하게도 하고 먹은 것을 안정시키기도 하는 것을 이른다. 漿으로 헹구는 것을 '漱'라 하니, 입안을 청결하게 함을 뜻으로 삼은 것이다. 술로 헹구는 것을 '酳'이라 하니, '酳'은 '부연하다〔演〕'의 뜻이다. 식사가 끝났을 때 술로 그 기운을 부연하여 기른다는 말이다. 주인이 만약 殽를 아직 두루 먹지 않았으면 손님은 비록 殽를 이미 두루 먹었더라도 곧바로 漿이나 술로 입안을 헹구지 못한다. 주인은 늘 손님에게 양보하여 자신이 먼저 배부르다고 하지 못하므로 손님은 주인이 두루 먹기를 기다린 뒤에 비로소 술로 입가심할 수 있는 것이다. 그러나 이것은 신분이 낮은 손님을 말한 것뿐이니, 신분이 대등 이상의 손님은 주인이 〈배부르다고 할 때까지〉 기다리지 않는다. ≪音義隱≫에 이르기를 "밥을 다 먹고 나면 입안을 헹군다."라고 하였다.

【疏】 ○ 注'俟主'至'(酳)〔飽〕[1]也'. ○ 正義曰 : 案公食禮云 "賓卒食會飯, 三飮[2]." 鄭云

"三漱漿也." 明是食竟漱也. 又初三飯竟, 設漿稻西, "賓坐祭, 遂飮." 鄭云 "飮, 漱也." 案此漱是三飧竟, 又有事, 故用漿漱口. 若如斯, 則公食之禮, 雖設酒爲優, 賓不得用酳, 故鄭注彼云"設而不擧[3)]", 明但以漿漱口而已也. 此是私客, 故用酒以酳, 所以異於公食禮也. 故鄭此云"謂酳也". 云"客自啟已上, 其酳不待主人飽"者, 客不啟, 故待主人. "主人不先飽"者, 緣主人不先飽, 故待之也.

1) (酳)〔飽〕: 저본에는 '酳'으로 되어 있으나, 아래 '云客自啟已上 其酳不待主人飽者'에 의거하여 '飽'로 바로잡았다.
2) 賓卒食會飯 三飮 : '會飯'은 ≪儀禮≫ 〈公食大夫禮〉 정현의 주에 "찰기장밥과 메기장밥을 이른다.〔謂黍稷也〕"라고 하였으며, '三飮'은 정현의 주에 "세 번 漿으로 입안을 헹구는 것이다.〔三漱漿也〕"라고 하였다. 吳廷華에 따르면 3飯마다 입가심하니 '三飮'은 9飯하는 것이다.
3) 公食之禮……設而不擧 : ≪의례≫ 〈公食大夫禮〉에 "입가심용 술을 觶에 담아 〈술잔 받침대인〉 豐에 올려놓는다.……宰夫가 오른손으로 觶를 잡고 왼손으로 豐을 잡고서 나아가 豆의 동쪽에 진설한다.〔飮酒實于觶 加于豐……宰夫右執觶 左執豐 進設于豆東〕"라고 하였는데, 정현의 주에 "식사 때 술을 두는 것은 賓을 우대하는 것이다. 豆의 동쪽에 진설하는 것은 마시지 않는다는 것이다.〔食有酒者 優賓也 設于豆東 不擧也〕"라고 하였다. 賈公彦의 소에 따르면 입가심용으로 漿을 쓰고 술을 쓰지 않는데도 주인이 이 술을 진설하였으므로 賓을 우대한 것이라고 한 것이다.

○ 注의 〔俟主〕에서 〔飽也〕까지

○ 正義曰 : 살펴보면 ≪儀禮≫ 〈公食大夫禮〉에 이르기를 "賓은 會飯(黍飯과 稷飯)을 다 먹었으면 세 번 입가심한다."라고 하였는데, 정현은 말하기를 "〈이미 회반을 먹었으면〉 세 번 漿으로 입안을 헹구는 것이다."라고 하였으니, 분명히 식사가 끝난 뒤에 입안을 헹구는 것이다. 또 〈賓이〉 처음 세 번 밥을 다 먹으면 〈宰夫가〉 漿을 稻飯의 서쪽에 진설하니, "賓은 앉아서 고수레하고 마침내 漿을 飮한다."라고 한 것에 대하여 정현은 말하기를 "飮은 입안을 헹구는 것이다."라고 하였다. 살펴보면 여기의 '입 안을 헹구는 것'은, 밥을 세 번 다 먹었는데 또 일이 있으므로 漿으로 입안을 헹구는 것이다. 만일 이와 같다면 〈공사대부례〉에서는 비록 술을 진설하는 것으로 賓을 우대하는 것으로 보았으나 賓은 이 술로 입안을 헹굴 수 없다. 그러므로 〈공사대부례〉 정현의 주에 이르기를 "진설만 하고 마시지는 않는다."라고 한 것이니, 단지 漿으로 입안을 헹굴 뿐임을 밝힌 것이다. 여기 경문의 賓은 사사로운 손님이므로 술로 입안을 헹구는

것이니, 이 때문에 〈공사대부례〉와 다른 것이다. 그러므로 정현이 여기에서 '謂酳也'라고 한 것이다.

〔客自敵已上 其酳不待主人飽〕 손님은 신분이 대등하지 않으므로 주인을 기다리는 것이다.

〔主人不先飽〕 주인이 먼저 배부르다고 하지 않았기 때문에 기다리는 것이다.

01-27-02 侍食於長者호되 主人이 親饋어든 則拜而食하고

〈長者를 따라 손님이 되어〉 장자를 모시고 밥을 먹을 때 주인이 직접 음식을 올려 대접하면 절을 하고서 먹고,

【注】 勸長者食耳니 雖賤이나 不得執食興辭[1)]하고 拜而已하여 示敬也라

1) 執食興辭 : 01-27-01 "客若降等 執食興辭" 참조.

長者에게 드시도록 권하는 것뿐이니, 비록 신분이 낮더라도 밥을 들고 일어나 사양하지 못하고 절만 하여 공경함을 보인다.

主人이 不親饋어든 則不拜而食이니라

주인이 직접 올리지 않으면 절하지 않고 먹는다.

【注】 以其禮於己不隆이라

그 禮가 자기에게 융숭하지 않기 때문이다.

【疏】 '侍食'至'而食'. ○ 正義曰 : 嚮是自爲客法, 此明侍從尊長爲客禮也. "主人親饋, 則拜而食"者, 饋謂進饌也. 己雖侍尊長, 而主人若自親饋與己, 己則拜謝之而後食也.

經의 〔侍食〕에서 〔而食〕까지

○ 正義曰 : 앞(01-27-01)에서는 자신이 손님이 되는 법이었고, 여기서는 존장을 모시고 손님이 되는 예를 밝힌 것이다.

〔主人親饋 則拜而食〕 '饋'는 음식을 내오는 것을 이른다. 자신이 비록 존장을 모시고 있더라도 주인이 만약 직접 자신에게 음식을 대접하면, 자신이 절하여 사례한 뒤에

먹는다.

【疏】 ○ 注'勸長'至'敬也'. ○ 正義曰：言己今侍食, 雖賤, 不得執食興辭, 故但拜之以示敬也.

○ 注의 〔勸長〕에서 〔敬也〕까지

○ 正義曰 : 자신이 지금 모시고 식사하는 것을 말하니, 비록 신분이 낮아도 밥을 잡고 일어나 사례하지 못하므로 다만 절하여 공경함을 보일 뿐이다.

01-27-03 共食에 不飽하며

사람들과 함께 같은 그릇에 음식을 먹을 때 배불리 먹기를 구하지 않으며,

【注】 謙也니 謂共羹飯之大器也라

겸양하는 것이니, 밥과 국을 담은 큰 그릇을 함께하는 것을 이른다.

共飯에 不澤手니라

〈禮에 밥을 손으로 먹으므로〉 함께 밥을 먹을 때 손을 비비지 않는다.

【注】 爲汗[1](手)〔生〕[2]不絜(결)也라 澤은 謂挼莎(뇌사)也니 禮에 飯以手라 澤은 或爲擇이라

1) 汗 : '汙(오)'로 되어 있는 판본도 있다.(陸德明의 音義 참조)
2) (手)〔生〕: 저본에는 '手'로 되어 있으나, 惠棟校宋本에 의거하여 '生'으로 바로잡았다. 岳本에 "爲汗生不潔也"라 하였고, 공영달의 소에도 '汗生'이라 하였다. 아래 공영달 소의 '注爲汗手不絜'의 '手'도 동일하다.(阮元의 校勘記 참조)

땀이 나서 깨끗하지 않기 때문이다. '澤'은 두 손을 비비는 것을 이르니, 禮에 밥을 손으로 먹는다. '澤'은 혹 '擇'으로 되어 있는 판본도 있다.

【疏】 '共食'至'澤手'. ○ 正義曰：共食, 謂同事聚居, 非禮食, 則有同器食法, 共食宜謙, 不輒厭飫爲飽也. "共飯不澤手"者, 亦是共器盛飯也. 澤謂光澤也. 古之禮, 飯不用箸, 但用手, 旣與人共飯, 手宜絜淨, 不得臨食始挼莎手乃食, 恐爲人穢也.

經의 〔共食〕에서 〔澤手〕까지

○ 正義曰 : '共食'은 동료가 모여 거처할 때를 이르며 禮食이 아니다. 그렇다면 같은 그릇에 식사하는 법이 있으니, 함께 같은 그릇에 먹을 때는 겸양해야 하며 곧 배부르도록 실컷 먹어서는 안 된다. '共飯不澤手'는 또한 한 그릇에 밥을 담은 것이다. '澤'은 손때를 이른다. 古禮에 밥을 먹을 때 젓가락을 사용하지 않고 손만 사용하였으니, 이미 다른 사람과 함께 밥을 먹는다면 손을 깨끗하게 해야 하며 먹을 때가 되어서야 비로소 손을 비빈 뒤에 먹어서는 안 된다. 남들이 더럽다고 여길까 해서이다.

【疏】 ○ 注'爲汗(手)〔生〕不絜'. ○ 正義曰 : 絜, 淨也. 若澤手, 手必汗生, 則不絜淨. 一本汗生不圭, 圭, 絜也. 言手澤汙飯也.

○ 注의 〔爲汗生不絜〕

○ 正義曰 : '絜'은 '깨끗하다'의 뜻이다. 만약 손을 비비면 손에 반드시 땀이 나니 깨끗하지 않게 된다. 어떤 판본에는 '汗生不圭'로 되어 있는데, '圭'는 '깨끗하다'의 뜻이다. 손때로 밥을 더럽힌다는 말이다.

01-27-04 毋摶(단)飯하며

〈많이 먹기 쉬우므로〉 밥을 뭉쳐 먹지 말며,

【注】 爲欲致飽하여 不謙이라

배부름을 지극히 하고자 하여 겸양하지 않기 때문이다.

【疏】 '毋摶飯'. ○ 正義曰 : 共器若取飯作摶, 則易(이)得多, 是欲爭飽, 非謙也. 故注云"爲欲致飽, 不謙也".

經의 〔毋摶飯〕

○ 正義曰 : 그릇을 함께 쓰는데 만약 밥을 취해 뭉치면 많이 얻기가 쉬우니, 이는 배부름을 다투고자 하는 것이어서 겸양한 것이 아니다. 그러므로 정현의 주에 '爲欲致飽 不謙也'라고 한 것이다.

01-27-05 毋放飯하며

〈손에 남은〉 밥을 〈그릇 안에〉 털지 말며,

【注】 去手餘飯於[1]器中은 人所穢라

1) 於 : 考文宋板에는 '放'으로 되어 있다.(阮元의 校勘記 참조)

손에 남은 밥을 그릇 안에 터는 것은 사람들이 더럽게 여기는 것이다.

毋流歠(철)하며

〈빨리 많이 먹으려 한다는 혐의가 있으므로 국이나 음료를〉 들이마시지 말며,

【注】 大歠은 嫌欲疾이라

크게 들이마시는 것은 빨리 먹고자 하는 혐의가 있다.

毋咤(타)食하며

음식을 앞에 두고 〈주인의 음식을 싫어하는 혐의가 있으므로〉 혀 차는 소리를 내지 말며,

【注】 嫌薄之라

좋지 않게 여긴다는 혐의가 있다.

毋齧(설)骨하며

〈소리가 나는 등 여러 이유가 있으므로〉 뼈를 깨물지 말며,

【注】 爲有聲響이면 不敬일새라

소리가 나면 불경하기 때문이다.

毋反魚肉하며

먹던 어물과 고기를 그릇에 되돌려놓지 말며,

【注】 爲已歷口는 人所穢라

이미 입을 거친 것은 사람들이 더럽게 여기는 것이기 때문이다.

毋投與狗骨하며

〈주인의 음식을 천하게 여긴다는 혐의가 있으므로 먹고 난 고기의〉 뼈를 개에게 던져주지 말며,

【注】 爲其賤飮食之物이라

먹고 마신 음식물을 천하게 여기는 것이기 때문이다.

毋固獲하며

〈음식을〉 독차지하고자 하거나 다투어 취하려 하지 말며,

【注】 爲其不廉也라 欲專之曰固요 爭取曰獲이라

겸양하지 않기 때문이다. 독차지하고자 하는 것을 '固'라 하고, 다투어 취하는 것을 '獲'이라 한다.

毋揚飯하며 **飯黍**에 **毋以箸**하며 **毋嚃**(탑)**羹**하며

〈빨리 먹으려 한다는 혐의가 있으므로〉 뜨거운 밥을 손으로 부채질하여 식히지 말며, 찰기장밥을 먹을 때 〈숟가락을 사용하고〉 젓가락을 사용하지 말며, 채소가 든 국을 〈젓가락을 사용하고〉 들이마시지 말며,

【注】 亦嫌欲疾也라 嚃爲不嚼菜라

또한 빨리 먹고자 하는 혐의가 있다. '嚃'은 채소를 씹지 않기 때문이다.

毋絮(처)**羹**하며

〈소금이나 매실로〉 국에 간을 맞추지 말며,

【注】爲其詳於味也라 絮는 猶調也라

간을 자세히 살피는 것이기 때문이다. '絮'는 〈'간을 맞추다'의 뜻인〉 '調'와 같다.

毋刺(척)齒하며

이를 쑤시지 말며,

【注】爲其弄口也니 口容止라

입을 만지작거리는 것이기 때문이니, 입모습은 다물어야 한다.

毋歠醢니

〈싱거워한다는 혐의가 있으므로〉 젓갈을 마시지 말아야 하니,

【注】亦嫌詳於味也라 歠者는 爲其淡故라

이것 또한 간을 자세히 살핀다는 혐의가 있다. '歠'은 싱겁다고 여기기 때문이다.

客이 絮(처)羹이어든 主人이 辭不能亨(팽)하며 客이 歠醢어든 主人이 辭以窶(구)니라

손님이 국에 간을 맞추면 주인이 요리를 잘하지 못했다고 사과하고, 손님이 젓갈을 마시면 주인이 가난하여 〈간을 맞추지 못했다고〉 사과한다.

【注】優賓이라

손님을 대우하는 것이다.

濡肉은 齒決하고

젖은 고기는 〈부드러우므로〉 이로 끊어 먹고

【注】決은 猶斷也라

'決'은 〈'끊다'의 뜻인〉 '斷'과 같다.

乾肉은 **不齒決**하며

마른 고기는 〈단단하므로 손으로 찢어 먹고〉 이로 끊어 먹지 않으며,

【注】 堅宜用手라

단단한 음식은 손을 사용해야 한다.

毋嘬炙(최자)니라

구운 고기는 〈음식을 탐한다는 혐의가 있으므로〉 한입에 다 먹지 말아야 한다.

【注】 爲其貪食甚也라 嘬는 謂一擧盡臠(련)이니 特牲少牢에 嚌(제)之에 加于俎라

음식을 몹시 탐하는 것이기 때문이다. '嘬'는 〈작게 나누어 먹지 않고〉 한 번에 고기를 다 먹는 것을 이르니, ≪儀禮≫ 〈特牲饋食禮〉와 〈少牢饋食禮〉에 따르면 맛을 본 뒤에 자기 俎에 도로 놓는다.

【疏】 '毋放'至'嘬炙'. ○ 正義曰 : "〔毋〕[1]放飯"者, 手就器中取飯, 飯若黏(점)著手, 不得拂放本器中也. ○"去手餘飯於器中, 人所穢"者, 當棄餘於篚(비), 無篚, 棄餘於會. 會謂簋(궤)蓋也. ○"毋流歠"者, 謂開口大歠, 汁入口如水流, 則欲多而速, 是傷廉也. 故鄭云 "大歠, 嫌欲疾." ○"毋咤食"者, 咤謂以舌口中作聲也, 似若嫌主人之食也. ○"毋齧骨"者, 一則有聲. 二則嫌主人食不足, 以骨致飽, 故庾云"爲無肉之嫌". 三則齧之, 口脣可憎, 故不齧也. "爲有聲響, 不敬", 鄭擧一隅也. ○"毋反魚肉"者, 謂與人同器也, 已齧殘不可反還器中, 爲人穢之也. 故鄭云 "謂已歷口. 人所穢." 崔靈恩云 "不可反於故處. 是以少牢禮尸所食之餘肉, 皆別致於肵(기)俎[2], 不反本處也." ○"毋投與狗骨"者, 投, 致也. 狗, 犬也. 言爲客之禮, 無得食主肉後, 棄其骨與犬, 故鄭云 "爲其賤飮食之物." ○"毋固獲"者, 專取曰固, 爭取曰獲, 與人共食, 不可專固獨得及爭取也. 盧植云 "固獲取之, 爲其不廉也." ○"毋揚飯"者, 飯熱當待冷, 若揚去熱氣, 則爲貪快, 傷廉也. ○"飯黍毋以箸"者, 飯黍無用箸, 當用匕, 故少牢云 "廩人漑匕與敦(대)[3]." 注云"匕, 所以匕黍稷"是也. ○"毋嚃羹"者, 人若不嚼菜, 含而歠呑之, 其欲速而多, 又有聲, 不敬, 傷廉也.

故鄭云 "亦嫌欲疾也." 嚃爲不嚼菜, 羹有菜者用挾[4], 故不得歠, 當挾嚼也. ○ "毋絮羹" 者, 絮謂就食器中調和鹽梅也. 若得主人羹, 更於器中調和, 是嫌主人食味惡也.

1) 〔毋〕: 저본에는 '毋'가 없으나, 經文과 孔穎達의 疏에 의거하여 보충하였다.

2) 肵(기)俎 : 尸童을 위한 俎이다. 《儀禮》〈特牲饋食禮〉 정현의 주에 "《禮記》〈郊特牲〉에 이르기를 '肵는 공경한다는 뜻이다.' 하였으니, 주인이 시동을 공경하는 俎라는 말이다.〔郊特牲曰 肵之爲言 敬也 言主人之所以敬尸之俎〕"라고 하였다.

3) 廩人漑匕與敦(대) : 《의례》〈少牢饋食禮〉에 "늠인이 甑·甗·匕·敦를 늠찬 옆에서 씻는다.〔廩人摡甑甗匕與敦于廩爨〕"라는 내용이 보인다. '廩人'은 〈소뢰궤사례〉 정현의 주에 따르면 "식량 창고를 관장하는 관원〔掌米入之藏者〕"으로, 胡匡衷의 《儀禮釋官》에 "黍稷을 익히는 일을 겸하여 관장한다.〔掌爲饎之事〕"라고 하였다. '甑'은 음식을 찌는데 사용하는 취사도구로, 모양이 지금의 찜솥과 비슷하다. '匕'는 여기서는 黍飯과 稷飯을 푸는 주걱이다. 크기가 다를 뿐 모양이 같아서 '숟가락'의 의미로 쓰기도 한다. '敦'는 黍飯과 稷飯을 담는 그릇으로, 뚜껑과 몸체가 각각 半球形에 3개의 다리가 있어 뒤집어 놓을 수 있으며, 합쳤을 때 球形이 된다. '廩爨(늠찬)'은 黍稷을 익히는데 사용하는 아궁이이다.

4) 挾 : 閩本·監本·毛本에는 '梜'으로 되어 있으며, 다음에 나오는 '當挾嚼也'의 '挾'도 동일하다. '挾'과 '梜'은 통용자이다.(阮元의 校勘記 참조)

經의 〔毋放〕에서 〔嘬炙〕까지

○ 正義曰 : 〔毋放飯〕 손을 그릇 안에 넣어 밥을 취했을 때 밥이 만약 손에 들러붙으면 밥을 본래 그릇 안에 털어내어서는 안 된다는 것이다.

○ 〔去手餘飯於器中 人所穢〕 마땅히 남은 밥을 광주리에 버려야 하며, 광주리가 없으면 남은 밥을 會에 버려야 한다. '會'는 簋의 뚜껑을 이른다.

○ 〔毋流歠〕 입을 벌려 크게 들이마셔서 국물이 입안으로 들어가는 것이 마치 물이 흘러가듯이 하면 많이 먹고 빨리 먹고자 하는 것이니, 이는 청렴함을 손상시킨다는 말이다. 그러므로 정현이 '大歠 嫌欲疾'이라 한 것이다.

○ 〔毋咤食〕 '咤'는 혀로 입안에서 소리를 내는 것을 이르니, 이는 마치 주인의 음식을 싫어하는 것처럼 보인다.

○ 〔毋齧骨〕 첫째는 소리가 나기 때문이다. 둘째는 주인의 음식이 부족하여 뼈로 배부름을 이루려 한다는 혐의가 있기 때문이다. 그러므로 庾蔚之는 "고기가 없다고 혐의할까 해서이다."라고 하였다. 셋째는 깨물면 입과 입술 모양이 흉한 모습이 되므로 깨물지 않는 것이다. '爲有聲響 不敬'은 정현이 대표적으로 한 가지 이유만 든 것이다.

○〔毋反魚肉〕 다른 사람과 같은 그릇을 사용할 때를 이르니, 이미 깨물고 난 나머지를 도로 그릇 안에 넣지 말아야 하는 것은 남들이 더럽게 여기기 때문이다. 그러므로 정현이 '謂已歷口 人所穢'라고 한 것이다. 崔靈恩은 말하기를 "원래 있었던 자리에 도로 놓아서는 안 된다. 이 때문에 ≪의례≫ 〈少牢饋食禮〉에서 시동이 먹고 남은 고기를 모두 별도로 肵俎에 놓아두고, 본래 있던 곳에 되돌려놓지 않은 것이다."라고 하였다.

○〔毋投與狗骨〕 '投'는 '주다'의 뜻이다. '狗'는 '개'이다. 손님이 된 禮에 주인의 고기를 먹은 뒤에는 그 뼈를 버려서 개에게 주어서는 안 된다는 말이다. 그러므로 정현이 '爲其賤飮食之物'이라 한 것이다.

○〔毋固獲〕 독차지하는 것을 '固'라 하고, 다투어 취하는 것을 '獲'이라 하니, 사람들과 함께 먹을 때 독차지하여 홀로 얻거나 다투어 취해서는 안 된다. 盧植은 말하기를 "독차지하거나 다투어 취하는 것은 청렴하지 않기 때문이다."라고 하였다.

○〔毋揚飯〕 밥이 뜨거우면 식기를 기다려야 하니, 만약 열기를 손으로 부채질하여 보내면 빨리 먹고자 탐하는 것이어서 청렴함을 손상시키기 때문이다.

○〔飯黍毋以箸〕 찰기장밥을 먹을 때는 젓가락을 사용하지 않고 숟가락을 사용해야 한다. 그러므로 ≪의례≫ 〈少牢饋食禮〉에 이르기를 "廩人이 匕와 敦(대)를 씻는다."라고 하였는데, 정현의 주에 이르기를 "匕는 黍飯과 稷飯을 뜨는 주걱이다."라고 한 것이 이것이다.

○〔毋嚃羹〕 사람이 만약 채소를 씹지 않고 국을 머금었다가 들이마셔 삼키면 빨리 많이 먹고자 하는 것이고, 또 소리가 나서 불경하므로 청렴함을 손상시킨다. 그러므로 정현이 '亦嫌欲疾也'라 한 것이다. 들이마시는 것은 채소를 씹지 않기 때문이니, 국에 채소가 들어간 경우에는 젓가락을 사용하므로 들이마셔서는 안 되고 젓가락을 사용해 씹어야 한다.

敦

○〔毋絮羹〕 '絮'는 먹는 그릇 안에 넣어서 소금이나 매실로 간을 맞추는 것을 이른다. 만약 주인의 국을 얻었는데 다시 그릇 안에 넣어서 간을 맞추면 이는 주인의 음식이 맛이 없음을 꺼리는 것이다.

【疏】○ 注'爲其詳於味也. 絮猶調也'. 詳, 審也, 謂更詳審嫌淡也.

○ 注의 〔爲其詳於味也 絮猶調也〕

'詳'은 '자세히 살피다'의 뜻이니, 다시 자세히 살피는 것은 싱거움을 싫어한다는 말이다.

【疏】○ "毋刺齒"者, 口容止, 不得刺弄之, 爲不敬也, 謂其弄口. 少儀曰 "口容止." 容儀欲靜止也. ○ "毋歠醢"者, 醢, 肉醬也. 醬宜鹹, 客若歠之, 則是醬淡也. ○ "客絮羹, 主人辭不能亨"者, 亨, 煮也. 若客失禮而絮羹, 則主人宜有優賓之辭謝之, 云已[1]家不能亨煮, 故羹味不調適也. ○ "客歠醢, 主人辭以窶"者, 窶, 無禮也. 若客失禮而歠醢, 則主人亦致謝, 云主人作醢, 淡而無鹽, 故可歠也. 詩云 "終窶且貧[2]." 毛云 "窶, 無禮也." 箋云 "君於己祿薄, 終不足以爲禮也." 兩辭皆優饒於賓也. 〔○〕[3] "濡肉齒決"者, 濡, 濕也. 濕軟不可用手擘, 故用齒斷決而食之. 決, 猶斷也. ○ "乾肉不齒決"者, 乾肉, 脯屬也. 堅肕(인)不可齒決斷之, 故須用手擘而食之. 鄭注腊人云 "大物解肆乾之, 謂之乾肉也." ○ "毋嘬炙"者, 火灼曰炙, 炙肉濡. 若食炙, 先當以齒嚌而反置俎上, 不一擧而併食, 併食之曰嘬, 是貪食也.

1) 已 : 惠棟校宋本・衛氏集說에는 '以'로 되어 있다.(阮元의 校勘記 참조)
2) 終窶且貧 : '窶'와 '貧'은 모두 '가난하다'의 뜻이지만 가난의 차이가 있다. ≪詩經≫ 〈邶風 北門〉 孔穎達의 疏에 따르면 '窶'는 '재물이 없어 예를 차릴 수 없는 것〔無財可以爲禮〕'이고, '貧'은 '재물이 없어 자급할 수 없는 것〔無財可以自給〕'이다.
3) 〔○〕 : 저본에는 부호 '○'가 없으나, 본서의 체제에 의거하여 보충하였다.

○ 〔毋刺齒〕 입모습은 다물어서 이를 쑤시면 안 되는 것은 불경하기 때문이니, 입을 만지작거리는 것을 이른다. ≪예기≫ 〈少儀〉에 이르기를 "입모습은 다물어야 한다."라고 하였으니, 용모와 의표는 고요히 그치고자 하는 것이다.

○ 〔毋歠醢〕 '醢'는 肉醬이다. 장은 짜야 하는데 손님이 만약 이를 들이마신다면 이는 장이 싱겁다는 것이다.

○ 〔客絮羹 主人辭不能亨〕 '亨'은 '요리하다'의 뜻이다. 만약 손님이 예를 잃어 국에 간을 맞추면 주인은 손님을 대우하는 말을 하여 사과해야 하는데, 자기 집에서 요리를 잘못하여 국의 간이 맞지 않게 되었다고 말한다.

○〔客歠醢 主人辭以窶〕'窶'는 禮를 차리지 못한다는 것이다. 만약 손님이 예를 잃어 젓갈을 들이마시면 주인이 또한 사과하는 말을 하는데, 주인이 젓갈을 만드는데 싱겁게 만들어 짠맛이 없으므로 들이마실 수 있게 되었다고 말한다. ≪詩經≫〈邶風 北門〉에 이르기를 "끝내 窶하고 또 貧하다."라고 하였는데, 毛亨의 傳에 이르기를 "窶는 예를 차리지 못한다는 뜻이다."라고 하였고, 정현의 箋에 이르기를 "군주가 자기에게 녹을 박하게 주어 끝내 예를 차릴 수 없다는 것이다."라고 하였다. 〈'不能亨'과 '窶'의〉 두 마디 말은 모두 손님을 대우하는 것이다.

○〔濡肉齒決〕'濡'는 축축한 것이다. 〈濡肉은〉 축축하고 부드러워서 손으로 찢을 필요가 없으므로 이로 끊어서 먹는 것이다. '決'은 〈'끊다'의 뜻인〉 '斷'과 같다.

○〔乾肉不齒決〕'乾肉'은 脯의 등속이니, 단단하고 질겨서 이로 끊을 수 없으므로 손으로 찢어서 먹어야 한다. ≪周禮≫〈天官 腊人〉 정현의 주에 이르기를 "큰 동물을 해체하여 말린 것을 乾肉이라 이른다."라고 하였다.

○〔毋嘬炙〕불에 구운 것을 '炙'라 하니, 구운 고기는 축축하다. 만약 炙를 먹게 되면 먼저 이로 맛을 보고 도로 俎 위에 두어서 한 번에 다 먹지 않는다. 한 번에 다 먹는 것을 '嘬'라 하니, 이것은 먹는 것을 탐하는 것이다.

【疏】 ○ 注'爲其'至'于俎'. ○ 正義曰：不細齧之, 是"一擧盡臠"也. "特牲·少牢, 嚌之, 加于俎"者, 嚌至齒也. 特牲·少牢饋食禮, 尸及祝·佐食·主人之徒, 得肉皆嚌之, 嚌之竟而加置于俎上也. 但此所嚌, 取彼嚌至齒, 反置於俎則同. 然前云"無反魚肉", 此得反于俎者, 上文謂共人同器而食者, 故鄭云 "爲其已歷口, 人所穢." 特牲·少牢獨食, 故得反也.

○ 注의 〔爲其〕에서 〔于俎〕까지

○ 正義曰：작게 나누어 먹지 않는 것이 바로 정현의 주에서 말한 '一擧盡臠'이다.

〔特牲少牢 嚌之 加于俎〕'嚌'는 〈맛을 볼 때 음식이〉 치아에까지 이르는 것이다. ≪의례≫〈特牲饋食禮〉와 〈少牢饋食禮〉에서 尸童·祝·佐食·主人의 무리가 고기를 얻으면 모두 嚌하고, 嚌가 끝나면 고기를 俎 위에 올려둔다. 다만 여기에서 嚌한 것이 고기를 취해 맛을 보되 치아에 이르면 도로 俎에 둔다는 것은 동일하지만, 앞에서 '無反魚肉'이라 하였는데 여기에서는 俎에 돌려놓을 수 있는 것은, 앞의 경문에서는 다른 사람과 함께 같은 그릇에 먹는 것이므로 정현이 '爲其已歷口 人所穢'라고 한 것이다. 〈특생궤사례〉와 〈소뢰궤사례〉에서는 홀로 먹는 것이므로 俎에 도로 놓을 수 있는 것이다.

01-27-06 卒食이어든 客이 自前跪하여 徹飯齊[1)]하여 以授相者니

1) 齊 : 陸德明의 音義에는 '齏(제)'로 되어 있다. '齊'와 '齏'는 통용자로, 가늘게 채 썬 채소와 고기를 醬으로 버무린 것을 이른다. ≪주례≫ 〈天官 醢人〉 정현의 주에 "무릇 가늘게 채 썬 것을 초장과 버무린 것을 '齏'라고 한다.〔凡醯醬所和細切爲齏〕"라고 하였다.

식사가 끝나면 손님은 돗자리 앞에 무릎 꿇고서 〈자신이 먹고 남은〉 밥과 醬을 거두어 相者에게 주니,

【注】 謙也라 自는 從也라 齊는 醬屬也라 相者는 主人贊饌者라 公食大夫禮에 賓卒食이면 北面取粱與醬하여 以降也라하니라

겸손한 것이다. '自'는 '從'의 뜻이다. '齊'는 醬의 등속이다. '相者'는 주인을 도와 진설하는 사람이다. ≪의례≫ 〈公食大夫禮〉에, 賓이 식사를 마치면 북향하고 粱飯과 醬을 취하여 堂에서 내려간다고 하였다.

主人이 興辭於客이어든 然後에 客이 坐니라

주인이 일어나서 손님에게 사양하여 만류하면 그런 뒤에야 손님이 다시 앉는다.

【注】 不聽親徹이라

손님이 직접 거두도록 내버려두지 않는 것이다.

【疏】 '卒食'至'相者'. ○ 正義曰 : 卒食, 食已也. 自, 從也. 食坐在前, 面嚮候客食竟加于俎. 起從坐前北面, 當以[1)]坐而跪, 自徹已所食飯與齊, 飯齊食主, 故答主人初所親饋者也. 此是卑者侍食之客耳, 若敵者則否. "以授相者", 相者謂主人所使進食者, 賓以所徹飯齊以授之.

1) 以 : 惠棟校宋本·衛氏集說에는 '已'로 되어 있다.

經의 〔卒食〕에서 〔相者〕까지

○ 正義曰 : '卒食'은 식사가 끝났다는 것이다. '自'는 '從'의 뜻이다. 식사 때 〈주인은 손님의〉 앞에 앉아 손님을 바라보고서 손님이 식사가 끝나 〈남은 고기를〉 俎에 올려두기를 기다린다. 〈식사가 끝나면〉 손님은 일어나 돗자리 앞으로 나와 앉아서 북향하는

데, 마땅히 앉아서 무릎 꿇고 스스로 자기가 먹은 밥과 醬을 거두어야 하니, 밥과 장은 식사의 주가 되므로 주인이 처음 직접 대접한 것에 답하는 것이다. 이것은 모시고 식사하는 신분이 낮은 손님일 뿐이니, 만약 신분이 대등한 사람이면 이렇게 하지 않는다.

〔以授相者〕'相者'는 주인이 음식을 올리게 한 자를 이르니, 손님은 거둔 밥과 醬을 그에게 건네준다.

【疏】 ○ 注'謙也'至'降也'. ○ 正義曰：齊, 醬屬也, 齊・醬・葅, 通名耳. "公食大夫禮賓卒食, 北面取粱與醬以降"者, 引證自徹是卑客也. 大夫卑於公, 所爲客, 故食竟親取飯及醬以降下, 當知敵者否.

○ 注의 〔謙也〕에서 〔降也〕까지

○ 正義曰：'齊'는 醬의 등속이니, 齊・醬・葅는 명칭을 두루 통하여 쓴다.

〔公食大夫禮 賓卒食 北面取粱與醬以降〕이를 인용하여 스스로 거두는 것은 신분이 낮은 손님이라는 것을 증명한 것이다. 대부는 군주보다 신분이 낮은데 손님이 되었으므로 식사가 끝났을 때 직접 밥과 醬을 취해 당에서 내려간 것이니, 신분이 대등한 경우에는 그렇지 않다는 것을 알아야 한다.

【疏】 ○ '主人'至'客坐'者, 主人起, 辭不聽自徹, 則客亦止而坐也.

○ 經의 〔主人〕에서 〔客坐〕까지

주인이 일어나 사양하여 손님이 스스로 거두도록 내버려두지 않으면, 손님도 그만두고 자리에 앉는 것이다.

01-27-07 侍飮於長者호되 酒進則起하여 拜受於尊(준)所니

長者를 모시고 술을 마실 때 술이 나오면 일어나 〈돗자리에서 내려와〉 술 단지가 진설된 곳에 가서 〈장자를 향하여〉 절하고 받는데,

【注】 降席拜受는 敬也니 燕飮之禮鄕尊이라

돗자리에서 내려가 절하고 받는 것은 공경하는 것이니, 燕飮의 禮는 주인의 술단지, 즉 주인을 향한다.

長者辭어시든 **少者反席而飮**호되 **長者擧未釂**(조)어시든 **少者不敢飮**이니라

長者가 사양하여 만류하면 나이 어린 자가 자기 돗자리로 돌아가서 술을 마시되, 장자가 술잔을 들어 다 마시지 않았으면 나이 어린 자가 감히 마시지 못한다.

【注】 不敢先尊者라 盡爵曰釂니 燕禮曰 公卒爵而後飮也라하니라

감히 존자보다 먼저 하지 못하는 것이다. 잔의 술을 다 비우는 것을 '釂'라 하니, ≪의례≫ 〈燕禮〉에 이르기를 "公이 잔의 술을 다 마신 뒤에 〈士가〉 마신다."라고 하였다.

【疏】 '侍飮(至敢飮)〔於長者〕[1]'. ○ 正義曰：明侍尊長飮酒法也. 食竟宜飮酒, 故次之.

1) (至敢飮)〔於長者〕: 저본에는 '至敢飮'으로 되어 있으나, 惠棟校宋本에 의거하여 바로잡았다. 완원은 '至敢飮'을 오류로 보았다.(阮元의 校勘記 참조)

經의 〔侍飮 於長者〕

○ 正義曰 : 존장을 모시고 술을 마시는 법을 밝힌 것이다. 식사가 끝나면 술을 마셔야 하므로 다음에 나온 것이다.

【疏】 ○"酒進則起"者, 謂長者賜侍者酒, 進至侍者前則起. 侍者見酒至, 不敢卽飮, 故起也. ○"拜受於尊所"者, 尊所者以[1]陳尊之處也. 侍者起而往尊處拜受之也. 陳尊之所, 貴賤不同, 若諸侯燕禮·大射, 設尊在東楹之西, 自北嚮南陳之. 酌者在尊東西嚮, 以酌者之左爲上尊. 尊面有鼻, 鼻向君, 示君專有此惠也. 若鄕飮酒及卿大夫燕, 則設尊陳於房戶之間[2], 賓主共之, 尊面嚮南, 酌者嚮北, 以西爲上尊. 時主人在阼, 西嚮, 賓在戶西牖前, 南嚮, 使賓主得夾尊, 示不敢專惠也. 今云"拜受於尊所"者, 當是燕禮. 而燕禮不云拜受於尊所, 鄕飮酒亦無此語, 正是文不具耳. 近尊嚮長者, 故往於尊所嚮長者而拜.

1) 者以 : 惠棟校宋本에는 '謂'로 되어 있다.(阮元의 校勘記 참조)
2) 房戶之間 : ≪儀禮≫ 〈士冠禮〉 정현의 주에 "房의 서쪽이자 室戶의 동쪽이다.〔房西室戶東也〕"라고 하였다. 江永의 ≪儀禮釋宮增注≫에 따르면 寢·廟는 室을 위주로 여기므로 단독으로 '戶'라 할 경우 室戶를 가리키며, 房戶는 반드시 房을 함께 말해야 한다. 특히 대부나 士일 경우 西房이 없으므로 '房戶之間'은 堂에서 동서로 한가운데를 이른다.

○〔酒進則起〕 長者가 侍者에게 술을 하사하여 술이 시자 앞에 이르면 시자가 일어

나는 것을 이른다. 시자는 술이 이른 것을 보고 감히 곧바로 마시지 못하므로 일어나는 것이다.

○〔拜受於尊所〕'尊所'는 술 단지를 진설해둔 곳이니, 侍者가 일어나 술 단지를 진설해둔 곳으로 가서 절하고 받는 것이다. 술 단지를 진설해둔 곳은 귀천이 같지 않으니, 만약 제후의 燕禮나 大射禮라면 술 단지를 당 위 東楹의 서쪽에 진설하되 북쪽에서 남향으로 진설한다. 술을 뜨는 사람은 술 단지의 동쪽에서 서향하여 술을 뜨며, 술을 뜨는 사람의 왼쪽 술 단지를 높은 술 단지로 삼는다. 술 단지는 앞쪽에 〈술을 따르는 주둥이인〉 鼻가 있는데 鼻가 군주를 향하도록 하여 군주가 전적으로 이 은혜를 베풀었음을 보인다.

만약 鄕飮酒나 경대부의 燕飮이라면 술 단지를 東房과 室戶 사이에 진설하여 賓과 주인이 함께 쓴다. 술 단지는 남향으로 진설하고 술을 뜨는 사람은 북향하여 술을 뜨며, 서쪽을 높은 술 단지로 삼는다. 이때 주인은 당 위 동쪽 계단 위쪽에서 서향하고, 賓은 당 위 室戶 서쪽의 창문 앞에서 남향하여, 賓과 주인이 술 단지를 끼고 있을 수 있도록 하여 감히 은혜를 독차지하지 못함을 보인다. 지금 '拜受於尊所'라고 한 것은 燕禮가 되어야 하나, ≪의례≫ 〈燕禮〉에 '拜受於尊所'라 말하지 않고 ≪의례≫ 〈鄕飮酒禮〉에도 이런 말이 없는 것은 바로 글이 갖추어지지 않은 것뿐이다. 술 단지 가까이 가서 長者를 향해야 하므로 술 단지를 진설한 곳으로 가서 장자를 향하여 절하는 것이다.

【疏】 ○ 注'降席'至'鄕尊'. ○ 正義曰 : 何(胤)〔胤〕[1)]云 "尊者, 主人也. 拜者, 在尊所對主人也. 降席下奠爵, 再拜稽首, 嚮尊謂主人尊也." 崔靈恩云 "卿大夫燕飮, 主人面亦嚮尊. 若鄕飮酒, 皆主人與賓夾尊也." 今案, 何·崔竝是解此拜受尊〔所〕[2)]若所嚮長者之證也.

1) (胤)〔胤〕: 저본에는 '胤'으로 되어 있으나, 淸 世宗의 성명 愛新覺羅胤禛의 '胤'을 避諱한 것이므로, 원글자인 '胤'으로 돌려놓았다.

2) 〔所〕: 저본에는 '所'가 없으나, 閩本·監本·毛本에 의거하여 보충하였다. 阮元의 校勘記 표제어에는 '所'가 보충되어 있다.(阮元의 校勘記 참조)

○ 注의 〔降席〕에서 〔鄕尊〕까지

○ 正義曰 : 何胤은 말하기를 "'尊'은 주인이며, '拜'는 술 단지를 진설한 곳에서 주인을 마주하는 것이다. 돗자리에서 내려가 술잔을 내려놓고 再拜稽首하는 것이니, '嚮尊'은 주인의 술 단지를 이른다."라고 하였고, 崔靈恩은 말하기를 "경대부의 燕飮에는 주인도 술 단지를 향한다. 만약 鄕飮酒라면 모두 주인과 賓이 술 단지를 끼고 있는다."

라고 하였다. 지금 살펴보면 하윤과 최영은은 모두 여기 경문의 '拜受尊所'가 長者를 향한 것과 같은 증거라고 풀이하였다.

【疏】○"長者辭, 少者反席而飮"者, 長者辭止少者之起, 長者旣止, 故少者復(부)反還其席而飮賜也. ○"長者擧未釂, 少者不敢飮"者, 擧猶飮也. 釂, 盡也. 飮酒尊卑異爵, 故燕禮公執膳爵, 受賜爵者執散爵[1]. 今少者雖反席而飮, 要須待長者盡爵後, 少者乃得飮也, 若長者飮未盡, 則少者不敢飮也.

1) 燕禮公執膳爵 受賜爵者執散爵 : ≪의례≫ 〈燕禮〉 '無算爵' 조에 보인다. '膳爵'은 '군주의 술잔'이라는 뜻으로, 여기에서는 3되 들어가는 觶를 이른다. ≪의례≫ 〈燕禮〉 정현의 주에 "군주의 물건을 '膳'이라 하니, '膳'은 '좋다'는 뜻이다.〔君物曰膳 膳之言善也〕"라고 하였다. '散爵'은 여기에서 膳爵과 상대적으로 쓰여 '경대부의 술잔'이라는 뜻이다.

○〔長者辭 少者反席而飮〕 나이 어린 자가 일어나는 것을 長者가 사양하면, 장자가 이미 만류하였으므로 나이 어린 자가 다시 자기 돗자리로 되돌아가 내려준 술을 마시는 것이다.

○〔長者擧未釂 少者不敢飮〕 '擧'는 〈'마시다'의 뜻인〉 '飮'과 같다. '釂'는 '다하다'의 뜻이다. 술을 마실 때 높은 자와 낮은 자는 술잔을 달리하므로 ≪의례≫ 〈燕禮〉에서 公은 膳爵을 잡고 술잔을 하사받은 자는 散爵을 잡는다. 지금 나이 어린 자는 비록 자기 돗자리로 돌아가 술을 마시지만 모름지기 長者가 술잔을 다 비우기를 기다린 뒤에 나이 어린 자가 술을 마실 수 있으니, 만약 장자가 술을 다 마시지 않았으면 나이 어린 자는 감히 술을 마시지 못한다.

散

【疏】○注'不敢'至'飮也'. ○正義曰 : 證長者未盡, 少者不敢飮也. 燕禮曰 "受賜爵者以爵就席坐, 公卒爵, 然後飮." 鄭注云 "不敢先虛爵, 明此勸惠從尊者來也." 然此與燕禮及注合, 而與士相見及玉藻違. 案士相見禮云 "若君賜之爵, 則下席再拜稽首, 受爵升席, 祭, 卒爵而俟君卒爵, 然後授虛爵." 鄭云 "受爵者於尊所, 至於授爵, 坐授人耳. 必俟君卒爵者, 若欲其釂然也." 玉藻云 "君若賜之爵, 則越席再拜稽首, 受登席, 祭之, 飮卒爵而俟君卒爵, 然後授虛爵." 注云 "不敢先君盡爵." 案二文皆先君卒爵, 而此云後飮者, 此據燕飮正禮, 故引燕禮以証之, 玉藻及士相見禮謂私燕之禮, 故不同也.

○ 注의 〔不敢〕에서 〔飮也〕까지

○ 正義曰 : 長者가 다 마시지 않았으면 나이 어린 자가 감히 마시지 못함을 증명한 것이다. ≪의례≫ 〈燕禮〉에 이르기를 "내려주는 술잔을 받은 자는 이 술잔을 들고 돗자리에 나아가 앉아서 公이 술잔의 술을 다 마신 뒤에 술을 마신다."라고 하였는데, 정현의 주에 이르기를 "감히 먼저 술잔을 비우지 못하는 것이니, 이것은 권하는 이 은혜가 尊者에게서 온 것임을 밝히는 것이다."라고 하였다. 그러나 이것은 ≪의례≫ 〈연례〉 및 정현의 주와는 부합하나, ≪의례≫ 〈士相見禮〉 및 ≪예기≫ 〈玉藻〉와는 어긋난다.

살펴보면 ≪의례≫ 〈사상견례〉에 이르기를 "만약 군주가 술잔을 내려주면 士는 돗자리에서 내려가 군주를 향해 再拜稽首한 다음 술잔을 받아들고 자기 돗자리에 올라간다. 술을 고수레하고 술잔의 술을 다 마신 다음 군주가 술을 다 마시기를 기다린 뒤에 빈 잔을 〈贊者에게〉 건네준다."라고 하였는데, 정현의 주에 이르기를 "술잔을 받는 자는 술 단지를 진설한 곳에 가서 받지만 술잔을 건네줄 때는 앉아서 다른 사람에게 건네줄 뿐이다. 반드시 군주가 술잔의 술을 다 마시기를 기다리는 것은 마치 술잔을 다 비우기를 바라는 것처럼 하는 것이다."라고 하였다. ≪예기≫ 〈옥조〉에 이르기를 "군주가 만약 술잔을 내려주면 돗자리에서 떠나 再拜稽首한 다음 술잔을 받아들고 다시 자기 돗자리에 올라간다. 술을 고수레하고 술잔의 술을 다 마신 다음 군주가 술을 다 마시기를 기다린 뒤에 빈 잔을 건네준다."라고 하였는데, 정현의 주에 이르기를 "감히 군주보다 먼저 술을 다 마시지 못하는 것이다."라고 하였다.

살펴보면 〈사상견례〉와 〈옥조〉에서는 모두 군주보다 먼저 술잔의 술을 다 마시는데 여기 〈곡례〉에서는 나중에 마신다고 한 것은, 〈곡례〉는 燕飮의 正禮에 근거한 것이므로 ≪의례≫ 〈연례〉를 인용하여 증명한 것이고, 〈옥조〉와 〈사상견례〉는 私燕의 禮를 말한 것이므로 같지 않은 것이다.

01-27-08 長者賜어시든 少者賤者不敢辭니라

長者가 하사하면 나이 어린 자와 천한 자는 감히 사양하지 못한다.

【注】 不敢亢禮也라 賤者는 僮僕之屬이라

감히 대등한 예를 행하지 못하는 것이다. '賤者'는 하인의 등속이다.

【疏】'長者'至'敢辭'. ○ 正義曰：此明凡受賜禮也. 少謂幼稚, 賤謂僮僕之屬也. 若少者及賤者被尊長之賜, 則不敢辭謙, 宜即受也, 不敢亢禮也. 敵者亢而有辭, 少者賤者, 故不敢也.

經의 〔長者〕에서 〔敢辭〕까지

○ 正義曰 : 이것은 일반적으로 받거나 내려주는 예를 밝힌 것이다. '少'는 나이 어린 것을 이르고, '賤'은 하인 등속을 이른다. 만약 나이 어린 자와 천한 자가 尊長에게서 하사를 받으면 감히 사양하지 못하고 곧바로 받아야 하며 감히 대등한 예를 행하지 못한다. 대등한 자는 필적하여 사양할 수 있지만 나이 어린 자와 천한 자이므로 감히 사양하지 못하는 것이다.

01-27-09 賜果於君前이어든 其有核者란 懷其核이니라

군주 앞에서 과실을 하사받으면 〈군주의 하사를 공경하여〉 씨가 있는 것은 그 씨를 품에 간직한다.

【注】嫌棄[1] 尊者物也라 木實曰果라

1) 棄 : 岳本·嘉靖本에는 '弃'로 되어 있다.(阮元의 校勘記 참조) '弃'는 '棄'의 重文이다.(王力의 ≪王力古漢語字典≫ 참조)

尊者의 물건을 버린다고 오해할까 해서이다. 나무 열매를 '果'라 한다.

01-27-10 御食於君에 君賜餘어시든 器之漑(개)者란 不寫하고 其餘란 皆寫니라

군주에게 음식을 권할 때 군주가 먹고 남은 것을 주시면 〈瓦器나 나무 그릇처럼〉 씻을 수 있는 그릇에 담긴 것은 다른 데로 옮기지 않고 먹으며, 그 밖의 〈갈대나 대나무로 짠 그릇처럼 씻을 수 없는 그릇에 담긴〉 것은 모두 다른 데로 옮겨서 먹는다.

【注】重汙辱君之器也라 漑는 謂陶梓之器요 不漑는 謂萑(환)竹之器也라 寫者는 傳己器

中하고 乃食之也라 勸侑曰御라

군주의 기물을 더럽히는 것을 중하게 여기는 것이다. '漑'는 질그릇이나 칠을 한 나무로 만든 기물을 이르고, '不漑'는 갈대나 대나무로 만든 기물을 이른다. '寫'는 자신의 그릇 안으로 옮기고 비로소 먹는 것이다. 다른 사람에게 드시기를 권하는 것을 '御'라 한다.

【疏】'御食'至'皆寫'[1]. ○ 正義曰：御者非侍者, 但是勸侑君食也. ○"君賜餘"者, 謂君食竟, 以食殘餘賜御者也. ○"器之漑者不寫"者, 漑, 滌也. 寫謂倒傳之也. 若所賜食之器可滌漑者, 不畏汙則不須倒寫, 仍於器中食之. 食訖, 乃澡絜以還君也. ○"其餘皆寫"者, 其餘謂不可滌漑之器也. 若不倒寫, 久則浸汙其器, 又不可澡絜, 則壞尊者物也, 故皆倒寫之.

1) 至皆寫：惠棟校宋本과 완원의 교감기 표제어에는 '於君'으로 되어 있다. 완원은 '至皆寫'가 오류라고 하였으나, 아래 공영달의 소에 의거하면 '至皆寫'가 옳다.(阮元의 校勘記 참조)

經의 〔御食〕에서 〔皆寫〕까지

○ 正義曰：御者는 侍者가 아니고 단지 군주에게 드시기를 권하는 자일 뿐이다.

○〔君賜餘〕 군주가 먹기를 마치면 먹고 남은 것을 御者에게 하사하는 것을 이른다.

○〔器之漑者不寫〕 '漑'는 씻는 것이다. '寫'는 〈그릇에 든 음식을〉 쏟아서 옮기는 것을 이른다. 만약 하사받은 음식을 담은 그릇이 씻을 수 있는 것이어서 더럽힐 우려가 없다면 다른 그릇에 쏟아 옮길 필요 없이 그대로 그 그릇에 먹으며, 다 먹으면 곧 깨끗이 씻어서 군주에게 돌려준다.

○〔其餘皆寫〕 '其餘'는 씻을 수 없는 그릇을 이른다. 만약 다른 그릇에 쏟아 옮기지 않으면 오래되면 점점 그 그릇이 더러워지는데, 또 깨끗이 씻을 수도 없으면 尊者의 물건을 손상하게 되므로 모두 〈그 안에 든 음식을〉 쏟아 옮기는 것이다.

【注】○ 注'重汙'至'曰御'. ○ 正義曰："漑謂陶梓之器"者, 陶是瓦甒之屬, 梓是杯杅之屬, 竝可滌絜之者. 何(胤)〔胤〕[1]云 "梓, 漆也." "不漑謂萑竹之器"者, 萑, 葦也, 是織萑爲之器, 竹是織竹爲之器, 竝謂筐筥之屬, 竝不可澡絜者. 鄭注司几筵職云 "萑如葦而細." 云"勸侑曰御"者, 何(胤)〔胤〕云 "勸侑謂卑者勸美尊者之食也."

1) (淯)〔胤〕: 저본에는 '淯'으로 되어 있으나, 淸 世宗의 성명 愛新覺羅胤禛의 '胤'을 避諱한 것이므로, 원글자인 '胤'으로 돌려놓았다. 다음에 나오는 '何淯'의 '淯'도 동일하다.

○ 注의 〔重汙〕에서 〔日御〕까지

○ 正義曰 : 〔溉謂陶梓之器〕 '陶'는 질그릇으로 된 술 단지 등속이고, '梓'는 나무로 만든 술잔 등속이니, 모두 씻을 수 있는 것이다. 何胤은 말하기를 "梓는 칠을 한 것이다."라고 하였다.

〔不溉謂萑竹之器〕 '萑'은 갈대이니 갈대를 짜서 만든 그릇이고, '竹'은 대나무를 짜서 만든 그릇이니, 모두 네모난 광주리나 둥근 광주리의 등속으로 모두 깨끗하게 씻을 수 없는 것을 이른다. ≪周禮≫ 〈春官 司几筵〉 정현의 주에 이르기를 "萑은 갈대처럼 생겼으나 가늘다."라고 하였다.

〔勸侑曰御〕 何胤은 말하기를 "'勸侑'는 낮은 자가 높은 자에게 맛 좋은 것을 권하여 드시도록 하는 것을 이른다."라고 하였다.

瓦甒

01-27-11 餕(준)餘란 不祭니 父不祭子하며 夫不祭妻니라

남긴 음식으로는 고수레하지 않으니, 아버지는 아들이 남긴 음식을 먹을 때는 고수레하지 않으며, 남편은 아내가 남긴 음식을 먹을 때는 고수레하지 않는다.

【注】 食人之餘曰餕이니 餕而不祭는 唯此類也라 食尊者之餘則祭하니 盛之라

다른 사람이 남긴 음식을 먹는 것을 '餕'이라 하니, 다른 사람이 남긴 음식으로 고수레하지 않는 것은 오직 이런 경우이다. 尊者가 남긴 것을 먹을 때는 고수레하니, 훌륭하게 여기기 때문이다.

【疏】 '餕餘'至'祭妻'. ○ 正義曰 : 餕者, 食餘之名. 祭謂祭先也. 因前有"賜餘", 故明食人之餘不祭者也. 凡食人之餘, 及日晩食〔朝〕[1]饌之餘, 皆云餕. 故玉藻云"日中而餕." 鄭云"餕, 食朝之餘也." 今此明凡食餘悉祭, 若不祭者, 唯此下二條也. "父不祭子, 夫不祭妻"者, 若父得子餘, 夫得妻餘, 不須祭者, 言其卑故也, 非此二條悉祭也. 父得有子餘者, 熊氏云"謂年老致仕, 傳家事於子孫, 子孫有賓客之事, 故父得餕其子餘." 夫餕其妻餘者, 謂宗婦與族人婦燕飮有餘, 夫得食之.

1) 〔朝〕: 저본에는 '朝'가 없으나, 惠棟校宋本에 의거하여 보충하였다. 완원의 교감기 표제어에는 '朝'가 있다.(阮元의 校勘記 참조)

經의 〔餕餘〕에서 〔祭妻〕까지

○ 正義曰: 〔餕餘不祭〕 '餕'은 '남긴 음식을 먹는 것'을 이름한 것이다. '祭'는 이 음식을 최초로 만든 先人에게 제사하는 것을 이른다. 앞의 경문에 '賜餘'가 있었기 때문에 다른 사람이 남긴 것을 먹을 경우에는 고수레하지 않음을 밝힌 것이다. 무릇 다른 사람이 남긴 것을 먹는 것과 날이 저물어 아침에 남은 음식을 먹는 것을 모두 '餕'이라 한다. 그러므로 ≪예기≫ 〈玉藻〉에 이르기를 "한낮이 되면 餕한다."라고 하였는데, 정현이 말하기를 "餕은 아침에 남은 것을 먹는 것이다."라고 한 것이다. 지금 이것은 일반적으로 남긴 것을 먹을 경우 모두 고수레하지만, 고수레하지 않는 경우가 있다면 오직 다음에 언급한 이 두 경우에만 그렇다는 것을 밝힌 것이다.

〔父不祭子 夫不祭妻〕 만약 아버지가 아들이 남긴 음식을 얻었거나 남편이 아내가 남긴 음식을 얻었다면 고수레할 필요가 없다는 것은, 이들의 지위가 낮기 때문임을 말한 것이니, 이 두 경우가 아니면 모두 고수레한다. '아버지가 아들이 남긴 음식을 얻었다'는 것은, 熊安生은 말하기를 "연로하여 벼슬에서 물러나 집안일을 자손에게 전해주어서 자손에게 빈객을 접대하는 일이 있으므로 아버지가 아들이 남긴 것을 먹을 수 있는 것이다."라고 하였다. '남편이 아내가 남긴 음식을 먹는 것'은, 宗婦가 族人의 부인들과 燕飮하고 남은 음식이 있으면 남편이 이를 먹을 수 있는 것이다.

01-27-12 御同於長者하얀 雖貳라도 不辭하며

長者를 모시고 똑같은 음식을 먹을 때는 비록 음식을 거듭 내오더라도 〈그 음식은 장자를 위한 것이기 때문에〉 사양하지 않으며,

【注】 謂侍食於長者하여 饌具를 與之同也라 貳는 謂重殽膳也니 辭之는 爲長者嫌이라

長者를 모시고 먹을 때 음식을 장자와 똑같이 하는 것을 이른다. '貳'는 음식을 거듭 내오는 것을 이르니, 이를 사양하는 것은 장자로 자처하는 혐의가 있기 때문이다.

【疏】'御同'至'不辭'. ○ 正義曰：御謂侍也, 同謂侍食而與長者同饌也. 貳謂重也. 侍者雖獲殽膳重, 而己不須辭其多也. 所以然者, 此饌本爲長者設耳, 若辭之, 則嫌當長者. 何(胤)〔胤〕[1]云 "禮, 當盛饌, 宜辭以賤不能當之. 此侍食於長者, 盛饌不在己." 故鄭云 "貳謂重殽膳也, 辭之, 爲長者嫌"也.

1) (胤)〔胤〕: 저본에는 '胤'으로 되어 있으나, 清 世宗의 성명 愛新覺羅胤禛의 '胤'을 避諱한 것이므로, 원글자인 '胤'으로 돌려놓았다.

經의 〔御同〕에서 〔不辭〕까지

○ 正義曰 : '御'는 모신다는 말이며, '同'은 모시고 먹을 때 長者와 음식을 똑같이 한다는 말이다. '貳'는 거듭 내온다는 말이다. 장자를 모시고 먹는 자는 비록 음식을 거듭 얻었더라도 자기가 그 많음을 사양하지 말아야 한다. 그렇게 하는 이유는, 이 음식은 본래 장자를 위하여 진설한 것일 뿐이니, 만약 자기가 이를 사양한다면 장자를 자처한다는 혐의가 있기 때문이다. 何胤은 말하기를 "禮에 성찬이 나오면 신분이 낮아서 감당할 수 없다는 말로 사양해야 한다. 그러나 여기에서는 장자를 모시고 먹는 것이어서 성찬이 자기에게 있지 않다."라고 하였다. 그러므로 정현이 '貳謂重殽膳也 辭之爲長者嫌'이라 한 것이다.

01-27-13 偶[1]坐하얀 不辭니라

1) 偶 : 陸德明의 音義에 "'짝하다'의 뜻이니, 일설에는 '보좌'의 뜻이라고 한다.〔配也 一曰副貳也〕"라고 하였다.

〈손님이 있는 자리에〉 곁달아 앉아서 먹을 때는 〈자기를 위해 차려주는 것이 아니므로〉 사양하지 않는다.

【注】 盛饌不爲己라

성찬이 자기를 위한 것이 아니기 때문이다.

【疏】'偶坐不辭'. ○ 正義曰：偶, 媲(비)也. 或彼爲客設饌, 而召己往, 媲偶於客共食, 此饌本不爲己設, 故己不辭之也. 又一云, 偶, 二也. 若唯獨有己, 主人設饌, 己當辭謝. 若與他人俱坐, 則己不假辭, 以主人意不必在己也. 故鄭云 "盛饌不爲己." 竝會兩通也.

經의 〔偶坐不辭〕

○ 正義曰 : '偶'는 '짝'이다. 혹 저 사람이 손님을 위해 음식을 차리고 나를 불러서 갔을 경우, 그 손님의 짝이 되어 함께 먹게 되면 이 음식은 본래 나를 위해 차린 것이 아니므로 내가 사양하지 않는 것이다. 또 일설에 '偶'는 '둘'의 뜻이라고 한다. 만약 오직 나만 있는데 주인이 음식을 차리면 나는 사양해야 한다. 그러나 만약 다른 사람과 함께 앉았다면 내가 사양할 필요가 없으니, 주인의 뜻이 반드시 자기에게 있는 것은 아니기 때문이다. 그러므로 정현이 '盛饌不爲己'라 한 것이다. 두 설이 모두 통한다.

01-27-14 羹(갱)之有菜者란 用梜(협)하고 其無菜者란 不用梜이니라

국에 채소가 들어 있을 경우에는 젓가락을 사용하고, 채소가 없을 경우에는 〈국물만 있으므로 곧바로 마실 뿐〉 젓가락을 사용하지 않는다.

【注】 梜은 猶箸也니 今人或謂箸爲梜提라

'梜'은 〈'젓가락'의 뜻인〉 '箸'와 같으니, 지금 사람들은 혹 箸를 일러 梜提라고도 한다.

【疏】 '羹之'至'用梜'. ○ 正義曰 : "有菜者"爲鉶羹[1)]是也, 以其有菜交橫, 非梜不可. "無菜者"謂大羹湆(읍)[2)]也, 直歠之而已. 其有肉調者, 犬羹・兎羹之屬, 或當用匕也.

1) 鉶羹 : '鉶'은 채소가 들어간 고깃국을 담는 그릇 이름이다. ≪周禮≫ 〈天官 亨人〉 賈公彦의 소에 "鉶羹은 모두 陪鼎에 담는 쇠고기 국, 양고기 국, 돼지고기 국에 채소를 넣은 것으로, 쇠고기 국에는 콩잎, 양고기 국에는 씀바귀, 돼지고기 국에는 고비를 넣고 다섯 가지 맛으로 조미하여 鉶에 담은 것이다.〔鉶羹者 皆是陪鼎膷臐膮 牛用藿 羊用苦 豕用薇 調以五味 盛之於鉶器〕"라고 하였다.

2) 大羹湆(읍) : 순수한 육수를 이른다. ≪禮記≫ 〈樂記〉 정현의 주에 "大羹은 육수이니, 소금과 채소로 조미하지 않은 것이다.〔大羹 肉湆 不調以鹽菜〕"라고 하였다.

經의 〔羹之〕에서 〔用梜〕까지

○ 正義曰 : '有菜者'는 鉶羹이 이것이니, 채소가 들어 있어 이리저리 걸리므로 젓가락이 아니면 안 된다. '無菜者'는 太羹湆을 이르니, 단지 들이마실 뿐이다. 고기를 넣어 조미한 경우, 개고기 국이나 토끼고기 국과 같은 등속은 혹 숟가락을 사용해야 한다.

01-27-15 爲天子하여 削瓜者는 副(복)之하여 巾以絺(치)하고

천자를 위하여 참외를 깎는 자는 넷으로 쪼개고 다시 가로로 잘라 고운 갈포로 덮어서 올리고,

【注】 副은 析也라 既削하고 又四析之하여 乃橫斷之하고 而巾覆(부)焉이라

'副'은 '쪼개다'의 뜻이다. 이미 깎은 뒤에 또 네 개로 쪼개고 이어 가로로 잘라서 천으로 덮는다.

【疏】 '爲天'至'以絺'. ○ 正義曰：此爲人君削瓜禮也. 削, 刊也. 副, 析也. 絺, 細葛也. 謂先刊其皮, 而析爲四解, 又橫切之. 既破, 又橫解, 而細葛爲巾, 覆上而進之也.

經의 〔爲天〕에서 〔以絺〕까지

○ 正義曰 : 이것은 人君을 위하여 참외를 깎는 禮이다. '削'은 '깎다', '副'은 '쪼개다', '絺'는 '고운 갈포'이다. 먼저 그 껍질을 깎은 뒤 네 개로 쪼개고 또 가로로 자른다는 말이다. 이미 쪼갠 뒤에 또 가로로 잘라서 고운 갈포로 보를 만들어 그 위를 덮어 올린다.

01-27-16 爲國君者는 華之하여 巾以綌(격)하고

제후를 위하여 〈참외를 깎는〉 자는 반으로 나누고 〈다시 가로로 잘라〉 거친 갈포로 덮어서 올리고,

【注】 華는 中裂之하고 不四析也라

'華'는 반으로 나누고 네 개로는 쪼개지 않는 것이다.

爲大夫하얀 累(라)之하고

大夫를 위해서는 〈참외를 깎은 뒤 반으로 나누고 다시 가로로 자른 뒤〉 보로 덮지 않고 그대로 올린다.

【注】 累는 倮也니 謂不巾覆(부)也라

'累'는 '벌거벗다'의 뜻이니, 보를 덮지 않는다는 말이다.

士는 **疐**(체)**之**하고

士는 〈참외를 깎은 뒤 반으로 나누지 않고 가로로만 잘라〉 꼭지를 떼고 먹고,

【注】 不中裂하고 橫斷去疐而已라

반으로 나누지 않고 가로로 잘라 꼭지를 제거할 뿐이다.

庶人은 **齕**(흘)**之**니라

庶人은 〈가로로도 자르지 않고〉 그대로 깨물어 먹는다.

【注】 不橫斷이라

가로로 자르지 않는다.

【疏】 '爲國'至'齕之'. ○ 正義曰："爲國君者華之, 巾以綌"者, 華謂半破也, 綌, 麤葛也. 諸侯禮降, 故破而不四析也, 亦橫斷之. 雖與天子俱無文, 推理亦橫斷, 而巾用麤葛, 覆而進之. 爾雅云 "瓜曰華之." 郭璞云 "食啖[1]治擇之名." ○"爲大夫累之"者, 累, 倮也, 不巾覆也. 大夫降於諸侯, 直削而中裂, 橫斷而已, 不巾覆而進之. 知對破而橫斷之者, 鄭云士 "不中裂, 橫斷去疐而已", 則知大夫猶中裂而橫斷, 倮而已. ○"士疐之"者, 疐謂脫華處, 士不半破, 但除疐而橫斷, 亦不覆也. 下注庶人云"不橫斷", 則知士橫斷也, 故鄭云士"不中裂, 橫斷去疐而已". ○"庶人齕之"者, 庶人, 府・史[2]之屬也. 齕, 齧也. 既注云"不橫斷", 故知去疐而齧之也. 然此削瓜等級不同, 非謂平常之日, 當是公庭大會之時也.

1) 食啖 : 北京大本 ≪爾雅注疏≫에는 '啖食'으로 되어 있다.
2) 府史 : '府'는 재화를 담당하는 하급 관리이고, '史'는 문서를 담당하는 하급 관리이다.

經의 〔爲國〕에서 〔齕之〕까지

○ 正義曰 : 〔爲國君者華之 巾以綌〕 '華'는 반으로 나누는 것을 이른다. '綌'은 거친 갈포이다. 제후는 〈천자에 비해〉 禮가 줄어들므로 반으로 나누기만 하고 넷으로 쪼개지는 않으나, 〈천자의 예와 똑같이〉 또한 가로로 자른다. 비록 천자의 예와 함께 모두 글이 없으나 이치를 미루어보면 또한 가로로 자르고 보를 거친 갈포를 사용하여 덮어서 올리는 것이다. ≪爾雅≫ 〈釋木〉에 이르기를 "참외는 반으로 나눈다."라고 하였는

데, 郭璞이 말하기를 "먹을 때 과일을 다루는 방법을 이름한 것이다."라고 하였다.

○〔爲大夫累之〕'累'는 '벌거벗다'의 뜻이니, 보를 덮지 않는 것이다. 대부는 제후보다 예가 줄어 단지 〈껍질을〉 깎고 나서 반으로 나누고 가로로 자르기만 할 뿐, 보로 덮지 않고 올린다. 반으로 나누어 가로로 자른다는 것을 아는 것은, 정현이 士는 '不中裂 橫斷去疐而已'라고 하였기 때문이니, 그렇다면 대부는 오히려 반으로 나누고 가로로 자르며 보를 덮지 않음을 알 수 있는 것이다.

○〔士疐之〕'疐'는 꽃이 떨어지는 곳을 이르니, 士는 반으로 나누지 않고 꼭지만 제거하여 가로로 자르며, 또한 보로 덮지 않는다. 다음 경문 '庶人'에 대한 정현의 주에 '不橫斷'이라 하였으니, 그렇다면 士는 가로로 자른다는 것을 알 수 있다. 그러므로 정현이 士는 '不中裂 橫斷去疐而已'라고 한 것이다.

○〔庶人齕之〕'庶人'은 府나 史의 등속이다. '齕'은 '깨물다'의 뜻이다. 이미 정현의 주에 '不橫斷'이라 하였으므로 서인은 꼭지만 제거하고 깨물어 먹는 것을 알 수 있다. 그러나 이렇게 참외를 깎는 것이 등급에 따라 다른 것은, 평상시의 날을 말한 것이 아니며 당연히 조정에서 크게 회합할 때이다.

01-27-17 父母有疾이어시든 冠者不櫛(즐)하며 行不翔(상)하며

부모에게 병환이 있으면 冠을 쓴 자는 머리를 빗지 않으며, 다닐 때 두 팔을 벌리지 않으며,

【注】 憂不爲容也라

근심 때문에 모양을 내지 않는 것이다.

言不惰하며

올바르지 않은 말을 하지 않으며,

【注】 憂不在私好라 惰는 不正之言[1)]이라

1) 惰 不正之言：惠棟校宋本・宋監本・衛氏集說・考文引古本・足利本・經典釋文에는 모두 이 5자가 없다.(阮元의 校勘記 참조)

근심 때문에 사적으로 말을 꾸미는 것을 살피지 않는 것이다. '惰'는 올바르지 않은 말이다.

琴瑟[1)]을 不御하며

1) 琴瑟 : 모두 현악기 이름으로, 옛사람은 이 소리를 雅樂의 正聲으로 삼았다. 琴은 7弦, 瑟은 25현이다.

琴瑟을 연주하지 않으며,

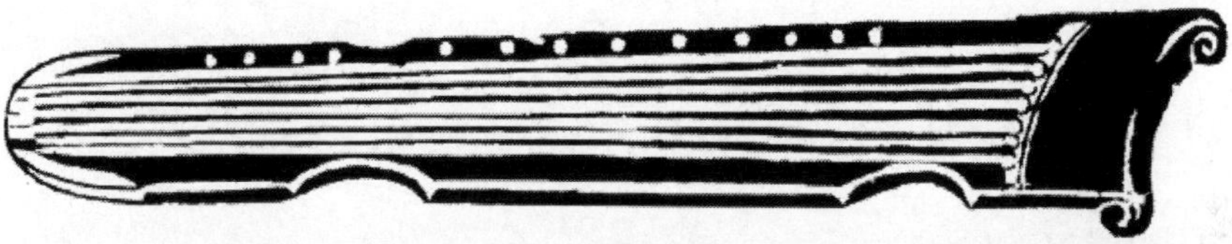

琴

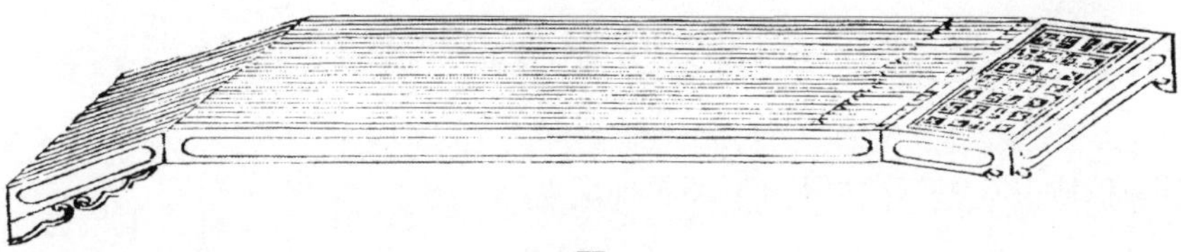

瑟

【注】 憂不在樂이라

근심 때문에 즐거움을 살피지 않는 것이다.

食肉을 不至變味하며 飮酒를 不至變貌하며

고기 먹는 것을 입맛이 변하도록 많이 먹지 않으며, 술 마시는 것을 안색이 변하도록 많이 마시지 않으며,

【注】 憂不在味라

근심 때문에 맛을 살피지 않는 것이다.

笑不至矧(신)하며 怒不至詈(리)니

웃더라도 잇몸이 보이도록 크게 웃지 않으며, 노하더라도 꾸짖음에 이르도록 크게 노하지 않으니,

【注】憂在心하여 難變也라 齒本曰矧이니 大笑則見(현)이라

근심이 마음에 있어 변하기 어렵기 때문이다. 이뿌리를 '矧'이라 하니, 크게 웃으면 보인다.

疾止커시든 復故니라

부모의 병환이 다 나으면 평상시 하던 대로 돌아온다.

【注】自若常也라

평상시 하던 대로 하는 것이다.

有憂者는 側席而坐하고

근심이 있는 자는 홀로 돗자리를 펴서 앉고,

【注】側은 猶特也라 憂不在接人하여 不布他面席이라

'側'은 〈'홀로'의 뜻인〉 '特'과 같다. 근심 때문에 다른 사람을 접하는 것을 살피지 않아서 다른 사람을 마주하는 돗자리를 펴지 않는 것이다.

有喪者는 專席而坐니라

喪이 있는 자는 돗자리를 〈중첩하지 않고〉 하나만 펴고 앉는다.

【注】降居處也니 專은 猶單也라

거처하는 예를 줄인 것이니, '專'은 〈'단독'의 뜻인〉 '單'과 같다.

【疏】'父母'至'而坐'. ○ 正義曰：此已下明親疾人子之禮, 及除喪後之儀, 各隨文解之.
○ "言不惰"者, 惰, 訛, 不正之言.

經의 〔父母〕에서 〔而坐〕까지

○ 正義曰 : 이 이하는 부모가 병들었을 때 자식 된 자의 禮와 가벼운 상복으로 바꾸어 입은 뒤의 의절을 밝힌 것이니, 각각 글을 따라 풀이하겠다.

○ 〔言不惰〕 '惰'는 '그릇되다'의 뜻이니, 올바르지 않은 말이다.

【疏】 ○ 注'憂不在私好'者. ○ 正義曰 : 好謂華好, 言語戲劇, 華飾文辭, 故云"不在私好".

○ 注의 〔憂不在私好〕

○ 正義曰 : '好'는 화려하고 아름답다는 말이니, 언어가 유희적이어서 문사를 화려하게 꾸미는 것이다. 그러므로 '不在私好'라 한 것이다.

【疏】 ○ '食肉不至變味'. ○ 正義曰 : 猶許食肉, 但不許多耳. "變味"者, 少食則味不變, 多食則口味變也. ○"有憂者側席而坐"者, 憂亦謂親有(病)〔疾〕[1)]也. 側猶獨也. 獨席謂獨坐, 不舒他面席也. 明憂不在接人故也, 平常則舒他面席也.

1) (病)〔疾〕 : 저본에는 '病'으로 되어 있으나, 惠棟校宋本・衛氏集說에 의거하여 '疾'로 바로잡았다.(阮元의 校勘記 참조)

○ 經의 〔食肉不至變味〕

○ 正義曰 : 여전히 고기 먹는 것을 허용하나 다만 많이 먹는 것을 허용하지 않을 뿐이다. '變味'는, 적게 먹으면 입맛이 변하지 않지만 많이 먹으면 입맛이 변하는 것이다.

○ 〔有憂者側席而坐〕 '憂'도 부모에게 병환이 있다는 말이다. '側'은 〈'홀로'의 뜻인〉 '獨'과 같다. '獨席'은 홀로 앉아서 다른 사람을 마주하는 돗자리를 펴지 않는 것을 이른다. 근심으로 다른 사람을 접하는 것을 살피지 못하기 때문임을 밝힌 것이니, 평상시라면 다른 사람을 마주하는 돗자리를 편다.

【疏】 ○ 注'側猶特也'. ○ 正義曰 : 案聘禮云, 公禮賓, "公側受醴", 是側猶特也.

○ 注의 〔側猶特也〕

○ 正義曰 : 살펴보면 ≪儀禮≫ 〈聘禮〉에 이르기를, 公이 賓에게 醴禮를 베풀 때 "공이 〈擯을 통하지 않고〉 側으로 醴酒를 받는다."라고 하였으니, 이것은 '側'이 '特'과 같은 것이다.

【疏】 ○ '有喪者專席而坐'. ○ 正義曰 : 專猶單也. 吉時貴賤有重席之禮[1)], 若父母始喪, 寢苫無席, 卒哭後, 乃有芐翦(변전)不納, 自齊衰(자최)以下, 始喪而有席, 竝不重, 降居處也.

1) 吉時貴賤有重席之禮 : ≪예기≫ 〈禮器〉에 "〈祫祭를 지낼 때〉 천자의 돗자리는 5중이고, 제후의 돗자리는 3중이고, 대부의 돗자리는 2중이다.〔天子之席五重 諸侯之席三重 大夫再重〕"라는 내용이 보인다.

○ 經의 〔有喪者專席而坐〕

○ 正義曰 : '專'은 '單'과 같다. 길할 때는 貴賤에 따라 돗자리를 겹쳐 까는 예가 있으나, 만약 부모의 초상을 당하면 거적에서 잠을 자며 돗자리가 없다가 卒哭 후에야 부들 돗자리를 가지런히 자르기만 하고 끝을 접어서 넣지 않는다. 齊衰 이하의 초상에는 돗자리가 있으나 모두 겹쳐 깔지는 않으니, 이는 거처하는 예를 낮춘 것이다.

01-28-01 水潦降이어든 不獻魚鼈(별)이니라

큰비가 내리면 물고기와 자라를 〈얻기 어려우므로〉 바치지 않는다.

【注】 不饒多也라

넉넉하게 많지 않기 때문이다.

獻鳥者는 佛[1]其首니

1) 佛 : 陸德明의 音義에는 '拂'로 되어 있고, '佛'을 一本으로 소개하고 있다. 考文引古本에도 '拂'로 되어 있다.(阮元의 校勘記 참조)

새를 바치는 자는 〈부리로 쪼아 사람을 다치게 할 염려가 있으므로〉 새의 머리를 비틀어 〈작은 대바구니로 덮어서〉 바치니,

【注】 爲其喙害人也라 佛은 戾也라 蓋爲小竹籠以冒之라

부리로 사람을 해치기 때문이다. '佛'은 '비틀다'의 뜻이다. 아마도 작은 대바구니를 만들어 덮어씌우는 듯하다.

畜(휵)鳥者는 則勿佛也니라

새를 기른 경우에는 〈새의 머리를〉 비틀지 않는다.

【注】 畜은 養也니 養則馴이라

'畜'은 '기르다'의 뜻이니, 기르면 길이 들기 때문이다.

獻車馬者는 **執策**[1]**綏**(수)하고 **獻甲者**는 **執胄**하고 **獻杖者**는 **執末**하고 **獻民虜者**는 **操右袂**하고 **獻粟者**는 **執右契**하고 **獻米者**는 **操量鼓**하고 **獻孰食者**는 **操醬齊**[2]하고 **獻田宅者**는 **操書致**니라

1) 策 : ≪經典釋文≫ 〈禮記音義〉 표제어와 考文引古本에는 '筴(책)'으로 되어 있다.
2) 醬齊 : '齊'는 '齏(제)'로 쓰기도 한다.(陸德明의 音義 참조) '齊'는 '음식의 맛을 입에 맞게 조리하다'의 뜻으로, ≪주례≫ 〈天官 食醫〉에 "무릇 밥은 조리를 봄철에 비견되도록 따뜻하게 하고, 국은 조리를 여름철에 비견되도록 뜨겁게 하고, 醬은 조리를 가을철에 비견되도록 시원하게 하고, 음료는 조리를 겨울철에 비견되도록 차갑게 한다.〔凡食齊眡春時 羹齊眡夏時 醬齊眡秋時 飮齊眡冬時〕"라는 내용이 보인다.

수레와 말을 바치는 자는 채찍과 〈수레에 오를 때 잡는〉 끈을 잡고 고하며, 갑옷을 바치는 자는 투구를 잡고 고하며, 지팡이를 바치는 자는 〈땅에 닿는 쪽인〉 지팡이의 끝쪽을 〈자신에게 향하도록〉 잡고서 고하며, 〈정벌로 얻은〉 포로를 바치는 자는 〈포로가 다른 마음을 먹을까 염려되므로〉 포로의 오른쪽 소매를 잡고 고하며, 〈오랫동안 저장할 수 있는〉 粟을 바치는 자는 오른쪽 계약서를 잡고 고하며, 〈곧바로 먹을 수 있는〉 米를 바치는 자는 量鼓를 잡고 고하며, 익힌 음식을 바치는 자는 醬을 잡고 고하며, 전답이나 집을 바치는 자는 〈丈尺을〉 자세히 쓰거나 그린 판을 잡고 고한다.

【注】 **凡操執者**는 **謂手所擧以告者也**라 **設其大者**하고 **擧其小者**는 **便也**라 **甲**은 **鎧**(개)**也**요 **胄**는 **兜鍪**(두무)**也**라 **民虜**는 **軍所獲也**니 **操其右袂制之**라 **契**는 (劵)〔**券**〕[1]**要也**니 **右爲尊**이라 **量鼓**는 **量器名**이라

1) (劵)〔券〕: 저본에는 '劵(수고로울 권)'으로 되어 있으나, 監本·岳本에 의거하여 '券(문서 권)'으로 바로잡았다.(阮元의 校勘記 참조) '券'은 '絭'(권)으로 쓰기도 한다.(陸德明의 音義 참조) 공영달 소에서 정현의 주를 인용한 '劵要'의 '劵'도 동일하다.

무릇 操者나 執者는 손으로 이를 들고 고하는 자를 이른다. 그 큰 것을 진설하고 그 작은 것을 드는 것은 편의를 위한 것이다. '甲'은 갑옷이고, '胄'는 투구이다. '民虜'는 군대가 획득한 것이니, 그 오른쪽 소매를 잡아서 제어한다. '契'는 계약서이니, 오른쪽이 높다. '量鼓'는 量器의 이름이다.

凡遺人弓者는 **張弓**은 **尙筋**[1]하고 **弛**[2]**弓**은 **尙角**이니

1) 筋 : 활을 만드는 여섯 가지 재료, 즉 幹·角·筋·膠·絲·漆 중 하나이다. 단단한 뽕나무나 참나무 또는 대나무를 휘어서 만든 궁체〔幹〕에 소의 뿔〔角〕과 소의 힘줄〔筋〕을 붙이는데, 張弓 기준으로 궁체 안쪽에는 소의 뿔을 붙이고 바깥쪽에는 소의 힘줄을 아교〔膠〕로 붙인다. 蠶絲〔絲〕는 궁현에 사용하며, 漆은 방습을 위해 사용한다.

2) 弛 : 一本에는 '施(이)'로 되어 있으며, 뜻은 같다.(陸德明의 音義 참조)

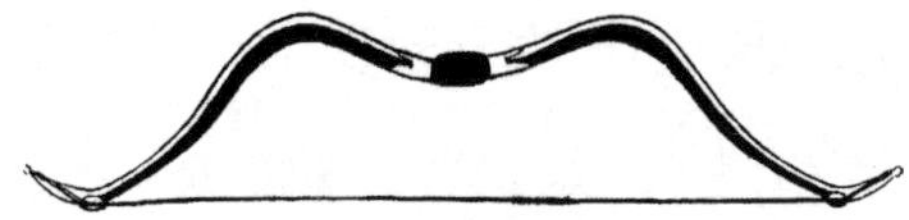

얹은활〔張弓〕

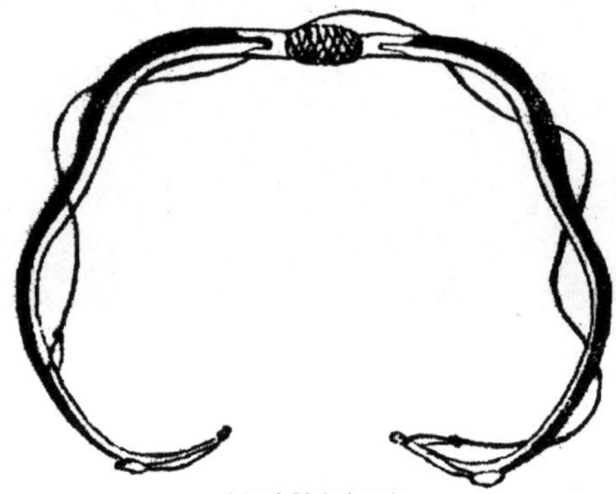

부린활〔弛弓〕

무릇 〈지위가 대등한〉 다른 사람에게 활을 주는 자는, 얹은활은 힘줄이 위로 가도록 하고, 부린활은 뿔이 위로 가도록 하니,

【注】 **弓有往來體**[1]하니 **皆欲令其下曲**하여 **隤**(퇴)[2]**然順也**라 **遺人無時**니 **已定體**[3]**則張之**하고 **未定體則弛之**라

1) 弓有往來體 : 往體는 弓體가 밖으로 휜 것을 이르고, 來體는 궁체가 안으로 향한 것을 이른다. ≪周禮≫ 〈夏官 司弓矢〉 정현의 주에 "往體가 적고 來體가 많은 활은 王弓·弧弓이고, 왕체가 많고 내체가 적은 활은 夾弓·庾弓이고, 왕체와 내체가 똑같은 것은 唐弓·大弓이다.〔往體寡 來體多 曰王弧 往體多 來體寡 曰夾庾 往體來體若一 曰唐大〕"라고 하였다.

2) 隤(퇴) : 一本에는 '頹'로 되어 있으며, '순한 모습〔順貌〕'이다.(陸德明의 音義 참조)

3) 定體 : 往體와 來體를 고정하는 것을 이른

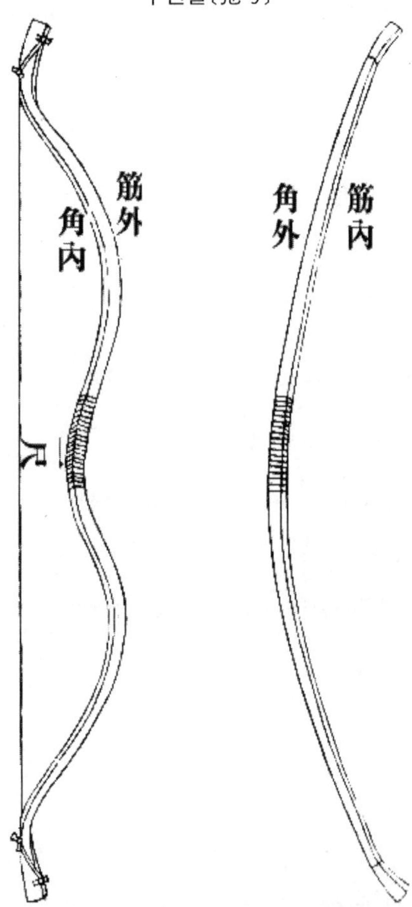

來體 往體

다. ≪주례≫ 〈考工記 弓人〉에 "무릇 활을 만드는 것은 다음과 같다. 겨울에는 나무를 쪼개고 봄에는 뿔을 물에 담그며 여름에는 힘줄을 다스리고 가을에는 세 가지 재료를 합쳐서 겨울에는 궁체를 고정한다.〔凡爲弓 冬析幹而春液角 夏治筋 秋合三材 寒奠體〕"라고 하였는데, 정현의 주에 "奠은 定으로 읽는다. 겨울에 되면 아교가 굳으므로 도지개 안에 넣어 왕체와 내체를 고정한다.〔奠讀爲定 至冬膠堅 內之檠中 定往來體〕"라고 하였다.

활은 往體와 來體가 있으니 모두 아래로 구부러지게 하여 퇴연히 순히 하고자 한다. 다른 사람에게 주는 것이 정해진 때가 없으니, 이미 弓體가 고정되었으면 활시위를 메우고 궁체가 아직 고정되지 않았으면 활시위를 벗긴다.

右手로 執簫하고 左手로 承弣(부)하여

오른손으로 〈활의 끝부분인〉 활고자를 잡고 왼손으로 〈활의 한가운데 손으로 잡는 부분인〉 줌통을 받들어서 주되

【注】簫는 弭頭也라 謂之簫는 簫는 邪也라 弣는 把中이라

'簫'는 활의 끝부분이다. '簫'라고 한 것은, 簫는 비스듬하다는 뜻이다. '弣'는 활 중앙의 잡는 부분이다.

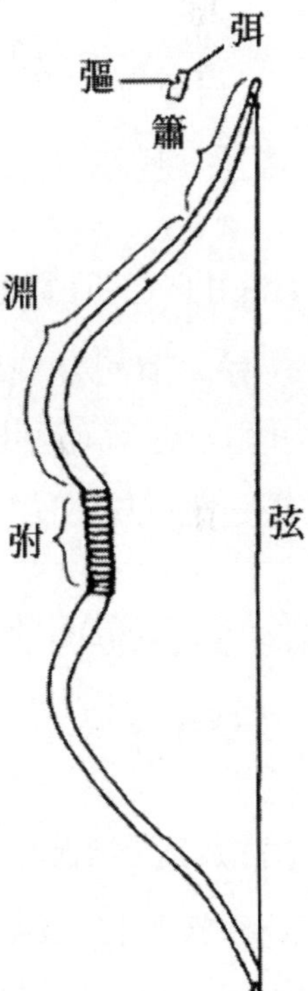

弓의 각 부위 명칭도

尊卑垂帨니

지위가 높든 낮든 〈양쪽 모두 허리를 굽혀서〉 차고 있는 수건이 아래로 드리워지게 한다.

【注】帨는 佩巾也라 磬折則佩垂하니 授受之儀는 尊卑一이라

'帨'는 패용하는 수건이다. 경쇠처럼 구부리면 패용한 것이 아래로 드리워지니, 주고받는 예의는 지위가 높은 자와 낮은 자가 똑같다.

若主人이 拜어든

만약 주인이 절을 하면

【注】拜受也라

절을 하고 받는 것이다.

則客이 還辟辟(선벽피)拜하며

손님은 〈활을 잡고 있으므로 答拜하지 못하고〉 조금 물러나 주인의 절을 피한다.

【注】辟拜는 謙不敢當이라

'辟拜'는 겸양하여 감히 절을 받지 못하는 것이다.

主人이 自受호되 由客之左하여 接下承弣하여

〈손님에게 절을 마치고 나면〉 주인이 직접 받되 손님의 왼쪽에서 손을 손님의 손보다 아래로 가도록 하여 줌통을 받들어서

【注】由는 從也니 從客之左는 右客하여 尊之라 接下는 接客手下也라 承弣却手면 則簫覆手與인저

'由'는 '從'이니, '從客之左'는 손님을 오른쪽에 오게 하여 높이는 것이다. '接下'는 손님의 왼손 아래에서 받는 것이다. 줌통을 받들 때 왼손을 뒤집어서 받들면 활의 끝부분은 오른손을 덮어 잡을 것이다.

鄕이 與客竝이니 然後受니라

방향이 손님과 나란히 되도록 한 뒤에 받는다.

【注】於堂上則俱南面이니 禮에 敵者竝授라

堂 위에서는 모두 남향하니, 禮에 따르면 지위가 대등한 경우에는 나란히 같은 방향을 보고서 주고받는다.

進劍者는 左首하고

〈지위가 대등한 다른 사람에게〉 검을 올리는 자는 〈검의 자루에 달린〉 고리가 왼쪽으로 가도록 하고,

【注】左首는 尊也라

'左首'는 상대방을 높이는 것이다.

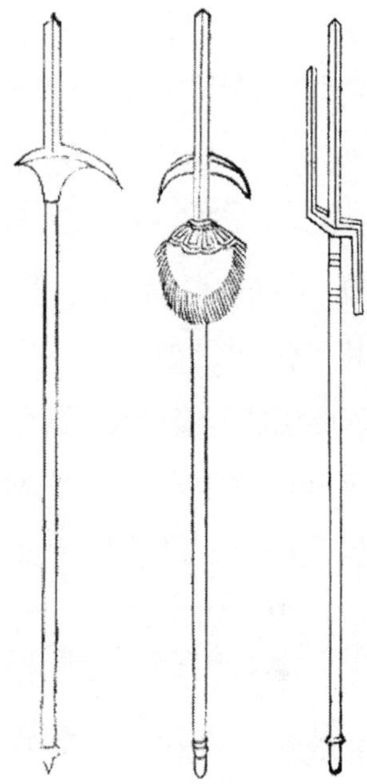

進戈者는 前其鐏(준)[1]하고 後其刃하고 進矛戟[2]者는 前其鐓(대)[3]하니라

1) 鐏(준) : 戈의 자루 끝을 싼 원추형의 쇠붙이로, 땅속에 꽂아 넣을 수 있다.
2) 戟 : 矛와 戈를 합친 '十'자 모양이다.
3) 鐓(대) : 矛와 戟의 자루 끝을 싼 평평한 쇠붙이이다. 一本에는 '錞(대)'로 되어 있다.(陸德明의 音義 참조)

戈를 올리는 자는 창고달이 앞으로 가고 칼날이 뒤로 가도록 하고, 矛와 戟을 올리는 자는 창고달이 앞으로 가도록 한다.

【注】後刃은 敬也니 三兵鐏鐓雖在下나 猶爲首라 銳底曰鐏이니 取其鐏地요 平底曰鐓니 取其鐓地[1]라

1) 銳底曰鐏……取其鐓地 : 段玉裁의 ≪說文解字注≫에 "살펴보면 '鐏地'는 땅에 들어갈 수 있고, '鐓地'는 땅에 댈 뿐이다.〔按鐏地 可入地 鐓地 箸地而已〕"라는 내용이 보인다.

칼날이 뒤로 가도록 하는 것은 공경하는 것이니, 세 병기의 창고달은 비록 아래에 있어도 오히려 머리를 삼는다. 밑이 뾰족한 창고달을 '鐏'이라 하니 鐏이 땅에 들어가는 뜻을 취한 것이고, 밑이 평평한 창고달을 '鐓'라 하니 땅에 대는 뜻을 취한 것이다.

【疏】'水潦'至'其鐓'. ○ 正義曰 : 此一節明獻遺人物及授受之儀, 今各隨文解之. ○ "水潦降, 不獻魚鼈"者, 案定四年左傳云 "水潦方降." 今謂"水潦降"者, 天降下水潦, 魚鼈難得, 故注云"不饒多也". 盧植·庾蔚之等竝以爲然. 或解鄭云"不饒多"者, 以爲水潦降下, 魚鼈豐足, 不饒益其多. ○ "獻鳥者佛其首"者, 王云 "佛謂取首戾轉之, 恐其喙(훼)害人也." 鄭云 "佛, 戾也. 蓋爲小竹籠以冒之." 案王鄭義同, 而加籠籠之, 爲其喙害人也. ○ "畜鳥者則勿佛也"者, 畜, 養也, 養則馴也. 馴, 善也. 鳥經人養, 則不喙害人, 故獻之不用籠冒及戾之. ○ "獻車馬者執策綏"者, 策是馬杖, 綏是上車之繩. 車馬不上於堂, 不可投進

尊者之前, 但執策·綏, 〔策·綏〕[1]易(이)呈, 呈之則知有車馬. ○"獻甲者執冑"者, 甲, 鎧也. 謂鎧爲甲者, 言如龜鼈之有甲也. 冑, 兜鍪也. 鎧大, 兜鍪小, 小者易擧, 執以呈之耳. ○"獻杖者執末"者, 末, 柱[2]地頭也. 柱地不淨, 不可嚮人, 故執以自嚮, 持淨頭投[3]與人. ○"獻民虜者操右袂"者, "民虜"謂征伐所獲彼民以爲外虜, 故云"民虜"也. "右袂"者, 右邊袖也. 獻之, 以[4]左手操于囚之右邊袂, (右邊袂)[5]右邊有力, 故此用右手以防其異心. 凡言執·操, 互言耳. ○"獻粟者執右契"者, 粟, 粱·稻之屬也. 契謂兩書一札, 同而別之. 鄭注此云"契, (劵)〔券〕要也, 右爲尊." 以先書爲尊故也. ○"獻米者操量鼓"者, 米, 六米[6]之等, 量是知斗斛(곡)之數, 鼓是量器名也. 隱義云"東海樂浪人呼容十二斛[7]者爲鼓, 以量米, 故云量鼓. 獻米者執器以呈之." 米云"量", 則粟亦量. 粟云"契", 則米亦書. 但米可卽食, 爲急, 故言量. 粟可久儲, 爲緩, 故云書. 書比量爲緩也. ○"獻孰食者操醬齊"者, 孰食, 葱渫(총예)之屬. 醬齊爲食之主, 執主來, 則食可知. 若見芥醬, 必知獻魚膾之屬也. ○"獻田宅者操書致"者, "書致"謂圖書於板, 丈尺委曲書之, 而致之於尊者也. 以上諸物可動, 故不云"致", 而田宅著(착)土, 故板圖書畫以致之, 故言"書", 又言"致"也. 然古者田宅悉爲官所賦, 本不屬民, 今得此田宅獻者, 是或有重勳, 爲君王所賜, 可爲己有, 故得有獻. 〔○〕[8]"凡遺人弓"者, 此謂敵體, 故稱遺者也. 〔○〕"張弓尙筋"者, 弓之爲體, 以木爲身, 以角爲面, 筋在外, 面張之時曲來嚮內, 故遺人之時, 使筋在上, 弓身曲嚮其下, 其弛弓之時, 反張嚮外, 筋在曲內, 角在曲外. 今遺人之時, 角嚮其上, 弓形亦[9]曲嚮下, 故鄭注"皆欲令其下曲, 隤然順也."

1) 〔策綏〕 : 저본에는 '策綏'가 없으나, 惠棟校宋本에 의거하여 보충하였다.(阮元의 校勘記 참조)

2) 柱 : 閩本·監本·毛本에는 '拄'로 되어 있다.(阮元의 校勘記 참조)

3) 投 : 監本·毛本에는 '授'로 되어 있다.(阮元의 校勘記 참조)

4) 以 : 惠棟校宋本에는 이 앞에 '而'가 있다.(阮元의 校勘記 참조)

5) (右邊袂) : 저본에는 '右邊袂'가 있으나, 惠棟校宋本에 의거하여 衍文으로 처리하였다.(阮元의 校勘記 참조)

6) 六米 : 여섯 가지 양식 작물로, '米'는 껍질을 제거한 알곡을 이른다. ≪周禮≫ 〈地官 舍人〉 賈公彦의 소에 "六米는 아홉 가지 곡식 중 찰기장·메기장·벼·조·줄·콩을 이르니, 이 여섯 가지는 모두 껍질을 제거한 알곡이 있고, 삼·팥·밀 이 세 가지는 껍질을 제거한 알곡이 없다. 그러므로 정현의 주에서 九穀六米라 한 것이다.〔六米者 九穀之中黍稷稻粱瓜大豆 六者皆有米 麻與小豆小麥三者無米 故云九穀六米〕"라고 하였다.

7) 斛 : 陸德明의 音義에는 '石'으로 되어 있다. '斛'과 '石'은 모두 10斗이다.
8) 〔○〕 : 저본에는 부호 '○'가 없으나, 본서의 체제에 의거하여 보충하였다. 아래도 같다.
9) 亦 : 惠棟校宋本에는 '示'로 되어 있다.(阮元의 校勘記 참조)

經의 〔水潦〕에서 〔其鐓〕까지

○ 正義曰 : 이 절은 다른 사람에게 물건을 바치거나 주는 예의 및 주고받는 예의를 밝힌 것이니, 이제 각각 글을 따라 풀이하겠다.

○ 〔水潦降 不獻魚鼈〕 살펴보면 ≪春秋左氏傳≫ 定公 4년 조에 이르기를 "큰비가 바야흐로 내리는 시기이다."라고 하였다. 지금 '水潦降'이라 한 것은, 하늘이 큰비를 내려 물고기와 자라를 얻기 어려우므로 정현의 주에 '不饒多也'라 한 것이니, 盧植과 庾蔚之 등은 모두 이를 옳게 여겼다. 어떤 사람은 정현이 '不饒多'라고 한 것을 해석하기를, 큰비가 내려서 물고기와 자라가 풍족하니 그 많음에 넉넉하게 보태지 않는 것이라고 하였다.

○ 〔獻鳥者佛其首〕 王肅은 말하기를 "佛은 그 새의 머리를 취하여 비틀어서 돌려놓는 것을 이르니, 부리로 사람을 해칠까 걱정해서이다."라고 하였고, 정현은 말하기를 '佛 戾也 蓋爲小竹籠以冒之'라고 하였다. 살펴보면 왕숙과 정현의 뜻은 동일하거니와, 바구니를 덮어 가두는 것은 그 부리로 사람을 해치기 때문이다.

○ 〔畜鳥者則勿佛也〕 '畜'은 '기르다'의 뜻이니, 기르면 馴하게 된다. '馴'은 '착하다'의 뜻이다. 새는 사람이 기르는 과정을 거치면 부리로 사람을 해치지 않으므로 바칠 때 바구니로 덮어씌우거나 머리를 비틀어 돌릴 필요가 없는 것이다.

○ 〔獻車馬者執策綏〕 '策'은 말채찍이고, '綏'는 수레에 오를 때 잡는 끈이다. 수레와 말은 堂에 올리지 않으니, 尊者 앞에 올릴 수 없고 다만 策과 綏를 잡을 뿐이다. 策과 綏는 바치기 쉬우니, 〈策과 綏를〉 바치면 수레와 말이 있음을 알 수 있다.

○ 〔獻甲者執冑〕 '甲'은 갑옷이다. 갑옷을 '甲'이라 한 것은, 거북이나 자라에 등딱지가 있는 것과 같다는 말이다. '冑'는 투구이다. 갑옷은 크고 투구는 작으니, 작은 것은 들기 쉬우므로 투구를 잡아서 바치는 것뿐이다.

○ 〔獻杖者執末〕 '末'은 땅에 받치는 부분이다. 땅에 받쳐서 깨끗하지 않으니 다른 사람에게 향하게 해서는 안 된다. 그러므로 이 부분을 잡아 자신을 향하게 하고, 깨끗한 부분을 가지고 다른 사람에게 주는 것이다.

○ 〔獻民虜者操右袂〕 '民虜'는 정벌로 획득한 저쪽 백성을 외부의 포로로 삼은 것을 이른다. 그러므로 '民虜'라고 한 것이다. '右袂'는 오른쪽 소매이다. 죄수를 바칠 때 왼

손으로 죄수의 오른쪽 소매를 잡는데, 오른쪽은 힘이 있으므로 이렇게 오른손을 제어함으로써 그가 다른 마음 품을 것을 방비하는 것이다. 무릇 '執'과 '操'를 말한 것은 互文으로 말한 것뿐이다.

○〔獻粟者執右契〕'粟'은 粱·稻의 등속이다. '契'는 하나의 패에 두 번 써서 똑같이 나눈 것을 이른다. 이에 대한 정현의 주에 '契 券要也 右爲尊'이라 하였으니, 먼저 쓴 것을 높게 여기기 때문이다.

○〔獻米者操量鼓〕'米'는 〈찰기장·메기장·벼·조·줄·콩의〉 여섯 가지 양식 작물 등을 이른다. '量'은 斗斛의 수를 아는 것이고, '鼓'는 量器의 이름이다. ≪隱義≫에 이르기를 "동해의 樂浪 사람은 12斛이 들어가는 것을 鼓라 불렀는데, 이것으로 米를 가늠하였으므로 '量鼓'라 하였다. 米를 바치는 자는 기물을 잡고 바친다."라고 하였다. 米에 '量'을 말하였으니 〈조·벼의 등속인〉 粟도 가늠하는〔量〕 것이며, 粟에 '契'를 말하였으니 米도 계약서에 쓰는〔書〕 것이다. 다만 米는 곧바로 먹을 수 있어서 촉박하므로 '量'을 말한 것이고, 粟은 오랫동안 저장할 수 있어서 여유가 있으므로 '書'를 말한 것이다. 書는 量에 비해 여유가 있다.

○〔獻孰食者操醬齊〕'孰食'은 찐 파의 등속이다. '醬齊'는 음식의 주가 되므로 주가 되는 것을 잡으면 음식임을 알 수 있다. 예컨대 겨자장을 본다면 반드시 생선회의 등속을 바친다는 것을 알 수 있다.

○〔獻田宅者操書致〕'書致'는 판에 그리거나 쓰되 丈尺을 상세하게 써서 尊者에게 바치는 것을 이른다. 이상의 여러 물건은 움직일 수 있으므로 '致'라 말하지 않은 것이고, 전답이나 집은 땅에 붙어 있어서 판에 그리거나 써서 바치므로 '書'라 말하고 또 '致'라 말한 것이다. 그러나 옛날에 전답과 집은 모두 官에서 주는 것이어서 본래 백성에게 속하지 않았으니, 지금 이렇게 전답과 집을 바칠 수 있는 것은 아마도 큰 공훈이 있어 군왕에게 하사받아 자기 소유가 될 수 있었으므로 바칠 수 있었던 듯하다.

○〔凡遺人弓〕이것은 대등한 신분을 이른 것이므로 '遺'를 칭한 것이다.

○〔張弓尙筋〕弓體는 나무를 몸으로 삼고 뿔을 얼굴로 삼으며 힘줄이 밖에 있어서 얼굴이 시위를 매겼을 때 구부러져 안쪽을 향하게 된다. 그러므로 〈시위를 매긴 활을〉 다른 사람에게 줄 때는 힘줄이 위에 있게 하고 활의 몸은 구부러져 아래를 향하게 한다. 시위를 풀어놓았을 때는 활의 몸이 반대로 바깥쪽을 향하고 있어서 힘줄은 구부러진 안쪽에 있고 뿔은 구부러진 바깥쪽에 있게 된다. 지금 〈시위를 풀어놓은 활을〉

다른 사람에게 줄 때 뿔은 위를 향하고 활의 모습 또한 구부러져 아래를 향하므로 정현의 주에 '皆欲令其下曲 隤然順也'라고 한 것이다.

【疏】○ 注'遺人'至'弛之'. ○ 正義曰：案槀人云 "春獻素, 秋獻成." 注云 "矢箙(복)春作秋成." 矢箙既獻素, 明知弓亦獻素. 素, 形朴也. 故士喪禮注云 "形法定爲素." 又弓人云 "秋合三材, 冬定體." 則合三材之時, 可以獻人, 故此注云"未定體則弛之"是也.

○ 注의 〔遺人〕에서 〔弛之〕까지

○ 正義曰：살펴보면 ≪周禮≫ 〈夏官 槀人〉에 이르기를 "봄에는 아직 칠을 하지 않은 전동을 바치고, 가을에는 완성된 전동을 바친다."라고 하였는데, 정현의 주에 이르기를 "화살집은 봄에 만들어 가을에 완성한다."라고 하였다. 화살집을 칠이 아직 안 된 것을 이미 바쳤다면 활 역시 칠이 안 된 것을 바침을 알 수 있다. '素'는 형태가 질박한 것이다. 그러므로 ≪儀禮≫ 〈士喪禮〉 정현의 주에 이르기를 "법에 정해진 대로 형태를 갖춘 것이 素이다."라고 하였다. 또 ≪주례≫ 〈考工記 弓人〉에 이르기를 "가을에는 〈나무·뿔·힘줄〉 세 가지 재료를 합쳐서 겨울에는 弓體를 고정한다."라고 하였다. 그렇다면 세 가지 재료를 합쳤을 때 다른 사람에게 바칠 수 있으므로 여기 정현의 주에 '未定體則弛之'라고 한 것이 이것이다.

【疏】○ "右手執簫"者, 簫, 弓頭, 頭稍剡, 差邪似簫, 故謂爲簫也. 謂弓頭爲鞘(초), 鞘·簫之言, 亦相似也. 然執簫謂捉下頭, 客覆右手執弓下頭也. ○ "左手承弣"者, 弣謂弓把也. 授在地, 地道貴右, 主人推客居右, 客覆右手執弓下頭, 又却下左手以承弓把, 把當中央而高, 兩頭頹下以授主人, 主人在左. 所以知是執於弓下頭者, 下頭拄地不淨, 不可與人, 故自執之, 而以上頭授人, 所以爲敬也. ○ "尊卑垂帨"者, "尊卑"謂賓主俱是大夫則爲尊, 若俱是士則爲卑. 帨, 佩巾也. ○ "若主人拜"者, 主人將受, 應當賓前而拜受所遺也. ○ "則客還辟辟拜"者, "還辟"猶逡巡也. 客謙不欲當主人之拜已, 故少逡巡遷延辟之也. 不云客答拜者, 執弓不得拜也. 何(胤)〔胤〕[1]云 "執弓者廻還, 見主人拜而辟之也." ○ "主人自受, 由客之左"者, 由, 從也. 主人既敵, 故自受也. 拜客既竟, 從客左而受之. ○ "接下承弣"者, 主人既還在客左, 與客竝, 以却左手, 接客左手之下而承弣, 又覆右手捉弓下頭.

1) (胤)〔胤〕：저본에는 '胤'으로 되어 있으나, 淸 世宗의 성명 愛新覺羅胤禛의 '胤'을 避諱

한 것이므로, 원글자인 '胤'으로 돌려놓았다.

○ [右手執簫] '簫'는 활의 끝부분인 활고자이다. 끝을 조금 깎아서 약간 비스듬한 것이 퉁소[簫]와 같으므로 '簫'라고 한 것이다. 활의 끝부분을 '鞘'라 이르는데, 鞘와 簫는 또한 비슷한 뜻이다. 그러나 '執簫'는 아랫부분을 잡는 것을 이르니, 손님이 오른손을 덮어 활의 아랫부분을 잡는 것이다.

○ [左手承弣] '弣'는 활의 한가운데 손으로 쥐는 부분인 줌통을 이른다. 활을 땅에서 주는데 땅의 道는 오른쪽을 귀하게 여기니 주인이 손님에게 양보하여 오른쪽에 있도록 한다. 손님은 오른손을 덮어 활의 아랫부분을 잡고 또 왼손을 뒤집어 줌통을 받들어서 줌통이 한가운데 높이 오도록 하고 양 끝의 활고자는 아래로 내려오게 하여 주인에게 주니, 주인은 손님의 왼쪽에 있다. 손님이 활의 아랫부분을 잡는 것을 아는 이유는, 아랫부분은 땅을 떠받쳐서 깨끗하지 않아 다른 사람에게 줄 수 없으므로 자신이 이 부분을 잡고 윗부분을 다른 사람에게 주는 것이니, 공경하기 위한 것이다.

○ [尊卑垂帨] '尊卑'는 賓과 주인이 모두 대부라면 尊이 되고, 만약 모두 士라면 卑가 된다. '帨'는 차는 수건이다.

○ [若主人拜] 주인은 받으려고 할 때 賓 앞으로 가서 절하고 주는 것을 받아야 한다.

○ [則客還辟辟拜] '還辟'은 〈'물러나 피하다'의 뜻인〉 '逡巡'과 같다. 손님은 겸양하여 주인이 자기에게 절하는 것을 감당하지 않고자 하므로 조금 물러나 피하는 것이다. 손님이 답배한다고 말하지 않은 것은, 활을 잡고 있어서 절을 할 수 없기 때문이다. 何胤이 말하기를 "활을 잡은 자가 조금 물러나 주인이 절하는 것을 보고 피하는 것이다."라고 하였다.

○ [主人自受 由客之左] '由'는 '從'의 뜻이다. 주인은 손님이 이미 자기와 대등하므로 자신이 받는 것이다. 손님에게 절하는 것을 이미 마쳤으면 손님의 왼쪽에서 받는다.

○ [接下承弣] 주인은 이미 손님의 왼쪽으로 돌아와 손님과 나란히 섰으면, 왼손을 뒤집어 손님의 왼손 아래에서 받되 활의 줌통을 받으며 또 오른손을 덮어 활의 아랫부분을 잡는다.

【疏】 ○ 注'由從'至'(下)[手與]'[1]. ○ 正義曰：客在右, 故云"右客"也. 是尊客, 故使客在右也. 云"接下, 接客手下也"者, 客却(○)[2]左手承弣, 今主人却左手, 接客左手之下而取弓. 必知其客主俱却左手承弣, 右手覆簫者, 若主人用右手承弣, 便是主人倒執弓, 故知然也. 云"承弣却手, 則簫覆手與"者, 簫謂弓下頭也. 客以弓上頭授與主人, 主人以左手却之, 接客手下[3], 故又覆右手按捉弓下頭也. 是客主授受皆却左手承弣, 覆右手執簫也.

1) (下)〔手與〕: 저본에는 '下'로 되어 있으나, 阮元의 校勘記에 의거하여 '手與'로 바로잡았다.
2) (○) : 저본에는 부호 '○'가 있으나, 阮元의 校勘記에 의거하여 衍文으로 처리하였다.
3) 手下 : 閩本·監本·毛本에는 '下手'로 되어 있다.(阮元의 校勘記 참조)

○ 注의 〔由從〕에서 〔手與〕까지

○ 正義曰 : 손님이 오른쪽에 있으므로 '右客'이라 한 것이다. 이는 손님을 높이는 것이므로 손님에게 오른쪽에 있도록 한 것이다.

〔接下 接客手下也〕 손님이 왼손을 뒤집어 줌통을 잡았는데 지금 주인이 왼손을 뒤집어 손님의 왼손 아래에서 받아서 활을 취하는 것이다. 손님과 주인이 모두 왼손을 뒤집어 줌통을 받고 오른손으로 활고자를 덮어 잡음을 반드시 아는 것은, 만약 주인이 오른손으로 줌통을 받는다면 바로 주인이 활을 거꾸로 잡게 되므로 그렇다는 것을 아는 것이다.

〔承弣却手 則簫覆手與〕 '簫'는 활의 아랫부분을 이른다. 손님이 활의 윗부분을 주인에게 건네주면 주인이 왼손을 뒤집어 손님의 손 아래에서 이를 받는다. 그러므로 또 오른손을 덮어 활의 아랫부분을 눌러서 잡는 것이다. 이것은 손님과 주인이 주고받을 때 모두 왼손을 뒤집어 줌통을 받고 오른손을 덮어 활고자를 잡는 것이다.

【疏】 ○"鄉與客竝, 然後受"者, 前漫云由左, 恐人或相對而左右也. 今明旣拜客竟, 則還前立處, 與客俱嚮南而立, 乃後受弓, 故云"鄉與客竝, 然後受"也.

○〔鄉與客竝 然後受〕 앞에서 별 설명 없이 '〈손님의〉 왼쪽에서 받는다'라고 말하여 사람들이 혹시라도 〈손님과 주인이〉 마주 본 상태에서의 왼쪽과 오른쪽이 아닌가 오해할까 해서이다. 지금 이미 손님에게 절하는 것을 마쳤다면 주인은 예전에 섰던 자리로 돌아와 손님과 모두 남향하여 선 뒤에야 활을 받음을 밝힌 것이다. 그러므로 '鄉與客竝 然後受'라 한 것이다.

【疏】 ○ 注'於堂'至'竝授'. ○ 正義曰 : "俱南面", 解"鄉與客竝"也. 言於堂上俱南面, 是嚮明故也. 若不於堂上, 則未必南面, 當隨時便而俱嚮明. 云"禮, 敵者竝授"者, 若不敵則不竝授, 此又證遺人是敵者也. 然敵者竝授, 案聘禮賓問主國之卿, 卿北面受幣, 聘賓南面授幣, 卿與聘賓是敵, 不竝授者, 以聘賓銜聘君之命問卿, 故卿北面受之, 敬聘君之命也.

○ 注의 〔於堂〕에서 〔竝授〕까지

○ 正義曰 : 〔俱南面〕 '鄕與客竝'을 풀이한 것이다. 堂 위에서는 모두 남향한다고 말한 것은 밝은 쪽을 향하기 때문이다. 만약 당 위에서가 아니라면 반드시 남향하는 것은 아니며, 그때그때 편리함을 따라 모두 밝은 쪽을 향하여야 한다.

〔禮 敵者竝授〕 만약 신분이 대등하지 않으면 나란히 서서 주고받지 않으니, 이것은 또 주는 사람이 받는 사람과 대등한 신분의 사람임을 증명한 것이다. 그러나 대등한 경우 나란히 주고받기는 하나, ≪의례≫ 〈聘禮〉를 살펴보면 賓이 주인 나라의 卿에게 문안의 예를 행할 때 경은 북향하여 폐백을 받고 聘問 간 賓은 남향하여 폐백을 준다. 경과 빙문 간 賓이 대등한 신분임에도 나란히 서서 주고받지 않는 것은, 빙문 간 賓은 본국 군주의 명을 띠고 가서 다른 나라의 경에게 문안하는 것이므로 경이 북향하여 받는 것이니, 빙문을 보낸 나라 군주의 명을 공경하는 것이다.

【疏】 ○ '進劍者左首'(者)[1]. 〔○〕[2] 正義曰 : 進亦謂遺也, 言進授與人時也. 首, 劍拊環也. 少儀曰 "澤劍首." 鄭云 "澤, 弄也." 推尋劍刃利, 不容可弄, 正是劍環也. 又云 "刀卻刃授穎." 鄭云 "穎, 鐶也." 案少儀而言, 首則鐶也, 不以刃授人, 敬也. 春秋魯定公十年, 叔孫之圉人欲殺公若, 僞不解禮而授劍末. 杜云 "以劍鋒末授之." 案解鋒爲末, 則鐶是首也. 然劍有匣, 又有衣也. 故少儀云 "劍則啓櫝, 蓋襲之, 加夫襓(요)" 是也. 鄭云 "左首, 尊"者, 客在右, 主人在左, (劍)〔左〕[3]首, 首爲尊, 以尊處與主人也. 假令對授, 則亦左首, 首尊, 左亦尊, 爲宜也.

1) (者) : 저본에는 '者'가 있으나, 惠棟校宋本에 의거하여 衍文으로 처리하였다.(阮元의 校勘記 참조)
2) 〔○〕 : 저본에는 부호 '○'가 없으나, 본서의 체제에 의거하여 보충하였다.
3) (劍)〔左〕 : 저본에는 '劍'으로 되어 있으나, '劍'은 의미가 통하지 않고 바로 다음 구절에 '亦左首'라고 하였으므로 이에 의거하여 '左'로 바로잡았다.

○ 經의 〔進劍者左首〕

○ 正義曰 : '進' 또한 주는 것을 이르니, 나아가 다른 사람에게 줄 때를 말한다. '首'

는 劍의 칼자루에 달린 고리이다. ≪禮記≫ 〈少儀〉에 이르기를 "劍首를 澤한다."라고 하였는데, 정현이 말하기를 "澤은 만지작거린다는 뜻이다."라고 하였다. 미루어 살펴보면 검은 칼날이 예리하여 만지작거릴 수 없으니 '首'는 바로 검의 고리인 것이다. 〈소의〉에 또 이르기를 "刀는 칼날이 뒤로 가도록 하여 穎을 준다."라고 하였는데, 정현이 말하기를 "穎은 鐶이다."라고 하였다. 〈소의〉에 근거하여 말한다면 '首'는 '鐶'이니, 칼날 쪽을 다른 사람에게 주지 않는 것은 공경하는 것이다. ≪春秋左氏傳≫ 定公 10년에 叔孫의 〈말을 관장하는〉 圉人이 公若을 죽이고자 禮를 모르는 것처럼 위장하여 劍末을 주었다. 杜預의 주에 이르기를 "검의 鋒末을 준 것이다."라고 하였다. 살펴보면 '鋒'을 '末'로 풀이한 것이니, 그렇다면 '鐶'은 '首'인 것이다. 그러나 검은 劍匣이 있고 또 劍衣가 있다. 그러므로 〈소의〉에 이르기를 "검을 바칠 경우에는 劍匣을 열어서 匣의 뚜껑을 뒤집어 匣의 밑에 끼우고 匣 안에 劍衣를 올려놓는다."라고 한 것이 이것이다. 정현이 '左首 尊'이라 한 것은, 손님은 오른쪽에 있고 주인은 왼쪽에 있으니 '左首'는 首가 높으므로 높은 부분을 주인에게 준 것이다. 가령 마주 보고 준다면 이때에도 左首하는데, 首가 높고 左 또한 높아서 마땅함을 행하는 것이다.

【疏】 ○ '進戈者前其鐏, 後其刃'. ○ 正義曰 : 戈, 鉤孑戟也, 如戟而橫安刃, 但頭不嚮上爲鉤也. 直刃長八寸, 橫刃長六寸, 刃下接柄處長四寸, 竝廣二寸, 用以鉤害人也. 刃當頭而利者也, 利故不持嚮人也. 鐏在尾而鈍, 鈍嚮人爲敬, 所以前鐏後刃也. ○ "進矛戟者前其鐓"者, 矛, 如鋋(연)而三廉也. 戟, 今之戟也. 古作戟, 兩邊皆安橫刃, 長六寸, 中刃長七寸半, 橫刃下接柄處又長四寸半, 竝廣寸半. 鐓爲矛戟柄尾, 平底如鐓. 柄, 下也. 以平嚮人, 敬也. 亦應竝授, 不云左右而云前後者, 互文也. 若相對則前後也, 若竝授則左右也.

○ 經의 〔進戈者前其鐏 後其刃〕

○ 正義曰 : '戈'는 갈고리 창이니, 戟처럼 생겼으나 날이 가로로 장착되어 있다. 다만 끝이 위로 향하지 않고 구부러져 있다. 세로 날은 길이가 8寸이고 가로 날은 길이가 6寸이며, 날 아래 자루와 만나는 곳은 길이가 4촌이고 모두 너비가 2寸이니, 갈고리로 사람을 해친다. 날은 끝에 있으며 예리한 것이니, 예리하므로 이것을 가지고 다른 사람을 향하지 않는 것이다. 창고달은 꼬리에 있어서 무디니, 무딘 쪽을 다른 사람을 향하게 하는 것이 공경이 되므로 이 때문에 창고달을 앞으로 가게 하고 날을 뒤로

가게 하는 것이다.

○〔進矛戟者前其鐓〕'矛'는 〈짧은 창인〉 鋋처럼 생겼으나 세 개의 모서리가 있다. '戟'은 지금(唐나라)의 戟이다. 옛날에 戟을 만들 때 양쪽에 모두 가로 날을 장착하였으니 길이가 6寸이고, 중앙의 날은 길이가 7寸 반이다. 가로 날은 아래로 창자루와 만나는데 또 길이가 4촌 반이며, 모두 너비가 1寸 반이다. '鐓'는 矛와 戟의 자루 끝으로, 밑이 평평한 것이 鐓와 같다. 창자루는 아래에 있으니 평평한 쪽을 다른 사람에게 향하게 하는 것은 공경하는 것이다. 이때에도 역시 나란히 서서 주고받아야 하니, '左'와 '右'를 말하지 않고 '前'과 '後'를 말한 것은 互文이다. 만약 마주하여 주고받는다면 前과 後를 말한 것이며, 만약 나란히 서서 주고받는다면 左와 右를 말한 것이다.

01-28-02 進几杖者는 拂之하고

几와 지팡이를 올리는 자는 먼지를 털어서 주고,

【注】尊者所馮依니 拂去塵은 敬이라

尊者가 기대고 의지하는 것이니, 먼지를 털어 없애는 것은 공경하는 것이다.

效馬效羊者는 右牽之하고

말을 바치거나 양을 바치는 자는 〈편의를 위해〉 오른손으로 끌고,

【注】用右手便이라 效는 猶呈見(현)이라

오른손을 사용하는 것은 편의를 위한 것이다. '效'는 〈'드러내 보이다'의 뜻인〉 '呈見'과 같다.

效犬者는 左牽之하고

개를 바치는 자는 〈오른손으로는 무는 것을 막기 위해〉 왼손으로 끌고,

【注】犬齛齧(세설)人하니 右手當禁備之라

개는 사람을 무니 오른손으로는 중지시킬 것을 대비해야 한다.

執禽者는 **左首**하고

새를 들고 바치는 자는 〈머리가 높고 주인이 왼쪽에 있으므로〉 새의 머리가 왼쪽으로 가도록 하고,

【注】 左首는 尊이라

'左首'는 〈머리가〉 높기 때문이다.

飾羔鴈者는 **以繢**(회)하고

〈천자의 경대부가 예물로 드는〉 새끼 양이나 기러기를 꾸미는 자는 〈구름〉 문양을 그린 베로 덮는다.

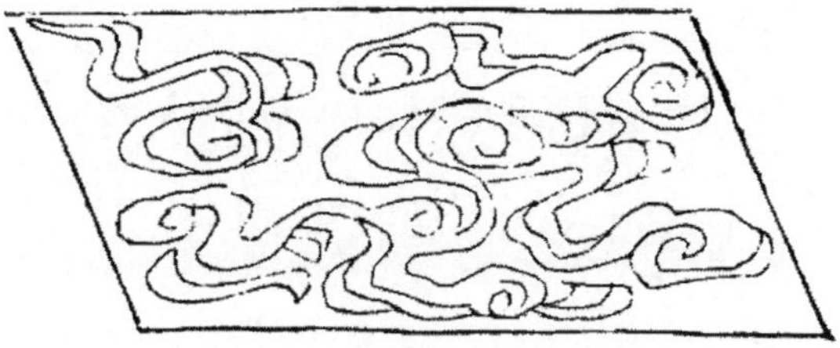

繢

【注】 繢는 畫也니 諸侯大夫以布하고 天子大夫以畫라

'繢'는 '그리다'의 뜻이니, 제후의 대부는 베를 사용하고, 천자의 대부는 문양을 그린 베를 사용한다.

受珠玉者는 **以掬**(국)하고

구슬을 받는 자는 두 손으로 움켜쥐어 받고,

【注】 愼也라 掬은 手中이라

조심하는 것이다. '掬'은 손안에 넣는 것이다.

受弓劍者는 **以袂**하고

활이나 검을 받는 자는 〈손을 드러내지 않아 공경을 표하기 위해〉 옷소매로 받고,

【注】 敬也라

공경하는 것이다.

飮玉爵者는 **弗揮**니라

옥잔으로 술을 마시는 자는 〈술잔을 떨어뜨릴 염려가 있으므로〉 술잔을 흔들어 〈남은 술을〉 털지 않는다.

【注】 爲其寶而脆라

보물인데 약하기 때문이다.

凡以弓劍苞苴簞笥(단사)로 **問人者**는

무릇 활과 검, 苞와 苴, 簞과 笥를 다른 사람에게 주는 자는

【注】 問은 猶遺也라 苞苴는 裹魚肉[1]이니 或以葦하고 或以茅라 簞笥는 盛飯食者니 圜(원)曰簞이요 方曰笥라

1) 苞苴 裹魚肉：陸德明의 音義에서는 '苞'는 '싸는 것〔裹〕', '苴'는 '까는 것〔藉〕'이라 하였다.

'問'은 〈'주다'의 뜻인〉 '遺'와 같다. '苞苴'는 물고기나 고기를 싸는 것이니, 혹은 갈대로 싸고 혹은 띠풀로 싼다. '簞笥'는 밥을 담는 대그릇이니, 둥근 것을 '簞'이라 하고, 네모진 것을 '笥'라 한다.

操以受命호되 **如使之容**이니라

이것을 들고 나아가 〈존자의〉 명을 받되 〈예행연습하는〉 사신의 모습처럼 한다.

【注】 謂使者라

使者를 이른다.

【疏】 '進几'至'之容'. ○ 正義曰：此一節皆謂相獻遺及呈見之儀, 各依文解之. ○ "進几杖者拂之", 謂拂去塵埃, 爲當馮執故也. 前云"獻杖執末", 與此互文也. 此兼言几者, 几雖無首末, 亦拂之. 或云進几者, 以彎外授人, 亦得順也. ○ "效馬效羊者右牽之"者, 效, 呈見也, 此亦是遺人, 而言效, 亦互文也. 馬・羊多力, 人右手亦有力, 故用右手牽

掣之也. ○"效犬者左牽之"者, 犬好齰齧人, 故左牽之, 而右手防禦也. 案少儀云"獻犬則右牽之[1)]"者, 彼是田犬·畜犬, 不齧人, 不須防. 今此是充食之犬, 故防禦之也. 然通而言之, 狗·犬通名, 若分而言之, 則大者爲犬, 小者爲狗. 故月令皆爲犬[2)], 而周禮有犬人職, 無狗人職也, 故爾雅云"未成毫狗"是也. 但燕禮亨(팽)狗[3)], 或是小者, 或通語耳. ○"執禽者左首"者, 禽, 鳥也. 左, 陽也, 首亦陽也. "左首"謂橫捧之也, 凡鳥皆然. 若竝授, 則主人在左, 故客以鳥首授之也. 不牽, 故執之也. ○"飾羔鴈者以繢"者, 飾, 覆也. 羔, 羊也. 繢, 畫也. 畫布爲雲氣, 以覆羔鴈爲飾, 以相見也. 士相見禮云, 下大夫以鴈, 上大夫以羔, 飾之以布[4)]. 竝不言繢, 此言繢者, 鄭云, 彼是諸侯之卿大夫, 卑, 但用布, 此天子之卿大夫, 尊, 故畫之也. 〔○〕[5)]"受珠玉者以掬"者, 掬謂手中也. 珠玉寶重宜愼. 若受之, 開匣而出, 置在手中, 下用袂承之, 恐墜落也. ○"受弓劍者以袂"者, 不露手取之, 故用衣袂承接之, 以爲敬也. ○"飮玉爵者弗揮"者, 玉爵, 玉杯也. 揮, 振去餘也. 春秋左氏傳云 "奉匜(이)沃盥, 旣而揮之[6)]." 揮之, 是振去餘也. ○"凡以弓劍·苞苴·簞笥問人"者, 凡謂凡此數事皆同然. 苞者, 以草苞裹魚肉之屬也. 故尙書云"厥苞[7)]橘柚", 是其類也. 苴者亦以草藉器而貯物也. 簞圓笥方, 俱是竹器, 亦以葦爲之. 問人者, 問謂因問有物遺之也. 問者或自有事問人, 或謂聞彼有事而問之. 問之悉有物表其意, 故自"弓劍"以下皆是也.

1) 獻犬則右牽之 : ≪禮記≫ 〈少儀〉에 "〈다른 사람에게 바칠 때〉 개는 끈을 잡으니, 집 지키는 개와 사냥개를 擯者에게 주면……끈을 모두 오른손으로 잡는다.〔犬則執緤 守犬田犬則授擯者……皆右之〕"라고 하였다.
2) 月令皆爲犬 : ≪예기≫ 〈月令〉에 "맹추의 달에……깨와 개고기를 먹는다.〔孟秋之月……食麻與犬〕"라고 하였으며, 仲秋의 달과 季秋의 달에도 '食麻與犬'이라는 구절이 보인다.
3) 燕禮亨(팽)狗 : ≪儀禮≫ 〈燕禮〉에 "희생은 개를 쓰니, 路寢의 문밖 동쪽에서 삶는다.〔其牲狗也 亨于門外東方〕"라는 내용이 보인다.
4) 士相見禮云……飾之以布 : ≪의례≫ 〈士相見禮〉에 "하대부는 서로 만날 때 기러기를 들고 만나는데 베를 덮어 꾸민다.……상대부는 서로 만날 때 새끼 양을 들고 만나는데 베를 덮어 꾸민다.〔下大夫相見以鴈 飾之以布……上大夫相見以羔 飾之以布〕"라는 내용이 보인다. 정현의 주에 따르면 '上大夫'는 卿을 이른다.
5) 〔○〕: 저본에는 부호 '○'가 없으나, 본서의 체제에 의거하여 보충하였다.
6) 奉匜(이)沃盥 旣而揮之 : ≪春秋左氏傳≫ 僖公 23년 조에 보인다. '匜'는 세수할 때 물을 담는 기물이다. 손이나 얼굴을 씻을 때 한 사람이 匜를 들고서 씻는 사람의 손에

물을 부어주는데, 그 아래에는 대야 모양의 槃이 있어 이 흘러내리는 물을 받는다.
7) 苞 : 원래는 풀 이름이다. ≪書經≫ 〈夏書 禹貢〉에는 '包'로 되어 있는데, 통용자이다.

經의 〔進几〕에서 〔之容〕까지

○ 正義曰 : 이 절은 모두 바치거나 줄 때의 예의 및 드러내 보이는 예의를 말한 것이니, 각각 글을 따라 풀이하겠다.

○ 〔進几杖者拂之〕 먼지를 털어 없앰을 이르니, 〈几는〉 기대고 〈杖은〉 잡아야 하기 때문이다. 앞의 경문에서 '獻杖執末'이라 한 것은 이 구절과 互文이다. 여기에서 '几'를 겸하여 말한 것은, 几는 비록 머리와 꼬리가 없으나 〈지팡이와〉 마찬가지로 먼지를 턴다는 것이다. 어떤 사람은 말하기를, 几를 올리는 자는 구부러진 바깥쪽을 〈几를 받는〉 사람에게 준다고 하니, 또한 뜻이 순하다.

○ 〔效馬效羊者右牽之〕 '效'는 드러내 보이는 것이니, 이것 또한 다른 사람에게 주는 것이지만 '效'라 한 것은, 또한 互文이다. 말이나 양은 힘이 세며 사람도 오른손이 힘이 있으므로 오른손으로 끄는 것이다.

○ 〔效犬者左牽之〕 개는 사람을 잘 물기 때문에 왼손으로 끌고 오른손으로 방어하는 것이다. 살펴보면 ≪禮記≫ 〈少儀〉에 이르기를 "개를 바칠 경우에는 〈끈을〉 오른손으로 잡는다."라고 한 것은, 〈소의〉에서는 사냥개와 기르는 개여서 사람을 물지 않으므로 방어할 필요가 없기 때문이다. 지금 여기에서는 식용 개이므로 방어하는 것이다. 그러나 통틀어서 말하면 狗와 犬은 통용하는 명칭이고, 구분하여 말하면 큰 개는 犬이고 작은 개는 狗이다. 그러므로 ≪예기≫ 〈月令〉에서 모두 '犬'이라 한 것이며, ≪周禮≫에 犬人의 관직은 있어도 狗人의 관직은 없는 것이다. 그러므로 ≪爾雅≫ 〈釋畜 羊屬〉에 이르기를 "긴 털이 아직 나지 않은 것은 狗이다."라고 한 것이 이것이다. 다만 ≪의례≫ 〈燕禮〉에서 狗를 삶아 쓰는데, 혹은 작은 개일 수도 있고 혹은 통용하여 말한 것뿐일 수도 있다.

○ 〔執禽者左首〕 '禽'은 새이다. '左'는 陽이고, '首' 또한 陽이다. '左首'는 가로로 받들어 올리는 것이니, 일반적으로 새는 모두 이렇게 올린다. 만약 나란히 서서 준다면 주인이 왼쪽에 있으므로 손님이 새의 머리를 주는 것이다. 새는 끌지 않으므로 '執'하는 것이다.

○ 〔飾羔鴈者以繢〕 '飾'은 '덮다'이다. '羔'는 '새끼 양'이다. '繢'는 '그리다'이다. 베에 구름 문양을 그려 새끼 양과 기러기를 덮어씌우는 것으로 꾸밈을 삼아서 〈이를 예물

로 삼아〉 서로 만나는 것이다. ≪의례≫ 〈士相見禮〉에 이르기를, 〈서로 만날 때 들고 가는 예물로〉 下大夫는 기러기〔鴈〕를 쓰고 上大夫는 새끼 양〔羔〕을 쓰되 베로 덮어 꾸민다고 하였다. 〈사상견례〉에서는 모두 '繢'를 말하지 않았는데 여기에서 '繢'를 말한 것은, 정현이 말하기를 〈사상견례〉는 제후의 경대부이므로 신분이 낮아서 다만 베를 쓴 것이고 여기에서는 천자의 경대부이므로 신분이 높아서 문양을 그린 것이라고 하였다.

○〔受珠玉者以掬〕 '掬'은 손안에 넣는 것을 이른다. '珠玉'은 귀하고 소중하니 조심해야 한다. 만약 주옥을 받게 되면 匣을 열고 꺼내어 손안에 두고 그 아래를 소매로 받치니, 떨어질까 두려워서이다.

○〔受弓劍者以袂〕 손을 드러내지 않고 취하므로 옷소매로 받아서 공경을 표하는 것이다.

○〔飮玉爵者弗揮〕 '玉爵'은 옥 술잔이다. '揮'는 남은 것을 털어서 제거하는 것이다. ≪春秋左氏傳≫에 이르기를 "〈秦나라의 懷嬴이〉 匜를 받들고 〈晉나라 공자 重耳에게〉 세수하는 물을 부어주었는데, 세수를 마친 뒤 〈중이가〉 揮之하였다."라고 하였다. '揮之'는 손에 남은 물을 털어서 제거하는 것이다.

○〔凡以弓劍苞苴簞笥問人〕 '凡'은 모든 이 몇 가지 일을 모두 똑같이 이렇게 한다는 말이다. '苞'는 풀로 물고기나 고기 등속을 싸는 것이다. 그러므로 ≪書經≫ 〈夏書 禹貢〉에 이르기를 "그 싸서 오는 귤과 유자"라고 하였으니, 이것이 그 부류이다. '苴' 또한 풀을 기물에 깔아서 물건을 보관하는 것이다. '簞'은 둥글고 '笥'는 네모지니, 모두 대그릇이지만 또한 갈대로 만들기도 한다. '問人'은, '問'은 문안함으로 인해 물건을 주는 것을 이른다. 문안하는 자는 본래 일이 있어 다른 사람을 문안하거나, 아니면 저 사람에게 일이 있다는 말을 듣고 문안하는 것을 이른다. 문안할 때는 모두 물건을 가지고 가서 마음을 표시하므로 '弓劍' 이하가 모두 이것이다.

【疏】 ○ 注'苞苴'至'以茅'. ○ 正義曰：知[1]"裹魚肉"者, 詩云 "野有死麕(균), 白茅苞之." 內則云 "炮取豚, 編萑以苴之[2]." 旣夕禮云 "葦苞[3]長三尺." 是其裹魚肉, 用茅用葦也.

1) 知：監本・毛本에는 '苞'로 되어 있고, 惠棟校宋本에는 '知苞' 2자로 되어 있다.(阮元의 校勘記 참조)

2) 炮取豚 編萑以苴之：≪예기≫ 〈內則〉에 "炮는, 돼지와 숫양을 취하여 배를 가르고 창자를 꺼내서 대추를 그 배 안에 채운 다음 갈대를 엮어서 싸고 진흙을 발라 굽는다.

〔炮 取豚若將 刲之刳之 實棗於其腹中 編萑以苴之 塗之以謹塗 炮之〕"라고 하였는데, 공영달의 소에 "苴는 싸는 것이다.〔苴 裹也〕"라고 하였다.

3) 苞 : ≪의례≫ 〈旣夕禮〉에 "明器는 서남쪽을 상위로 하여 〈서쪽부터 동쪽으로 진열하고 다시 북쪽으로〉 굽혀서 〈동쪽에서 서쪽으로〉 진열한다. 〈서남쪽에 있는〉 茵을 기준으로 〈그 북쪽에〉 다음과 같이 진열한다. 먼저 苞 2개를 진열하고, 다음에 筲 3개를 진열한다.〔器 西南上 綪 茵 苞二 筲三〕"라고 하였고, 또 〈旣夕禮 記〉에 "苞는 길이가 3尺 되는 갈대 한 줄기로 한 바퀴씩 둘러 짜서 만든다. 골풀로 짠 3개의 筲에는 모두 뜨거운 물에 담갔던 黍·稷·麥을 각각 담는다.〔葦苞長三尺一編 管筲三其實皆瀹〕"라고 하였다. '苞'는 ≪의례≫에서는 기물의 명칭으로 쓴 것이므로, 이 구절을 여기 ≪예기≫ 공영달의 소에서 '싸다〔裹〕'의 뜻을 가진 사례로 인용한 것은 타당하지 않은 듯하다.

○ 注의 〔苞苴〕에서 〔以茅〕까지

○ 正義曰 : 정현이 〈苞苴가〉 '裹魚肉'임을 아는 것은, ≪詩經≫ 〈召南 野有死麕〉에 이르기를 "들에 죽은 노루가 있거늘 흰 띠풀로 苞之한다."라고 하였고, ≪예기≫ 〈內則〉에 이르기를 "炮는 돼지를 취하여 갈대를 엮어서 苴之한다."라고 하였고, ≪의례≫ 〈旣夕禮〉에 이르기를 "갈대 하나로 苞하는데 갈대의 길이가 3尺이다."라고 하였으니, 이것은 물고기와 고기를 싸는데 띠풀을 사용하거나 갈대를 사용한 것이다.

【疏】 ○ "操以受命, 如使之容"者, 言"使之容"者[1], 言使者操持此上諸物以進, 受尊者之命, 如臣爲君聘使, 受君命, 先習其威儀進退, 令如其至所使之國時之儀容, 故云"如使之容"也.

1) 言使之容者 : 惠棟校宋本에는 이 5자가 없다.(阮元의 校勘記 참조)

○ 〔操以受命 如使之容〕 '使之容'이라 말한 것은, 使者가 여기에서 언급한 위의 물건들을 가지고 나아가서 尊者의 명을 받기를 마치 신하가 군주를 위하여 다른 나라에 聘問 가는 사신이 되었을 때처럼 하는 것을 이르니, 군주의 명을 받으면 먼저 그 위의와 진퇴를 익혀서 사신 가는 나라에 이르렀을 때의 위의처럼 하게 한다. 그러므로 '如使之容'이라 한 것이다.

附錄

〔附 錄〕

1. ≪禮記正義≫에 인용된 주요 註釋家

• 高堂生 : ?~?. 西漢의 예학가로, 高堂은 復姓이며 이름은 伯이다. 今文 禮學의 최초의 전수자로, ≪士禮≫ 17편 즉 今本≪儀禮≫를 전하였다.

• 郭 璞 : 276~324. 晉나라의 문학가이자 훈고학자로, 字는 景純이다. 方術士로 유명하다. 王隱과 함께 ≪晉史≫를 편찬했다.

• 盧 植 : 139~192. 東漢 말의 경학가로, 字는 子干이다. ≪尙書章句≫ · ≪三禮解詁≫ 등을 저술하였으나 일실되었다.

• 雷次宗 : 386~448. 남조 宋나라의 佛學家로, 字는 仲倫이다. 저명한 佛學大師인 慧遠大師에게 三禮와 ≪毛詩≫를 배웠으며, 東林十八賢의 한 사람이다.

• 盧文弨 : 1717~1795. 淸나라의 저명한 校勘學家로, 字는 召弓 또는 紹弓이다. ≪逸周書≫ · ≪孟子音義≫ · ≪荀子≫ · ≪呂氏春秋≫ · ≪賈誼新書≫ · ≪韓詩外傳≫ · ≪春秋繁露≫ · ≪方言≫ · ≪白虎通≫ 등 210여 종을 교감하였다.

• 段玉裁 : 1735~1815. 淸나라의 저명한 訓詁學家로, 字는 若膺이다. ≪說文解字注≫ · ≪六書音韻表≫ · ≪古文尙書撰異≫ · ≪毛詩故訓傳定本≫ · ≪經韻樓集≫ 등을 저술하였다.

• 馬 融 : 79~166. 東漢의 경학가로, 字는 季長이다. 동한의 명장인 馬援의 從孫이며, 鄭玄의 스승이다. ≪禮記注≫ · ≪周禮注≫ 등을 저술하였으나 일실되었다.

• 徐 氏 : 徐邈 또는 徐爰을 가리킨다. 徐邈(172~249)은 삼국시대 魏나라 사람으로 ≪禮記音≫ 1권을 저술하였으며, 徐爰(394~475)은 남조 宋나라 사람으로 ≪禮記音≫ 3권을 저술하였다.

• 徐 鉉 : 916~991. 北宋 때의 大臣이자 서법가로, 字는 鼎臣이다. 아우인 南唐의 훈고학자 徐鍇(920~974)와 함께 江東二徐로 불렸다. ≪說文解字≫를 교정하였으며, ≪文苑英華≫의 편찬에 참여하였다.

• 孫志祖 : 1737~1801. 淸나라의 藏書家로, 字는 貽穀 또는 頤穀이다. ≪文選考異≫ · ≪孔子家語疏證≫ · ≪文選注補正≫ · ≪讀書脞錄≫ 등을 저술하였다.

• 沈 重 : 500~583. 北齊의 경학가로, 字는 子厚이다. ≪詩≫ · ≪禮≫ · ≪春秋左氏傳≫에 정통하였다. 저술에 ≪周禮義≫ · ≪儀禮義≫ · ≪禮記義≫ · ≪毛詩義≫ · ≪喪服經義≫ · ≪周禮音≫ · ≪儀禮音≫ · ≪禮記音≫ · ≪毛詩音≫ 등이 있다.

• 王 肅 : 195~256. 삼국시대 魏나라의 경학가로, 字는 子雍이다. 晉 文帝 司馬昭의 장인이다. ≪孔子家語≫ · ≪孔叢子≫ 등을 편찬했으며, 그의 經學 注는 王學으로 불린다.

• 熊安生 : 北齊~北周의 경학가로, 字는 植之이다. 北學의 대표적인 학자로 三禮에 정통하였

다. ≪周禮≫・≪禮記≫・≪孝經≫에 대한 義疏를 저술하였으나 일실되었다.

• 衛 湜 : 南宋의 학자로, 字는 正叔이다. ≪禮記集說≫ 160권을 저술하였다.

• 庾蔚之 : ?~?. 남조 宋나라의 학자이다. ≪喪服世要≫・≪禮答問≫・≪禮記略解≫를 저술하였으나 일실되었다.

• 劉 向 : B.C. 77~B.C. 6. 西漢의 宗室大臣이자 문학가로, 原名은 劉更生이며 字는 子政이다. 경학가인 劉歆의 부친이다. 중국 최초의 도서목록인 ≪別錄≫을 편찬하였으나 일실되었고, 현존하는 편찬서로 ≪新序≫・≪說苑≫・≪列女傳≫・≪戰國策≫・≪五經通義≫ 등이 있다.

• 陸德明 : 550?~630. 唐나라의 경학가이자 훈고학자로, 이름은 元朗, 字는 德明이다. 秦王府 18學士의 한 사람이다. ≪經典釋文≫ 30권 및 ≪周易注≫・≪周易兼義≫・≪易釋文≫ 등을 저술하였다.

• 田 瓊 : ?~?. 東漢 사람으로, 鄭玄의 제자이다.

• 鄭 衆 : ?~83. 東漢 초의 경학가로, 字는 仲師이다. 名儒인 鄭興의 아들이다. 大司農을 역임하였다. 일족인 鄭玄과 구별하여 先鄭이라 불리며, 환관인 鄭衆과 구별하여 鄭司農이라 불린다. 저술에 ≪春秋左氏傳條例≫ 9권, ≪孝經注≫ 2권이 있다.

• 鄭 興 : ?~?. 東漢 초의 경학가로, 字는 少贛이다. 大中大夫를 역임하였다. 특히 ≪春秋公羊傳≫・≪春秋左氏傳≫에 정통하였다.

• 陳 鏗 : ?~?. 東漢 사람으로, 鄭玄의 제자이다.

• 崔靈恩 : ?~?. 남조 梁나라의 학자로, 三禮・三傳에 정통하였다. ≪毛詩集註≫ 20권, ≪周禮集註≫ 40권, ≪三禮義宗≫ 47권, ≪左氏經傳義≫ 20권, ≪左氏條例≫ 10권, ≪公羊穀梁文句義≫ 10권 등을 저술하였다.

• 浦 鏜 : ?~?. 淸나라의 학자로, 字는 金堂이다. ≪理學淵源≫ 10권, ≪續經義考≫ 40권, ≪鑑古錄≫ 16권, ≪文章指南≫ 4권, ≪隱拙齋詩集≫ 40권, ≪文集≫ 20권, ≪搵書雜著≫ 4권, ≪十三經注疏正字≫ 81권 등을 저술하였다.

• 何 胤 : 446~531. 남조 梁나라의 학자로, 字는 子季이다. ≪禮記隱義≫ 20권, ≪禮答問≫ 55권, ≪毛詩隱義≫ 10권, ≪百法論≫注, ≪周易≫注 등을 저술하였다.

• 賀 瑒 : 452~510. 남조 梁나라의 경학가로, 字는 德璉이다. 三禮에 정통하였으며, ≪五經義≫ 등을 저술하였다.

• 惠 棟 : 1697~1758. 淸나라의 藏書家이자 校勘學家로, 字는 定宇이다. ≪九經古義≫・≪明堂大道錄≫・≪後漢書補正≫・≪周易本義辨證≫・≪山海經訓纂≫・≪松崖筆記≫・≪松崖文鈔≫ 등의 저술이 있다.

• 許 愼 : 58?~147? 東漢의 저명한 경학가로, 字는 叔重이다. ≪說文解字≫・≪五經異義≫・≪淮南鴻烈解詁≫ 등을 저술하였다.

• 皇 侃 : 488~545. 남조 梁나라의 경학가로, 三禮學과 ≪孝經≫・≪論語≫에 정통하였다. ≪禮記義疏≫ 50권을 저술하였으나 일실되었다.

〔附 錄〕

2.≪禮記正義 1≫ 參考書目

◇ 底本

- ≪禮記正義≫, 阮元(淸) 校刻, 十三經注疏(淸 嘉慶 20年(1815) 江西南昌府學開雕 阮元校刻), 中華書局, 2009.

◇ 주요 참고도서

- ≪經典釋文·禮記音義≫, 陸德明 撰, 국립중앙도서관(古092-13-100), 同治10(1871).
- ≪禮記正義≫, 十三經注疏整理本編纂委員會, 上海：上海古籍出版社, 2010.
- ≪禮記正義≫, 十三經注疏整理委員會, 北京：北京大學出版社, 2000.
- ≪禮記大文諺讀≫, 成三問 等 受命編, 古活字本(戊申字), 校書館, 1767.
- ≪十三經注疏校記≫, 孫詒讓全集編纂工作機構, 北京：中華書局, 2009.

◇ 十三經注疏

- ≪周易正義≫, 阮元(淸) 校刻, 十三經注疏(淸 嘉慶刊本), 北京：中華書局, 2009.
- ≪尙書正義≫, 阮元(淸) 校刻, 十三經注疏(淸 嘉慶刊本), 北京：中華書局, 2009.
- ≪毛詩正義≫, 阮元(淸) 校刻, 十三經注疏(淸 嘉慶刊本), 北京：中華書局, 2009.
- ≪周禮注疏≫, 阮元(淸) 校刻, 十三經注疏(淸 嘉慶刊本), 北京：中華書局, 2009.
- ≪儀禮注疏≫, 阮元(淸) 校刻, 十三經注疏(淸 嘉慶刊本), 北京：中華書局, 2009.
- ≪禮記正義≫, 阮元(淸) 校刻, 十三經注疏(淸 嘉慶刊本), 北京：中華書局, 2009.
- ≪春秋左傳正義≫, 阮元(淸) 校刻, 十三經注疏(淸 嘉慶刊本), 北京：中華書局, 2009.
- ≪春秋穀梁傳注疏≫, 阮元(淸) 校刻, 十三經注疏(淸 嘉慶刊本), 北京：中華書局, 2009.
- ≪春秋公羊傳注疏≫, 阮元(淸) 校刻, 十三經注疏(淸 嘉慶刊本), 北京：中華書局, 2009.
- ≪論語注疏≫, 阮元(淸) 校刻, 十三經注疏(淸 嘉慶刊本), 北京：中華書局, 2009.
- ≪爾雅注疏≫, 阮元(淸) 校刻, 十三經注疏(淸 嘉慶刊本), 北京：中華書局, 2009.
- ≪孟子注疏≫, 阮元(淸) 校刻, 十三經注疏(淸 嘉慶刊本), 北京：中華書局, 2009.
- ≪孝經注疏≫, 阮元(淸) 校刻, 十三經注疏(淸 嘉慶刊本), 北京：中華書局, 2009.

◇ 字典 및 기타 참고도서

- ≪經史答問校證≫, 朱駿聲(淸), 樊波成校證, 上海：華東師範大學出版社, 2010.
- ≪經典釋文≫, 陸德明(唐), 文淵閣四庫全書 182, 臺北：商務印書館, 1983.
- ≪經學歷史≫, 皮錫瑞(淸), 周予同注釋, 北京：中華書局, 1959(2008 重印).
- ≪考工記譯注≫, 聞人軍, 上海：上海古籍出版社, 2008.
- ≪古代漢語≫, 王力, 北京：中華書局, 2004.
- ≪古漢語同實異名詞典≫, 楊士首・楊北寧, 吉林：吉林教育出版社, 1995.
- ≪大戴禮記匯校集解≫, 方向東, 北京：中華書局, 2008.
- ≪禮記≫, 楊天宇注說, 開封：河南大學出版社, 2010.
- ≪禮記成書考≫, 王鍔, 北京：中華書局, 2007.
- ≪禮書通考≫, 黃以周(淸), 北京：中華書局, 2007.
- ≪史諱擧例≫, 陳垣, 北京：中華書局, 2006.
- ≪三禮圖集注≫, 聶崇義(宋), (文淵閣)四庫全書 129, 臺北：商務印書館, 民國72(1983)
- ≪三禮辭典≫, 錢玄・錢興奇, 南京：江蘇古籍出版社, 1998.
- ≪三禮通論≫, 錢玄, 南京：南京師範大學出版社, 1996.
- ≪商周彝器通考≫, 容庚, 上海：上海人民出版社, 2008.
- ≪先秦文化研究≫, 姚政, 成都：巴蜀書社, 2004.
- ≪說文解字≫, 許愼(後漢), 文淵閣四庫全書 223, 臺北：商務印書館, 民國72(1983)
- ≪說文解字今釋≫, 湯可敬, 長沙：岳麓書社, 2002.
- ≪說文解字注≫, 許愼(後漢), 段玉裁注, 上海：上海古籍出版社, 2011.
- ≪禮經釋例≫, 凌廷堪(淸), 彭林交點, 北京：北京大學出版社, 2012.
- ≪禮書≫, 孫希旦(淸), 續修四庫全書 103, 上海：上海古籍出版社, 1995.
- ≪禮書通故≫, 黃以周(淸), 續修四庫全書 112, 上海：上海古籍出版社, 1995.
- ≪六經圖≫, 楊甲(南宋), 文淵閣四庫全書 183, 臺北：商務印書館, 1983.
- ≪王力古漢語字典≫, 王力, 北京：中華書局, 2005.
- ≪倭漢三才圖會≫, 寺島良安(日本), 서울：韓國學資料院, 2011.
- ≪儀禮圖≫, 張惠言(淸), 續修四庫全書 91, 上海：上海古籍出版社, 1995.
- ≪儀禮釋官≫, 胡匡衷, 續修四庫全書 89, 上海：上海古籍出版社, 1995.
- ≪儀禮釋宮增注≫, 江永(淸), 文淵閣四庫全書 109, 臺北, 商務印書館, 民國72(1983).
- ≪儀禮正義≫, 胡培翬(淸), 江蘇古籍出版社, 1993.

- ≪日知錄≫, 顧炎武(淸), 文淵閣四庫全書 858, 臺北：商務印書館, 民國72(1983)
- ≪鄭玄三禮注硏究≫, 楊天宇, 天津：天津人民出版社, 2007.
- ≪周代的采邑制度≫, 呂文郁, 北京：社會科學文獻出版社, 2006.
- ≪周禮圖說≫, 王應電(明), 文淵閣四庫全書 96, 臺北：商務印書館, 1983.
- ≪中國古代文化史≫ , 陰法魯·許樹安, 北京：北京大學出版社, 2005.
- ≪中國官制大辭典≫, 兪鹿年, 哈爾濱：黑龍江人民出版社, 1998.
- ≪中國歷代人名大辭典≫, 張撝之外, 上海：上海古籍出版社, 1999.
- ≪中國歷史紀年表≫, 方時銘, 上海：上海人民出版社, 2007.
- ≪中國歷史大事典≫, 張海鵬 主編, 山東大學出版社, 2000.
- ≪春秋左傳詞典≫, 楊伯峻·徐提, 北京：中華書局, 1985.
- ≪春秋左傳人物譜≫, 方朝暉, 濟南：齊魯書社, 2001.
- ≪春秋左傳注≫, 楊伯峻, 北京：中華書局, 2000.
- ≪漢代物質文化資料圖說≫, 孫機, 北京：文物出版社, 1990.
- ≪漢語大詞典≫, 羅竹風, 北京：漢語大詞典出版社, 1995.
- ≪欽定四庫全書總目(整理本)≫, 紀昀(淸)等, 北京：中華書局, 1997.

◇ 電子文獻 및 Web DB

- 동양고전종합DB (http://db.cyberseodang.or.kr)
- 이체자정보검색 (http://db.itkc.or.kr/DCH/)
- 電子版 文淵閣四庫全書, 上海古籍出版社.
- 中國基本古籍庫, 黃山書社.
- 한국고전종합DB (http://db.itkc.or.kr)

3. ≪禮記正義 1≫ 參考圖版 目錄

4. ≪禮記正義≫ 總目次

責任飜譯

李霜芽

民族文化推進會(現 한국고전번역원) 부설 國譯硏修院 常任硏究部 卒業
成均館大學校 한문고전번역협동과정 문학석사
成均館大學校 한문고전번역협동과정 문학박사
成均館大學校 대동문화연구원 책임연구원(現)

論文 및 譯書

論文 〈茶山 丁若鏞의 《家禮酌儀》 譯註〉(석사학위논문)
〈茶山 丁若鏞의 《祭禮考定》 譯註〉(박사학위논문)
〈三虞와 卒哭의 同異에 대한 小考〉
譯書 《無名子集 7, 8, 15, 16》 《三山齋集 1~5》
共譯 《大學衍義 1~5》 《記言 1》 《日省錄》(영조 3, 정조 98)
《校勘學槪論》 《注釋學槪論 1, 2》 《사고전서 이해의 첫걸음》

共同飜譯

趙埈暭

成均館 翰林院 修了
銀臺學堂 史料硏究 專門課程 修了
成均館大學校 한문고전번역협동과정 문학박사
韓國古典飜譯院 연구원(現)

論文 및 譯書

論文 〈柳健休 《東儒論語解集評》의 硏究 및 譯註〉(박사학위논문)
〈《東儒四書解集評》의 寫本과 그 가치〉
〈한국 古典籍 분류체계 試論〉
共譯 《大學衍義 1~5》 《韓國行草序跋文選 1》 《語解集評》
《校勘學槪論》 《注釋學槪論 1, 2》 《사고전서 이해의 첫걸음》

懸　吐

成百曉

忠南 禮山 出生

家庭에서 父親 月山公으로부터 漢文 修學

月谷 黃璟淵, 瑞巖 金熙鎭 先生 師事

民族文化推進會 國譯硏修院 修了

高麗大學校 教育大學院 漢文教育科 修了

傳統文化硏究會 副會長

한국고전번역원 부설 고전번역교육원 名譽漢學教授(現)

해동경사연구소 소장(現)

論文 및 譯書

論文 〈艮齋의 性理說小考〉〈燕岩의 學問思想硏究〉

飜譯 四書集註 《詩經集傳》 《書經集傳》 《周易傳義》

《古文眞寶》 《牛溪集》 등 數十種 國譯

《宣祖實錄》 《宋子大全》 《茶山集》 《退溪集》 등 共譯

十三經注疏
譯註 禮記正義 1　　　　　정가 30,000원

2022년 08월 30일 초판 발행
2022년 09월 30일 초판 2쇄

企劃編輯　東洋古典飜譯編輯委員會
飜譯研究管理　南賢熙
注 鄭玄　疏 孔穎達
責任飜譯　李霜芽
共同飜譯　趙埈暭
懸　　吐　成百曉
潤　　文　朴勝珠
校　　訂　郭成龍 李孝宰
出　　版　白俊哲 李承俊
裝　　幀　김진디자인
發 行 人　朴洪植
發 行 處　社團法人 傳統文化研究會
서울시 종로구 삼일대로 428 낙원빌딩 411호
전화 : (02)762-8401　전송 : (02)747-0083
전자우편 : juntong@juntong.or.kr
사이버書堂 : cyberseodang.or.kr
온라인서점 : book.cyberseodang.or.kr
등록 : 1989. 7. 3. 제1-936호

인쇄처 : 한국법령정보주식회사(02-462-3860)
총　판 : 한국출판협동조합(070-7119-1750)

ISBN 979-11-5794-515-3 94140
978-89-91720-93-0 (세트)

※ 이 책은 2022년도 교육부 고전문헌 국역지원사업 지원비에 의해 초판(비매품) 간행.

전통문화연구회 도서목록

범례 : 周易正義 1~4 〔全15〕 – 전체 15책 계획, 현재 1~4책만 간행된 경우

新編 基礎漢文教材

新編 四字小學·推句 고전교육연구실 編譯 11,000원
新編 啓蒙篇·童蒙先習 고전교육연구실 編譯 11,000원
新編 明心寶鑑 李祉坤·元周用 譯註 15,000원
新編 擊蒙要訣 咸賢贊 譯註 12,000원
新編 註解千字文 李忠九 譯註 13,000원
新編 原文으로 읽는 故事成語 元周用 編譯 15,000원
新編 唐音註解選 權卿相 譯註 22,000원

漢文讀解捷徑시리즈

漢文독해 기본패턴 고전교육연구실 著 15,000원
四書독해첩경 고전교육연구실 著 20,000원
한문독해첩경 –文學篇 朴相水·李和春 외 著 15,000원
한문독해첩경 – 史學篇 朴相水·李和春 외 著 15,000원
한문독해첩경 – 哲學篇 朴相水·李和春 외 著 15,000원

五書五經讀本

論語集註 上·下 鄭太鉉 譯註 合 50,000원
孟子集註 上·下 田炳秀·金東柱 譯註 合 60,000원
大學·中庸集註 李光虎·田炳秀 譯註 15,000원
小學集註 上·下 李忠九 外 譯註 合 50,000원
詩經集傳 上·中·下 朴小東 譯註 合 90,000원
書經集傳 上·中·下 金東柱 譯註 合 90,000원
周易傳義 元·亨·利·貞 崔英辰 外 譯註 合 120,000원
詳說 古文眞寶大全後集 上·下 李相夏 外 譯註 合 64,000원
春秋左氏傳 上·中·下 許鎬九 外 譯註 合 109,000원
禮記 上·中·下 成百曉 外 譯註 合 90,000원

東洋古典國譯叢書

大學·中庸集註 –개정증보판 成百曉 譯註 10,000원
論語集註 –개정증보판 成百曉 譯註 27,000원
孟子集註 –개정증보판 成百曉 譯註 30,000원
詩經集傳 上·下 成百曉 譯註 合 70,000원
書經集傳 上·下 成百曉 譯註 合 70,000원
周易傳義 上·下 成百曉 譯註 合 80,000원
小學集註 成百曉 譯註 30,000원
古文眞寶 後集 成百曉 譯註 32,000원

東洋古典譯註叢書

〈經部〉

〔十三經注疏〕
周易正義 1~4 成百曉·申相厚 譯註 合 139,000원
尙書正義 1~7 金東柱 譯註 合 228,000원
毛詩正義 1~6 〔全15〕 朴小東 外 譯註 合 195,000원
禮記正義 中庸·大學 李光虎·田炳秀 譯註 20,000원
論語注疏 1~3 鄭太鉉·李聖敏 譯註 合 107,000원
孟子注疏 1~2 〔全3〕 崔彩基·梁基正 譯註 合 60,000원
孝經注疏 鄭太鉉·姜珉廷 譯註 30,000원
周禮注疏 1~2 〔全15〕 金容天·朴禮慶 譯註 合 63,000원

春秋左氏傳 1~8 鄭太鉉 譯註 合 244,000원
禮記集說大全 1~2 〔全10〕 辛承云 外 譯註 合 55,000원
東萊博議 1~5 鄭太鉉·金炳愛 譯註 合 153,000원
韓詩外傳 1~2 許敬震 外 譯註 合 62,000원
說文解字注 – 출토문헌보주 1 〔全20〕 李忠九 外 譯註 35,000원

〈史部〉

思政殿訓義 資治通鑑綱目 1~21 〔全39〕
辛承云 外 譯註 合 641,000원
通鑑節要 1~9 成百曉 譯註 合 275,000원
唐陸宣公奏議 1~2 沈慶昊·金愚政 譯註 合 80,000원
貞觀政要集論 1~4 李忠九 外 譯註 合 102,000원
列女傳補注 1~2 崔秉準·孔勤植 譯註 合 68,000원
歷代君鑑 1~4 洪起殷·全百燦 譯註 合 135,000원

〈子部〉

近思錄集解 1~3 成百曉 譯註 合 96,000원
孔子家語 1~2 許敬震 外 譯註 合 71,000원
管子 1~2 〔全4〕 李錫明·金帝蘭 譯註 合 59,000원
老子道德經注 金是天 譯註 30,000원
大學衍義 1~5 〔全7〕 辛承云 外 譯註 合 144,000원
墨子閒詁 1~5 〔全7〕 李相夏 外 譯註 合 177,000원
說苑 1~2 許鎬九 譯註 合 50,000원
世說新語補 1~4 〔全5〕 金鎭玉 外 譯註 合 131,000원
荀子集解 1~7 宋基采 譯註 合 224,000원
心經附註 成百曉 譯註 35,000원
顔氏家訓 1~2 鄭在書·盧暻熙 譯註 合 47,000원
揚子法言 1 〔全2〕 朴勝珠 譯註 24,000원
列子鬳齋口義 崔秉準·孔勤植·權憲俊 共譯 34,000원

二程全書 1~4〔全10〕 崔錫起·姜導顯 譯註 合 136,000원
莊子 1~4 安炳周·田好根 共譯 合 113,000원
政經·牧民心鑑 洪起殷·全百燦 譯註 27,000원
韓非子集解 1~5 許鎬九 外 譯註 合 174,000원

〔武經七書直解〕
孫武子直解·吳子直解 成百曉·李蘭洙 譯註 35,000원
六韜直解·三略直解 成百曉·李鍾德 譯註 26,000원
尉繚子直解·李衛公問對直解 成百曉·李蘭洙 譯註 26,000원
司馬法直解 成百曉·李蘭洙 譯註 26,000원

〈集部〉

古文眞寶 前集 成百曉 譯註 30,000원
唐詩三百首 1~3 宋載卲 外 譯註 各 25,000원~36,000원

唐宋八大家文抄
韓愈 1~3 鄭太鉉 譯註 合 78,000원
柳宗元 1~2 宋基采 譯註 合 44,000원
歐陽脩 1~7 李相夏 譯註 合 203,000원
蘇洵 李章佑 外 譯註 25,000원
蘇軾 1~5 成百曉 譯註 合 110,000원
蘇轍 1~3 金東柱 譯註 合 64,000원
王安石 1~2 申用浩·許鎬九 共譯 合 45,000원
曾鞏 宋基采 譯註 25,000원

明淸八大家文鈔
歸有光·方苞 李相夏 外 譯註 35,000원
劉大櫆·姚鼐 李相夏 外 譯註 35,000원

東洋古典新譯

당시선 송재소·최경렬·김영죽 편역 22,000원
손자병법 성백효 역주 14,000원
장자 안병주·전호근·김형석 역주 13,000원
고문진보 후집 신용호 번역 28,000원
노자도덕경 김시천 역주 15,000원
고문진보 전집 上·下 신용호 번역 合 44,000원

신식 비문척독 박상수 번역 25,000원

동양문화총서

동양사상 해설과 원전 정규훈 外 저 22,000원
화합의 길 《중용》 읽기 금장태 저 20,000원
호설과 시장 신용호 저 20,000원

문화문고

경전으로 본 세계종교 그리스도교 이정배 편저 10,000원
〃 도교 이강수 편역 10,000원
〃 천도교 윤석산 외 편저 10,000원
〃 힌두교 길희성 편역 10,000원
〃 유교 이기동 편저 10,000원
〃 불교 김용표 편저 10,000원
〃 이슬람 김영경 편역 10,000원
논어·대학·중용 조수익·박승주 공역 10,000원
맹자 조수익·박승주 공역 10,000원
소학 박승주·조수익 공역 10,000원
십구사략 1~2 정광호 저 合 24,000원
무경칠서 손자병법·오자병법 성백효 역 10,000원
〃 육도·삼략 성백효 역 10,000원
〃 사마법·울료자·이위공문대 성백효 역 10,000원
당시선 송재소·최경렬·김영죽 편역 10,000원
한문문법 이상진 저 10,000원
한자한문전통교재 조수익·이성민 공역 10,000원
士小節 선비 집안의 작은 예절 이동희 편역 12,000원
儒學이란 무엇인가 이동희 저 10,000원
동아시아의 유교와 전통문화 이동희 저 13,000원
현대인, 동양고전에서 길을 찾다 이동희 저 10,000원
100자에 담긴 한자문화 이야기 김경수 저 12,000원
우리 설화 1~2 김동주 편역 合 20,000원
대한민국 국무총리 이재원 저 10,000원
백운거사 이규보의 문학인생 신용호 저 14,000원